公共管理系列教材

国家公务员制度概论（第二版）

Introduction to Civil Service System

刘碧强　郗永勤　编著

中国人民大学出版社
· 北京 ·

内容简介

《国家公务员制度概论》一书紧扣公务员法精神，系统阐述了公务员制度的基本概念和理论，内容涵盖公务员的权利与义务、分类管理、考核、职务与职级、奖惩、培训、交流与回避、工资与福利待遇、辞职与辞退及退休、申诉与控告、考试录用等各个方面。

作为一部修订教材，本书主要有三个方面的特色：一是教材内容更新及时。一方面，反映了 2018 年 12 月新修订的《中华人民共和国公务员法》及相关配套法规和政策的新精神；另一方面，增补了大量反映国内外公务员制度改革新情况的案例和数据。二是注重呈现中国特色的公务员法制体系。教材内容以《公务员法》为基础，融入了大量相关和配套法律法规的内容，力求勾勒出我国公务员制度法律法规演进的历史脉络，呈现出系统完备、科学规范、运行有效的公务员制度法制体系。三是突出“好干部”标准和政治标准，在公务员考试录用、职务职级任免与升降、考核、纪律与监督、培训等章节中体现得尤其明显。

第二版前言

党的十九大报告部署“建设高素质专业化干部队伍”，为新时代我国公务员制度改革指明了方向。2018 年 12 月 29 日，第十三届全国人民代表大会常务委员会第七次会议审议通过了修订后的《中华人民共和国公务员法》（简称《公务员法》）。新修订的《公务员法》由原来的 18 章 107 条调整为 18 章 113 条，自 2019 年 6 月 1 日起正式实施。2019 年 7 月 29 日，中共中央办公厅印发《关于贯彻实施公务员法建设高素质专业化公务员队伍的意见》，并发出通知，要求各级党委（党组）及其组织（人事）部门把学习贯彻新修订的《公务员法》作为一项严肃的政治任务，把贯彻实施新修订的《公务员法》与建设高素质专业化公务员队伍结合起来，努力建设一支信念坚定、为民服务、勤政务实、敢于担当、清正廉洁的公务员队伍。2019 年 10 月 31 日，中国共产党第十九届中央委员会第四次全体会议通过的《关于坚持和完善中国特色社会主义制度　推进国家治理体系和治理能力现代化若干重大问题的决定》强调，“坚持和完善中国特色社会主义制度、推进国家治理体系和治理能力现代化，是全党的一项重大战略任务”，要“突出坚持和完善支撑中国特色社会主义制度的根本制度、基本制度、重要制度，着力固根基、扬优势、补短板、强弱项，构建系统完备、科学规范、运行有效的制度体系，加强系统治理、依法治理、综合治理、源头治理，把我国制度优势更好转化为国家治理效能”。以习近平新时代中国特色社会主义思想为指导，坚持严管和厚爱结合、激励和约束并重，建立和完善中国特色公务员制度体系，进而激励广大干部新时代新担当新作为。

本教材自 2013 年 1 月出版以来，多次重印，十分感谢广大读者朋友的认可与厚爱。在恪守教材内容的严谨性、系统性、科学性、实用性、规范性的同时，根据最新的公务员管理法律、法规、政策精神，参考国内外公务员制度改革动态案例，我们于 2018 年初启动教材修订工作。历经两年的精心修正、完善，本教材终于可以付梓了。与第一版相比，本版具有以下特点：

（1）案例资料与时俱进。公务员制度改革是一个动态变革、持续创新、与时俱进的过程。创新是公务员制度保持旺盛生命力的源泉。本次修订，增补了大量与国内外公务员制度改革动态相关的最新案例以及数据信息。各地紧扣关于党和国家干部人事制度改革的中央精神，遵循公务员制度改革的客观规律，因地制宜，依法依规不断探索公务员管理的新思路、新方法、新路径。本教材选用的所有最新公务员制度相关案例均具有较强的代表性、典型性、适用性。

（2）教材内容注重呈现中国特色的公务员法制体系。全面依法治国是中国特色社会主义的本质要求和重要保障。本教材以修订后的《公务员法》《党政领导干部选拔任用工作条例》等为基础，融入《中华人民共和国监察法》《公务员职务与职级并行规定》《关于进一步激励广大干部新时代新担当新作为的意见》《中国共产党党员教育管理工作条例》《中国共产党机构编制工作条例》《中国共产党纪律处分条例》《中国共产党问责条例》等相关法律法规，力求勾勒出公务员制度法律法规演进的历史脉络，呈现出系统完备、科学规范、运行有效的中国特色的公务员法制体系，彰显出我国公务员制度改革的法治精神。

（3）突出“好干部”标准和政治标准。在修订本教材的过程中，坚持“好干部”标准、突出政治标准，将之充分体现在公务员考试录用、职务职级任免与升降、考核、纪律与监督、培训等章节。习近平总书记早在2013年召开的全国组织工作会议上就指出了“信念坚定、为民服务、勤政务实、敢于担当、清正廉洁”的好干部标准。党的十九大报告强调，要“把好干部标准落到实处”；“突出政治标准，提拔重用牢固树立‘四个意识’和‘四个自信’、坚决维护党中央权威、全面贯彻执行党的理论和路线方针政策、忠诚干净担当的干部，选优配强各级领导班子”。《公务员法》《关于新形势下党内政治生活的若干准则》《党政领导干部选拔任用工作条例》《中共中央关于加强党的政治建设的意见》在强调好干部标准的同时，也要求把政治标准放在首位，突出政治标准选人用人。公务员管理要坚持以习近平新时代中国特色社会主义思想为指导，按照高素质专业化公务员队伍建设的需要，将“好干部”标准、政治标准运用到公务员考试录用、考核、职务职级任免与升降、培训、交流、奖励、监督等环节，要严格按照好干部标准、政治标准做好选人、用人、育人、留人等工作。

（4）深刻把握“党管干部”“党管人才”原则。党的领导主要是政治、思想和组织的领导。中国共产党领导是中国特色社会主义最本质的特征。《公务员法》规定，公务员制度“坚持中国共产党领导”，“坚持党管干部原则”。《党政领导干部选拔任用工作条例》强调，选拔任用党政领导干部必须坚持“党管干部”原则，“建立科学规范的党政领导干部选拔任用制度，形成有效管用、简便易行、有利于优秀人才脱颖而出的选人用人机制”。中国共产党第十九届中央委员会第四次全体会议审议通过的《关于坚持和完善中国特色社会主义制度　推进国家治理体系和治理能力现代化若干重大问题的决定》强调，将“坚持德才兼备、选贤任能，聚天下英才而用之，培养造就更多更优秀人才的显著优势”作为我国国家制度和国家治理体系的显著优势之一。随着党和国家机构改革的深入，学习借鉴国外公务员管理的有益经验，紧扣我国国情和公务员队伍建设现状，贯彻落实党管干部原则，推进我国公务员制度变革，尤为重要。本教材修订过程中，牢牢把握正确的政治方向，将坚持中国共产党领导、坚持党管干部、坚持党管人才等原则贯穿于全部章节。

本着求真务实、精益求精的原则，我们修正了原教材的瑕疵，完善了教材的内容，理顺了教材的结构，增强了教材的知识性、实用性、逻辑性与可读性。本书涵盖了丰富的公务员管理法律法规与理论知识，适用范围广，不仅可作为高校教材，也可作为在职公务员、事业单位公职人员、“考公族”等读者的学习材料。

由衷感谢中国人民大学出版社政治与公共管理分社的朱海燕副社长、贺志红老师以及其他工作人员的辛勤劳动。此外，陈燕、施含钰、聂丝雨、杨洋、王碧晓、聂潆潆等同学做了大量的辅助性工作，在此表示诚挚的谢意。

刘碧强　郗永勤

2019 年 12 月

第一版前言

国家公务员制度是现代民主政治制度的重要组成部分。党的十一届三中全会以来，伴随着行政管理体制改革的不断推进，我国公务员制度在探索中日渐完善。1993 年 8 月 14 日，国务院发布了《国家公务员暂行条例》，标志着我国公务员制度的初步确立。2005 年 4 月 27 日，十届全国人大常委会第十五次会议审议通过《中华人民共和国公务员法》，使我国公务员制度建设迈入法制化、民主化和科学化的轨道。党的十八大报告强调，要“坚持走中国特色社会主义政治发展道路和推进政治体制改革”，“深化行政体制改革”，“深化干部人事制度改革”，“完善公务员制度”。在新的历史时期，有必要坚持以中国特色社会主义理论体系为行动指南，推进我国公务员制度改革。

世界各国公务员制度千差万别、形态各异。本书依据国内外公务员管理法规，结合国家公务员制度改革动态，详细介绍了我国公务员制度的基本内容，比较分析了美国、英国、法国、德国、日本、瑞士等西方国家公务员制度的主要特点及启示。本书具有以下特色：(1) 系统性。严格按照公务员管理的基本环节进行布局谋篇，结构严谨、条理清晰、层次分明、内容完整，不同章节之间相互联系、相互补充、环环紧扣。(2) 规范性。紧扣国内外公务员管理法规，力求把握与公务员管理有关的最新法律精神，探究公共部门人力资源管理的客观规律。不仅阐述了《中华人民共和国公务员法》及其最新配套法规的精髓，也梳理了新中国成立以来我国政府所出台的一系列公务员管理法规。在比较分析西方国家公务员制度的过程中，致力于把握各国公务员管理法规的要义。(3) 时事性。坚持法规、理论与实践相结合，通过引入大量丰富、翔实、新颖的与国家公务员制度有关的经典案例，力求把握国内外公务员制度变革的时代脉搏，探究国家公务员制度改革的热点、难点及其发展趋势。(4) 实用性。突出实用性原则，不仅可作为高等院校公共管理类专业的本科生或研究生教材，也可作为公务员培训教材，是广大学生、考公者、在职公务员等了解、熟悉、掌握国家公务员制度的理想用书。

本书由福州大学公共管理学院行政管理系系主任、循环经济研究所所长、博士生导师郗永勤教授和福州大学公共管理学院教师刘碧强合作编著。郗永勤教授负责总体框架设计和统稿工作。各章具体分工如下：郗永勤负责撰写第 1、2、7、11 章；刘碧强负责撰写第 3、4、5、6、8、9、10、12 章。

中国人民大学出版社编辑为本书出版付出了辛勤劳动。福州大学教务处、人事处、公共管理学院的领导为本书出版提供了大力支持。在统稿过程中，郗永勤教授的研究生李双荣、陈耀辉、王守龙、郭璐洁、赵宏宇等做了大量细致的文字校对工作。此外，我们参阅了大量与国家公务员制度有关的书籍、学术论文、热点案例等相关资料，在此谨向原著者致以诚挚的谢意。

我国公务员制度处于不断变革的过程中，与《中华人民共和国公务员法》相配套的部分法规、规章尚处于酝酿阶段。随着我国干部人事制度改革的不断推进，本书中的部分内容仍有待与时俱进。由于编著者水平有限，本书的体系、结构、内容尚存在一些不足之处，恳请同行专家、学者和读者予以批评、指正。

目　录

第 1 章

国家公务员制度概述

2005 年 4 月 27 日，第十届全国人民代表大会常务委员会第十五次会议审议通过《中华人民共和国公务员法》，标志着我国公务员制度建设正式步入法制化轨道。党的十九大报告提出，要“建设高素质专业化干部队伍”。中共中央办公厅于 2018 年 5 月 20 日下发《关于进一步激励广大干部新时代新担当新作为的意见》。2018 年 12 月 29 日，第十三届全国人民代表大会常务委员会第七次会议审议通过修订后的《中华人民共和国公务员法》，进一步完善了我国公务员管理制度。在公务员制度改革过程中，我们既要结合我国公共部门人力资源的实际情况，也要学习和借鉴国外经验，按照高素质专业化干部队伍建设的基本要求，构建新时代中国特色社会主义公务员制度。

1.1 公务员与国家公务员制度

1.1.1 公务员的含义与范围

1. 西方国家公务员的含义与范围

“公务员”的英文名有“civil servant”“civil service”“government employee”“public employee”，也被译为“文官”、“文职人员”或“政府雇员”等。西方国家大都实行政务官与事务官“两官分途”。政务官，是指经政治选举和政治任命而产生，包括民选、代议机关选举，或经代议机关任命的政府首脑、内阁阁员以及经其任命的政府官员，实行任期制。事务官，是指通过竞争性考试、择优录用而产生，不与政党或内阁共进退的常任文官，若无违法失职行为可长期任职。西方国家公务员范围可以划分为以英国为代表的小范围、以美国为代表的中范围、以法国为代表的大范围。

(1) 小范围：英国公务员。小范围的公务员，仅指中央行政机关中非经选举和非经政治任命而产生的，并长期任职的事务官，不包括由选举或政治任命产生的内阁成员及各部政务次官、政治秘书等政务官。在英国，公务员被称为“civil servant”，即“文官”。按照英国《文官统计资料》的解释，“文官是以公民身份为王国政府服务，未在政治或司法部门任职的工作人员；根据特殊规定担任某些其他职务的人员；以个人身份为王国政府服务，从王室的年俸中支薪的工作人员”。英国公务员的范围相对较小，仅限于非经选举和非经政治任命的长期任职的中央政府文职人员，不包括首相、大臣、国务大臣、政务次官等政务官，也不包括地方自治机关人员、法官、军人、公用企事业机构职员等。根据英国国家统计局的统计数据，截至 2016 年 10 月，英国劳动力人数为 3 181 万，其中，仅 41.6 万人在政府部门工作。

（2）中范围：美国公务员。中范围的公务员，是指政府行政部门中的所有公职人员，不仅包括长期任职的行政部门事务官，也包括非长期任职的行政部门政务官。在美国，公务员被称为“government employee”，即政府雇员，是指受雇于政府，即联邦行政机构及其附属机构的所有人员，既包括行政机构中非经政治选举和政治任命的事务官，也包括经选举或政治任命的非常任政务官，但不包括立法（国会）和司法部门的职员。纳入美国政府雇员体系的公职人员还包括公立教育、医疗卫生单位的雇员，国防部文职人员，邮政部门雇员，以及警察、消防员等。根据美国联邦劳工统计局的统计数据，截至 2017 年 2 月，美国政府公务员共 2 232 万人，其中，联邦政府公务员 282 万人，州政府公务员 509 万人，地方政府公务员 1 441 万人。

（3）大范围：法国公务员。大范围的公务员，是指受雇于国家机关、行使公共权力、从事公共管理和公共服务的公职人员，即从中央政府到地方政府所有行政机构的公职人员，各级立法机关、审判机关、检察机关、国立学校、国立医院、国有企事业单位、军队等部门的正式工作人员。法国公务员包括纳入中央政府、地方政府及各自所属的公共事业机构（如公立学校、医院等）编制内的正式任职的工作人员。法国共有公务员 540 万人左右，还有编外公务员约 20 万人。自 2019 年 1 月起，马克龙政府启动公务员管理改革，计划在 5 年内裁减 12 万个公务员岗位，涉及国家公务部门的岗位有 5 万个。

德国、荷兰等西方国家也出台公务员管理法规，科学地界定了公务员的含义与范围。比如《德国公务员法》规定，“国家公务员是指在政府部门及其下属机构、社团或被赋予公务权机构中任职从而形成公务关系或服务关系的人员”。《荷兰公务员法》规定：“公务员是指被任命为公共事业服务的人员；公共事业是指所有国家和地方行政机构的工作。”

总体说来，判断公民是否是公务员可依照以下标准：第一，受雇机构是否是公共部门及其附属单位，并与公共部门形成劳动合同关系；第二，是否掌握公共权力，履行公共管理职能，管理公共事务；第三，其工资、保险、福利等待遇是否纳入政府财政预算；第四，与其有关的职位分类、职务任免、考核、升降、交流、培训、奖惩等管理权限是否属于政府。

2. 我国公务员的含义与范围

（1）公务员的含义。按照《中华人民共和国公务员法》，公务员是指依法履行公职、纳入国家行政编制、由国家财政负担工资福利的工作人员。公务员是干部队伍的重要组成部分，是社会主义事业的中坚力量，是人民的公仆。根据人力资源和社会保障部发布的《2016 年度人力资源和社会保障事业发展统计公报》，截至 2016 年底，全国共 719 万名公务员。

（2）我国公务员的范围。按照《中华人民共和国公务员法》《〈中华人民共和国公务员法〉实施方案》，我国公务员的范围包括：

1）中国共产党机关的工作人员。中国共产党组织由中央组织、地方组织和基层组织构成。党的机关中下列人员是公务员：一是中央和地方各级党委、纪检委的领导人员，二是中央和地方各级党委工作部门的工作人员，三是中央和地方各级纪检机构内设机构的工作人员，四是街道、乡镇党委机关的工作人员。企业、学校、科研院所、社会团体、社会中介组织、人民解放军连队以及农村党的基层组织的工作人员，不纳入公务员范畴。

2）人大机关的工作人员。人大机关包括全国人民代表大会及其常务委员会、地方各级人民代表大会及其常务委员会。人大机关的下列人员是公务员：一是各级人大常务委员会的领导人员，二是各级人大常务委员会工作机构（如办公厅、室）的工作人员，三是各级人大专门委员会的办事机构的工作人员。

3）行政机关的工作人员。我国行政机关包括国务院和地方各级人民政府。行政机关的下列人员是公务员：一是各级政府的组成人员，二是县级以上各级人民政府工作部门和派出机构的工作人员，三是乡镇人民政府机关的工作人员。

4）政协机关的工作人员。我国政协机关包括中国人民政治协商会议全国委员会和地方各级委员会。政协机关下列人员是公务员：一是政协各级委员会的领导人员，二是政协各级委员会工作机构（如办公厅、室）的工作人员，三是政协专门委员会办事机构的工作人员。

5）审判机关的工作人员。我国审判机关包括最高人民法院、地方各级人民法院和军事法院等专门法院。审判机关的下列人员是公务员：最高人民法院、地方各级人民法院的法官、审判辅助人员和行政管理人员。

6）检察机关的工作人员。我国检察机关包括最高人民检察院、地方各级人民检察院和军事检察院等专门检察院。检察机关的下列人员是公务员：最高人民检察院、地方各级人民检察院的检察官、检察辅助人员和行政管理人员。

7）民主党派机关的工作人员。我国的民主党派主要有：中国国民党革命委员会、中国民主同盟、中国民主建国会、中国民主促进会、中国农工民主党、中国致公党、九三学社、台湾民主自治同盟等。民主党派机关的下列人员是公务员：一是中央和地方各级委员会的领导人员；二是中央和地方各级委员会的职能部门和办事机构的工作人员。

8）监察机关的工作人员。我国监察机关包括国家监察机关、地方各级监察机关。国家监察委员会由主任、副主任若干人和委员若干人等组成。地方各级监察委员会由主任、副主任若干人和委员若干人等组成。国家监察机关、地方各级监察机关的职能部门、办事机构、派驻或派出机构的工作人员，以及监察专员也是公务员。

上述八类人员还要做具体分析：第一，各级人大常委会、政协各级委员会、民主党派各级委员会的领导人员，如果不驻会、不使用行政编制，则不列入公务员范围。第二，各级代表大会代表、委员会委员，按其所在部门和单位的人事制度进行管理，整体上不列入公务员范围。第三，机关所属事业单位工作人员使用事业单位编制，不纳入公务员范围。第四，机关工勤人员不执行行政职务，其工作属于后勤服务性质，不列入公务员范围。第五，国家主席、副主席属于公务员。第六，过去参照公务员管理的人民团体、群众团体工作人员（如妇联、侨联、工会、共青团、总工会等），仍然参照《中华人民共和国公务员法》标准，不列入公务员范围。

1.1.2 国家公务员制度的含义与基本内容

1. 国家公务员制度的含义

制度是指在特定社会范围内形成的，旨在调节社会关系、稳定社会秩序、约束公民行为的一系列习惯、道德、法律、戒律、规章、条例等的总和，它由社会或组织认可的非正式约束、国家规定的正式约束和实施机制三部分构成。

国家公务员制度，是指执政党和国家为了对公务员进行科学、有效管理而建立的旨在调整公务员的职务关系、职级关系与工作关系，激励、引导、约束、监督公共管理行为的法律、法规、政策体系。

2. 国家公务员制度的基本内容

按照系统权变观点，可将国家公务员制度分为进口、出口和日常管理等环节。

（1）进口环节。进口环节，是指社会公民进入公务员队伍，与政府机构形成公共人事任用关系，确立公务员身份的各种渠道、措施。进口环节主要包括公务员考试录用、调任、聘任等。

（2）出口环节。出口环节，不仅包括公务员退出公务员队伍，丧失公务员身份的渠道、措施；也包括公务员因法定事由而转任或被降职、免职，改变工作关系，但保留公务员身份。出口环节主要有职务职级升降、免职、开除公职、辞职、辞退、离退休、死亡等。

（3）日常管理环节。日常管理环节，是指除进口、出口环节以外其他的日常公务员管理活动。日常管理环节主要包括公务员考核、职位分类、任职、纪律与奖惩、培训、交流与回避、工资保险福利、申诉、控告等。

1.2 我国公务员制度的发展与演变

当代公务员制度吸收了传统干部人事制度的优点，借鉴了西方国家公务员制度的经验，是具有中国特色的社会主义公务员制度。1993 年，国务院颁布《国家公务员暂行条例》，我国公务员制度初步建立。2006 年 1 月 1 日起，《中华人民共和国公务员法》正式实施，我国公务员制度进入新的历史时期。为规范公务员管理，2018 年 12 月 29 日，第十三届全国人民代表大会常务委员会第七次会议审议通过修订后的《中华人民共和国公务员法》。

1.2.1 新民主主义革命时期干部人事制度

早在新民主主义革命时期，中国共产党就以马克思列宁主义、毛泽东思想为指导，初步建立了干部人事制度。1922 年 7 月，中国共产党第二次全国代表大会制定的党章中，首次使用“干部”一词。1931 年 11 月 7 日，中华苏维埃第一次全国代表大会在江西瑞金召开，大会选举成立临时中央政府，即中央执行委员会和人民委员会。中央苏区采取一系列干部人事制度，涉及干部职务任免、奖惩、培训、监督等方面。1937年9月6日，陕甘宁边区政府在延安成立。在抗日战争过程中，中国共产党先后开辟19处抗日革命根据地，建立新的抗日民主政权，重视干部人事制度。1938年10月，毛泽东同志在党的六届六中全会上提出，政治路线确定之后，干部就是决定的因素。抗日民主政权出台一系列干部人事管理制度，涉及干部选拔、职务任免、审查、考核、调配、培训、奖励、惩戒、福利等各方面。解放战争时期，解放区采取一系列措施选拔和培养优秀干部，例如：增设副职，培养后备干部；兴办干部学校；等等。

1.2.2　新中国公务员制度的发展历程

1. 探索时期（1949—1966年）

1949年10月至1966年5月，党和政府确立了干部人事管理体制，建立了各级干部人事机构，制定了涉及干部录用、职务任免、职务升降、调配、奖惩、工资、福利、退休退职、教育培训等方面的法规。与计划经济体制相适应，当时我国干部人事管理权限高度集中，注重培养懂工业生产、经济管理和科技教育等知识的高素质干部。

2. 停滞、挫折、拨乱反正时期（1966—1982年）

1966年6月至1976年10月，我国干部人事制度处于停滞、挫折时期。由于受到林彪、江青反革命集团的破坏和“文化大革命”十年动乱的冲击，党政干部人事工作遭到前所未有的破坏。1976年粉碎“四人帮”以后，干部人事工作进入“拨乱反正”时期。1978年至1982年，中央决定逐步恢复、调整各级人事工作机构，并从考核、奖惩、退休离休、工资福利等方面加强干部人事管理。

3. 创建、试点、推广和完善时期（1982—2005年）

1982年，国务院启动政府机构改革，并通过改革领导体制、废除领导干部终身制、建立干部退休制度、精简机构和人员等方式改革干部人事制度。中共中央组织部发布《关于干部制度改革的意见》等文件，进行干部人事制度改革试点。1983年，党中央决定通过下放干部管理权限、改进干部管理办法、干部分类管理等方式改革干部管理体制。1984年下半年，党中央决定加强干部人事立法，将干部的升迁、选拔、考核、奖惩等环节用法律规定下来。1987年10月召开的党的十三大提出，“当前干部人事制度改革的重点，是建立国家公务员制度”。1988年3月召开的七届全国人大一次会议提出，要抓紧建立和逐步实施国家公务员制度。以建立公务员制度为重点，我国逐渐将企业领导人、专业技术人员从“国家干部”中分离出来，将所有干部划分为机关、事业、企业三大类，干部分类管理格局初步形成。1993年8月14日，国务院发布《国家公务员暂行条例》。到1998年底，国家公务员制度入轨工作基本到位。2000年6月，中共中央办公厅印发《深化干部人事制度改革纲要》。2002年，中共中央颁布《党政领导干部选拔任用工作条例》。此后，《公开选拔党政领导干部工作暂行规定》《党政机关竞争上岗工作暂行规定》等法规相继出台，进一步健全了领导干部选任、竞争、交流、激励、监督、新陈代谢机制。

4. 法制化时期（2005年至今）

党的十六大提出，到2010年形成中国特色社会主义法律体系，要“坚持依法执政”，“改革和完善干部人事制度，健全公务员制度”。干部人事管理法律规范是社会主义法律体系的重要组成部分。2005 年 4 月，十届全国人大常委会第十五次会议审议通过了《中华人民共和国公务员法》，我国干部人事制度正式步入法制化轨道。此后，与《中华人民共和国公务员法》配套的法规相继出台，如《公务员考核规定（试行）》《行政机关公务员处分条例》《公务员职务与级别管理规定》《公务员录用规定（试行）》《公务员培训规定（试行）》《公务员申诉规定（试行）》《公务员调任规定（试行）》《公务员奖励规定（试行）》《公务员职务任免与职务升降规定（试行）》等。2018 年 12 月 29 日，第十三届全国人民代表大会常务委员会第七次会议审议通过修订后的《中华人民共和国公务员法》。2019 年 3 月，中共中央印发修订后的《党政领导干部选拔任用工作条例》。2019 年 7 月，中共中央办公厅印发《关于贯彻实施公务员法建设高素质专业化公务员队伍的意见》，要求把贯彻实施新修订的公务员法与建设高素质专业化公务员队伍结合起来。2019 年 10 月 31 日，中国共产党第十九届中央委员会第四次全体会议通过的《关于坚持和完善中国特色社会主义制度　推进国家治理体系和治理能力现代化若干重大问题的决定》强调，要“坚持和完善中国特色社会主义法治体系”，“坚持新时代党的组织路线，健全党管干部、选贤任能制度”。

1.2.3　我国公务员管理的基本原则

1. 公开、民主、平等、竞争、择优

《中华人民共和国公务员法》规定：“公务员的管理，坚持公开、平等、竞争、择优的原则，依照法定的权限、条件、标准和程序进行。”

（1）公开。党的十九大报告强调：“要加强对权力运行的制约和监督，让人民监督权力，让权力在阳光下运行，把权力关进制度的笼子。”《中华人民共和国政府信息公开条例》规定，“各级人民政府及县级以上人民政府部门应当建立健全本行政机关的政府信息公开工作制度”，“行政机关公开政府信息，应当坚持以公开为常态、不公开为例外”。《中国共产党党务公开条例（试行）》规定，党务公开要坚持正确方向、发扬民主、积极稳妥、依规依法，并将“重要人事任免”纳入应当公开的内容。公务员管理要贯彻公开原则，在公务员考试录用、职务职级任免与升降、考核、奖励、惩戒、辞退、交流与回避、工资保险福利、申诉与控告等管理中，依法、依规、如实地公开有关的法规、条件、标准、依据、程序、结果等信息，维护和尊重社会公众与公务员的知情权。

延伸阅读

内蒙古 1.3 万余人进入面试，阳光公考保公平

“请考生从这边走，到候考室等待抽签面试。”2017 年 6 月 29 日上午 8：00，内蒙古公务员考试面试在呼和浩特乌澜大酒店拉开帷幕。在该酒店三楼，经过安检进入候考室，按照考场顺序号等候面试。考官和考生首次见面，通信工具考前全部“收缴”。考官考前 20 分钟抽签分组分考场，考试成绩当场向全部考生公布。面试楼全程封闭，凡进场人员均需将手机交给工作人员统一保管、检查。考场分为大候考室、第二候考室、面试室、考生候分区。考生统一在大候考室抽签，之后到第二候考室等待，根据叫号到所抽面试室进行面试，面试结束后，考生在候分区等待成绩。面试环节考官由计算机随机抽取自动生成考官名单，考官和工作人员全程封闭管理，考生和考官实行“双抽签”制度，面试全程双机录制，避免“人情分”“感情分”。面试每一个流程都有工作人员引导，防止面试完的考生与候考考生“交流”。该考点共有 8 个面试室，每个面试室有考官 7 名、纪检员 1 名、记分员 1 名、计时员 1 名。考官混合编组，互不认识，抽签产生。面试期间，考官、考生分别进行封闭管理，考官与工作人员隔离。每位考生面试结束后，由工作人员引领进入休息室，与未面试人员隔离。考官签订《面试考官承诺书》。考生现场抽签定面试场地，面试考官也抽签决定自己所在考点与考场。面试评分除了每人必答两道题外，综合印象占一定分数。综合印象包括言语表达能力、自我情绪控制、举止仪表。内蒙古此次四级公务员联考招录职位涵盖了党政群各类机关，计划招录 4 678 人，实际开考职位招录 4 478 人，考试报名人数 21.9 万，参考人数 17.5 万，1.3 万多人进入面试。内蒙古自治区围绕打造“阳光面试”，努力营造公开、公平、公正的考录环境，纪检部门全程监督，对考生及家长诉求及时处理并合理解决。

资料来源：张昊文，任社轩. 内蒙古公务员考试 1.3 万余人进入面试.（2017－06－30）. http://www.nmgcb.com.cn/news/toutiao/2017/0630/136899.html.

（2）民主、平等。《中华人民共和国宪法》规定：“中华人民共和国公民在法律面前一律平等。”公务员依法平等地享有法定的公务员权利，并承担法定公务员义务。在公务员考试录用、考核、职务职级升降、竞争上岗、培训、奖惩、工资保险福利、辞职、辞退、退休等方面，应坚持民主、平等原则。

（3）竞争。党的十九大报告强调：“要坚持党管人才原则，聚天下英才而用之，加快建设人才强国。”在公务员考试录用、考核、职务职级任免与升降、奖励与惩戒、辞退、交流等公务员管理过程中，应当坚持竞争原则，以实现选贤任能、奖功罚过、优胜劣汰。比如机关内设机构厅局级正职以下领导职务出现空缺时，可以在本机关或者本系统内通过竞争上岗的方式产生任职人选，也可以通过适当方式面向社会选拔任职人选。

（4）择优。党的十九大报告提出了“建设高素质专业化干部队伍”的部署，要求“选优配强各级领导班子”，“大力发现储备年轻干部，注重在基层一线和困难艰苦的地方培养锻炼年轻干部”。择优原则体现在公务员职务职级聘任、考试录用、公开选拔、竞争上岗等公共部门人力资源“获取”环节上，并贯穿于公务员考核、职务职级任免与升降、交流、辞退等过程。比如按照《广州市花都区 2019 年公开选调公务员公告》，该区拟面向全国公开选调副科级领导职务和四级主任科员以下职级公务员共 53 名，先面试、后笔试。

2. 监督约束与激励保障并重

《中华人民共和国公务员法》规定：“公务员的管理，坚持监督约束与激励保障并重的原则。”党的十九大报告提出，要“坚持严管和厚爱结合、激励和约束并重，完善干部考核评价机制，建立激励机制和容错纠错机制，旗帜鲜明为那些敢于担当、踏实做事、不谋私利的干部撑腰鼓劲”。

（1）监督约束。党的十九大报告强调，要“构建党统一指挥、全面覆盖、权威高效的监督体系”。在公务员管理过程中，可利用公务员义务、纪律、处分、考核、降职与免职、辞职辞退、交流与回避、申诉与控告、法律责任追究等方式，加强对公务员的监督和约束。对触犯党纪、政纪、法律的公务员，可以依照《中国共产党纪律处分条例》《中国共产党党内监督条例》《中国共产党问责条例》《中国共产党廉洁自律准则》《关于新形势下党内政治生活的若干准则》《中华人民共和国监察法》《行政机关公务员处分条例》《中华人民共和国刑法》《中华人民共和国行政诉讼法》等法律、法规，追究公务员的党纪、政纪和司法责任。同时，要对公务员所在机关及其领导成员进行监督约束，以维护和保障公务员的合法权益。

延伸阅读

重庆警方通报对保时捷女司机调查结果，其丈夫被免职

2019 年 7 月 30 日，一段保时捷女司机当街掌掴男司机后帽子被打飞的视频在网上引发关注。当天，保时捷女司机因为未按规定掉头，且穿高跟鞋、戴帽子开车被扣 2 分、罚款 250 元。在当地派出所的调解下，当事双方互相道歉，达成调解协议。随后，网络曝出保时捷女司机李某的多段视频，其自称“爱飙车、经常闯红灯、扣分随意销”，引发公众强烈关注，不少网友质疑其家庭背景、收入来源、交通违法处理等情况。重庆渝北警方成立调查组深入调查，并于 8 月 12 日通报调查结果称，保时捷女司机李某从 2016 年 3 月至今共有 29 条交通违法记录，其中闯红灯 1 条，无超速违法记录，均已处理，无修改或撤销情况。李某表示，其此前说的关于飙车、闯红灯、销分的言论“就是虚荣心，信口开河”。其丈夫曾任渝北区公安分局某派出所所长，8 月 1 日起被停职调查，因在担任所长期间涉嫌其他违纪问题被免去所长职务，并被立案调查。重庆警方表示，真诚感谢媒体和公众监督，将引以为戒、举一反三，坚持从严治警。重庆市公安局发布李某的致歉书，其自称“深深感到愧疚、懊悔”，“将在生活中改正自身的缺点，好好做个遵纪守法的公民。希望大家给我改过的机会，请广大市民监督”。

资料来源：重庆警方通报对保时捷女司机调查结果，其丈夫被免职.（2019-08-13）. http://news.cnr.cn/native/gd/20190813/t20190813_524728807.shtml.

（2）激励保障。《中华人民共和国公务员法》规定：“公务员工资、福利、保险以及录用、奖励、培训、辞退等所需经费，列入财政预算，予以保障。”公务员激励保障机制，体现在公务员权利、考核、职务职级晋升、奖励、工资保险福利待遇、培训、申诉与控告等方面。健全的激励保障机制，能够激发公务员的工作热情，提高行政效率，增强公务员队伍的稳定性和内聚力、战斗力。2019 年 3 月，中共中央印发修订后的《党政领导干部选拔任用工作条例》，并发出通知，要求坚持事业为上，拓宽用人视野，激励担当作为，大力选拔敢于负责、勇于担当、善于作为、实绩突出的干部。一些地方政府也出台旨在激励担当作为的容错纠错制度，如《甘肃省鼓励改革创新干事创业容错纠错实施办法（试行）》等。

3. 德才兼备、以德为先，五湖四海、任人唯贤，突出政治标准，注重工作实绩

《中华人民共和国公务员法》规定：“公务员的任用，坚持德才兼备、以德为先，坚持五湖四海、任人唯贤，坚持事业为上、公道正派，突出政治标准，注重工作实绩。”在

2013 年 6 月 28 日至 29 日召开的全国组织工作会议上，习近平总书记在讲话中指出，好干部要做到“信念坚定、为民服务、勤政务实、敢于担当、清正廉洁”。党的十九大报告强调，要“坚持德才兼备、以德为先，坚持五湖四海、任人唯贤，坚持事业为上、公道正派，把好干部标准落到实处。”2019 年 3 月印发的《党政领导干部选拔任用工作条例》强调，要建设一支“忠诚干净担当的高素质专业化党政领导干部队伍”，再次明确要求党政领导干部必须信念坚定、为民服务、勤政务实、敢于担当、清正廉洁。

（1）德才兼备、以德为先，五湖四海、任人唯贤。按照《公务员考核规定（试行）》，德，“是指思想政治素质及个人品德、职业道德、社会公德等方面的表现”；才即能，“是指履行职责的业务素质和能力”。在公务员考核、职务任免与升降、交流过程中，要坚持德才兼备、以德为先、五湖四海、任人唯贤的原则。2011 年 12 月 18 日，习近平同志在全国组织部长会议上强调，要坚持德才兼备、以德为先用人标准，坚持五湖四海、任人唯贤，切实把政治坚定、实绩突出、作风过硬、群众公认的干部选拔上来。《中共中央关于加强党的政治建设的意见》强调，领导干部特别是高级干部要带头“持之以恒锤炼政德，明大德、守公德、严私德”。

（2）注重工作实绩。党的十九大报告将“坚持新发展理念”列为新时代中国特色社会主义思想的重要内容，强调“发展必须是科学发展，必须坚定不移贯彻创新、协调、绿色、开放、共享的发展理念”。按照《公务员考核规定（试行）》：“绩，是指完成工作的数量、质量、效率和所产生的效益。”在公务员考核、职务任免与升降、交流过程中，要注重对公务员的工作实绩进行考核。尤其是在党政领导班子和领导干部综合考核评价过程中，要重点作好实绩分析，充分体现从实绩看德才、凭德才用干部的原则。党政领导干部要树立科学发展观和正确的政绩观。《党政领导干部选拔任用工作条例》强调，要“树立注重基层和实践的导向，大力选拔敢于负责、勇于担当、善于作为、实绩突出的干部”。党政领导干部必须树立正确政绩观，作出经得起实践、人民、历史检验的实绩。

延伸阅读

人民的好公仆——焦裕禄

焦裕禄在这个世界上只生活了短短的 42 年，却感动了几代中国人。1962 年 12 月，焦裕禄调到兰考县，先后任县委第二书记、书记。兰考县是个饱受风沙、盐碱、内涝之患的老灾区。焦裕禄从到兰考第二天起，就深入基层调查研究，拖着患有慢性肝病的身体，在一年多的时间里，跑遍了全县 140 多个大队中的 120 多个。在带领全县人民封沙、治水、改地的斗争中，焦裕禄身先士卒，以身作则。焦裕禄常说，共产党员应该在群众最困难的时候，出现在群众的面前；在群众最需要帮助的时候，去关心群众、帮助群众。他的心里装着全县的干部群众，唯独没有他自己。他经常肝部痛得直不起腰、骑不了车，即使这样，他仍然用手或硬物顶住肝部，坚持工作、下乡，直至被强行送进医院。1964 年 5 月 14 日，焦裕禄被肝癌夺去了生命，年仅 42 岁。他临终前对组织上唯一的要求，就是“把我运回兰考，埋在沙堆上。活着我没有治好沙丘，死了也要看着你们把沙丘治好”。1966 年，河南省政府追认焦裕禄同志为革命烈士。焦裕禄留给后世无尽的精神财富，留给家人良好的家风。焦裕禄，这个永不褪色的名字，如一座丰碑，矗立在兰考，矗立在中国大地，矗立在亿万百姓心中。

资料来源：邵鲁文，李亚楠，初杭. 人民的好公仆：焦裕禄.（2019-08-15）. http://epaper.gmw.cn/gmrb/html/2019-08/15/nw.D110000gmrb_20190815_4-02.htm.

（3）突出政治标准。党的十九大报告强调，要“坚持正确选人用人导向，匡正选人用人风气，突出政治标准，提拔重用牢固树立‘四个意识’和‘四个自信’、坚决维护党中央权威、全面贯彻执行党的理论和路线方针政策、忠诚干净担当的干部，选优配强各级领导班子”。《党政领导干部选拔任用工作条例》强调，“选拔任用党政领导干部，必须把政治标准放在首位”。《中共中央关于加强党的政治建设的意见》强调，要“突出政治标准选人用人”。要贯彻新时代好干部标准，始终把政治标准放在第一位；对政治不合格的干部实行“一票否决”，已经在领导岗位的坚决调整。比如自 2019 年以来，江苏启东市实施《市管领导班子和领导干部综合分析研判实施细则》《市管领导干部任前政治体检实施办法》，严把任职前政治体检五道关口，以“正面清单＋负面清单”对政治标准具体化。

4. 分类管理，提高管理效能和科学化水平

（1）分类管理原则。《中华人民共和国公务员法》规定：“国家对公务员实行分类管理，提高管理效能和科学化水平。”职位分类和品位分类是两种主要的公共部门人力资源分类管理方式。我国实行公务员职务与职级并行制度，根据公务员职位类别和职责设置公务员领导职务、职级序列。公务员职位类别分为综合管理类、专业技术类和行政执法类等。

（2）提高管理效率和科学化水平。在实行分类管理的同时，国家机关应当深化机构与行政体制改革，不断创新和改革公务员管理方法、技术与手段，大力提高公共部门人力资源管理效率。党的十九大报告指出，要“统筹使用各类编制资源，形成科学合理的管理体制”。在公务员考核过程中，要将优化党政机关编制管理与科学考核相结合，充分利用目标管理法、关键绩效指标法、平衡计分卡等方法，健全绩效考核体系。

5. 党管干部

按照《中国共产党章程》，党的领导主要是政治、思想和组织的领导。党管干部原则，是我国公务员管理的基本原则，是党的组织路线为政治路线服务的重要保障。1989 年 8 月 28 日，《中共中央关于加强党的建设的通知》指出，党管干部原则的主要内容为：“加强对干部工作的领导，制定干部工作的方针、政策，推荐和管理好重要干部，指导干部人事制度的改革，做好对干部人事工作的宏观管理和监督。”《中共中央关于加强和改进新形势下党的建设若干重大问题的决定》继续强调，要坚持“党管干部”原则。党的十九大报告强调，“党的干部是党和国家事业的中坚力量”，要“坚持党管干部原则”。2018 年 3 月 11 日，第十三届全国人民代表大会第一次会议通过的《中华人民共和国宪法修正案》强调，“中国共产党领导是中国特色社会主义最本质的特征”。《中华人民共和国公务员法》规定，公务员制度“坚持中国共产党领导”，“坚持党管干部原则”。《党政领导干部选拔任用工作条例》强调，选拔任用党政领导干部必须坚持“党管干部”原则。2019 年 7 月，中共中央办公厅印发的《关于贯彻实施公务员法建设高素质专业化公务员队伍的意见》强调，要坚持党管干部原则，落实新时期好干部标准，依法管理和培养锻造公务员队伍。在民主集中制的基础上，各级组织（人事）部门要坚持贯彻、执行党的干部路线、方针和政策，严格推荐、培养、选拔、任用、考核干部，并对各级各类干部进行有效管理和监督。我国公务员队伍要自觉接受中国共产党的领导，坚持社会主义方向，不搞政治中立。

6. 依法依规管理

党的十九大报告强调，"必须把党的领导贯彻落实到依法治国全过程和各方面"。《中华人民共和国公务员法》规定，公务员的管理，"依照法定的权限、条件、标准和程序进行"，"公务员就职时应当依照法律规定公开进行宪法宣誓"，"公务员依法履行职责的行为，受法律保护"。在公务员管理过程中，必须严格遵守《中华人民共和国宪法》《中华人民共和国公务员法》《中华人民共和国监察法》《党政领导干部选拔任用工作条例》《关于新形势下党内政治生活的若干准则》《中共中央关于加强党的政治建设的意见》《中国共产党党内法规执行责任制规定（试行）》等法律法规、党内法规，依法依规管理、全面从严治党，努力提高公务员管理的法治化、制度化、规范化、科学化水平。

1.3　西方国家公务员制度的发展与演变

1.3.1　西方国家公务员制度发展与演变概况

1. 英国公务员制度的发展与演变

（1）探索阶段：1688—1853 年。

长期以来，英国公共职位实行"国王恩赐制"，所有国王任命的官吏都是"国王的奴仆"(crown servants)。自 1689 年英国确立君主立宪制以来，英国政治权力一度集中于议会，公共职位被议会多数党控制，政党政治与议会制度相互融合，"政党分赃制"盛行。从 17 世纪末开始，英国议会通过一系列法规，以限制国王的官员任命权。1701 年议会通过的《王位继承法》规定：从汉诺威王朝以后，凡受国王的任命以及领受国王年金者，皆不能当选为下院议员。1765 年，驻印总督罗伯特·克拉夫为整治英属印度的吏治腐败问题，从两方面进行改革，一是明令禁止公司职员公开受贿舞弊，二是直接从伦敦选送官员到印度任职。

1805 年，英国财政部设立相当于副大臣的常务次官，其他各部纷纷仿效。1833 年，英国政府各部全部设立常务次官职位。常务次官及其下属均为"文职公务人员"，职位常任，保持政治中立，不参加党派活动，不随内阁共进退，不得成为议员，政务官、事务官泾渭分明。随着 1832 年《英国议会改革法》的出台，英国文官制度改革迫在眉睫。1833 年，政府各部门开始实行考试补缺制度，择优录用公务员。1834 年《退休金法》核准财政部关于建立文官退休金制度的备忘录。1853 年，英国议会委派以牛津大学历史学教授麦考莱为首的 3 人委员会调查东印度公司人事制度，提出以赫尔利伯略行政管理学校公开选拔经验为题材的报告，针砭官职恩赐制、政党分赃制、徇私委任等弊端，主张实行公开竞争性考试，择优录用通才等。

（2）初创阶段：1854—1967 年。

1853 年，英国财政大臣格拉斯顿指派常务次官斯塔福德·诺斯科特（Stafford Northcote）和查尔斯·屈维廉（Charles Trevelyan）调查文官制度，他们于 1854 年提出《关于建立英国常任文官制度的报告》。该报告将公职人员统称为公务员（文官，civil service），强调建立常任文官队伍的必要性，并提出公务员制度改革的四项建议：一是将政府的行政事务工作分为智力工作和机械工作。前者为行政管理和政治性工作，由通过以大学课程为基础的考试的人员履行；后者为日常办公室工作，具备中学文化水平以上并通过竞争性考试者都可胜任。建立文官职位分类系统。二是初任人员应该按规定年龄从学校毕业，通过竞争性考试，表明具有通才智力后择优录用。设立考试委员会，统一负责全国文官考录工作。三是对各部人员进行统一管理，互相转调和提升。文官必须保持政治中立。四是实行功绩制。官员提升基于才干和工作成绩而非资历。高级文官职位的提升以上级年终考核为依据，低级事务人员的提升以年资为依据。

1855 年，帕麦斯顿内阁颁发《关于录用王国政府文官的枢密院令》，成立负责文官考试录用的“文官事务委员会”。1870 年，第二个枢密院令强调文官公开考试录用原则，要求除外交、内政两部外，其他各部的空缺职位应由通过公开竞争考试的合格者担任。1876 年，英国枢密院宣布构建文书人员系统。19 世纪末 20 世纪初，泼莱藩委员会（Ployfair Committee）、理德利委员会（Ridley Committee）等对英国文官制度进行调查，并提出改革建议。1920 年，全国文官统一为行政、执行、文书、事务人员四级，各部设置“晋升委员会”。

二战后，英国构建国家垄断资本主义体系，实施“福利国家”政策。随着政府的公共管理职能扩张，机构膨胀、效率低下、人浮于事等现象日益明显，在公务员招聘、职务任免与升降、考核、分类管理等方面出现一系列问题，英国文官制度饱受质疑。

（3）改革、完善阶段：1968 年至今。

1966 年，英国工党威尔逊政府任命苏塞克斯大学副校长富尔顿（Lord Fulton）调查英国文官制度弊病。1968 年，包括 158 项建议的《富尔顿报告》出台，该报告罗列了英国文官制度的缺陷，如重通才、轻专才，专业管理人员比例太小且训练不足，文官制度有排他性、封闭性，品位分类制度不合理，文官职责不明等。该报告提出以下改革建议：一是成立文官事务部。二是促使“通才型”文官向“专才型”文官转变。三是改变招聘对象的知识结构条件，强调专业技术条件。四是成立文官学院，形成统一的文官培训体系。五是建立统一的职级结构。六是建立开放的文官交流机制。七是限制高级文官权力。八是增加行政管理透明度。

1968 年 11 月，英国政府设置文官事务部，纳入原文官事务委员会，统一管理全国文官事务。1970 年 6 月，建立文官学院。1970 年 1 月，英国改革文官分类管理制度，将原有的 47 职类、1 400 余职级的品位分类制度简化为 10 职类、19 职组的统一的职位分类制度。在文官晋升制度方面，改变了重通才、封闭性的逐级晋升办法，取消等级限制，各类文官凭才能和功绩晋升，晋升的条件日益宽松，晋升的渠道和方式更加多元化。希思政府在公共部门中引入企业专业化管理方式，卡拉汉政府则致力于推进文官专业化，理顺大臣与高级文官之间的关系，但都收效甚微。1979 年，撒切尔政府开展公务员制度改革：一是裁减冗员，削减行政经费。二是撤销文官事务部，将其全部职能转交财政部、内阁办公厅。三是设置执行机构，精简政府机构。四是加大对高级文官的控制，突破政治中立原则。五是限制公务员工资增加幅度。

1995 年，英国枢密院颁发《英国公务员管理法》。布莱尔政府发起“政府现代化”的行政改革运动，推动公务员制度改革。2002 年，布莱尔首相亲自领导“递送与改革”计划，提出了未来公务员制度改革的战略愿景：公务员制度改革的目的是，在维护它的核心价值的同时改善现代社会中的公共服务绩效。2012 年 6 月，英国政府推出新一轮公务员改革计划，致力于打造一支更灵敏、更快速、更注重结果和有更多能力的公务员队伍。

2. 美国公务员制度的发展与演变

(1) 探索阶段：1787—1882 年。

1787 年，美国宪法确立了三权分立制和总统负责制。建国初期，美国联邦政府的公职任用经历了“绅士政府”“政党分赃制”发展阶段。1871 年 6 月，美国总统格兰特任命以柯蒂斯为主席的“文官事务委员会”，文官事务委员会负责制定文官法规。文官事务委员会于 1872 年 3 月制定新的文官分类规则，将国家文官分为一般职员、领事一级的官员、收税官、最高级官员，并严格规定非技术性、一般技术性、技术性较强以及政治性较强的职位范围及其录用标准。1876 年，美国税务、内政、海关等部门实行公开考试，择优录用公务员。1881 年，力主改革政党分赃制的美国新任总统加菲尔德被暗杀，美国国会面临文官改革推进者的强大压力。

(2) 初创阶段：1883—1977 年。

1883 年 1 月，美国国会通过了由民主党参议员乔治・亨利・彭德尔顿所提出的《调整和改革美国文官制度的法案》(《彭德尔顿法》)，由总统切斯特・阿瑟正式签署并颁布。《彭德尔顿法》标志着以功绩制为核心的美国现代文官制度初步形成。该法的主要内容包括：一是成立联邦公务员管理机构“文官事务委员会”。二是实行公开竞争性考试，功绩晋升。三是公务员实行政治中立，职位常任并有相对稳定的职业保障。

随着美国公共部门人力资源管理的发展，与公务员制度有关的配套法规陆续出台，如 1920 年颁发的《公务员退休法》、1923 年颁发的《联邦政府职位分类法》、1945 年颁发的《联邦政府雇员工资法条例》、1950 年颁发的《工作考绩法》等。20 世纪 70 年代，由于受制于经济滞胀，美国政府实施放松管制运动，公务员制度改革呼之欲出。1976 年，卡特总统成立“文官制度改革与立法”工作小组，着手审查和讨论文官制度改革事宜。

(3) 改革和完善阶段：1978 年至今。

1978 年 10 月，美国国会通过《文官制度改革法》。卡特政府实施的文官制度改革的主要内容包括：一是改组公务员管理机构。撤销文官事务委员会，设置联邦人事管理署、功绩制保护委员会。二是坚持“功绩制”原则。功绩制原则包括：文官人员招聘，实行公开竞争性考试；文官录用与晋升，坚持公开合理原则；同工同酬，工资保持行业平衡，适当奖励工作成绩优异者；注重文官的职业道德修养；文官工作应注重绩效与效率；文官续任、解聘、晋级，以工作业绩好坏为依据；文官享有职业培训权利，以提升管理水平；文官应保持政治中立，不能利用职权为政党政治服务；保护正当揭发的公职人员，使之免受打击报复。三是实施绩效考核制。四是对中高层公务员实行绩效工资。五是构建相对独立的高级行政职位。

20 世纪后期，美国政府陆续出台或修订一系列公务员管理法律法规，如《绩效管理与奖赏制度》《联邦雇员退休制度》《联邦雇员薪酬比较法》《政府绩效与结果法案》等，并不断创新公务员管理方法和技术。1993 年至 2000 年间，克林顿政府大刀阔斧地开展“重塑人力资源管理”运动，涉及下放公务员管理权限、雇佣、职位分类、薪酬、绩效管理、培训等内容。从 2001 年起，布什政府进一步推动公务员制度现代化变革进程，致力于构建以人力资本战略管理为特征的新型公务员制度。美国联邦政府公务员制度现代化设定了四项战略原则，即维护基本理念、实行最大弹性、利用规模效应、确保合作与协调。2004 年，美国联邦人事管理署颁发《人力资本评估与职责框架》，构建了包含成功标准、关键成功因素、绩效指标三个层次的公共部门人力资本战略管理模式。美国国会于 2010 年 12 月通过《政府绩效与结果法案修正案》。2017 年 3 月，美国总统特朗普签署“重组行政部门全面计划”的行政令，要求美国政府各部门在 180 天内提交重组计划，削减政府规模与开支。

3. 日本公务员制度的发展与演变

（1）探索阶段：1868—1946 年。

近代日本实行以天皇为核心的中央集权政治体制，天皇独揽公共人事行政大权。始于 1868 年的明治维新运动建立了资产阶级君主立宪制政体，日本公共人事制度改革应运而生。1885 年，由伊藤博文任首相的资产阶级内阁成立，颁发《官吏纲要》，规定政府官员必须经过竞争性考试才能录用。此后，日本政府陆续颁发公务员管理法规，如《高阶官员官阶薪俸令》《官吏服务规律》《文官预备考试与见习规则》《文官任用令》《文官分限令》《文官惩戒令》等，文官制度初步成型，但尚未明确划分政务官、事务官。

1913 年，日本枢密院颁布法令规定，内阁首相能任命政府各部次官以及参事官以上级别的高级官员，这些官员与政党、内阁共进退，不能常任；一般公务员必须经过竞争性考试择优录用，职务常任。19 世纪末 20 世纪初，日本军国主义蔓延，日本政治体制由君主立宪制逐渐转型为法西斯战时体制。1941 年，日本首相近卫文麿提出《管制新体制确立纲要》等战时管制方案，设立内阁人事管理机构统一管理全国文官事务。

（2）初创阶段：1947—1979 年。

二战以后，美国占领军推动日本政治民主化改革，废除天皇专制政体，构建立法、行政、司法三权分立的资产阶级民主政体。1946 年，美军占领当局发布“政治整肃令”“开除公职令”。1946 年 1 月，美国官员 M. 爱斯曼提出《日本公务员制度改革备忘录》。1946 年 10 月，日本政府成立行政调查组；11 月底，以胡佛为团长的美国人事行政顾问团来到日本，与日本政府行政调查组联合成立改革委员会，指导日本公务员制度改革。1947 年 5 月颁发的《日本国宪法》为日本公共人事制度改革奠定了法律基础。1947 年 6 月，美国代表团向日本片山哲内阁提交《日本国家公务员法草案》，日本政府随后颁发《日本国家公务员法》。日本政府于 1948 年 11 月修订《日本国家公务员法》，恢复了胡佛代表团拟定的草案中部分内容：一是改人事委员会为人事院，人事院对内阁保持相对独立。二是扩大实行公开竞争性考试录用的一般职公务员范围，各部事务次官纳入一般职。三是限制公务员的政治权利，国家公务员不适用于《劳动组合法》《劳动关系调整法》《劳动基准法》所规定的组织工会、罢工谈判、政党竞选等权利，取消公民对公务员的弹劾权。四是导入“劝告制度”，由人事院每年向国会和内阁进行有关调整公务员工资的劝告。

1950 年，日本政府先后颁发《地方公务员法》《公务员职阶法》《关于一般职职员工资的法律》。20 世纪中后期，吉田茂内阁、鸠山一郎内阁、岸信介内阁、池田勇内阁等先后实行政府机构改革，精简机构、裁减冗员。1964 年，日本政府第一次临时调查会提出《关于行政改革的意见》，力推公务员定员管理。1969 年，日本政府公布《行政机构职员定员法》，并于 1979 年发布《总定员法》。《日本国家公务员法》历经数次修订，不断完善。

(3) 改革和完善阶段：1980 年至今。

太平正芳首相于 1978 年上任后，将 1980 年作为“行政改革元年”。1983 年，中曾根康弘内阁拟定《新行政改革大纲》，从以下几个方面着手公务员制度改革：一是依据《总定员法》，继续裁减冗员。二是在人事院内设事务总局，内设行政管理局等 5 个委员会；各省厅设立人事管理委员会。三是技术勤杂类的一般职公务员自 1984 年起，实施私人代理，不再增加定员。四是自 1985 年起，实行公务员退休“定年制度”，退休后的缺额不再补充新人，采用公务员调任、培训、进修等形式予以解决。五是改革晋升制度。每晋升一人，按照候选人与拟录用职位 5∶1 的比例从候补花名册中择优晋升。六是推广电子政府。

20 世纪 90 年代，日本政府继续推进行政体制和公共人事制度改革。1998 年，日本制定《中央省厅改革基本法》，1999 年制定《中央省厅等改革法案》。1999 年，日本政府颁布《国家公务员伦理法》。日本政府于 2001 年 12 月 1 日在内阁会议上确定并公布《行政改革大纲》，并于 2001 年 12 月 25 日颁布《公务员制度改革大纲》，加大公务员制度改革力度：一是理顺公务员管理机构的关系。削弱人事院的人事管理权限，增强各省厅人事行政机构的权限。二是改革年功序列制，实施以能力和绩效为本的等级制度。三是通过改革公务员录用考试制度、构建开放型任用机制、扩大女性公务员的比例等措施，实现公共部门人才引进多元化。四是规范公务员再就业。五是改革僵化的行政体制，增强行政组织的灵活性。

2008 年 6 月，日本参议院审议通过《国家公务员制度改革基本法》，重新定义公务员的角色，明确公务员制度的人事管理方针，实施一元化管理，建立自主性雇佣关系制度。2013 年 11 月，日本内阁向国会提交《国家公务员制度改革关联法》，并于 2014 年 4 月在参议院通过；按照该法，包括事务次官、部长等在内的中央官员与干部的人事工作由内阁统管；新设内阁人事局。2016 年 3 月，内阁人事局公布《平成 28 年度人事管理运营方针》。

4. 其他西方国家公务员制度的发展与演变

(1) 德国公务员制度的发展与演变。

德国公务员制度源远流长。1713 年，普鲁士国王腓特烈一世首次颁发对法官、律师、书记官等职务进行公开竞争性考试录用的法令。1737 年，扩大竞争性岗位的适用范围，凡政府行政部门、司法部门的官员必须经过竞争性考试，择优录用。腓特烈二世继位后，颁发《普鲁士国家公法》，加强军事官僚制度，致力于提高政府高级官员素质。1743 年，德国政府颁布法令要求政府公职人员必须具备大学学历，正式任职前要到机关实习一年，经考核合格后才能上岗。1770 年，政府规定高级官员必须经过竞争性笔试、面试合格后才能择优录用。19 世纪王朝统一战争期间，德皇威廉一世重用铁血宰相俾斯麦，推行了一系列政治体制变革，其中包含官制改革，主要内容有竞争性考试录用、公务员培训等。1873 年德国出台《帝国官员法》。1879 年德国立法规定行政人员考试标准。1919 年，魏玛共和国成立，《魏玛宪法》在法律上将公务员分为政务官、事务官，并规定竞争性考试录用、文官常任、政治中立等原则。1933 年，希特勒上台后开始法西斯独裁专制，颁发《文官任用法》，规定非日耳曼人不得担任公职，扩大公务员范围，削减公务员福利。二战结束后，德国一分为二。1953 年，联邦德国先后颁发《联邦政府官员法》《联邦政府工资法》《官员法总则》等。1977 年，联邦德国重新颁布《联邦政府官员法》，德国现代公务员制度正式确立。1990 年 10 月，两德统一，全德公务员统一管理。当前，德国形成了以《德国公务员法》为主体，以《官员工资法》、《纪律处分法》、《官员供养福利法》、《公职人员代表法》、《官员资历条例》和地方公务员法为补充的公务员管理法律法规体系。

（2）法国公务员制度的发展与演变。

法国公务员制度萌芽于拿破仑时期，当时出台了一些政府管理单项法规，建立了若干官员培训的专科学校。法国大革命时期建立了公职人员民选制度。19 世纪中后期至 20 世纪初，历届法国政府陆续出台单项公务员管理法律法规，如《政府官员退休法》《关于中学教员地位的法律》《关于小学教师地位的法律》《关于大学教师地位的法律》《政府官员处分条例》《邮电部门公务员法》《公用事业部门公务员法》《政府官员调配法》《公务员家属随调法》《内政部公务员法》《退休法》《劳动部公务员法》等。1945 年，法国设立公职管理总局、国立行政学院。1946 年，法国国民议会通过《法国国家公务员章程》，经过数次修订，该章程不断完善。20 世纪 90 年代，法国政府启动公务员制度现代化改革，致力于推动公务员管理非集权化改革，促进“传统人员管理模式”向“人才资源开发管理模式”过渡，并在公务员选拔和提升中健全竞争机制。自 2019 年 1 月起，马克龙政府着手推动涵盖失业保险、退休、公务员管理等三方面的政府改革。

总体说来，随着政治、经济体制的发展，英国、美国、日本、法国、德国等西方国家不断发展和完善适应本国国情的现代公务员制度。英美等西方国家的公务员制度，推动了荷兰、瑞典、加拿大、新西兰、澳大利亚等国公务员制度变革。

1.3.2 当代西方国家公务员制度的特点

1. 注重公务员管理法制建设

完备的法律法规是公务员管理的前提和基础。西方国家注重公务员管理法制建设，适时制定、修订、完善公务员管理法及其配套法规，如《英国公务员管理法》、美国《文官制度改革法》、《日本国家公务员法》、《法国国家公务员章程》、《德国公务员法》等。其中，《日本国家公务员法》于 1947 年 10 月 21 日颁布，并于 1991 年修订，该法包括总则、中央人事行政机关、职务的标准、罚则、附则等内容。

2. 坚持公开、平等、竞争、择优原则

公开、平等、竞争、择优是西方国家公共部门人力资源管理的重要原则，贯穿于公务员考录、考核、职务职级任免与升降、工资保险福利、辞职辞退、交流等过程。比如在

《关于建立英国常任文官制度的报告》《调整和改革美国文官制度的法案》中，英美就规定通过公开竞争性考试录用公职人员；在英国《富尔顿报告》、美国《文官制度改革法》中，英美进一步确立功绩制，要求在公务员管理过程中恪守公开、平等、竞争、择优原则。

3. 两官分途，政治中立

西方国家大都实行“政务官”“事务官”两官分途，政务官和事务官的任免方式、任职资格条件、管理形式、职责范围、职务职级升降、工资保险福利、交流与回避、纪律与奖惩等制度各不相同，应当区别管理。政务官是指经过政治选举或政治任命而产生的政府官员，负责政策制定和重大公共事务决策，与内阁共进退，实行任期制。事务官是指通过公开竞争性考试或考察而获取公务员身份的公职人员，负责执行政策，不与内阁共进退，长期任职。同时，西方国家要求事务官必须保持“政治中立”，全心全意为国民服务，而不是为某一党派服务，其政治行为受到一定程度的限制。比如德国 1919 年生效的《魏玛宪法》规定：“官吏为全国之公仆，不是一党一派之佣役。”近年来，由于国际、国内政治与经济形势错综复杂、瞬息万变，西方各国注重选拔掌握专业技术、业务能力强的技术型政务官。

4. 引进企业人力资源管理技术与方法

20 世纪中后期，以 3E（economy，efficiency，effectiveness，即经济、效率、效能）为目标的新公共管理运动席卷西方国家。新公共管理运动奉行管理主义，认为“管理就是管理”（management is management），管理方法、手段、技术与原则具有普适性。西方国家结合本国国情，纷纷引入企业人力资源管理技术和方法，开发公共部门人力资源管理，致力于提升公务员的公共服务能力，构建高绩效政府。目标管理法、关键绩效指标法、平衡计分卡、全面质量管理法、360 度反馈法、宽带薪酬、弹性福利、职业生涯管理等企业人力资源管理技术与方法在公共部门得到广泛运用。

1.4　公务员管理机构

公务员管理机构，是指依法对公务员考试录用、职位分类、职务职级任免与升降、考核、奖惩、培训、交流与回避、辞职、辞退、退休、申诉与控告、工资、保险与福利等事项进行管理的国家机关。西方国家公务员管理机构模式主要包括以美国为代表的部外制公务员管理机构模式，以法国为代表的部内制公务员管理机构模式，以英国为代表的折中制公务员管理机构模式。我们有必要吸收西方国家公务员管理体制的有益成分，健全我国公务员管理机构，完善我国公务员管理体制。

1.4.1　西方国家公务员管理机构比较

1. 部外制公务员管理机构：美国

（1）部外制公务员管理机构的含义。

部外制公务员管理机构，是指在政府行政部门之外专门设置相对独立的公共人事管理机构，行使公共人事管理权力，不受政党干涉和行政首长控制。部外制公务员管理机构不仅独立行使公务员考试录用权，也主管公务员考核、培训、职务升降、工资福利保险、奖惩等事项。实行部外制公务员管理体制的国家主要有美国、日本、加拿大、菲律宾、韩国等。

（2）部外制公务员管理机构的优缺点。

1）部外制公务员管理机构的优点：人事管理的独立性、公平性强，能够保持政治中立；人事管理权限集中、统一，不易卷入行政系统之间的内部纠纷。

2）部外制公务员管理机构的缺点：公务员管理机构与其他政府部门间的配合不够密切；相对独立于行政系统，公务员管理机构所设计的人事管理制度可能脱离公共管理实践，操作性不强；公务员管理程序复杂、烦琐，效率不高。

（3）美国公务员管理机构。

美国在1883年颁发了《调整和改革美国文官制度的法案》，据此设立了相对独立的联邦“文官事务委员会”。1978年，美国国会通过《文官制度改革法》，撤销了文官事务委员会，设立联邦人事管理署、功绩制保护委员会、联邦劳雇关系局等管理机构。美国联邦调查局、政府道德署、审计机构、立法机构、司法机构等则形成了多元化公务员监督体系。

1）联邦人事管理署。联邦人事管理署内设人员配备部、人才发展与成效部、工资与退休部、人事考核部、各局协调部、部际人事关系部等直属部门，以及公共事务部、管理部、人事部、政策评价部等职能机构。其主要职责包括：制定、颁发公务员管理政策、规则、行政命令、章程、人事计划，协调政府和议会之间、中央和地方政府之间的人事关系，管理、执行、巡视公务员考试录用、职务任免、考核、培训、奖惩、升降、退休、辞职辞退、人事调查、人事计划评审、退休与保险等事务，协助美国政府参加国际组织工作。

2）功绩制保护委员会。美国功绩制保护委员会包括主席1人、委员2人、特别检察官1人。功绩制保护委员会内设参事处、申诉处、行政裁决处、功绩制审查研究处、立法参事处、秘书处、行政处等分支机构。其主要职责包括：保护功绩制实施，并向国会报告实施情况；制止违反功绩制原则的做法，保护进行正当揭发的公职人员；受理人事诉讼，纠正不当的行政处分；对违纪者依法进行制裁；审查、监督公务员规章制度；监督政府人事管理。

3）联邦劳雇关系局。美国联邦劳雇关系局于1978年成立，取代原有的“联邦劳雇关系委员会”。联邦劳雇关系局由3名委员组成，下设总顾问和行政法官若干人。美国联邦劳雇关系局负责制定与加强联邦劳资关系政策，并进行调查研究；协调与处理公职人员与其所在政府部门之间的关系；执行联邦《集体谈判法》，组织、协调劳资双方的集体谈判；仲裁、解决工会提出的劳资纠纷。2018年，美国总统特朗普签署三项行政命令，以加快终止合同、修改工会合同、限制工会工作，这些赋予了政府机构更大的解雇表现“不佳”公务员的权力。

4）部门内设人事管理机构。政府部门内设的人事管理机构向机关首长负责，并接受联邦人事管理署的指导、监督，执行联邦人事管理法规与政策，办理机构内部公职人员的特殊考试录用、职务任免与升降、培训、考核、退休退职、冗员裁减等日常事宜。

5）公务员监督机构。美国公务员监督机构主要包括：一是政府道德署。政府道德署下设总顾问办公室、计划监督和协助司、教育培训司、行政司。二是审计机构。根据1921年《预算和会计法》成立的美国联邦审计总署（2004年更名为“美国政府问责总署”）是美国国家最高审计机关，享有公共财务检查权、调查权、建议权和报告权。三是监察长办公室。根据《监察长法》，在29个重要的联邦政府部门设置监察长办公室，履行审计、调查案件职能。同时，设立“总统廉政与效率委员会”，以协调监察长办公室工作。四是立法机关。美国中央和地方的立法机关由参议院和众议院组成。美国国会享有质询、不信任案投票、弹劾、罢免等人事管理权力。美国参议院政府事务委员会、众议院政府改革与监督委员会均有权审查联邦政府的人员录用情况。五是司法机关。美国司法部有权调查公务员腐败案件，并起诉腐败官员。司法部下设联邦调查局（FBI），有权调查任何公务员（包括美国总统）涉嫌腐败的案件。美国司法部刑事局公共诚实处，以及检察官、独立检察官等有权监督公务员行为。由普通法院（含最高法院、地方法院、上诉法院）和专门法院组成的美国联邦法院也在公务员监督过程中扮演重要角色。六是其他公务员监督机构、委员会等。比如美国总统行政办公室、联邦总务局、联邦财务管理办公室、奖惩制度保护委员会、联邦选举委员会、平等就业机会委员会、美国政府雇员协会等，也在监督过程中发挥重要作用。

2. 部内制公务员管理机构：法国

（1）部内制公务员管理机构的含义。

部内制公务员管理机构，是指在政府行政系统内部设置人事管理机构，负责处理本部门人事管理工作。中央政府设置的综合性人事机构负责制定人事管理法规和政策，并协调、监督各行政部门的人事工作；行政部门内设的人事管理机构负责本部门的日常人事行政，如录用、职务任免与升降、考核、工资保险福利等。实行部内制公务员管理体制的国家主要有法国、德国、意大利等。

（2）部内制公务员管理机构的优缺点。

1）部内制公务员管理机构的优点：人事权和行政管理权合一，有效避免权责分离矛盾和工作重复现象；公务员管理机构能深入了解公务员实际情况，制定、实施切实可行的政策、措施；公务员管理程序简单，效率较高。

2）部内制公务员管理机构的缺点：人事管理权受制于行政首长，客观性、公正性、独立性不强；人事管理权力相对分散到各部门，容易导致各自为政、管理混乱；公务员管理机构和管理者的工作积极性、主动性、创造性受到压抑，可能导致因循守旧、例行公事。

（3）法国公务员管理机构。

法国公务员管理机构包括行政与公职总局、部门和地方内设的人事管理机构、行政法院、公务员管理咨询机构以及各类公务员监督机构等。

1）中央综合性公务员管理机构。法国公务员的综合管理工作由“行政与公职总局”承担，该局下设办公室、公务员章程处、录用培训管理处、现代化质量处、前景和国际事务处等办事机构。此外，法国中央政府的公务员管理机构还包括内政部地方权力机构总局、卫生部医院局、经济与财政部等。

2）部门和地方内设的人事管理机构。法国中央政府各部门设有专门的人事管理机构，该人事管理机构负责管理本部门的公务员考试录用、考核、调配、任用、奖惩、培训、工资保险福利、退休、人事争议处理等工作。法国地方政府公务员管理机构被称为“公务员管理中心”，在大区（省）一级设置。

3）行政法院。法国行政法院独立于司法诉讼体系，由国家最高行政法院、8个行政上诉法院和地方行政法庭三级构成。行政法院负责审理各项人事管理规章草案，并在政府制定各项人事管理规章过程中提供建议。行政法院有权检查和监督《法国国家公务员章程》《法国公务员权利与义务总章程》等法规实施情况，审理与公务员有关的行政司法案件。

4）公务员管理咨询机构。法国设置行政对等委员会、技术对等委员会、最高公职委员会等公务员管理咨询机构。第一，行政对等委员会。原则上各部设一个行政对等委员会，由4～8名委员组成，政府代表与公务员工会代表各占一半，委员任期3年。行政对等委员会负责对公务员考核、晋升、任用、惩戒等事宜提出意见和建议。行政机关在作出人事决定前必须征求该委员会的意见。第二，技术对等委员会。在政府各部和部分司及其下属部门设立技术对等委员会，由20～30名委员组成，委员任期3年。其职能是制定并修改本部门人事管理规章制度。政府机关制定人事管理规章前，应征求技术对等委员会的意见和建议，否则可被行政法院裁定无效。第三，最高公职委员会。最高公职委员会包括国家最高公职委员会、地方最高公职委员会和医护公务员最高公职委员会。国家最高公职委员会由32名委员组成，行政部门、公务员工会代表各占一半，委员任期3年。最高公职委员会有权对国家颁布与修改的有关公务员管理的法律法规提出意见和建议，对全体公务员的决策和管理提出意见，调解公务员考核、晋升、惩戒等方面的人事纠纷，协调其他委员会之间的关系。

5）公务员监督机构。法国公务员监督机构包括：一是行政调解专员。行政调解专员由总统任命，任期6年，负责调解公务案件，受理与行政行为、行政机关有关的申诉。二是审计法院。法国审计法院负责对政府各部门执行财政预算的情况以及公共机构、国有企业的财务账目进行例行审查、监督。三是预防贪污腐败中心。该中心挂靠司法部，受法国总理直接领导，由来自税收、警察、宪兵、海关、司法和内政部门不同行业的专家组成，通过收集贪污、腐败信息，分析腐败案件，总结反腐败经验教训，研究与创新反腐方法和手段。四是议会、司法机关监督。法国实行两院制，由国民议会和参议院组成，议会享有知情权、质询权、弹劾权、不信任案表决权、听取行政机关工作报告权、审批行政预算权、行政立法权等。法国议会调查委员会、行政评估委员会、行政文件调查委员会、共和国司法法院、最高司法法院可开展有效的公务员监督。由基层法院、上诉法院和最高法院组成的普通法院系统、行政法院系统、各级检察机关等在公务员监督过程中也扮演着重要角色。

3. 折中制公务员管理机构：英国

（1）折中制公务员管理机构的含义。

折中制公务员管理机构相对于部外制和部内制公务员管理机构而言，是指中央统一和部门分散相结合的公务员管理机构形式。一方面，在行政系统之外设立相对独立的公共人事管理机构，负责公务员考试录用等事宜；另一方面，行政机构内设人事管理机构，负责处理考试录用以外的其他日常公共人事管理事宜。1968 年以前的英国公务员管理机构属于典型的折中制，融合了部内制和部外制特点。1968 年以后，英国公务员管理机构转型为部内制。

（2）折中制公务员管理机构的优缺点。

1）折中制公务员管理机构的优点：考试录用权由中央人事主管机构独立行使，有助于选拔优秀人才进入公务员队伍，避免政治干预和党派纷争；考试录用以外的人事管理权力分散到各部门，实现人权、物权、事权合一，有助于优化资源配置，提高行政效率。

2）折中制公务员管理机构的缺点：由于考试录用权与其他公共人事管理权相分离，所选拔的人才不一定适合公共部门的工作岗位；公务员考试录用主管机构与其他部门之间的联系比较松散，导致人事管理效率不高。

（3）英国公务员管理机构。

英国于 1855 年设立文官事务委员会。文官事务委员会独立于行政部门，主管公务员考试录用工作，不受内阁和各部控制，不受政党干预，保持政治中立，具有部外制特点。1855 年至 1968 年间，英国财政部设“编制和机关组织署”，专门负责人事决策、规划、组织等事宜和日常人事行政管理工作，总揽公务员奖惩、退休、抚恤、养老保险等事宜，具有部内制特点。1968 年，根据《富尔顿报告》的建议，英国政府将财政部的“编制和机关组织署”与部外的文官事务委员会合并，组建“文官事务部”，英国首相兼任文官事务大臣，日常部务则由一名国务大臣领导，常任次长是实际上的文官首长。1981 年 11 月 13 日，文官事务部撤销，其主管的事务被并入财政部和内阁办公厅。当前，英国主要的公务员管理机构包括：

1）公务员指导委员会和常务次官管理小组。两个机构负责确保公务员服务方向明确、组织协调和工作高效，并推动跨部门政策与目标的实施。公务员指导委员会成立于 2007 年，由常务次官及跨公务员机构的特别负责人组成，旨在强化工作执行、改善工作能力以及维护机构声誉。常务次官管理小组每年召集四次会议讨论公务员体系问题，重要议题包括工作技能、工作效率、雇佣关系、薪水和养老金、服务标准和价值、公务员总体能力等。

2）财政部和内阁办公厅。其中，财政部设人事编制局，下设 10 个处，分别管理公务员职位分类、任用、薪资、考核、升迁、培训、退休、养老、编制、专门技术人员的管理等事项。内阁办公厅下设的“公务员服务能力小组”，负责培养常务次官、总监、主任等高级公务员。内阁办公厅下设“管理与人事局”，负责文官的组织和管理、录用、培训、职务任命等。该局先后改组为文官大臣事务局、公职与科技局、公职局，其职能相应调整。

3）政府部委内设公务员管理机构。部委内设公务员管理机构被称为“编制局”或“人事处”，其职能是根据中央统一的公务员管理规定，在政策顾问的指导下处理本机关公务员的奖惩、工作调动、职务任免与升降、退休、人事登记、人事研究与调查、薪酬调整等事宜。

4）惠特利委员会。惠特利委员会是英国政府于 1917 年成立的劳资关系协调委员会。1919 年，该组织被引进公共部门，用以调解公务员同政府机构之间的矛盾和纠纷。惠特利委员会包括 1 个全国惠特利委员会、70 余个各部惠特利委员会、各地区惠特利委员会。惠特利委员会的职责是通过协商方式，解决政府机构与公务员团体之间的争议和纠纷，并就人事管理、人事立法提出意见和建议，若协商不成，则提交劳资仲裁法院文官庭予以解决。1980 年 5 月，英国政府将全国惠特利委员会改组为全国文官联盟。

5）劳资仲裁法院文官庭。劳资仲裁法院是 1919 年为仲裁工商企业界的劳资纠纷而建立的法院。1925 年设立文官庭，受理公务纠纷案件。该庭由法院院长或所辖各庭庭长、财政部代表、惠特利委员会代表 3 人组成，主要负责处理经惠特利委员会调解但未能解决的政府机构与文官之间的纠纷案件，如关于工资、福利、休假、工时等纠纷。

6）公务员监督机构。英国公务员监督机构主要包括四个：一是审计机构。由英国国家审计署、地方审计机构、下院公共账目委员会、审计委员会等组成的审计机构体系有力地加强了公共财政监督与财务监督。二是议会监察专员署、政府监察专员署。英国于 1967 年通过《议会监察专员法》，成立议会监察专员署，受理对中央行政机关及其公务员的不良行政行为的申诉。英国于 1974 年依照《地方政府法》设立地方政府监察专员署，管辖范围包括地方议会及其议员、地方政府机构及其公务员，受理对地方政府机构及其公务员的不良行政行为的申诉。英国议会还设置政府高官公共生活标准委员会，以及与内阁机构相对应的专门委员会。三是部门内设公务员监督机构。英国一些政府部门内设监督机构、特别调查组，以预防、监督、惩处本部门的腐败行为，如国家保健署“反欺诈与安全管理处”与“国民保健监察专员”、国内税收署“特别办公室”、国防部“反欺诈小组”等。四是其他公务员监督机构，如处理严重犯罪办公室、警队反贪污调查组、诺兰公职道德规范委员会等。

1.4.2 我国公务员管理机构

我国公务员管理机构伴随着干部人事制度改革、政府机构改革而不断发展、完善。当前，我国公务员管理机构主要包括中央综合性公务员主管部门、地方综合性公务员主管部门、机关内设的公务员管理机构，以及公务员管理监督与协调机构等。

1. 中央综合性公务员主管部门

综合性公务员主管部门，是指在中央和地方政府设立的，具有计划、组织、指挥、协调、控制等综合性、间接性宏观人事管理职能的公务员管理机构。综合性公务员主管部门的管理内容涉及公务员考试录用、职位分类、职务职级任免与升降、奖励、惩戒、辞职、辞退、退休、交流与回避、培训等各方面。按照《中华人民共和国公务员法》的规定，“中央公务员主管部门负责全国公务员的综合管理工作”。结合我国现行的政党、政治、行政体制的特点，我国中央综合性公务员主管部门主要包括中共中央组织部、中央机构编制委员会办公室、人力资源和社会保障部、国家公务员局。

按照中共中央于 2018 年 3 月印发的《深化党和国家机构改革方案》，中央组织部统一管理中央机构编制委员会办公室，中央机构编制委员会办公室作为中央机构编制委员会的办事机构，承担中央机构编制委员会日常工作，归口中央组织部管理。中央组织部统一管理公务员工作，将国家公务员局并入中央组织部，中央组织部对外保留国家公务员局牌子。调整后，中央组织部在公务员管理方面的主要职责是统一管理公务员录用调配、考核奖惩、培训和工资福利等事务，研究拟订公务员管理政策和法律法规草案并组织实施，指导全国公务员队伍建设和绩效管理，负责国家公务员管理国际交流合作等。

2. 地方综合性公务员主管部门

《中华人民共和国公务员法》规定："县级以上地方各级公务员主管部门负责本辖区内公务员的综合管理工作。上级公务员主管部门指导下级公务员主管部门的公务员管理工作。各级公务员主管部门指导同级各机关的公务员管理工作。"我国地方综合性公务员主管部门主要包括县级以上地方各级党委组织部门、机构编制委员会办公室、人力资源和社会保障部门、公务员局。其中，县级以上地方各级公务员局包括省、自治区、直辖市，设区的市、自治州，县（旗）、自治县、不设区的市、市辖区等公务员局。

地方党委组织部统一管理地方机构编制委员会办公室，地方机构编制委员会办公室作为地方机构编制委员会的办事机构，承担地方机构编制委员会日常工作，归口地方组织部管理；地方党委组织部统一管理当地公务员工作，将地方公务员局并入地方党委组织部，地方党委组织部对外保留地方公务员局牌子。

3. 机关内设的公务员管理机构

机关内设的公务员管理机构，是指设立在各部门内部，负责本部门日常人事管理事务的机构，如人事司、人事处、人事科、人事股（室）等。按照我国政府机构的层次与规格，在国务院各部委、各级地方政府的工作部门设置相应的公务员管理机构。机关内设公务员管理机构的职责包括：依法制定、实施本机关的干部人事制度改革政策与规划；按照干部管理权限，办理本机关公务员职务职级任免与升降、考核、奖励、惩戒、工资保险福利待遇、辞职、辞退、交流与回避、离退休、培训与教育等日常管理事务。

4. 公务员管理监督与协调机构

（1）党的纪律检查委员会、国家监察委员会。中国共产党各级纪律检查委员会是党的监督机关，负责维护党的章程和其他党内法规，检查党的路线、方针、政策和决议的执行情况，协助党的委员会加强党风廉政建设和组织协调反腐败工作。各级监察委员会是行使国家监察职能的专责机关。《中华人民共和国监察法》规定，"各级监察委员会是行使国家监察职能的专责机关，依照本法对所有行使公权力的公职人员进行监察，调查职务违法和职务犯罪，开展廉政建设和反腐败工作，维护宪法和法律的尊严"。监察委员会依照监察法和有关法律规定履行监督、调查、处置职责。

（2）审计机关。我国实行审计监督制度。国务院和县级以上地方人民政府设立审计机关。各级审计机关对国务院各部门和地方各级人民政府及其各部门的财政收支、国有金融机构和企业事业组织的财务收支等进行监督。国务院于 2014 年 10 月下发的《关于加强审计工作的意见》指出，要强化审计的监督作用，完善审计工作机制，提升审计能力。2015 年 12 月，中共中央办公厅、国务院办公厅印发《关于完善审计制度若干重大问题的框架意见》及《关于实行审计全覆盖的实施意见》等相关配套文件。2018 年 3 月，根据《深化党和国家机构改革方案》，组建中央审计委员会，作为中共中央决策议事协调机构。2019 年 7 月，中共中央办公厅、国务院办公厅联合印发《党政主要领导干部和国有企事业单位主要领导人员经济责任审计规定》，明确规定了审计对象、内容、实施、评价、结果运用等。

（3）各级人民代表大会及其常务委员会。按照《中华人民共和国全国人民代表大会和地方各级人民代表大会代表法》规定，人大代表有权：参加审议各项议案、报告和其他议题，发表意见；依法联名提出议案、质询案、罢免案等；提出对各方面工作的建议、批评和意见；参加本级人民代表大会的各项选举、表决等。

（4）司法机关。人民检察院行使检察权，内设控告申诉部门、举报中心、审查逮捕部门、审查起诉部门等机构。法院行使审判权，其组织体系包括地方各级人民法院、专门人民法院和最高人民法院，内设立案庭、行政审判庭、国家赔偿委员会办公室、审判监督庭、执行局、政治部等机构。

（5）协调性公务员管理机构。有些地方、部门设置协调性公务员管理机构。比如陕西省成立由省长、常务副省长、省委组织部部长、相关党政部门主要领导组成的议事机构“陕西省公务员管理工作委员会”。

1.4.3 西方国家公务员管理机构的特点及其对我国的启示

1. 独立性：公务员管理机构的相对独立性日益凸显

总体说来，西方国家部外制、部内制或折中制公务员管理机构普遍具有较强的独立自主性，部外制综合性公务员管理机构尤其如此。一方面，独立于行政机构的综合性公务员管理机构的独立性较强。比如美国联邦人事管理署、功绩制保护委员会直接向美国总统负责，不受政党与行政力量的干预。另一方面，机关内设的公务员管理机构的相对独立性日益凸显。英国、法国、美国等国家的行政部门和地方政府内设的公务员管理机构在公务员职务任免与升降、考核、交流、培训教育、薪酬福利管理、奖惩等方面的独立性逐渐增强。

作为综合性公务员管理机构，我国各级党委组织部门、人力资源和社会保障部门、公务员局统筹我国公务员管理。有必要按照党管干部原则，充分发挥党委组织部门、人力资源和社会保障部门在公务员管理过程中的指导、协调、监督等作用，强化各级公务员局的宏观调控作用。同时，要增强机关内设的公务员管理机构在公务员职务职级任免与升降、考核、培训、辞职与辞退、交流等方面的管理自主性。

2. 分权化：公务员管理权限逐渐下放

分权式政府通过参与管理，分散公共机构的人事管理权力。在公务员管理实践中，人力资源管理分权化体现在几方面：一是综合性公务员管理机构向政府部门、行政首长分权。比如美国联邦人事管理署向行政部门下放公务员职位分类管理、职务职级任免与升降、考核、绩效管理、辞退等人事管理权限，鼓励和支持行政部门自主探索公务员管理制度。二是行政首长向机关内设公务员管理机构分权。三是中央政府部门与公务员管理机构向地方政府部门与公务员管理机构分权。比如法国政府推行公务员管理权力分散和下放改革，将中央政府部门部分人事管理权分散在地方的派出机构。

在我国公务员管理实践中，有必要结合我国公共部门人力资源管理特点，适度下放公务员管理权限，构建灵活、弹性的公务员管理体制。鼓励和支持各地、各级政府机关因地制宜、因时制宜，依法创新公务员考试录用、聘任制、职务职级任免与升降、绩效管理、薪酬管理等制度，改进公务员管理的手段与方式。

3. 协调性：公务员管理机构之间的合作与协调不断加强

西方国家在公务员管理过程中注重加强部门沟通与协调，致力于构建公共部门人力资源管理领域的“合作伙伴关系”。在公务员管理过程中，综合性公务员管理机构与行政部门及其内设的人事管理机构之间的合作与交流日益密切。同时，西方国家纷纷组建协调性公务员管理辅助机构，以推动公共部门人力资源管理协调与合作。比如英国公务员指导委员会和常务次官管理小组，法国行政对等委员会在公务员管理中扮演着重要角色。此外，西方国家一般实施集体谈判制度，公务员工会与政府部门之间的沟通、交流、协作机制畅通，通过协商的方式商定公务员薪酬福利待遇、工时、劳动条件等内容。

在我国公务员管理实践中，有必要加强党委组织部门、人力资源和社会保障部门、公务员局、编制委员会办公室等综合性公务员管理机构之间的协调，加强综合性管理机构与政府部门及其内设公务员管理机构之间的协调，加强综合性公务员管理机构与纪检、监察、审计、财政、公务员工会等机构和组织之间的协调。比如作为审计监督协调机构，青海省委审计委员会注重制度建设，于 2019 年 8 月出台《关于建立健全审计监督与纪检监察、组织人事、巡视巡察、督促检查等工作协调机制的意见（试行）》，要求全省各级党委审计委员会办公室要负责协调，加强工作统筹和衔接，形成衔接顺畅、保障有力、协调高效的监督格局。

4. 权益救济渠道多元化：工会、行政、立法、司法、第三方救济并举

美国、英国、法国等西方国家在基本法、公务员管理法律及其配套法规中明确规定了公务员权利，具体涉及：获得工资、福利、保险、退休待遇，依法获得劳动条件等经济权利；具有言论、结社、罢工、宗教信仰自由等政治权利；具有考试录用、考核、职务任免与升降、申诉控告、辞职、接受培训、职业生涯发展等与公务员职务和职位有关的权利；等等。英国、法国、德国等西方国家构建了包含工会协商、行政救济、司法救济、第三方调解在内的多元化权益救济方式。比如英国公共与商业服务工会、公务员申诉委员会、惠特利委员会、劳资仲裁法院文官庭等机构在公务员权益救济过程中发挥着重要作用。

我国公务员主要通过行政救济渠道来保障公务员的合法权益。行政救济机构主要包括各级政府的人力资源和社会保障部门、公务员局、上一级政府、监察机关等。我国公务员可依法向有关机关提出申诉与控告。与西方国家相比，我国公务员工会、司法机关在公务员权益保护与救济等方面的作用有待强化。

5. 立体监督：公务员监督机构日趋完备

美国、英国、法国等西方国家构建了包含政党监督、行政监督、立法监督、司法监督、舆论监督、社会大众监督、专门监督等多种监督形式在内的立体监督体系。

我国实行人民民主专政的中国特色社会主义政治制度。近年来，随着监察体制改革和反腐倡廉建设的推进，我国公务员监督机构不断发展，取得了一些成效，但也存在一些问题，比如监督合力不足，人大监督、审计监督等有待加强，监察体制改革有待深入等。在建设社会主义政治文明的过程中，有必要完善监督监察法规，健全我国公务员监督监察机构，合理确定各类各级公务员监督监察机构的管辖范围、监督监察对象，明确其监督监察权利、义务和责任，加强监督监察机构之间的协调，形成监督监察合力，创新监督监察技术与方法，构建教育、制度、监督监察并重和预防与惩治并举的强有力的反腐倡廉体系。

本章小结

本章分析了公务员的含义与范围，阐述了国家公务员制度的含义及基本内容；回顾了我国公务员制度发展历程，总结了我国公务员管理基本原则；结合美国、英国、日本、法国、德国等西方国家的公务员制度发展历程，总结了西方国家公务员制度的基本特点；比较分析了部外制、部内制、折中制等国外公务员管理机构模式的优缺点，阐述了我国公务员管理机构的结构及职责，并分析了西方国家公务员管理机构的特点及其启示。

关键术语

公务员　　公务员制度　　公务员管理机构　　部内制　　部外制　　折中制

复习思考题

1. 简述我国公务员的含义与范围。
2. 简述我国公务员管理的基本原则。
3. 简述西方国家公务员制度的特点。
4. 比较分析部外制、部内制、折中制公务员管理机构的优缺点。
5. 论述西方国家公务员管理机构的特点及其对我国的启示。

案　例

成都天府新区实施全员聘任制，提升体制机制竞争力

2017年9月18日，天府新区成都党工委正式推进干部人事制度改革，把机构设置调整和干部人事制度改革作为突破口，变职能型组织架构为功能型组织架构，全面提升专业化发展水平。通过重组机构，按照相近、相似、相关的标准高度整合其他职能部门，原有23个工作机构被优化调整为16个，减少30%，降低了行政成本，提高了行政效率。新设立战略研究局、科技创新和新经济局、国际合作和投资服务局、总部经济局、文创和会展局、财政金融局等机构，以及政务服务中心、城市管理和市场监管局、环境保护和统筹城乡局。新制度打破了身份界限、职级界限、部门界限、地域界限，构建了“科学合理设岗、全员竞争聘用、项目业绩考核、灵活薪酬激励”的市场化、绩效化选人用人制度。除党工委管委会领导班子外，成都天府新区所有工作部门、直属单位、下属单位、街道及干部职工全部纳入聘任制公务员实施范围，面向全国乃至全球广揽英才，三年一聘、岗动薪变，专业水平、从业经历、管理经验、协调能力、敬业精神等能级要素是聘用条件着重考量的因素。薪酬结构由“固定工资+浮动绩效”两部分构成，其中浮动绩效占比与项目考核权重、岗位薪酬水平成正比。改革后，机关部门处级以上领导干部中，研究生以上学历

干部由调整前的43.6％提高到50.7％，紧缺专业干部由调整前的32.3％提高到46.6％，35岁以下干部由调整前的3.0％提高到10.1％。干部队伍学历、年龄结构优化，专业化程度提高。

资料来源：天府新区成都直管区优化重组16个工作机构．（2017－09－19）．http://sc.people.com.cn/n2/2017/0919/c379470－30748866.html.

案例分析题：

1. 阐述成都天府新区实施的全员聘任制改革的亮点与成效。
2. 结合案例以及相关知识，分析实施公务员聘任制的难点与对策。

第 2 章

公务员的条件、权利与义务

作为公共管理者，公务员必须符合法定的基本条件和资格条件。在享受法定权利的同时，公务员依法承担与其职务、职级相适应，与其权利相对称的义务。严格规定公务员的条件、权利与义务，是公务员管理法制化、科学化、民主化的基本要求。

2.1 公务员的条件

2.1.1 公务员条件的含义

公务员条件，是指担任公务员应当具备的基本资格。党的十九大报告强调，要“建设高素质专业化干部队伍”。《党政领导干部选拔任用工作条例》指出，要建设一支“忠诚干净担当的高素质专业化党政领导干部队伍”，明确了党政领导干部的基本条件和资格条件。严格规定公务员的条件，把好“进口关”，是建设高素质专业化干部队伍的前提和基础。

2.1.2 我国公务员条件的基本内容

1. 具有中华人民共和国国籍

《中华人民共和国公务员法》规定，公务员的条件包括“具有中华人民共和国国籍”。《中华人民共和国宪法》规定：“凡具有中华人民共和国国籍的人都是中华人民共和国公民。”国籍，是指自然人被确定属于某一国家成员的法律上的资格和身份，是区分本国人和外国人的唯一标准。取得国籍有两种方式：第一，原始国籍，即因出生而自然取得国籍；第二，因加入某国而取得该国国籍。对于因出生而取得的国籍，各国的规定各不相同，大致坚持三种原则：一是血统原则，即国籍确定以某人出生时其父母的国籍为依据，而不论其出生地；二是出生地原则，即国籍确认以出生地为依据，而不论其父母国籍；三是混合国籍原则，即综合血统原则和出生地原则来确定国籍。按照《中华人民共和国国籍法》，我国确定国籍的标准是：父母双方或一方为中国公民，本人出生在中国，具有中国国籍；父母双方或一方为中国公民，本人出生在外国，具有中国国籍；父母双方或一方为中国公民并定居在外国，本人出生时即具有外国国籍的，不具有中国国籍；父母无国籍或国籍不明，定居在中国，本人出生在中国，具有中国国籍。外国人或无国籍人，愿意遵守中国宪法和法律，并具有法定条件者，可以经申请批准加入中国国籍。我国目前不承认双重国籍。具有中华人民共和国国籍的公民，只要符合法定条件，经由法定程序，都可以成为我国公务员。

2. 年满 18 周岁

《中华人民共和国公务员法》规定，公务员的条件包括“年满十八周岁”。18 周岁，是公民自出生之日起到第 18 个年份同月、同日的实足年龄。《中华人民共和国宪法》规定：“中华人民共和国年满十八周岁的公民，不分民族、种族、性别、职业、家庭出身、宗教信仰、教育程度、财产状况、居住期限，都有选举权和被选举权；但是依照法律被剥夺政治权利的人除外。”凡年满 18 周岁的我国公民，若符合相关条件，可以参加竞争性公务员考试，合格者成为公务员。18 周岁是公务员年龄的下限，在公务员考试录用时，可规定报考者的年龄上限。按照《公务员录用规定（试行）》，报考者的年龄为“十八周岁以上，三十五周岁以下”。在公务员考试录用、公开选拔、聘任、调任过程中，根据部门性质、工作内容、职位类别与规格，以及报考者、应聘者、拟调任者的综合素质，可适度放宽年龄限制，如《中央机关及其直属机构 2020 年度考试录用公务员公告》中的招考条件中，要求“18 周岁以上、35 周岁以下”，但“应届毕业硕士研究生和博士研究生（非在职）年龄可放宽到 40 周岁以下”。

3. 拥护中华人民共和国宪法，拥护中国共产党领导和社会主义制度

《中华人民共和国公务员法》规定，公务员的条件包括“拥护中华人民共和国宪法”，“公务员就职时应当依照法律规定公开进行宪法宣誓”。党的十九大报告强调，要“维护宪法权威”，“任何组织和个人都不得有超越宪法法律的特权，绝不允许以言代法、以权压法、逐利违法、徇私枉法”。《中华人民共和国宪法》是国家的根本大法，具有最高法律效力。全国各族人民、一切国家机关和武装力量、各政党和各社会团体、各企业事业组织，都必须以宪法为根本的活动准则，并且负有维护宪法尊严、保证宪法实施的职责。任何公民都享有宪法和法律规定的权利，同时必须履行宪法和法律规定的义务。公务员必须遵守《中华人民共和国宪法》，坚决拥护宪法，维护宪法的权威，用宪法约束自身的行为，依法维护自身的法定权利。在行使公共管理权力的过程中，公务员必须按照宪法和法律的规定，依法行政，实现“有法可依、有法必依、执法必严、违法必究”。

《中华人民共和国公务员法》规定，公务员的条件包括“拥护中国共产党领导和社会主义制度”。党的十九大报告强调，“中国特色社会主义制度是当代中国发展进步的根本制度保障”，“必须坚持和完善中国特色社会主义制度”，必须“坚持党对一切工作的领导”。《中共中央关于加强党的政治建设的意见》进一步强调：“党是最高政治领导力量，党的领导是中国特色社会主义最本质的特征，是中国特色社会主义制度的最大优势。”公务员应自觉拥护中国共产党领导和社会主义制度。

4. 具有良好的政治素质和道德品行

《中华人民共和国公务员法》规定，公务员的条件包括“具有良好的政治素质和道德品行”。《中共中央关于加强党的政治建设的意见》规定，党员干部特别是领导干部要加强政治能力训练和政治实践历练，切实提高把握方向、把握大势、把握全局的能力和辨别政治是非、保持政治定力、驾驭政治局面、防范政治风险的能力。《党政领导干部选拔任用工作条例》强调，考察党政领导职务拟任人选，要“突出政治标准，注重了解政治理论学习情况，深入考察政治忠诚、政治定力、政治担当、政治能力、政治自律等方面的情况”。公务员要有坚定的政治信仰、理想信念，树牢“四个意识”，坚定“四个自信”，坚决做到“两个维护”。要把政治标准贯穿于“选人用人”工作始终，加强对政治素质考核、评价、培养。

道德品行，是一个人在社会活动中所表现出来的具有一贯性、稳定性的道德品质和行为方式的总和。公务员应当具有良好的品行，道德高尚，行为端正，严于律己，宽以待人。《国家公务员行为规范》所规定的“品行端正”包括：“坚持真理，修正错误，崇尚科学，破除迷信。学习先进，助人为乐，谦虚谨慎，言行一致，忠诚守信，健康向上。模范遵守社会公德，举止端庄，仪表整洁，语言文明，讲普通话。”在2013年6月召开的全国组织工作会议上，习近平总书记指出，好干部要做到“信念坚定、为民服务、勤政务实、敢于担当、清正廉洁”。《中国共产党廉洁自律准则》明确了党员与党员领导干部的廉洁自律规范。中共中央组织部等部门于2016年7月下发的《关于推进公务员职业道德建设工程的意见》规定，公务员职业道德建设要以“坚定信念、忠于国家、服务人民、恪尽职守、依法办事、公正廉洁”为主要内容。《党政领导干部选拔任用工作条例》强调，要“深入考察道德品行，加强对工作时间之外表现的考察，注重了解社会公德、职业道德、家庭美德、个人品德等方面的情况”。2019年10月，中共中央、国务院印发《新时代公民道德建设实施纲要》，强调要在全社会大力弘扬社会主义核心价值观，积极倡导富强民主文明和谐、自由平等公正法治、爱国敬业诚信友善，全面推进社会公德、职业道德、家庭美德、个人品德建设。

5. 具有正常履行职责的身体条件和心理素质

《中华人民共和国公务员法》规定，公务员的条件包括“具有正常履行职责的身体条件和心理素质”。公务员只有具备良好的身体条件，精力充沛，才能认真履行岗位职责，有效地完成本职工作任务。当然，不能对公务员的身体条件提出超乎职位要求的过高标准甚至不合理的标准，要坚决制止不合理的甚至歧视性的要求。在公务员考试录用中，要做好体检工作。2005年，人事部、卫生部下发《公务员录用体检通用标准（试行）》《公务员录用体检操作手册（试行）》，并于2011年、2016年对此进行两次修订。2010年，人力资源和社会保障部、卫生部、国家公务员局印发《公务员录用体检特殊标准（试行）》，要求公安机关、国家安全机关、监狱、劳动教养管理机关的人民警察和人民法院、人民检察院的司法警察职位，以及外交、海关、海事、检验检疫、安监等部门对身体条件有特殊要求的职位录用公务员，应按照该规定检查有关体检项目。

良好的心理素质是公务员正常履职的前提条件。按照《中华人民共和国公务员法》

《党政领导干部选拔任用工作条例》等规定，在公务员考录、干部考察工作中，要注重考察其工作适应能力、性格特点、心理素质等因素。中共中央于 2018 年 5 月下发《关于进一步激励广大干部新时代新担当新作为的意见》，要求“满怀热情关心关爱干部”，坚持严格管理和关心信任相统一，政治上激励、工作上支持、待遇上保障、心理上关怀，增强干部的荣誉感、归属感、获得感，关注干部的心理健康。中共中央组织部于 2018 年 8 月下发《关于认真做好关心关怀干部心理健康有关工作的通知》，要求正确看待、科学认知干部心理健康问题，引导广大干部掌握心理健康知识、强化精神卫生意识，保持健康向上的心理状态，帮助患病干部克服“病耻感”，推动社会消除对心理健康问题的偏见歧视。

6. 具有符合职位要求的文化程度和工作能力

《中华人民共和国公务员法》规定，公务员的条件包括“具有符合职位要求的文化程度和工作能力”。公务员履行公职必须具有一定的文化程度和工作能力。不同的工作职位，要求公务员具备相应的文化程度和工作能力。按照《公务员录用规定（试行）》，报考公务员，应当具有大专以上文化程度。2014 年 9 月，中组部、人力资源和社会保障部、国家公务员局联合下发《关于做好艰苦边远地区基层公务员考试录用工作的意见》，要求“提高基层机关录用高校毕业生比例”，“加大从大学生村官等服务基层项目人员中考录基层公务员的力度”，“加大从优秀村干部中考录乡镇公务员的力度”，“积极开展从优秀工人、农民等生产一线人员中考录乡镇公务员试点工作”。近年来，随着我国公务员考试录用制度改革，对公务员文化程度要求适度放松，如按照湖南省《关于做好艰苦边远地区基层公务员考试录用工作的实施意见》，优秀村干部、优秀工人和农民考录乡镇公务员，学历可放宽到高中、中专。《党政领导干部选拔任用工作条例》规定，公务员晋升领导职务，应当具备拟任职务所要求的政治素质、工作能力、文化程度、工龄、任职经历、基层工作经历等方面的条件和资格；提拔担任党政领导职务的，一般应当具有大学专科以上文化程度，其中厅局级以上领导干部一般应当具有大学本科以上文化程度。

7. 法律规定的其他条件

《中华人民共和国公务员法》中关于公务员条件的规定具有宏观指导性，在公务员日常管理过程中必须参照执行。当然，不同的地区、部门和职位可以依据工作需要，在公务员考试录用、职务职级聘任、公开选拔与竞争上岗、职务职级晋升、交流等管理实践中，对部分公务员的基本条件和资格条件进行特殊规定，如身体条件、学历、专业背景、年龄、任职工作年限、基层工作经历、语言能力等。

2.2 公务员的权利

2.2.1 公务员权利的含义

公务员权利，是指国家法律对公务员在履行职责、行使职权、执行公务过程中，可以作出某种行为，要求别人作出或不作出某种行为的许可和保障。公务员权利的含义包含几层意思：第一，公务员权利以公务员的身份为前提，凡公务员都享有这些权利。第二，公务员权利由法律规定和保障。第三，公务员权利以公共职位为载体，与公共权力紧密相关。第四，公务员权利内容多样化。公务员可作出某种行为，要求别人作出或不作出某种行为，具体涉及工作条件、职务职级任免与升降、辞职、辞退、行政处分、培训、批评与建议、申诉与控告、工资保险福利等方面的权利。

2.2.2 我国公务员权利的基本内容

1. 获得履行职责应当具有的工作条件

公务员执行公务、履行职责时，有权获得工作条件保障，具体涉及办公地点、办公室、日常办公用品与设备、交通工具、通信工具、医疗卫生条件等。配备工作条件时要坚持以下原则：一是按需配备。公务员履行职责所需要的工作条件与其所在地区、部门、职务、职级、职位、级别、工作内容与性质等息息相关。工作条件配备必须紧密结合实际工作需要、工作职责，以确保完成工作任务。二是精简、节约、高效。切忌铺张浪费，要严格把关，力求精简、节约、高效。要完善公共财政预算、决算机制，健全审计监督、行政监督、立法监督、司法监督、新闻媒体监督机制。2011年3月23日，国务院常务会议决定继续压缩中央部门“三公”经费（因公出国或出境经费、公务车购置及运行费、公务招待费）预算，从根本上控制“三公”经费规模。2012年12月4日，中共中央政治局会议审议通过《中共中央政治局关于改进工作作风、密切联系群众的“八项规定”》。2014年7月16日，中共中央办公厅、国务院办公厅印发《关于全面推进公务用车制度改革的指导意见》。2017年10月27日，党的十九届中共中央政治局会议审议通过《中共中央政治局贯彻落实中央八项规定的实施细则》。《党政机关办公用房管理办法》《党政机关公务用车管理办法》《中国共产党纪律处分条例》《中国共产党廉洁自律准则》《关于新形势下党内政治生活的若干准则》《中国共产党党内监督条例》《中国共产党问责条例》等党内法规的出台，也为新时期党政机关三公经费规范化使用提供了指导性意见。三是差异化原则。工作条件配备不能搞“一刀切”，要充分考虑各种因素，保持工作条件的适当、合理、合法的差距。

2. 非因法定事由、非经法定程序，不被免职、降职、辞退或者处分

公务员享有身份保障权，一经录用，非因法定事由、非经法定程序，不被免职、降职、辞退或者处分。我国公务员的身份保障权的内容包括：第一，非因法定事由，不被免职、降职、辞退或者处分。免职、降职、辞退、处分公务员有章可循，必须严格遵守《中华人民共和国公务员法》以及职务职级任免、职务职级升降、辞退、处分等相关配套法规的规定，基于法定事由进行，不能凭主观臆断或凭领导干部的个人好恶行事。第二，非经法定程序，不被免职、降职、辞退或者处分。现代法治国家崇尚“程序公正”和规则意识。公务员辞职、免职、降职、辞退和处分必须按照法规办事，遵循法定程序，切实保障公务员的合法权益。

3. 获得工资报酬，享受福利和保险待遇

获得工资报酬和享受福利、保险待遇是公务员所享有的经济权利，为公务员提供了基本的工作和生活保障。按照《中华人民共和国劳动法》，劳动者享有取得劳动报酬、休息休假、享受社会保险和福利等劳动权利。公务员作为社会主义劳动者，依照按劳分配的原则，有权获得与其职务、职级和级别相称的工资报酬，享受相应的福利和保险待遇。公务员的劳动报酬，主要表现为公务员工资，我国公务员工资包括基本工资、津贴、补贴和奖金。公务员按照国家规定享受福利待遇，公务员实行国家规定的工时制度，按照国家规定享受休假。按照最新修订的《中华人民共和国劳动法》："国家发展社会保险事业，建立社会保险制度，设立社会保险基金，使劳动者在年老、患病、工伤、失业、生育等情况下获得帮助和补偿。"公务员依法参加社会保险，按照国家规定享受保险待遇。国家保障公务员在退休、患病、工伤、生育、失业等情况下获得帮助和补偿。

4. 参加培训

《中华人民共和国宪法》规定："中华人民共和国公民有受教育的权利和义务。"作为中华人民共和国公民，参加培训是公务员的一项基本权利。要按照《中华人民共和国公务员法》《公务员培训规定（试行）》《干部教育培训工作条例》《2019—2023 年全国党员教育培训工作规划》《中国共产党党员教育管理工作条例》等规定，根据公务员工作职责的要求和提高公务员素质的需要，对公务员进行分级分类培训，培训形式包括：初任培训、任职培训、专门业务培训、提高政治素质和工作能力、更新知识的在职培训。公务员培训情况、学习成绩作为公务员考核的内容和任职、晋升的依据之一。

5. 对机关工作和领导人员提出批评和建议

《中华人民共和国宪法》规定，"中华人民共和国公民对于任何国家机关和国家工作人员，有提出批评和建议的权利"。批评，是指公务员本着实事求是的态度，认真指出机关及其领导人员、同事在工作中的缺点和错误。建议，主要是指公务员对改进工作方法和手段提出科学、合理、可行的意见，以帮助解决机关及其领导人员、同事在工作过程中所面临的问题，提高行政效率。公务员批评建议可以通过口头、书面、电话、网络或其他合理、合法的形式向机关、领导人员、同事提出。受到批评、建议的机关单位和公务员应当兼容并包，坦率接受科学、合理的批评和建议，扬长避短。

6. 提出申诉与控告

《中华人民共和国宪法》规定，中华人民共和国公民对于任何国家机关和国家工作人员的违法失职行为，有向有关国家机关提出申诉、控告或者检举的权利，但是不得捏造或者歪曲事实进行诬告陷害。以法律形式确保公务员提出申诉与控告的权利，有助于防范、纠正错误和违法的行政处分决定以及违法失职行为，维护、保障和救济公务员的合法权益，增强公务员的职业安全感。公务员提出申诉、控告，不得捏造事实，诬告、陷害他人。

7. 申请辞职

公务员因主观意愿或客观原因，要求离开所在国家机关，可以向任免机关申请辞去公职，或辞去领导职务。在公务员管理过程中，应将公务员辞职制度与公务员纪律、奖惩、工资、保险、福利、考试录用、选拔任用、职务职级任免与升降、审计等制度紧密地结合起来。公务员辞职必须依照法定程序进行，并依法办理相关手续。辞职制度不仅适用于普通公务员，也适用于党政领导干部。按照《中华人民共和国公务员法》和《党政领导干部辞职暂行规定》，我国党政领导干部辞职包括因公辞职、自愿辞职、引咎辞职和责令辞职。

8. 法律规定的其他权利

公务员除了享有《中华人民共和国公务员法》规定的权利之外，还享有其他法律法规所赋予公民的基本权利和自由。比如《中华人民共和国宪法》规定，公民有劳动的权利、休息的权利、选举权和被选举权，以及言论、出版、集会、结社、游行、示威、宗教信仰、通信等自由。法律规定的其他权利有两种情形：一是普适性权利，即所有中华人民共和国公民都享有的权利，如宪法规定的所有公民都享有的权利；二是特殊性权利，即与公共权力和公共职位紧密相关，只有公务员才享有的法定权利。

2.3 公务员的义务

2.3.1 公务员义务的含义

公务员义务，是指国家法律、法规、规章制度对公务员必须作出某种行为或不得作出某种行为的约束和限制。第一，公务员义务以公务员的身份为前提。公务员应当明确自己的“公仆”角色，严格履行法定义务，全心全意为人民服务。第二，公务员义务的内容是要求公务员作出或不作出某种行为。第三，公务员义务具有相对强制性。公务员义务与道德、法律不同。道德是规范和调整个人行为的非强制性准则，法律是国家机关制定或认可的明文规定的强制性行为规则，义务的约束力介于法律和道德之间，具有相对强制性，宽严并济。

延伸阅读

一位基层选调生的初心故事：追记百坭村第一书记黄文秀

2019年6月22日上午，许多人从全国各地赶往广西百色，送别一位献身基层扶贫事业的选调生。人们送别的，是百色市乐业县百坭村第一书记黄文秀。6月16日晚，她在返回驻村途中突遇暴雨洪流，不幸因公殉职。2016年，黄文秀从北京师范大学硕士毕业后，毅然回到家乡，投身基层扶贫事业。“我来自广西贫困山区，我要回去，把希望带给更多父老乡亲，为改变家乡贫穷落后面貌尽绵薄之力。”这是黄文秀的初心和梦想，是她一直以来的选择。“只有扎根泥土，才能懂得人民。”黄文秀在《驻村日记》中写道。2018年3月，刚结束田阳县那满镇挂职锻炼的黄文秀，主动请缨到乐业县新化镇百坭村担任驻村第一书记。彼时的百坭村，交通不便、产业不强、脱贫任重。驻村之初，有的村民对这个初出茅庐的姑娘不抱希望。她很快作出改变：搬到村里住下，跋山涉水、进村入户访贫问苦，感受乡村的温度，深究乡村发展之道。黄文秀的努力，群众记在心上，亲切地称她“文秀书记”。2019年3月的一天，黄文秀驻村满一年，她的汽车仪表盘里程数恰好增加了两万五千公里。她特意发了一条朋友圈：“两万五千公里，我心中的长征，驻村一周年愉快！”黄文秀的愉快，来自百坭村的改变：一年的努力，已有88户418人实现脱贫，贫困发生率降至 2.7%。村集体经济收入达 6.4 万元，被评为 2018 年度“乡风文明”红旗村。黄文秀父亲说：“党培养了文秀，她因公牺牲，我为有这样的女儿感到骄傲。”

资料来源：周仕兴. 一位基层选调生的初心故事：追记广西百色市乐业县百坭村第一书记黄文秀. (2019－06－23). http://epaper.gmw.cn/gmrb/html/2019－06/23/nw.D110000gmrb_20190623_5－01.htm.

2.3.2　我国公务员义务的基本内容

1. 忠于宪法，模范遵守、自觉维护宪法和法律，自觉接受中国共产党领导

宪法是国家的根本大法，《中华人民共和国宪法》规定：“全国各族人民、一切国家机关和武装力量、各政党和各社会团体、各企业事业组织，都必须以宪法为根本的活动准则，并且负有维护宪法尊严、保证宪法实施的职责。”我国已经形成了包括宪法、法律、行政法规、地方性法规、自治条例和单行条例、规章等在内的法规体系。《中华人民共和国宪法》指出，“中华人民共和国公民必须遵守宪法和法律”。2014 年 10 月 23 日，中国共产党第十八届中央委员会第四次全体会议审议通过《中共中央关于全面推进依法治国若干重大问题的决定》，要求“各级人大、政府、政协、审判机关、检察机关的党组织要领导和监督本单位模范遵守宪法法律，坚决查处执法犯法、违法用权等行为”。党的十九大报告将“坚持全面依法治国”列为新时代中国特色社会主义思想的重要内容，强调“必须把党的领导贯彻落实到依法治国全过程和各方面”。中国共产党领导是中国特色社会主义最本质的特征，必须毫不动摇坚持和完善党的领导。公务员作为公共管理者，是宪法、法律的制定者和执行者，必须忠于宪法，模范遵守、自觉维护宪法和法律，自觉接受中国共产党领导。与此同时，党员干部必须严格执行党内法规，坚持把纪律挺在前面。2019 年 8 月 30 日，中共中央政治局会议审议《中国共产党党内法规执行责任制规定（试行）》等，强调要切实维护党内法规和党的政策的统一性和权威性，要严格落实《中国共产党党内法规执行责任制规定（试行）》，各级党组织和党员领导干部必须切实担负起执行党内法规的政治责任。

2. 忠于国家，维护国家的安全、荣誉和利益

《中华人民共和国宪法》规定：“中华人民共和国公民有维护祖国的安全、荣誉和利益的义务，不得有危害祖国的安全、荣誉和利益的行为。”党的十九大报告将“坚持总体国家安全观”“坚持‘一国两制’和推进祖国统一”等列为新时代中国特色社会主义思想的重要内容；强调“必须坚持国家利益至上”，“坚决维护国家主权、安全、发展利益”。维护国家的安全、荣誉和利益，是公务员应当承担的基本义务。国家的安全主要包括国家的领土和主权神圣不可侵犯，国家的政权不受威胁，国家的社会秩序不被破坏，国家的经济秩序不被破坏，等等。国家的荣誉是指国家的荣耀和尊严，主要包括国家的尊严不受践踏，国家的信誉不受破坏，国家的荣誉不受玷污，国家的名誉不被侮辱，等等。国家的利益内容广泛，包括对内的国家利益和对外的国家利益，涉及政治、经济、文化、社会、军事、生态、体育、卫生、科技、教育、娱乐等各方面。

3. 忠于人民，全心全意为人民服务，接受人民监督

党的十九大报告将“坚持以人民为中心”“坚持全面从严治党”列为新时代中国特色

社会主义思想的重要内容，强调“必须坚持人民主体地位”，“健全依法决策机制，构建决策科学、执行坚决、监督有力的权力运行机制”。《中华人民共和国宪法》规定：“一切国家机关和国家工作人员必须依靠人民的支持，经常保持同人民的密切联系，倾听人民的意见和建议，接受人民的监督，努力为人民服务。”人民是国家的主人，公务员是人民的“公仆”。只有执政为民，政府才能获得最广泛、最可靠的群众基础和力量源泉。公务员在公共管理过程中，应坚持走群众路线，“一切从群众中来，到群众中去”，全心全意为人民服务。

只有人民监督政府，政府才不会懈怠。公务员要自觉接受人民的监督。要努力拓宽人民对公务员监督的渠道，改善监督方法、方式、技术和手段，规范监督程序。不仅要充分发挥监察机关、纪检机关、审计机关、人大机关、司法机关等机构的监督职能，还要充分调动民主党派、政协、新闻媒体、社会公众等多元主体监督公务员的积极性、主动性。

4. 忠于职守，勤勉尽责，服从和执行上级依法作出的决定和命令

公务员应当忠于职守，勤勉尽责。公务员必须按照特定的职位要求，勤勤恳恳、兢兢业业、脚踏实地、积极进取，全身心投入公共管理工作，严格履行工作职责，圆满地完成工作任务。公务员应当自觉服从和执行上级依法作出的决定和命令。《中华人民共和国公务员法》规定：“公务员执行公务时，认为上级的决定或者命令有错误的，可以向上级提出改正或者撤销该决定或者命令的意见；上级不改变该决定或者命令，或者要求立即执行的，公务员应当执行该决定或者命令，执行的后果由上级负责，公务员不承担责任；但是，公务员执行明显违法的决定或者命令的，应当依法承担相应的责任。”《关于新形势下党内政治生活的若干准则》强调，“坚持党的领导，首先是坚持党中央的集中统一领导”。党的十九大报告强调，必须增强政治意识、大局意识、核心意识、看齐意识，自觉维护党中央权威和集中统一领导，自觉在思想上政治上行动上同党中央保持高度一致。

延伸阅读

工作安排不容挑肥拣瘦

2019 年 6 月，云南省昭通市绥江县通报一起违反组织纪律的典型案例，两名党员干部因拒绝组织提拔而被严肃处理一事引发热议。过程如下：2018 年 8 月，绥江县委启动干部考察工作，经考察调研，该县某镇财政所科员钟某某和县财政局企业统评股股长宛某某在被考察干部中分列第一、二名，县委拟将二人提拔为乡科级副职领导干部。让人意想不到的是，二人先后拒绝接受组织工作安排。“钟某某的理由是到新岗位工作可能照顾不好家庭，而宛某某的解释则是自己的身体可能应付不了新的工作岗位。”考察组如实向县委汇报了二人拒绝接受工作安排的情况。二人的行为触犯了《中国共产党纪律处分条例》和《中国共产党问责条例》的相关规定，县纪委随即介入调查。经绥江县纪委常委会会议研究，决定给予钟某某党内警告处分，给予宛某某全县通报问责，并建议县政府将其调离县财政局。绥江县财政局党组因此被全县通报问责。

资料来源：朱鹏，钰轩．工作安排不容挑肥拣瘦．(2019-07-19)．http://www.jjjcb.cn/content/2019—07/19/content_79872.htm.

5. 按照规定的权限和程序认真履行职责，努力提高工作质量和效率

党的十九大报告强调要"全面实施绩效管理"，"深化机构和行政体制改革"，"建设人民满意的服务型政府"。在公共管理过程中，公务员必须按照规定的权限和程序认真履行职责，努力提高工作质量和效率。第一，公务员必须按照法定权限履行职责。公务员必须明确自己的角色定位，在法定的权限范围内行使公共权力，力求"不越位、不错位、不缺位"，不能滥用职权、玩忽职守。第二，公务员必须按照法定程序履行职责。程序公正与公开是现代法治政府的重要特征。公务员应当按照法定程序履行岗位职责，开展公共管理活动，切实维护公民、法人和其他组织的合法权益。第三，公务员必须努力提高工作质量和效率。《中华人民共和国宪法》规定："一切国家机关实行精简的原则，实行工作责任制，实行工作人员的培训和考核制度，不断提高工作质量和工作效率，反对官僚主义。"

6. 保守国家秘密和工作秘密

公务员必须保守国家秘密，这是《中华人民共和国宪法》赋予每一公民的责任和义务。《中华人民共和国宪法》明确指出，"中华人民共和国公民必须……保守国家秘密"。按照《中华人民共和国保守国家秘密法》，国家秘密是关系国家的安全和利益，依照法定程序确定，在一定时间内只限一定范围的人员知悉的事项。一切国家机关、武装力量、政党、社会团体、企业事业单位和公民都有保守国家秘密的义务。国家秘密的密级分为"绝密""机密""秘密"三级。公务员必须严守工作秘密。工作秘密是指未列入国家秘密范围，但若扩大知悉范围，将对国家机关的正常工作带来不利影响的秘密事项。工作机密的内容一般由主管机关按照法律程序确定。公务员在任职期间负有保守工作秘密的义务。

7. 带头践行社会主义核心价值观，坚守法治，遵守纪律，恪守职业道德，模范遵守社会公德、家庭美德

公务员应当带头践行社会主义核心价值观。党的十八大提出，倡导富强、民主、文明、和谐，倡导自由、平等、公正、法治，倡导爱国、敬业、诚信、友善，积极培育和践行社会主义核心价值观。2013 年 12 月，中共中央印发《关于培育和践行社会主义核心价值观的意见》，该意见指出："党员、干部特别是领导干部要在培育和践行社会主义核心价值观方面带好头，以身作则、率先垂范，讲党性、重品行、作表率，为民、务实、清廉，以人格力量感召群众、引领风尚。"党的十九大报告将"坚持社会主义核心价值体系"列为新时代中国特色社会主义思想的重要内容，"必须坚持马克思主义，牢固树立共产主义远大理想和中国特色社会主义共同理想，培育和践行社会主义核心价值观"。

公务员应当坚守法治。全面推进依法治国，总目标是建设中国特色社会主义法治体系，建设社会主义法治国家。必须坚持党的领导、人民当家作主、依法治国有机统一，坚定不移走中国特色社会主义法治道路，坚决维护宪法法律权威。各级领导干部、公务员要对法律怀有敬畏之心，牢记法律红线不可逾越、法律底线不可触碰，带头遵守法律，带头依法办事，不得违法行使权力，更不能以言代法、以权压法、徇私枉法。

公务员应当遵守纪律。公务员纪律规定了公务员所不能作为的事情，公务员不能违纪。《中华人民共和国公务员法》《行政机关公务员处分条例》等法律法规严格规定了我国公务员纪律的基本内容，《中国共产党纪律处分条例》《中国共产党党内监督条例》《中国共产党廉洁自律准则》《中国共产党问责条例》《关于新形势下党内政治生活的若干准则》《中国共产党纪律检查机关监督执纪工作规则》等则明确规定了党员纪律与监督的基本内容。党的各级组织和广大党员干部不仅要模范遵守国家法律，也要遵守党规党纪、政务纪律，以更高标准严格要求自己。

公务员应当恪守职业道德。职业道德是指从事一定职业的人们在其职业活动中应当遵循的行为规范和准则。公务员在公共管理过程中，必须按照《国家公务员行为规范》的要求，恪守职业道德，全心全意为人民服务，依法行政。中共中央组织部等部门于2016年7月联合下发《关于推进公务员职业道德建设工程的意见》，明确规定公务员职业道德建设突出政治性、示范性、约束性、可操作性，以“坚定信念、忠于国家、服务人民、恪尽职守、依法办事、公正廉洁”为主要内容。

公务员应当模范遵守社会公德、家庭美德。2001年9月，中共中央发布了《公民道德建设实施纲要》，提出爱国守法、明礼诚信、团结友爱、勤俭自强、敬业奉献等社会公德基本要求，倡导以尊老爱幼、男女平等、夫妻和睦、勤俭持家、邻里团结为主要内容的家庭美德。2019年10月，中共中央、国务院印发《新时代公民道德建设实施纲要》，强调要全面推进社会公德、职业道德、家庭美德、个人品德建设。公务员必须严格按照《新时代公民道德建设实施纲要》以及《中华人民共和国公务员法》的要求，模范遵守社会公德、家庭美德。

8. 清正廉洁，公道正派

党的十九大报告将“坚持全面从严治党”列为新时代中国特色社会主义思想的重要内容，强调“持之以恒正风肃纪”，“夺取反腐败斗争压倒性胜利”，“健全党和国家监督体系”。清正廉洁、公道正派，要求公务员办事公正无私、廉洁自律，个人利益服从国家利益和集体利益，全心全意为人民服务，处理公共事务力求公平、公正、公开、透明。近年来，我国已经出台一系列旨在反腐倡廉的法律、法规、规章、条例、政策等，如《行政机关公务员处分条例》《中华人民共和国监察法》《中国共产党纪律处分条例》《中国共产党党内监督条例》《中国共产党问责条例》《中国共产党廉洁自律准则》《中国共产党巡视工作条例》《干部选拔任用工作监督检查和责任追究办法》《中共中央关于加强党的政治建设的意见》《中国共产党重大事项请示报告条例》等。

9. 法律法规规定的其他义务

《中华人民共和国公务员法》所规定的公务员的义务，有些是宪法所规定我国公民应当承担的义务的具体化，有些是宪法所规定我国国家机关工作人员应当承担的义务的具体化，有些是由公务员职位本身特点决定并衍生的义务。党员干部除了应当履行《中华人民共和国公务员法》所规定的义务之外，还应履行其他法律法规所规定的相关义务，如《中华人民共和国宪法》《中国共产党章程》《中国共产党廉洁自律准则》《关于新形势下党内政治生活的若干准则》等对公务员中的党员义务作出的具体规定。一些党政机关的公务员，如纪检、监察机关，法院、检察院等，也要严格遵守适用于本机关的特定义务。

2.4　西方国家公务员的条件、权利与义务

2.4.1　西方国家公务员的条件

1. 具有本国国籍

西方国家规定公务员必须具备本国国籍。其中，欧盟的成员国规定，特殊职位必须由本国公务员任职，其他职位向所有具有本国国籍的欧盟公民开放，如德国、法国、英国。《德国公务员法》规定，被任命进入公共机构的人员，是"符合《德国基本法》规定的德国公民，或具有德国国籍的欧盟其他国家的公民"。《法国公务员权利与义务总章程》规定，"不具有法国国籍，不享有公民权"的人不能被任命为国家公务员。《英国公务员管理法》规定，"公务员的国籍要求是法定的；某些职位的任用需要对国家的特殊忠诚，只留给英国公民"。

2. 符合规定的最低、最高限制年龄条件

西方国家大都规定进入公务员队伍的最低、最高限制年龄条件。有些国家严格规定了公务员求职者的最低限制年龄，比如奥地利、德国、意大利、丹麦、芬兰、葡萄牙、卢森堡、西班牙等国要求，公务员求职者的最低限制年龄是 18 岁。有些国家严格规定公务员求职者最高限制年龄，比如奥地利规定为 40 岁，意大利规定为 41～46 岁，具体情况视求职者的家庭背景而定；芬兰、丹麦等国则不限制公务员求职者的最高年龄。荷兰、瑞典、英国等西方国家没有规定公务员求职者的最低、最高限制年龄。

3. 遵纪守法

西方国家规定，拟任公务员必须遵守本国宪法、法律、法规，恪守公务员行为规范，维护社会秩序，不得违法乱纪。比如《德国公务员法》规定，被任命进入公共机构的人员，是"根据《德国基本法》规定，能随时遵守德国自由秩序的人员"。《法国公务员权利与义务总章程》规定，"如果在他本人犯罪记录档案第 2 号通报中与他所从事的工作不相容"，不能被任命为国家公务员。《英国公务员管理法》规定了"行为与纪律""公务员的行为规范"等。

4. 品行端正

西方国家注重行政伦理建设，要求公务员品行端正、言语得体、以身作则，展示良好的精神风貌和道德水准。比如日本《国家公务员伦理规程》规定，"公务员要以身作则，要时刻注意到自己的行为不要给公务员形象带来不良的影响"。英国规定，公务员在办公期间服饰要符合礼仪，朴素、整洁、大方，态度庄重，言行不得有碍公务员身份。

5. 具有正常履行职责的身体条件

西方国家规定，公务员拟任者必须具有正常履行职责的身体条件，身体健康。《法国公务员权利与义务总章程》规定，"如果他的健康和体质状况无法满足他从事工作的需要，则不能被任命为国家公务员"。《英国公务员管理法》规定，各内阁部和执行机构可以确定组织内各职位所需人员的任职资格条件，其中包括"健康"条款。在瑞典，如果空缺职位

有相关要求，经咨询国家保健和福利委员会后，必须提供该职位对求职者的身体健康要求条件。

6. 具有符合职位要求的文化程度和工作能力

西方国家规定，公务员拟任者必须具备符合职位要求的文化程度和工作能力。《德国公务员法》规定，被任命进入公共机构的人员，是“从事合法的国家需要的职业并经过正规训练的人员，以及有生活自理能力和公共部门内外实际工作经验的其他人员”，专职公务员职业申请人需“经过规定的或正规学习，并获得毕业证书，或通过正规的考试”。《法国国家公务员章程》规定，要组织公务员录用考试，并“审核应聘人员的文凭或他们完成学习的情况”。《英国公务员管理法》规定，各内阁部和执行机构可以确定组织内各职位所需人员的任职资格条件，其中包括“知识、才干、专业造诣、天资和潜力”，以及“职位需求的适用能力”。

7. 服兵役

部分西方国家规定，公务员拟任人选必须依法服满兵役期，如德国、英国、法国等欧盟国家。《德国公务员法》规定，专职公务员职业申请人必须“已完成规定的服兵役期”。《法国公务员权利与义务总章程》规定，“如果他未能根据法国《国民兵役法》服兵役”，则不能被任命为国家公务员。

西方国家还规定了其他进入公务员队伍的资格条件，包括语言熟练程度、完全的公民权、任职年限等。比如奥地利、比利时、卢森堡、荷兰、芬兰等国要求公务员职业申请人需具备雇主国语言知识，对雇主国语言的掌握程度至少要达到能够完成工作任务的要求。其中，卢森堡要求公务员求职者必须精通法语、德语、卢森堡语。此外，大部分欧盟成员国向非本国公民开放的职位的任职资格条件类似于向本国公民开放的职位的任职资格条件，但也有一些差异。比如葡萄牙要求本国公务员求职者必须服兵役，但对来自其他欧盟国家的公务员求职者没有服兵役的要求。

除规定公务员的肯定性条件外，西方国家一般都立法规定公务员的限制性条件，即不能成为公务员的法定情形。比如《日本国家公务员法》规定，除人事院规定的情况外，下列人员没有就职能力：禁治产者、准禁治产者；被处以监禁以上刑罚，在其执行结束前，或免于执行前者；受到惩戒免职以上处分，自该处分生效之日起不足两年者；任人事院的人事官或事务总长职务，因触犯《日本国家公务员法》第 109 条至第 111 条而被处以刑罚者；自日本国宪法实施之日起，组织或加入主张以暴力破坏政府的政党或其他团体者。

2.4.2 西方国家公务员的权利

1. 获得工资报酬、福利、保险等待遇，以及其他工作条件

西方国家规定，公务员有权依法获得工资报酬、福利、保险等待遇，以及其他工作条件。《德国公务员法》规定，“公务员的薪水由《联邦薪水法》规定；供养按《公务员供养条例》执行”，德国公务员享有获得差旅费、搬迁费及休假的权利。《法国公务员权利与义务总章程》规定，公务员享有“每年一度的休假权；生病的权利，产假以及与承担双亲责任有关的权利”；同时，法国公务员工作期间，“必须确保工作场所的卫生条件和安全条件，以保证公务员的健康状况和身体状况不受损害”。《法国国家公务员章程》规定，“公务员完成分配的工作任务后，有权获得相应的报酬”。《英国公务员管理法》规定了“工作健康与安全”，要求雇主“为职员提供安全和健康的工作环境”；同时，该法规定了公务员的“薪金和津贴、开支、工作时间、假日”等有关待遇。《瑞士联邦政府人事法》规定，雇主必须“向公务员支付工资；执行条款确定的工作时间以及假期和休假；向工作人员提供劳动工具、工作服以及履行各项任务期间所必需的器材；支付相应的津贴”；同时，规定了有利于工作人员的措施，如工资、保险、社会福利等。《日本国家公务员法》明确规定报酬标准、工资支付形式，并有权“要求采取与工作条件有关的行政措施”。此外，西方国家出台了专项工资管理法规，如英国《平等工资法》，美国《联邦政府工资法》《联邦工资比较法》《联邦工资改革法》，德国《联邦工资法》，法国《公务员工资指数规定》等。

2. 身份保障权

西方国家依法对常任公务员进行身份、职业保障，非经法定事由和法定程序，公务员不被免职、降职、停职、辞退或处分。比如美国《文官制度改革法》规定，“永久性雇员不因提升、降级或重新分配而改变其在该业务机构中作为永久性雇员的地位”。《德国公务员法》规定，“公务员主管单位应根据公务忠诚原则和公务员及其家属的利益，保障其履行公务员工作，维护其公务员地位”。《日本国家公务员法》规定公务员享有“身份保障权”，“如没有法律或人事院规定的事由，不得违反公务员的意志将其降职、停职、免职”。

3. 享有言论、选举、结社、参加工会、罢工、宗教信仰等政治权利与自由

西方国家规定，公务员依法享有言论、选举、结社、参加工会、罢工、宗教信仰等政治权利与自由。美国《文官制度改革法》规定，“行政部门人员可保留自由投票权和就各种政治问题和人选发表意见的权利”。《德国公务员法》规定，德国公务员享有结社自由，“根据结社自由原则，公务员在工会或职业联合会结成职业联盟”。《法国公务员权利与义务总章程》规定，“确保公务员的言论自由，不得因为政治观点、工会观点、哲学观点或宗教观点相异而对他们歧视”，“公务员的工会权利能够得到保证”，“公务员享有罢工的权利”。美国、英国、法国、加拿大等国家都赋予公务员参与工会、组织和参加集体谈判等权利，以采取协商方式解决人事争议。

4. 接受培训，实现职业生涯发展

西方国家规定，公务员享有接受培训的权利，以实现和促进职业生涯发展。《德国公务员法》规定，德国公务员可以接受“职业教育”。《法国公务员权利与义务总章程》规定，公务员享有“职业培训的权利；参加工会培训的权利”。《英国公务员管理法》规定，公务员“寻求培训和个人职业发展”的机会均等。《瑞士联邦政府人事法》要求雇主采取措施，以确保“雇员自身得以发展和职业能够获得发展，雇员自身不断自我完善、日趋成熟并拥有多种技能；雇员得到培训”。

5. 提出异议、申诉、控告，以维护自身权益

西方国家规定，当公务员与机关发生劳动争议时，公务员可以申请行政救济和司法救济，提出异议或申诉，以维护自身权益。《德国公务员法》规定，公务员可以根据公务规程“提出申请和投诉，也可直接向最高公务机关投诉”，以实现“权利救济和保护”。《法国公务员地位法》规定了公务员权益的内部救济方式，这些规定对行政机关具有拘束力。《英国公务员管理法》规定，“公务员有权对他们产生不利影响的管理决定提出申诉”，“部门和机构应建立明确的正规程序来处理申诉”。《日本国家公务员法》规定，公务员“可以根据《行政异议审查法》向人事院提出异议”，并明确了提出异议的期限、调查、对调查结果应采取的措施、提出异议和诉讼的关系等内容。《瑞士联邦政府人事法》规定，出现劳动争议时，公务员可以“内部上诉”，或向“上诉委员会和特殊的上诉司法机构诉讼”。

6. 申请辞职

西方国家规定，公务员有权申请辞职，与政府机关解除劳动关系。《德国公务员法》规定，“公务员可以随时提出辞职要求”。《法国公务员权利与义务总章程》规定，公务员可以基于“合法的并且得到认可的辞职”而终止公务员职位。《英国公务员管理法》规定，公务员可以申请辞职。《瑞士联邦政府人事法》规定，“双方在达成一致意见的情况下，可在任何时间终止劳动关系”。

2.4.3 西方国家公务员的义务

西方国家立法规定了公务员的义务。比如法国出台《法国公务员权利与义务总章程》，对公务员义务进行了专项规定；德国、英国、瑞士等国则在与公务员管理有关的基础法规中规定了公务员义务。

1. 遵守宪法与法律

西方国家规定，公务员应当模范遵守宪法和法律，依法行政。《德国公务员法》规定，“公务员必须确保自己的行为符合《德国基本法》规定的自由民主法制观念，并身体力行地维护这种观念”；同时，要求公务员履行以下誓言：“我宣誓，遵守德意志联邦共和国的《德国基本法》和所有联邦共和国已生效的法令。”《英国公务员管理法》规定，公务员应当“按照法律合理地履行公务”，并“遵守法律，包括履行国际法和条约义务，维护管理的正义”。《日本国家公务员法》规定，“公务员在履行其职务时，必须服从法令”。

2. 忠于国家，忠于职守，全心全意为国民服务

（1）忠于国家。《法国公务员权利与义务总章程》规定，“公务员把他们所有的职业活动都用来履行国家交给他们的任务”。《瑞士联邦政府人事法》规定，“被雇佣人员必须兢兢业业履行雇主委托给他的各项工作任务，以及捍卫瑞士联邦、雇主的利益”。美国在政府部门伦理规则中规定，包括政府官员在内的所有政府雇员必须“对最高原则和国家的忠诚高于对个人、政党或政府部门的忠诚”。

（2）忠于职守。《德国公务员法》规定，“公务员应全身心地投入自己的工作，大公无私、问心无愧地管理自己所管辖的部门和机构”。《法国公务员权利与义务总章程》规定，“所有公务员，无论他的级别高低，都必须履行他的工作职责”。《英国公务员管理法》规定，“所有公务员应当忠于其所服务的政府部门”，“公务员应在履行职责时保持公正、正直、诚实”。《日本国家公务员法》规定，“公务员除法律或命令规定的情况外，应将其工作时间和职务的注意力全部用于履行职责，只能从事由政府负责的职务”。

（3）全心全意为国民服务。《德国公务员法》规定，“公务员应为全国民众服务。在工作中应以改善民众生活为基点”。《日本国家公务员法》规定，“所有公务员作为全体国民的服务者必须为公共利益工作，全力以赴地完成其工作”；日本内阁人事局于 2016 年 3 月 23 日公布的《平成 28 年度人事管理运营方针》规定，“作为全体国民的公仆，每一名支持内阁运转的公务员应该自觉提高工作能力，从国民立场出发，以充分负责的态度执行公务”。

3. 服从和执行上级依法作出的决定和命令

《德国公务员法》规定，公务员“应该支持和协助上级领导人员，在不涉及他必须遵守的特别规章、规定的前提下，他有义务落实上级领导人员下达的工作安排，并遵照执行他们的全面指示；如果公务员对上级的某项工作安排的合法性产生怀疑，应立即向直接领导反映情况；如果直接领导主张按工作安排执行，公务员可越级向上反映情况，如果此项工作得到再次肯定，公务员必须按照工作安排执行。按照上级安排付诸实施无须承担违抗命令的责任，但如果实施结果导致多人蒙受伤害，也难辞其咎。公务员有责任要求上级下达有关此项工作安排的书面批示”。《法国公务员权利与义务总章程》规定，“公务员必须遵守和服从上一级的领导和指示”，但是，“如果上一级领导下达的指示明显违法，以及很显然会对国家利益带来严重损害时，在这样的情况下则另当别论”。《日本国家公务员法》规定，公务员必须“忠实地服从上司在职务上的命令”。

4. 保持政治中立

美国国会于 1939 年通过《哈奇法案》（Hatch Act，也被译作《防止有害政治活动法案》），要求公务员保持政治中立，禁止公务员积极参与对竞选的政治经营，联邦政府工作人员不得利用公职干预和影响选举，不得成为政党职务候选人，不得进行政治募捐等。《德国公务员法》规定，公务员“不应为一个党派服务……他必须公正无私地完成自己的使命”，“公务员应力求使自己行使的权利和义务摆脱政治控制力的限制和约束”。《英国公务员管理法》规定，“各内阁部与政府机构必须向其职员讲清楚参加政治活动的各种限制”，以确保政治中立。《日本国家公务员法》规定，“公务员不得为政党或政治目的谋求或接受捐款或其他利益，或以任何方法参与这些行为，除行使选举权外，不得从事人事院规则所禁止的政治行为；公务员不得成为公选的公职候选人；公务员不得成为政党或其他政治团体的官员、政治顾问或其他具有相同作用的成员”。

5. 保守国家秘密和工作秘密

西方国家规定，公务员必须保守国家秘密和工作秘密。《法国公务员权利与义务总章程》规定，“在刑法典确定的工作范围内，公务员必须严守职业秘密”。《英国公务员管理法》规定，“公务员在没有授权的情况下，不得泄露政府部门内部往来的机密，或来自外部的机密信息”。《瑞士联邦政府人事法》规定，公务员应当“保守行业秘密、商务秘密和职务秘密”。《日本国家公务员法》规定，“公务员不得泄露工作上所知的机密。退职后也不得泄露。若作为法定的证人、鉴定人，发表属于职务秘密事项时，需得到所属机关长官的许可”。

6. 依法行使公共权力，清正廉洁，不得以权谋私

西方国家规定，公务员必须依法行使公共权力，清正廉洁，不得以权谋私。《德国公务员法》规定，“有关公务员不得滥用职权的法令仍然有效”，“公务员不允许接受与其职务有关的酬金或礼品”。《法国公务员权利与义务总章程》规定，“公务员不得借职务之便从事任何特殊的具有营利性的个人活动”。《英国公务员管理法》规定，公务员在行使职责时，要“诚实和公共无私”，“公务员不允许被有关事实或暗示影响其评判力或廉政性”，

“公务员不得滥用其职务上的方便或利用在执行公务中所获得的信息为自己或他人谋取私利”。《瑞士联邦政府人事法》规定，公务员“在履行工作合同规定的各项活动中，不得接受、要求或让别人承诺为自己或为其他人提供馈赠或要求其他好处”。

本章小结

本章界定了公务员条件的含义，并从国籍、年龄、拥护宪法、品行、文化程度和工作能力等方面概述了我国公务员条件的基本内容；阐述了公务员权利的含义，并从工作条件、身份保障、工资、保险、福利、培训、批评与建议、申诉与控告、辞职等方面分析了我国公务员权利的基本内容；介绍了公务员义务的含义，并从遵纪守法、履行职责、公共服务、接受监督、维护国家安全、荣誉和利益、服从上级、保守秘密、公正廉洁等角度分析了我国公务员义务的基本内容；比较分析了西方国家公务员的条件、权利、义务。

关键术语

公务员条件　国籍　公务员权利　公务员义务　国家秘密　工作秘密

复习思考题

1. 简述我国公务员条件的基本内容。
2. 简述我国公务员权利的基本内容。
3. 简述我国公务员义务的基本内容。
4. 比较分析我国与西方国家公务员条件的异同。
5. 论述西方国家公务员权利的基本内容。

案　例

公车改革向深处推进

2014年7月16日，中共中央办公厅、国务院办公厅印发《关于全面推进公务用车制度改革的指导意见》和《中央和国家机关公务用车制度改革方案》。自2017年以来，公车改革进展顺利，多省发文要求推行公车标识化。2017年6月，17个省份在全省推行公车标识化。不少地方还为公车加装GPS定位系统，建立公车管理服务平台。在江苏南京市行政中心机关车库前，每辆车的车门两侧贴上了“公务用车”和“监督电话12345”字样。湖北省直机关事务管理局公务用车管理处处长汪松祥说：“亮明身份、透明使用、接受监督。如果发现公车是违规使用的话，可以拨打下面那个电话，我们是24小时开通。”安徽省建立“公务用车管理服务信息平台”，马鞍山在车改中将政府机关79家单位421辆日常公务出行车辆压缩到不足百辆，公车使用实行网上申请、统一调配。据《南方都市报》记者统计，自 2014 年公车改革全面推开后，2015 年至 2018 年，我国公务车购置及运行费占“三公”经费比重降至六成以下，在 53%～58% 的范围内波动；公车数量持续下降，仅 2015 年至 2017 年，中央部门的公车数量至少削减 4 612 辆。截至 2019 年 3 月，全国 22 个省区市和 70 个中央部门出台公务用车管理实施办法；实行车改的 29 个省区市均出台了车辆标识化方案，25 个省区市已建成省市县三级互联互通的“全省一张网”公务用车平台；湖北、江西、福建对公务用车实行统一车牌号段管理，并向社会公开。

资料来源：王楷. 17 省公车“亮明身份”，公车改革向深处推进.（2017-06-12）. http://finance.cnr.cn/txcj/20170612/t20170612_523796579.shtml.

案例分析题：

1. 结合案例，概述我国公车改革的意义及主要举措。
2. 结合案例以及相关知识，分析新时代如何巩固和提升公车改革成效？

第3章

公务员分类管理

按照《中华人民共和国公务员法》，“国家对公务员实行分类管理，提高管理效能和科学化水平”，“国家实行公务员职务与职级并行制度，根据公务员职位类别和职责设置公务员领导职务、职级序列”。公务员分类管理，是公务员制度的科学管理方法，是政府人力资源管理的基础性工作。随着《深化党和国家机构改革方案》《公务员职务与级别管理规定》《公务员职务与职级并行规定》《专业技术类公务员管理规定（试行）》《行政执法类公务员管理规定（试行）》《聘任制公务员管理规定（试行）》等政策的顺利实施，我国公务员分类管理体系不断改进。2019年7月，中共中央办公厅印发《关于贯彻实施公务员法建设高素质专业化公务员队伍的意见》，强调“要深化分类改革，提高管理科学化水平”。在公务员分类管理过程中，必须根据“建设高素质专业化干部队伍”的新要求，按照科学、合理的标准和原则对公务员进行科学分类，整合职位分类制和品位分类制的优势，科学设置公务员的职位、职务、职级和级别。

3.1 公务员分类管理概述

3.1.1 公务员分类管理的含义与原则

1. 公务员分类管理的含义

公务员分类管理，是指根据工作任务、权力与责任、公务员的素质和能力、工作环境等，按照法定程序，将公务员或其职位分为不同的类型，划定为不同的层次与等级，以确定公务员的职务、职级、职位与级别，赋予公务员相应的权利、责任与义务，并为公务员职务职级任免与升降、考核、培训、交流与回避、辞职、辞退、退休、工资、保险、福利等制度提供必要的依据。按照分类标准的差异，公务员分类管理可分为公务员品位分类制和公务员职位分类制。

2. 公务员分类管理的原则

（1）以人为本。在公务员分类管理过程中，要坚持以人为本的原则，以公务员自身为基础和出发点，充分考虑公务员的利益、需求、愿望，结合公务员的素质与能力，采取有效措施，大力激发和调动公务员的工作积极性、主动性和创造性。比如四川省委机构编制委员会印发的《关于在部分行业实行岗位与编制适度分离管理的办法（试行）》，坚持以人为本，在教育、卫生、农技畜牧、乡镇派出所、检察室、法庭等与人民群众密切相关的部分基层行业、单位实行岗编适度分离管理，编制资源向基层倾斜，促进干部人才向基层一线流动。

（2）适应职能需要。党的十九大报告强调，要“深化机构和行政体制改革”，“转变政府职能”。2018 年 3 月，中共中央印发的《深化党和国家机构改革方案》强调，在新的历史起点上深化党和国家机构改革，必须“改革机构设置，优化职能配置，深化转职能、转方式、转作风，提高效率效能，积极构建系统完备、科学规范、运行高效的党和国家机构职能体系”。在公务员分类管理过程中，要根据行政职能转变的动态需要，依法、合理、科学地设置公务员的职务、职级、职位、级别，并赋予其相应的权利、责任和义务。

（3）精简、统一、效能原则。公务员分类管理必须严格遵守精简、统一、效能原则。一是精简原则。精简，要求公务员分类管理与行政编制紧密结合起来，按照“三定”方案，严格控制不同类型的公务员职位和级别的编制数额。二是统一原则。要注意科学界定不同职务、职级和级别的责任、权利、义务、职能，加强公务员之间的行政沟通和行政协调。按照著名学者法约尔的观点，“统一原则”表现为“统一指挥”和“统一领导”。《深化党和国家机构改革方案》强调，在新的历史起点上深化党和国家机构改革，必须牢固树立政治意识、大局意识、核心意识、看齐意识，坚决维护以习近平同志为核心的党中央权威和集中统一领导。2019 年 8 月，中共中央办公厅印发《中国共产党机构编制工作条例》，强调要强化党对机构编制工作的集中统一领导。三是效能原则。公务员分类管理要根据机关工作需要和公务员的综合素质，科学设置公务员的职务、职级、职位、级别，确定公务员的权利、责任和义务，优化公共部门人员配置，使“人适其位，位得其人”，进而提高行政效率，降低行政成本。

3.1.2　公务员品位分类制的含义、特点与优缺点

1. 公务员品位分类制的含义

品位是指按照公务员地位高低、职务与职级大小而排列成的公务员等级序列。在现代国家，公务员品位分类是指公务员管理机构依据法律法规或者行政首长的意志，对公务员的身份、资历、学历、工龄、知识、能力、经验、贡献等进行综合比较，据此确定其职务、职级的等级和薪酬等级，建立公务员的品位等级结构，以此作为公务员考试录用、职务职级任免与升降、考核、奖惩、交流、工资保险福利、辞职辞退等制度的基础。品位分类制是以公务员的个人条件为依据的管理制度。

2. 公务员品位分类制的特点

（1）以“人”为中心的公务员分类体系。品位分类制以人为中心，充分考虑到个人的

资格条件，如资历、学历、能力、工龄、工作经验、贡献等因素。品位分类制是对“人”的分类，而非对“事”的分类。

（2）注重通才标准。品位分类制注重通才标准，强调培养和提高公务员的综合管理素质和技能，而非专业知识和特殊技能。公务员的职务职级任免与升降、交流受专业知识、工作性质的限制较少。

（3）公务员的等级与职位相分离。每一位公务员都被赋予特定的等级，公务员的等级与公务员的素质紧密相连，但与其所任的公共职位没有直接的关系。品位分类制以人为中心，因人设职、因人择事，官等随人走。

3. 品位分类制的优点

（1）以人为本，有助于选任高素质的人才。品位分类制以人为中心，注重个人的身份和资格条件。实行品位分类制，有助于提高公共职位的吸引力，吸收优秀人才进入公务员队伍。

（2）管理方法简单、灵活且机动性强。公务员的级别和公共职位相对分离，级随人走，公务员职务职级任免与升降、交流、考核、工资保险福利等人事管理方法简单，不受烦琐程序约束。人事管理机制灵活，机动性强，便于根据需要适时调整公务员职务、职级和级别。

（3）人事管理权力集中统一。品位分类管理主张适当集权，机关首长掌握人事管理权限，人权与事权集中统一，有助于在部门内部有效整合资源，提高公共部门人力资源管理效率。

4. 品位分类制的缺点

（1）人职分离，权责不明。品位分类制过分强调“人在事先”，人与职务、职级相分离，公务员的素质、能力与公共管理工作需要可能脱节。级随人走，可能导致公务员的级别与职务、职级不相称，薪酬待遇与职务、职级、职位和级别不吻合。因人设职，容易导致机构臃肿、权责不明、人浮于事。

（2）无章可循，管理制度松散。品位分类制度实行粗放式管理，难以实现人事管理的规范化、制度化、标准化。由于无章可循，缺乏规范性程序和要求，人事管理体现随意性，纪律不强，人事管理制度松散，容易滋生违法乱纪的人事腐败行为。

（3）注重通才，忽视专业技能和知识。品位分类制过分强调公务员的学历、资历、身份、能力、工作经验、工龄等条件，强调通才，忽视专业技能和知识的培养和教育，不利于吸引、培养和开发专业人才，不利于业务类与技术类行政管理工作效率的提高。

（4）易滋生官本位思想。品位分类制因人设职、分级，职务、职级和级别越高的公务员，其权力越大、待遇越好。公共权力运行基于长官意志，可能滋生敬官畏官、论资排位、唯命是从的“官本位”现象，诱发个人主义与官僚主义作风。

3.1.3 公务员职位分类制的含义、程序、特点与优缺点

1. 公务员职位分类制的含义

（1）公务员职位分类制的含义。职位是指上级组织依照法律法规或组织规章确定的，由特定工作人员在特定时间内担负的工作量及职务、职级与责任的集合体。公务员职位分

类制，是指在公共管理工作分析的基础上，依据工作性质、繁简难易、责任轻重、所需资格条件等，将职位划分为不同的类别和等级，作为公共部门人力资源管理基础的人事分类制度。

(2) 职位的相关概念。一是任务。任务，是指为了不同目的而负责完成的不同的工作活动，即工作活动中达到某一工作目的的要素集合。二是职责。职责，是指某人担负的一项或多项相互关联的任务的集合。三是职系。职系，是指繁简难易、责任轻重、任职资格条件不同，但工作性质充分相似的所有职位的集合。四是职组。职组，是指若干工作性质相近的所有职系的集合。五是职级。职级，是指同一职系中，工作性质、繁简难易、责任轻重、任职资格条件相同或充分相似的所有职位的集合。六是职等。职等，是指不同职系之间，工作性质、繁简难易、责任轻重、任职资格条件相同或充分相似的所有职位的集合。

2. 公务员职位分类的程序

(1) 职位调查。职位调查，即通过一定的调查程序和方法，对现有的公共职位状况进行调研，了解和收集职位相关信息，为职位分类提供科学依据的过程。职位调查的内容包括：与职位性质与特点相关的信息，如职位的工作性质、工作内容、任务、所需资格条件等；职位联系状况，如工作环境、上下级关系、工作流程等；管理规章制度、经费预算等信息。职位调查方法包括直接观察法、面谈法、问卷法、工作日志法等。

(2) 职位分析。职位分析，是指采用科学方法，对职位调查所掌握的组织中特定职位的目的、任务、职权、隶属关系、工作条件、任职资格条件等相关信息进行加工、处理，以获取职位关键因素，明确界定该职位的工作，以及完成工作所需的行为、条件和人员。职位分析的结果包括：一是职位说明书。职位说明书是指对岗位目的、指挥关系与沟通关系、工作内容、工作方法、职责范围、考核评价、所需知识与技能等内容给予的定义性说明。二是工作规范。工作规范又称任职资格，是指任职者要胜任该项工作必须具备的资格与条件，涉及受教育程度、工作经验、任职年限、知识、技能、体能和个性特征等最低要求。

(3) 职位评价。职位评价，是指在职能分解、职位调查和职位分析的基础上，根据基本职位因素比较，评估职位设置的必要性、科学性、合理性和可行性，进而根据职位的相对价值进行分等排序。常用的职位评价方法有职位参照法、职位排列法、职位分类法、因素比较法、因素计点法、海氏三要素评价法等。

(4) 职位归级。职位归级，即按照有关规定，根据职位和公务员的基本情况，确定职务、职级、级别和工资档次等内容。

(5) 职位后续管理。职位后续管理，是指按照规定程序，根据工作需要增设、废止职位，或根据职能变化调整某些职位的内容，根据公务员职位分类管理法规，加强对职位动态管理。

3. 职位分类制的特点

(1) 以工作任务为中心，因事设职。职位分类以工作任务为中心而设置职位，不因人设职。先确定职位，再根据职位的需要配备工作人员，“事在人先”。若短期内缺乏合适的工作人员，会出现“职位空缺”现象，但职位仍然存在。

（2）职位数量有限。公务员职位数量有限，主要由部门特点、机构职能、工作性质、工作任务、工作量、预算经费等因素决定。《地方各级人民政府机构设置和编制管理条例》规定，“地方各级人民政府机构设置和编制管理工作，应当按照经济社会全面协调可持续发展的要求，适应全面履行职能的需要，遵循精简、统一、效能的原则”。

（3）职位具有相对稳定性。同一职位在不同时期可由不同的公务员担任，不随公务员的去留而变动。职位的相对稳定性，意味着职位可随着时间、地点、条件、组织的职能与结构、环境等因素变化进行灵活调整，依法适时增设、缩简、合并、撤销某些职位。

（4）职位可分类分级。可以按照特定标准，对职位进行分类、分级。职位分类为公务员的考试、录用、考核、职务职级任免与升降、交流与回避、培训、奖惩、工资保险福利等各项人事管理提供依据。按照《中华人民共和国公务员法》，公务员职位分为综合管理类、行政执法类、专业技术类等类别。

4. 职位分类制的优点

（1）因事设职，按职择人，权责分明。公务员职位分类制度因事设职，按职择人，避免了因人设职、滥竽充数现象。同时，按照劳动分工原则明确规定不同职位的公务员的权利、责任和义务，权责分明，人与职合理搭配，“人人有事做，事事有人做”。

（2）有章可循，管理规范。按公共职位的工作性质、责任轻重、难易程度和所需资格条件等标准对职位进行分类，形成科学、规范、稳定的职位结构，为完善公务员管理奠定了坚实的基础。公务员的权利、责任、义务、薪酬待遇与其职位和级别息息相关，级别不随人走，确保公务员职位分类体系的规范性。

（3）注重专业技能与知识，有助于提高公务员的专业技能。与品位分类制明显不同，公务员职位分类制注重“专才”标准，而非通才标准。在公务员考试录用、职务职级任免与升降、考核、交流、培训与教育等人事管理过程中，注重考查、培养与开发公务员的专业技能。

（4）激励性较强。职位分类制以工作任务为中心，同工同酬，在政府机关内部营造了“能上能下，能进能出”的优胜劣汰机制，搭建了公开、公平、竞争、择优的竞争性职务职级任免与升降、交流平台，有助于实现“人尽其才，才尽其用”。

5. 职位分类制的缺点

（1）以“职”为本，偏重专才，难以吸引复合型高级公共管理人才。职位分类以“职”为本，事在人先，不因人设职。因职选人用人、偏重专才的职位分类制度虽然有助于吸引掌握专业技能的“专才”，但难以吸引复合型高级公共管理人才。

（2）人事管理方法复杂，制度严格，灵活性低。职位分类制按照严格、规范的标准与方法进行工作分析、职位分类、人员配备，公务员在职位面前人人平等，人事管理方法错综复杂，灵活性不强。“高标准、严要求”的职位分类制在一定程度上束缚了个性发展和能力提升。

（3）人事管理权力分散，程序烦琐，行政成本高。职位分类过程中，人事管理权力相对分散，职位分类制度程序复杂、烦琐，要耗费一定的人力、物力、财力等资源，行政成本较高。

3.2　我国公务员分类管理

《中华人民共和国公务员法》规定："国家实行公务员职位分类制度。"我国公务员职位分类制度融合了职位分类制和品位分类制的优点，体现了我国干部人事管理特色。

3.2.1　我国公务员分类管理制度演变

新中国成立初期，我国实行高度集中统一的干部管理模式。领导人员、管理人员、专业技术人员和普通工人被纳入全国统一的人力资源管理体系。该体系分为两大组成部分：一是从事脑力劳动的干部系统，包括领导人员、管理人员和专业技术人员等；二是从事体力劳动的工人系统。1953 年，中共中央出台《关于加强干部管理工作的决定》，正式确立分部分级干部管理制度。1953 年至 1966 年，我国陆续颁发干部人事制度管理的有关规定，推动了公务员分类制度的发展。但是，这一时期的干部人事制度与计划经济体制相适应，党在干部问题上包揽一切，干部人事管理权限高度集中。性质不同的党政机关工作人员、国有企事业单位工作人员等，统称为"国家干部"。干部人事制度建设严重滞后，优秀人才脱颖而出的机制未建立。干部队伍庞杂，结构不合理，整体素质不高，职位、职务、级别模糊不清。

改革开放以来，随着我国经济体制、政治行政体制改革的推进，公务员分类管理制度渐进发展。1983 年 10 月，中央组织部下发《关于改革干部管理体制若干问题的规定》，提出了"管少、管活、管好"和分部分级管理的原则。1984 年 7 月，中央决定适当下放干部管理权限，变下管两级为下管一级，给地方和企业以必要的用人自主权。1987 年，党的十三大报告提出，"进行干部人事制度的改革，就是要对'国家干部'进行合理分解，改变集中统一管理的现状，建立科学的分类管理体制"，要求按照党政分开、政企分开和管人与管事既紧密结合又合理制约的原则，对各类人员实行分类管理。1989 年 4 月，在国务院 6 个单位试点公务员制度，并探索符合国有企业和事业单位特点的干部管理选拔方式。1992 年，党的十四大报告强调，要"加快人事劳动制度改革，逐步建立健全符合机关、企业和事业单位不同特点的科学的分类管理体制和有效的激励机制"，公务员分类管理制度呼之欲出。

1993 年，《国家公务员暂行条例》出台，我国干部人事管理进入制度化轨道。按照《国家公务员暂行条例》，国家行政机关实行职位分类制度，设置国家公务员的职务和等级序列。随着《国家公务员非领导职务设置办法》《国家公务员职位分类工作实施办法》《关于国家公务员非领导职务设置实施工作若干问题的通知》等配套法规或通知的相继出台，我国公务员职位分类管理制度进一步发展。2000 年，中共中央下发《深化干部人事制度改革纲要》，要求"根据党政机关不同职位的特点，制定分类管理办法"，形成符合党政机关、国有企业和事业单位不同特点的、科学的分类管理体制。

2002 年，党的十六大报告指出，要"完善干部职务和职级相结合的制度，建立干部激励和保障机制。探索和完善党政机关、事业单位和企业的干部人事分类管理制度"。

2005年出台的《中华人民共和国公务员法》强调："国家实行公务员职位分类制度。"随着《公务员登记实施办法》《公务员职务与级别管理规定》《综合管理类公务员非领导职务设置管理办法》《新录用公务员任职定级规定》等配套法规的出台，我国公务员职位分类制度进一步发展。按照《2010—2020年深化干部人事制度改革规划纲要》，要深化分级分类管理，健全干部人事制度体系。2016年7月，人力资源和社会保障部印发的《人力资源和社会保障事业发展"十三五"规划纲要》提出，要深化公务员分类改革，完善聘任制公务员制度，逐步推进地市以上机关建立公务员职务与职级并行制度。2016年7月，中共中央办公厅、国务院办公厅印发《行政执法类公务员管理规定（试行）》《专业技术类公务员管理规定（试行）》。2017年9月，中共中央办公厅、国务院办公厅印发《聘任制公务员管理规定（试行）》。党的十九大报告强调，要"建设高素质专业化干部队伍"。2018年12月29日，第十三届全国人民代表大会常务委员会第七次会议审议通过修订后的《中华人民共和国公务员法》明确规定，我国实行公务员职务与职级并行制度。为深化公务员分类改革，中共中央办公厅于2019年3月印发《公务员职务与职级并行规定》，此后，《公务员职务与职级并行制度实施方案》《行政执法类公务员职级设置管理办法（试行）》《专业技术类公务员职级设置管理办法（试行）》等配套法规相继出台。2019年3月，中共中央印发修订后的《党政领导干部选拔任用工作条例》。

延伸阅读

上海市深化行政执法类公务员分类管理改革

2017年10月28日至29日，上海全市市场监管系统、城管系统12 227名行政执法类公务员参加综合性、全科型行政执法能力考试。自2015年起，上海启动实施行政执法类公务员分类管理改革试点，主要措施包括：一是坚持执法力量下沉基层，实行员额管理。二是在职位管理上，实行职务单独序列管理，采取条件管理和职数控制相结合的方式，拓宽执法类公务员职业发展通道。三是实施分类专项招录，提高行政执法能力。四是完善绩效考核管理，适应基层执法特点。五是坚持从严管理，以"负面清单"明晰行政执法行为"红线"，强化监督约束。截至2017年10月底，上海市的市场监管、城管执法系统及16个相关执法单位共有行政执法类员额1.9万人，其中，约1.7万人纳入行政执法类公务员序列。

资料来源：适应新时代要求，提升综合执法能力，上海市深化行政执法类公务员分类管理改革. 上海市公务员局网，2017-11-01.

3.2.2 我国公务员职位类别

1. 公务员职位设置的基本要求

职位是公务员职位分类制度的基本要素，科学设置职位，是完善公务员制度的前提条件。《中华人民共和国公务员法》规定："各机关依照确定的职能、规格、编制限额、职数以及结构比例，设置本机关公务员的具体职位，并确定各职位的工作职责和任职资格条件。"

（1）确定职位的职责和任职资格条件。工作职责涉及该职位承担的具体工作任务，以及相应的工作权限和责任。任职资格条件是指胜任本职位工作所需要的文化程度、知识、技能、资历、任职年限以及其他工作能力。

（2）确定职位的设置层次。职位设置必须与机构规格相符，不得超过其机构规格设置职位或搞变相升格。在公务员职位分类过程中，职位设置应当严格按照《中华人民共和国宪法》《中华人民共和国国务院组织法》《中华人民共和国地方各级人民代表大会和地方各级人民政府组织法》《国务院行政机构设置和编制管理条例》《地方各级人民政府机构设置和编制管理条例》《国家公务员职位分类工作实施办法》《中华人民共和国公务员法》《公务员职务与级别管理规定》《行政执法类公务员管理规定（试行）》《专业技术类公务员管理规定（试行）》《公务员职务与职级并行规定》《党政领导干部选拔任用工作条例》等法律法规办事，遵循法定程序，确保职位与机构的规格相符。

（3）确定职位数量与结构比例。公务员职位设置，要坚持严格、高效、精干的原则，严格遵守法定程序，按照批准的"三定"方案确定公务员职位的数量，合理确定人员编制，不能随意更改编制。在确定公务员职位数量的同时，要按照工作需要、工作性质、职位特点、工作任务、公务员素质等因素，合理确定职位的结构比例，力求结构合理，以优化人力资源配置。

（4）确定职位名称。职位名称必须简明、规范、通俗易懂，能体现出该公共职位的特点和所处层次，如"办公厅秘书处信息工作主任科员"职位。公务员职务、职级的名称应当与机构规格相一致。为提高机构编制实名制管理数据的准确性、规范性、完整性，浙江绍兴市于 2019 年建立常态查、分工查、交叉查、联合查、专项查、考核查等"六必查"工作机制。

2. 公务员职位的类别

根据《中华人民共和国公务员法》的规定，我国公务员职位类别划分为综合管理类、专业技术类和行政执法类等。

（1）综合管理类职位。综合管理类职位，是指除专业技术类、行政执法类以及其他职位类别以外的，履行规划、咨询、决策、人事、组织、指挥、协调、监督等综合管理或机关内部管理等职责的公务员职位类别。

（2）专业技术类职位。专业技术类职位，是指专门从事专业技术工作，为机关履行职责提供技术支持和保障的公务员，其职责具有强技术性、低替代性。专业技术类公务员职位根据工作性质、专业特点和管理需要，在以专业技术工作为主要职责的机关内设机构或者岗位设置。专业技术类公务员职位设置范围由中央公务员主管部门确定。

（3）行政执法类职位。行政执法类职位，是指依照法律、法规对行政相对人直接履行行政许可、行政处罚、行政强制、行政征收、行政收费、行政检查等执法职责的公务员职位，其职责具有执行性、强制性。行政执法类职位根据工作性质、执法职能和管理需要，一般在市地级以下机关的市场监管、生态环境保护、文化市场、交通运输、农业、城市管理等综合执法队伍和其他以行政执法工作为主要职责的机关或机构设置。确有需要，根据行政执法机构设置实际，省级、副省级城市机关也可以设置行政执法职位。交通运输部、海关总署、税务总局党组（党委）分别负责在海事、海关、税务系统基层执法单位设置行政执法类职位。

(4) 法官、检察官、监察官职位。法官和检察官职位，严格按照《中华人民共和国法官法》、《法官职务序列设置暂行规定》和《中华人民共和国检察官法》、《检察官职务序列设置暂行规定》等进行分类管理。监察官职位，严格按照《中华人民共和国监察法》以及其他相关法规进行分类管理。

(5) 其他职位类别。除专业技术类与行政执法类职级具有职位特殊性以外，还有其他一些公务员职位类别具有特殊性，在分类管理实践中需要单独进行管理。《中华人民共和国公务员法》规定，国务院“根据本法，对于具有职位特殊性，需要单独管理的，可以增设其他职位类别。各职位类别的适用范围由国家另行规定”。

3.2.3 我国公务员职务、职级序列

职务、职级是公共管理职能的微观载体，是公务员身份和职位的表征。职务、职级序列，是指按照责任大小、工作难易程度、任职资格条件等因素的不同而分出的从高到低的职务、职级层次。《中华人民共和国公务员法》规定，国家实行公务员职务与职级并行制度，根据公务员职位类别和职责设置公务员领导职务、职级序列。按照《公务员职务与职级并行规定》，职级序列按照综合管理类、专业技术类、行政执法类等公务员职位类别分别设置。综合管理类、专业技术类、行政执法类等不同职位类别公务员之间可以交流。不同职位类别职级序列如表 3-1 所示。

表 3-1 综合管理类、专业技术类、行政执法类公务员职级序列

综合管理类公务员职级序列	专业技术类公务员职级序列	行政执法类公务员职级序列
一级巡视员	一级总监	督办
二级巡视员	二级总监	
一级调研员	一级高级主管	一级高级主办
二级调研员	二级高级主管	二级高级主办
三级调研员	三级高级主管	三级高级主办
四级调研员	四级高级主管	四级高级主办
一级主任科员	一级主管	一级主办
二级主任科员	二级主管	二级主办
三级主任科员	三级主管	三级主办
四级主任科员	四级主管	四级主办
一级科员	专业技术员	一级行政执法员
二级科员		二级行政执法员

1. 公务员领导职务序列

领导职务是指机关中履行计划、组织、管理、决策、指挥、控制、协调等职能的职务。公务员领导职务根据宪法、有关法律和机构规格设置。按照《中华人民共和国公务员法》《公务员职务与级别管理规定》《公务员职务与职级并行规定》，我国公务员领导职务层次分为“国家级正职、国家级副职、省部级正职、省部级副职、厅局级正职、厅局级副

职、县处级正职、县处级副职、乡科级正职、乡科级副职”。公务员领导职务可以分为三类：一是选任制领导职务，二是委任制领导职务，三是聘任制领导职务。

（1）选任制领导职务。选任制领导干部，是指依照法定条件和程序，被选举担任特定领导职务的公务员。选任制公务员在选举结果生效时即任当选职务；任期届满不再连任或者任期内辞职、被罢免、被撤职的，其所任职务即终止。选任制领导职务，依照机关的性质不同，按照领导职务序列，依法设置相应职务。《中华人民共和国公务员法》《中华人民共和国监察法》《公务员职务与职级并行规定》《中华人民共和国全国人民代表大会组织法》《中华人民共和国国务院组织法》《中华人民共和国地方各级人民代表大会和地方各级人民政府组织法》《中华人民共和国检察官法》《中华人民共和国法官法》《中国共产党章程》《中国人民政治协商会议章程》等法律法规，规定了领导职务序列。按照我国党政机关的机构设置层次与规格，选任制领导职务主要包括：国家主席、副主席；国务院总理、副总理、国务委员、各部部长、各委员会主任、审计长、秘书长；中央军事委员会主席、委员；最高人民法院院长、副院长、审判员、审判委员会委员，军事法院院长；国家监察委员会主任、副主任、委员；最高人民检察院检察长、副检察长、检察员、检察委员会委员，军事检察院检察长；省长、副省长；自治区主席、副主席；市长、副市长；州长、副州长；县长、副县长；区长、副区长；乡长、副乡长；镇长、副镇长；各级人民政府秘书长、厅长、局长、委员会主任、科长；地方各级人民法院院长、副院长、庭长、副庭长、审判委员会委员、审判员；地方各级监察委员会主任、副主任、委员；地方各级人民检察院检察长、副检察长、检察委员会委员、检察员。选任制领导职务，还包括各级党委、人大、政协机关、民主党派实行选任制的领导职务。

（2）委任制领导职务。委任制领导干部，是指在任免权限范围下，由公务员任免机关依法直接委派工作人员担任一定领导职务的公务员。委任制公务员试用期满考核合格，职务、职级发生变化以及其他情形需要任免职务、职级的，应当按照管理权限和规定的程序任免。委任制公务员的数量庞大，具体分布在行政机关、审判机关、检察机关、政协机关、中国共产党机关、民主党派机关、人大机关、监察机关等单位。实行委任制的行政机关的领导职务，包括国务院各部委的副职领导人、县级以上地方各级人民政府组成部门的副职领导人以及各机关内设机构的领导职务等。

（3）聘任制领导职务。聘任制领导干部，是指依照法定权限、条件和程序，被聘任特定领导职务的公务员。机关根据工作需要，经省级以上公务员主管部门批准，可以对专业性较强的职位和辅助性职位实行聘任制；上述职位涉及国家秘密的，不实行聘任制。聘任为领导职务的，应当是专业性较强的职位，聘任合同期限为三年至五年，试用期为一年。

2. 综合管理类公务员职级序列

职级，是公务员的等级序列，是与领导职务并行的晋升通道，体现公务员政治素质、业务能力、资历贡献，是确定工资、住房、医疗等待遇的重要依据，不具有领导职责。公务员可以通过领导职务或者职级晋升。担任领导职务的公务员履行领导职责，不担任领导职务的职级公务员依据隶属关系接受领导指挥，履行职责。综合管理类公务员职级职数按照各类别公务员行政编制数量的一定比例核定。

公务员职级在厅局级以下设置。综合管理类公务员职级序列包括：一级巡视员、二级巡视员、一级调研员、二级调研员、三级调研员、四级调研员、一级主任科员、二级主任科员、三级主任科员、四级主任科员、一级科员、二级科员。

厅局级以下领导职务对应的综合管理类公务员最低职级是：（1）厅局级正职：一级巡视员；（2）厅局级副职：二级巡视员；（3）县处级正职：二级调研员；（4）县处级副职：四级调研员；（5）乡科级正职：二级主任科员；（6）乡科级副职：四级主任科员。

综合管理类公务员职级设置规格：中央机关，省、自治区、直辖市机关设置一级巡视员以下职级；副省级城市机关设置一级巡视员以下职级，副省级城市的区领导班子设置一级、二级巡视员；市（地、州、盟）、直辖市的区领导班子设置一级巡视员，市（地、州、盟）、直辖市的区机关设置二级巡视员以下职级，副省级城市的区机关设置一级调研员以下职级；县（市、区、旗）领导班子设置二级巡视员、一级调研员、二级调研员、三级调研员，县（市、区、旗）、乡镇机关设置二级调研员以下职级。

3. 专业技术类公务员职级序列

专业技术类公务员的管理，坚持党管干部原则，坚持德才兼备、以德为先，坚持注重实绩、业内认可，坚持分渠道发展、专业化建设，坚持监督约束与激励保障并重。专业技术类公务员按照专业技术类公务员职级序列进行管理。专业技术类公务员职级序列分为十一个层次，由高至低依次为：一级总监、二级总监、一级高级主管、二级高级主管、三级高级主管、四级高级主管、一级主管、二级主管、三级主管、四级主管、专业技术员。

厅局级正职以下领导职务对应的专业技术类公务员最低职级是：（1）厅局级正职：一级总监；（2）厅局级副职：二级总监；（3）县处级正职：二级高级主管；（4）县处级副职：四级高级主管；（5）乡科级正职：二级主管；（6）乡科级副职：四级主管。

4. 行政执法类公务员职级序列

行政执法类公务员的管理，坚持公开、平等、竞争、择优的原则，依照法定的权限、条件、标准和程序进行。行政执法类公务员按照行政执法类公务员职级序列进行管理。行政执法类公务员的职级序列分为十一个层次，由高至低依次为：督办、一级高级主办、二级高级主办、三级高级主办、四级高级主办、一级主办、二级主办、三级主办、四级主办、一级行政执法员、二级行政执法员。

厅局级副职以下领导职务对应的行政执法类公务员最低职级是：（1）厅局级副职：督办；（2）县处级正职：二级高级主办；（3）县处级副职：四级高级主办；（4）乡科级正职：二级主办；（5）乡科级副职：四级主办。

5. 法官、检察官、监察官职务序列

法官、检察官、监察官职务分别在人民法院、人民检察院、监察委员会的法官职位、检察官职位、监察官职位中设置。

（1）法官职务。

中华人民共和国第十三届全国人民代表大会常务委员会第十次会议于 2019 年 4 月 23 日修订通过《中华人民共和国法官法》。法官是依法行使国家审判权的审判人员，包括最高人民法院、地方各级人民法院（高级人民法院、中级人民法院、基层人民法院）和军事法院等专门人民法院的院长、副院长、审判委员会委员、庭长、副庭长、审判员和助理审判员。法官实行单独职务序列管理。

(2) 检察官职务。

中华人民共和国第十三届全国人民代表大会常务委员会第十次会议于 2019 年 4 月 23 日修订通过《中华人民共和国检察官法》。检察官是依法行使国家检察权的检察人员，包括最高人民检察院、地方各级人民检察院（省、自治区、直辖市人民检察院，省、自治区人民检察院分院，自治州、省辖市人民检察院，县、市、自治县、市辖区人民检察院）和军事检察院等专门人民检察院的检察长、副检察长、检察委员会委员、检察员和助理检察员。检察官实行单独职务序列管理。

(3) 监察官职务。

中华人民共和国第十三届全国人大一次会议于 2018 年 3 月 20 日表决通过《中华人民共和国监察法》。国家实行监察官制度。监察官是依法行使国家监察权的监察人员。中华人民共和国国家监察委员会是最高监察机关。省、自治区、直辖市、自治州、县、自治县、市、市辖区设立监察委员会。国家监察委员会由主任、副主任若干人、委员若干人组成。地方各级监察委员会由主任、副主任若干人、委员若干人组成。

3.2.4　我国公务员级别

公务员的领导职务、非领导职级对应特定的公务员级别。我国公务员级别依法设置，与领导职务、非领导职级一一对应。公务员领导职务、职级与级别的对应关系，由国家规定。在各类各级国家机关中，公务员的级别略有差别。按照《中华人民共和国公务员法》的规定："公务员的领导职务、职级与级别是确定公务员工资及其他待遇的依据。"

1. 公务员级别确立的依据

按照《中华人民共和国公务员法》《公务员职务与级别管理规定》《公务员职务与职级并行规定》《公务员职务与职级并行制度实施方案》《专业技术类公务员管理规定（试行）》《行政执法类公务员管理规定（试行）》《行政执法类公务员职级设置管理办法（试行）》等法律法规，我国公务员的级别根据所任领导职务、职级及其德才表现、工作实绩和资历确定。公务员在同一领导职务、职级上，可按照国家规定晋升级别。

2. 公务员职务、职级与级别的对应关系

(1) 综合管理类公务员职务、职级与级别的对应关系。综合管理类公务员的级别为 1 至 27 级。不同的领导职务、职级，对应不同幅度的级别。按照《中华人民共和国公务员法》《公务员职务与级别管理规定》《公务员职务与职级并行规定》《公务员职务与职级并行制度实施方案》等法律法规进行公务员级别设置。

综合管理类公务员领导职务层次与级别的对应关系：1）国家级正职：一级；2）国家级副职：四级至二级；3）省部级正职：八级至四级；4）省部级副职：十级至六级；5）厅局级正职：十三级至八级；6）厅局级副职：十五级至十级；7）县处级正职：十八级至十二级；8）县处级副职：二十级至十四级；9）乡科级正职：二十二级至十六级；10）乡科级副职：二十四级至十七级。

综合管理类公务员职级对应的级别：1）一级巡视员：十三级至八级；2）二级巡视员：十五级至十级；3）一级调研员：十七级至十一级；4）二级调研员：十八级至十二

级；5）三级调研员：十九级至十三级；6）四级调研员：二十级至十四级；7）一级主任科员：二十一级至十五级；8）二级主任科员：二十二级至十六级；9）三级主任科员：二十三级至十七级；10）四级主任科员：二十四级至十八级；11）一级科员：二十六级至十八级；12）二级科员：二十七级至十九级。

（2）行政执法类公务员职级与级别的对应关系。按照《行政执法类公务员管理规定（试行）》《公务员职务与职级并行规定》《公务员职务与职级并行制度实施方案》《行政执法类公务员职级设置管理办法（试行）》，行政执法类公务员的职级与级别的对应关系是：1）督办：十五级至十级；2）一级高级主办：十七级至十一级；3）二级高级主办：十八级至十二级；4）三级高级主办：十九级至十三级；5）四级高级主办：二十级至十四级；6）一级主办：二十一级至十五级；7）二级主办：二十二级至十六级；8）三级主办：二十三级至十七级；9）四级主办：二十四级至十八级；10）一级行政执法员：二十六级至十八级；11）二级行政执法员：二十七级至十九级。

（3）专业技术类公务员的职级与级别的对应关系。按照《专业技术类公务员管理规定（试行）》《公务员职务与职级并行规定》《公务员职务与职级并行制度实施方案》，专业技术类公务员职级与级别的对应关系是：1）一级总监：十三级至八级；2）二级总监：十五级至十级；3）一级高级主管：十七级至十一级；4）二级高级主管：十八级至十二级；5）三级高级主管：十九级至十三级；6）四级高级主管：二十级至十四级；7）一级主管：二十一级至十五级；8）二级主管：二十二级至十六级；9）三级主管：二十三级至十七级；10）四级主管：二十四级至十八级；11）专业技术员：二十六级至十八级。

3. 法官、检察官、监察官的等级

（1）法官的等级。法官等级是表明法官级别、身份的称号，是国家对法官专业水平的确认。法官等级按照《中华人民共和国法官法》《法官职务序列设置暂行规定》等法律规定来设置。法官等级的确定，以法官的德才表现、业务水平、审判工作实绩和工作年限为依据。法官等级分为十二级，依次为首席大法官、一级大法官、二级大法官、一级高级法官、二级高级法官、三级高级法官、四级高级法官、一级法官、二级法官、三级法官、四级法官、五级法官。法官等级晋升采取按期晋升和择优选升相结合的方式，特别优秀或者工作特殊需要的一线办案岗位法官可以特别选升。此外，军事法院法官等级按照《中华人民共和国法官法》《军事法院评定法官等级实施办法》等规定设置。

（2）检察官的等级。检察官等级是表明检察官级别、身份的称号，是国家对检察官专业水平的确认。检察官的等级按照《中华人民共和国检察官法》《检察官职务序列设置暂行规定》等法律规定来设置。检察官等级的确定，以检察官的德才表现、业务水平、检察工作实绩和工作年限为依据。检察官等级分为十二级，依次为首席大检察官、一级大检察官、二级大检察官、一级高级检察官、二级高级检察官、三级高级检察官、四级高级检察官、一级检察官、二级检察官、三级检察官、四级检察官、五级检察官。检察官等级晋升采取按期晋升和择优选升相结合的方式，特别优秀或者工作特殊需要的一线办案岗位检察官可以特别选升。此外，军事检察院检察官等级按照《中华人民共和国检察官法》《军事检察院评定检察官等级实施办法》等规定设置。

（3）监察官的等级。《中华人民共和国监察法》规定："国家实行监察官制度，依法确定监察官的等级设置、任免、考评和晋升等制度。”

3.2.5　公务员聘任制

聘任制公务员，是指以合同形式聘任、依法履行公职、纳入国家行政编制、由国家财政负担工资福利的工作人员。涉及国家秘密的职位不实行聘任制。机关聘任公务员，主要面向专业性较强的职位，确有特殊需要的，也可以面向辅助性职位。机关应当按照平等自愿、协商一致的原则，与所聘公务员签订书面的聘任合同，确定双方的权利和义务。聘任合同期限为一年至五年，首次签订聘任合同的，可以约定试用期，试用期为一个月至六个月。聘任为领导职务的，聘任合同期限为三年至五年，试用期为一年。聘任机关依据聘任合同全面考核聘任制公务员的德、能、勤、绩、廉，重点考核其完成聘任合同确定的工作任务情况，考核结果作为聘任制公务员获得工资、奖励等的依据。聘任制公务员实行协议工资制，一般按月支付，也可实行年薪制等特殊工资政策；按照国家规定参加基本养老保险和职业年金、基本医疗保险、工伤保险、失业保险、生育保险。

延伸阅读

天津开发区推进机构改革，上千个行政事业编制全部取消

2019 年 7 月，天津开发区新一轮改革大幕拉开。这次改革坚持企业化管理方向，实现干部能上能下、员工能进能出、工资能升能降，以业绩为导向，以结果论英雄。在这次改革中，天津开发区行政事业单位减少了 17 个，但把资源向经济发展主责主业部门倾斜，专业招商部门从原来的 6 个增加到 12 个，占内设部门总数的 34%，招商引资和企业服务人员比重达到 85%。改革后，天津开发区将实行授薪人员总额管理，取消编制管理，所有人员重新竞聘上岗。开发区原来行政事业编制加起来大概有 1 000 个，改革之后这些编制全部取消，实行员额制，原来是国家干部，以后是法定机构合同制工作人员。本次改革确立以市场化为导向的开放灵活的用人机制，取消编制管理和终身制，实行全员聘任制、聘期制，统一签订合同，聘期三年，大力选拔培养优秀年轻干部，不拘一格用人才。

资料来源：天津开发区推进机构改革：上千个行政事业编制全部取消．新华网，2019-07-19.

3.2.6　解放军、武警、人民警察、海关、外交人员、消防救援人员的衔级

1. 解放军军衔与文职人员岗位等级

2016 年 1 月 1 日，中央军委印发《关于深化国防和军队改革的意见》，提出要“调整军队人员分类，逐步建立军衔主导的等级制度，推进军官职业化，改革兵役制度、士官制度、文职人员制度”。

（1）军官军衔。

按照《中华人民共和国现役军官法》，“人民解放军现役军官是被任命为排级以上职务

或者初级以上专业技术职务，并被授予相应军衔的现役军人；军官按职务性质分为军事军官、政治军官、后勤军官、装备军官和专业技术军官”，“军官是国家工作人员的组成部分”。军官军衔是区分军官等级、表明军官身份的称号、标志，是国家给予军官的荣誉。军官军衔按照军官的服役性质分为现役军官军衔和预备役军官军衔。按照《中国人民解放军军官军衔条例》，军官军衔设下列三等十级：一是将官，包括上将、中将、少将；二是校官，包括大校、上校、中校、少校；三是尉官，包括上尉、中尉、少尉。《关于深化国防和军队改革的意见》指出，要“优化军委机关职能配置和机构设置，完善军种和新型作战力量领导管理体制”。我国现有陆军、海军、空军、火箭军、战略支援部队、联勤保障部队六个军种，各军种在军衔前分别冠以“陆军”“海军”“空军”“火箭军”“战略支援部队”“联勤保障部队”。专业技术军官在军衔前冠以“专业技术”。

（2）士兵军衔。

按照《中国人民解放军现役士兵服役条例》，士兵军衔按照兵役性质分为：1）士官：一级军士长、二级军士长、三级军士长、四级军士长、上士、中士、下士。2）义务兵：上等兵、列兵。

士兵军衔按照军衔等级分为：1）高级士官：一级军士长、二级军士长、三级军士长。2）中级士官：四级军士长、上士。3）初级士官：中士、下士。4）兵：上等兵、列兵。

士兵军衔的授予、晋升，以本人所任职务、服现役年限和德才表现为依据。

（3）文职人员岗位等级。

按照《中国人民解放军文职人员条例》，文职人员是指在军民通用、非直接参与作战且社会化保障不宜承担的军队编制岗位从事管理工作和专业技术工作的非现役人员。

文职人员的岗位等级设置：1）管理岗位由高到低分为九个等级，即部级副职、局级正职、局级副职、处级正职、处级副职、科级正职、科级副职、科员、办事员。2）专业技术岗位分为高级、中级、初级岗位，由高到低设一级至十三级。

经中央军委批准，中央军委办公厅印发《军队文职人员管理若干规定（试行）》，自2019年1月1日起施行。为规范军队文职人员聘用合同管理工作，保障用人单位和文职人员的合法权益，2019年1月，中央军委下发《军队文职人员聘用合同管理暂行规定》。对实行聘用制的文职人员，自军队批准招录聘用之日起30日内，用人单位应当与其订立书面聘用合同。

2. 武警警衔

（1）武警警官警衔。

按照2009年8月27日第十一届全国人民代表大会常务委员会第十次会议通过的《中华人民共和国人民武装警察法》，人民武装警察部队实行警衔制度。中央军委2016年1月1日印发的《关于深化国防和军队改革的意见》规定：“加强中央军委对武装力量的集中统一领导，调整武警部队指挥管理体制，优化力量结构和部队编成。”十二届全国人大常委会第三十次会议于2017年11月4日审议通过《关于中国人民武装警察部队改革期间暂时调整适用相关法律规定的决定（草案）》，决定暂时调整适用国防法、人民武装警察法中有关人民武装警察部队领导指挥体制、职能任务、警衔制度、保障体制、部队部署和兵力调动使用的规定。2017年12月印发的《中共中央关于调整中国人民武装警察部队领导指挥体制的决定》规定，自2018年1月1日零时起，武警部队由党中央、中央军委集中统一领导，实行“中央军委-武警部队-部队”领导指挥体制；武警部队归中央军委建制，不再列国务院序列。

按照2018年的《深化党和国家机构改革方案》，海警队伍转隶武警部队；原公安消防部队、公安警卫部队、公安边防部队不再列武警部队序列，全部退出现役；武警部队不再领导管理武警黄金、森林、水电部队，不再承担海关执勤任务。其中，原国家海洋局（中国海警局）领导管理的海警队伍及相关职能全部划归武警部队。公安消防部队、武警森林部队，划归应急管理部，现役编制转为行政编制；公安警卫部队退出现役后，警卫局（处）由同级公安机关管理，现役编制转为人民警察编制；公安边防部队成建制划归公安机关，并结合新组建国家移民管理局进行适当调整整合，现役编制转为人民警察编制；武警黄金部队转为非现役专业队伍后，并入自然资源部，现役编制转为财政补助事业编制，原有的部分企业职能划转中国黄金总公司；武警水电部队转为非现役专业队伍后，组建为国有企业，可继续使用中国安能建设总公司名称，由国务院国有资产监督管理委员会管理。

中国人民武装警察部队警官警衔，是区分警官等级，表明警官身份的称号、标志和国家给予警官的荣誉。中国人民武装警察部队现役警官警衔等级的设置，按照《中国人民解放军军官军衔条例》执行。武警警官的警衔设下列三等十级：一是将官，包括上将、中将、少将；二是校官，包括大校、上校、中校、少校；三是尉官，包括上尉、中尉、少尉。警官在警衔前冠以“武警”。专业技术警官在警衔前冠以“武警专业技术”。比如2019年7月31日，中央军委主席习近平向晋升上将警衔的武警部队政治委员安兆庆颁发命令状。

（2）武警士兵警衔。

中国人民武装警察部队士兵，依照《中国人民解放军现役士兵服役条例》，实行士兵警衔制度，授予士官警衔的改称为“警士长”“专业警士”“警士”，士兵在警衔前冠以“武警”。

3. 人民警察警衔

警衔是区分警察等级、表明警察身份的称号和标志，是国家给予警察的荣誉。1992年7月1日，第七届全国人大常委会第二十六次会议审议通过了《中华人民共和国人民警察警衔条例》，并根据2009年8月27日第十一届全国人民代表大会常务委员会第十次会议通过的《关于修改部分法律的决定》予以修正。公安部主管人民警察警衔工作。人民警察实行警察职务等级编制警衔。人民警察警衔设五等十三级：一是总警监、副总警监；二是警监：一级、二级、三级；三是警督：一级、二级、三级；四是警司：一级、二级、三级；五是警员：一级、二级。授予人民警察警衔，以人民警察现任职务、德才表现、担任现职时间和工作年限为依据。担任专业技术职务的人民警察的警衔，在警衔前冠以“专业技术”。2018年3月28日，中央全面深化改革委员会第一次会议审议通过了《公安机关执法勤务警员职务序列改革方案（试行）》《公安机关警务技术职务序列改革方案（试行）》。其中，执法勤务警员职务序列包括：一级警员、二级警员，一级警长、二级警长、三级警长、四级警长，一级高级警长、二级高级警长、三级高级警长、四级高级警长，一级警务专员、二级警务专员。警务技术职务序列包括：警务技术员，警务技术一级主管、警务技术二级主管、警务技术三级主管、警务技术四级主管，警务技术一级主任、警务技术二级主任、警务技术三级主任、警务技术四级主任，警务技术一级总监、警务技术二级总监。

4. 海关关衔

海关实行关衔制度。2003年2月28日，第九届全国人大常委会第三十二次会议通过《中华人民共和国海关关衔条例》。海关总署、分署、特派员办公室、各直属海关、隶属海关和办事处的国家公务员可以授予海关关衔。海关缉私警察实行人民警察警衔制度。关衔是区分海关工作人员等级，表明海关工作人员身份的称号、标志和国家给予海关工作人员的荣誉。海关工作人员实行职务等级编制关衔。海关关衔设五等十三级：一是海关总监、海关副总监；二是关务监督：一级、二级、三级；三是关务督察：一级、二级、三级；四是关务督办：一级、二级、三级；五是关务员：一级、二级。关衔的授予以海关工作人员现任职务、德才表现、任职时间和工作年限为依据。

5. 外交人员衔级

驻外外交人员，是指在中华人民共和国驻外外交机构中从事外交、领事等工作，使用驻外行政编制，具有外交衔级的人员。2009年10月31日，第十一届全国人大常委会第十一次会议通过《中华人民共和国驻外外交人员法》。驻外外交人员的职务分为外交职务和领事职务。其中，外交职务包括特命全权大使、代表、副代表、公使、公使衔参赞、参赞、一等秘书、二等秘书、三等秘书、随员，领事职务包括总领事、副总领事、领事、副领事、领事随员。驻外外交人员实行外交衔级制度。外交衔级设七级：大使衔、公使衔、参赞衔、一等秘书衔、二等秘书衔、三等秘书衔、随员衔。驻外外交人员的外交衔级，根据其在驻外外交机构中担任的职务、公务员职务级别和外交工作需要确定。

6. 消防救援人员衔级

按照2018年的《深化党和国家机构改革方案》，原公安消防部队、武警森林部队转到地方后，现役编制全部转为行政编制，划归应急管理部。应急管理部负责管理消防救援队伍、森林消防队伍两支国家综合性应急救援队伍，承担相关火灾防范、火灾扑救、抢险救援等工作，设立消防救援局、森林消防局，分别作为消防救援队伍、森林消防队伍的领导指挥机关。2018年10月，中共中央办公厅、国务院办公厅印发《组建国家综合性消防救援队伍框架方案》，部署建立专门衔级职级序列等工作。2018年10月26日，第十三届全国人民代表大会常务委员会第六次会议通过《中华人民共和国消防救援衔条例》。2019年3月19日，中央全面深化改革委员会第七次会议审议通过《关于深化消防执法改革的意见》。国家综合性消防救援队伍实行消防救援衔制度。消防救援衔授予对象为纳入国家行政编制、由国务院应急管理部门统一领导管理的综合性消防救援队伍在职人员。消防救援衔按照管理指挥人员、专业技术人员和消防员分别设置。

（1）管理指挥人员衔级。管理指挥人员消防救援衔设下列三等十一级：1）总监、副总监、助理总监；2）指挥长：高级指挥长、一级指挥长、二级指挥长、三级指挥长；3）指挥员：一级指挥员、二级指挥员、三级指挥员、四级指挥员。

（2）专业技术人员衔级。专业技术人员消防救援衔设下列二等八级，在消防救援衔前冠以“专业技术”：1）指挥长：高级指挥长、一级指挥长、二级指挥长、三级指挥长；2）指挥员：一级指挥员、二级指挥员、三级指挥员、四级指挥员。

（3）消防员衔级。消防员消防救援衔设下列三等八级：1）高级消防员：一级消防长、二级消防长、三级消防长；2）中级消防员：一级消防士、二级消防士；3）初级消防员：

三级消防士、四级消防士、预备消防士。

3.3　西方国家公务员分类管理

3.3.1　西方国家公务员分类管理制度的主要内容

1. 美国：公务员职位分类制

（1）美国职位分类制度的兴起。

1838 年，美国参议会通过议案，要求以工作性质、职责、所需资格条件对公职人员分类，并确定其薪酬。1853 年，美国国会通过分级法案，将联邦财政部、内政部、邮政部、海军部、陆军部等五部的 700 名秘书官划分为主任秘书官、副主任秘书官、秘书官、助理秘书官四类，并确定不同的薪酬标准。1883 年，美国国会颁布《彭德尔顿法》，确立了实行同工同酬的功绩制原则。1886 年，美国众议院“吏治革新委员会”重申 1853 年分级法案，要求同工同酬。1896 年，美国联邦文官事务委员会呼吁实行以职务和责任为基础的职位分类制。1905 年，美国总统西奥多·罗斯福设立“部务规程委员会”，致力于研究工作评价和职位分类。1907 年，西奥多·罗斯福下令设立“职级薪酬委员会”，专门处理职位分类与公务员薪酬等事宜。1919 年，美国国会成立“薪金分类调整联合委员会”，致力于设计职位分类系统，并于 1920 年向国会提交关于地方政府职位分类实践调查报告。

1923 年，美国国会颁发《联邦政府职位分类法》，成立“联邦人事分类委员会”。该法按照职位定性分类、同工同酬等原则，在职务、责任、任职资格条件基础上将美国公务员职位分为 5 职类，共 44 职等。1923 年的《联邦政府职位分类法》历经 1928 年、1930 年两次修订，进一步确立分等标准，将职位分类范围扩大至野外作业。1931 年，联邦政府调整公务员职位分类结构，分为 7 职类、8～16 个不同职等、15～456 个不同职级。1932 年，美国撤销“联邦人事分类委员会”，将其权力转移至文官事务委员会。1940 年，美国国会授权总统将文官事务委员会的分类权力扩大至附加职位。

（2）美国公务员职位分类制的发展。

1949 年，美国国会颁布新的《职位分类法》，调整职位结构。按照新法案，美国公务员职位归纳为两大序列：一是一般职位序列（general schedule，GS），包括专门与科学职务类、次专门职务类、事务行政与财政职务类。根据工作责任大小、难易程度、任职资格条件等，可将一般职位序列分为 18 职等。二是技艺保护保管序列（grafts protective custodial schedule，GPS），包括技艺与保管职务类、灯塔与仓库职务类，共 10 职等。该法规定，1～15 职等为中下级行政人员，由各部门自行管理；16～18 职等为高级职等，由文官事务委员会直接管理；邮政人员、外交人员、教育人员、医务人员、警察与消防人员等职位分类管理，由相关法律另行规定。细分了职组与职系，划分为 27 职组（position group）、569 职系（position series）。1954 年，技艺保管序列职位被取消，其部分职位并入一般职位序列，另一部分职位经文官事务委员会核准后作为不适用于职位分类法的例外职位。美国文官事务委员会于 1958 年将 GS 职位削减至 23 职组、524 职系，于 1965 年再次削减至 22 职组、439 职系。

1967年，美国国会组织专门委员会调查职位分类制，并成立“工作评价与报酬审核”专业小组，着手改进工作评价和职位分类分级方法。1972年，文官事务委员会向美国总统提交报告，建议采用“因素分等法”修改职位分类。随着1978年美国《文官制度改革法》的出台，联邦政府进一步调整公务员职位分类制度，确立了九条功绩制原则。此次职位分类制度改革的主要内容包括：一是构建相对独立的“高级公务员”序列（senior executive service，SES）。高级公务员，即高级行政官，包括一般职位序列中的16、17、18职等。二是改革高级公务员之外的一般职位序列的职位分类制度。简化职位分类结构、程序、标准，压缩职等、职组、职系，实行浮动工资制度，简化职位说明书。三是在部分中高级公务员中推行绩效工资制度（merit pay system）。对GS序列12～15职等的公务员，自1981年10月1日起，不再根据其工作年限进行等内加薪，而是根据其工作实绩和绩效评估成绩加薪，并酌情颁发奖金。

（3）重塑公务员职位分类制度。

20世纪八九十年代，美国政府掀起了一场声势浩大的“政府重塑”（Reinventing Government）运动，公务员职位分类制改革是重塑政府的重要内容。1993年9月7日，戈尔副总统向克林顿总统提交题为《从红头文件到追求结果：创造一个少花钱多办事的政府》的系列报告，其中包含题为《重塑人力资源管理》（Reinventing Human Resources Management）的子报告。该报告在“改革一般职务和基本薪酬制度”部分，提出五项改革措施，与公务员职位分类制度有关的措施包括：一是废除15职等的分类标准；二是授予联邦政府各行政机构职位分类决策权，免除联邦政府人事管理总署对分类的评估和审批权；三是简化标准的职位分类制度。通过减少工作种类数量、分类标准、分类程序等措施，赋予行政机构和一线管理者更大的职位分类自主权，保持职位分类的弹性和灵活性。

按照是否适用于功绩制原则，美国公务员可以分为两类：一是适用功绩制与职位分类制的公务员，包括经公开竞争性考试而录用的人员（常任文官）、非经公开竞争性考试而录用的人员（专业技术性）、免试人员（劳工、机要人员、临时工、政策制定者）。二是不适用功绩制与职位分类制的公务员，包括民选官员（如总统、副总统、州长等）、特殊委员会委员、部长、副部长、次长等，聘任制专家，高级行政职位官员，以及外交官、邮政人员、警察、教师、保密人员、退伍军人机关职员、情报人员等。

按照职业划分，可将美国政府雇员的职业分为白领、蓝领，适用于不同的职位分类和报酬系统。一是白领职业（white collar occupation）。白领职业按照工作性质与内容、难易程度、责任大小、任职资格条件等标准，可以分为专业类、行政类、技术类、文秘类和其他类。绝大部分白领职业职员适用于一般职位序列及其报酬系统。目前，美国白领职业职员所适用的一般职位序列中，共分为23职组，420职系（见表3-2）。二是蓝领职业（trades and labor occupation）。蓝领职业职员，由从事贸易、技艺和体力劳动的不熟练工、半熟练工和熟练工组成，包括领班和蓝工。绝大部分蓝领职业职员适用于联邦薪酬系统分类及其报酬系统（federal wage system）。蓝领职业职员所适用的联邦薪酬系统职务分类序列中，包括36工作簇（job families）和250种职业。

表 3-2 美国一般职位序列的职组与职系

职组代码	职组	职系数量
GS-0000	混合职组	26
GS-0100	社会科学、心理学和福利职组	29
GS-0200	人力资源管理职组	8
GS-0300	一般行政、文秘和办公室事务职组	32
GS-0400	生物学职组	33
GS-0500	会计和预算职组	17
GS-0600	医学、医院、牙科和公共卫生职组	50
GS-0700	兽医学职组	3
GS-0800	工程和建筑职组	32
GS-0900	法律及其相关职组	19
GS-1000	信息和艺术职组	20
GS-1100	商务和产业职组	24
GS-1200	版权、专利及商标职组	9
GS-1300	自然科学职组	26
GS-1400	图书馆、档案馆职责	6
GS-1500	数学和统计学职组	11
GS-1600	设备、设施和维护职组	8
GS-1700	教育职组	11
GS-1800	调研职组	22
GS-1900	质量鉴定、检查和评定职组	4
GS-2000	采购职组	9
GS-2100	交通职组	19
GS-2200	信息技术职组	2

资料来源：U. S. Office of Personnel Management（2017），Handbook of Occupational Groups and Families.

2. 英国：公务员品位分类制

（1）英国公务员品位分类制度的兴起与发展。

英国公务员管理属于品位分类制。英国是西方国家中最早划分政务官和事务官，并实行公务员品位分类管理的国家，以任职资格条件为人事分类的主要依据。1700 年，英国《吏治澄清法》规定，“凡是接受皇家薪俸和年金的官吏，除各部大臣和国务大臣外，均不得为议会下院议员”。1805 年，英国财政部设立常务次官，到 1830 年，政府各部都设立常务次官。

1854 年，英国财政部高级官员斯塔福德·诺斯科特和查尔斯·屈维廉提出《关于建立英国常任文官制度的报告》，建议设立常任文官制度，将政府文官分为高级和低级两类。1855 年，英国颁发《关于录用王国政府文官的枢密院令》，决定成立“文官事务委员会”，审查初任的低级文官资格。1860 年，斯坦利委员会（Stanley Committee）建议根据公务员学历划分高级事务官（受过高等教育）和低级事务官（未受过高等教育），低级事务官永远不能晋升到高级事务官，并按工作性质将文官分类。1870 年英国枢密院颁布法令，将全部文官分为第一等级文官和第二等级文官。第一等级文官必须具备大学学历，第二等级文官无学历限制，但永不能升入第一等级文官序列。根据泼莱藩委员会的建议，英国政府于 1876 年颁发枢密院令，裁减第一等级人员数量；将第二等级文官分为成年级和学童级，增设抄写级。1890 年，根据理德利委员会的建议，英国政府调整第一等级和第二等级分类办法，限制第一等级人员数量，将第二等级人员划分为三个级别，规定第二等级公务员晋升到第一等级至少需要 8 年。

1906 年，英国财政部要求在第一等级文官和第二等级文官之间增设中间级（执行级）。1914 年，英国公务员分类管理体系初步形成。1920 年，根据麦克唐纳委员会（MacDonald Committee）和格拉德斯通委员会（Gladstone Committee）的建议，英国将三级文官序列改为四级，即行政级（原第一等级）、执行级（原中间级）、文书级、助理文书级。1931 年，英国增设科学官员职类、科学助理职类。1945 年，全国统一将公务员分为一般行政人员（包括行政级、执行级、文书级、助理文书级）和专业技术人员。

二战后，英国政府调整公务员职位分类制度，增加横向分类，增设专业技术职类。1950 年起，英国公务员包括工业人员、非工业人员。其中，工业人员包括 10 职类，涉及在国防部所属兵工厂和海军码头工作的人员、邮政系统工作人员、科研单位技术人员、环保部工作人员等。非工业人员是指在行政机关办公的文书、行政和各类专业管理人员、外交领事人员，包括普通行政人员、专业技术人员。普通行政人员包括行政、经济、情报、统计等职类，其服务条件由财政部统一规定，涉及行政级、执行级、文书级、助理文书级人员（见表 3-3）。专业技术人员分为科学（甲类）、技术（乙类）两类，服务条件由各部规定，包含法律人员、统计人员、科学人员、工务人员、医务人员、会计人员、邮政人员等。

表 3-3　英国公务员品位分类表

职级	职等
行政级	常务次官、副常务次官、次官、助理次官、主管、副主管
执行级	主管执行官、主要执行官、特等主任执行官、主任执行官、特等执行官、高等执行官、执行官
文书级	高级文书官、文书官
助理文书级	助理文书官

（2）英国公务员品位分类管理制度改革。

1968 年以前的英国公务员分类管理属于典型的封闭式品位分类制度，职类之间壁垒森严、不交叉，公务员不能跨职类交流或晋升。1968 年，富尔顿委员会（Fulton Committee）发布《富尔顿报告》，尖锐地指出英国品位分类制度的缺点，并建议改革僵化、烦琐、封闭的品位分类等级结构，建立公务员职位分类制度。《富尔顿报告》主张实行基于功绩制的公开结构，既要废除行政与专业技术横向分类，也要改变上、中、下级纵向分类，以构建自上而下、包括一切非工业部门职务在内的统一、完整的公务员职位分类结构，所有职位面向所有具备任职资格条件者开放。按照《富尔顿报告》的建议，英国政府于 1971 年取消原有的等级结构，构建基于职位的公开结构。本次改革将公务员职位结构简化为职类、职组、职等三个层次，全国公务员统一为 10 职类、19 职组，每职组按照工作繁简难易、责任大小和所需资格条件不同分为不同职等。其中，10 职类为综合类、科学类、专业技术类、秘书类、社会保障类、培训类、法律类、警察类、调查研究类、资料处理类，各类职位包括若干职系、职级、职等。20 世纪 80 年代，撒切尔政府对英国公务员制度进行大刀阔斧的改革，以精简结构，裁减冗员，促进职位公开结构扩大化，推动行政人员专业化。1982 年，英国政府增设“高级执行官——发展类”（higher executive officer—development，HEOD）。1994 年，英国政府发布《英国公务员制度的继续与变革》白皮书，提出改革文官制度，成立高级公务员管理组织。按照 1995 年颁发的《英国公务员管理法》，“高级公务员包括各内阁部与执行机构的大多数职员。内阁部和执行机构可以设置高级公务员职位。而且，只要公务员的级别达到 7 级，就可以决定充任高级公务员职位的人选”。1996 年，英国政府对一般公务员、高级公务员进行分类管理，一般公务员管理权限下放给各部门。英国高级公务员（senior civil service，SCS）包括常务次官、次官、副次官、主管、助理次官等职位的公务员。

3. 法国：公务员品位分类与职位分类相结合

二战前，法国无统一的公务员管理法规，公务员分类管理由政府部门各自为政。二战后，法国吸收和借鉴美国公务员职位分类制、英国品位分类制的特点，实行统一的公务员分类管理制度。法国公务员分类管理遵循预算约束、职位与职等相分离、通才与专才并重等原则，以品位分类为主，职位分类与品位分类相结合。法国从纵向、横向对公务员进行分类管理。纵向划分为行政类、财会类、技术类、教育与科学类、司法类、军事类等；横向划分为 A、B、C、D 类，并据此确定各类公务员的职级、职能、录用条件、晋升方式、薪酬福利待遇等。按照《法国国家公务员章程》规定，“公务员分为 A、B、C、D 类，按照逐渐递减的等级用字母分为表示 A、B、C 和 D。特别法将确定每个部门公务员类别划分”。

（1）A 类公务员。A 类公务员属于高级公务员集团，担任领导、计划、设计和决策性工作，需具有正式专门学校或名牌高等学校的毕业文凭。法国政府中的司局长、处长、科长、专员、警察、顾问，学术技术职业中的高等、中等学校教师和科学家等属于 A 类公务员。想进入 A 类公务员序列者，需参加竞争性考试，具备相应的专业知识、业务能力、品德修养。

（2）B 类公务员。B 类公务员属于中级公务员集团，担任行政执行工作，负责执行法律、法规和政策，以及上级发布的决定和命令，需具有高中毕业文凭。中央行政部门的行政秘书，驻外机构的行政秘书，邮电部门、财务机关的监督员，小学教师，公共事业机构技术员等都属于 B 类公务员。想进入 B 类公务员序列者，需参加竞争性考试，并按功绩制晋升。

（3）C 类公务员。C 类公务员属于中下级公务员集团，担任执行计划、实施决策等辅助性工作，需具备初中毕业文凭。想进入 C 类公务员序列者，需参加竞争性考试，并接受特定的职业培训。行政助手、办事员、打字员、速记员、税务调查员、邮递员、技术工人、监工等都属于 C 类公务员。

（4）D 类公务员。D 类公务员属于低级公务员集团，担任简单、非专业性勤杂工作，需具备小学以上文凭。办公室值班人员、公文信差、行政机关工作人员等属于 D 类公务员。

除了上述四大类外，法国还设特别职类，约有500职位，由担任高级行政职务的公务员组成，如中央各部的司局长、中央行政机关的负责人、大区长、省长、大使、行政监察部长官以及大学校长等。此外，按照A、B、C、D四类公务员职位的工作性质的不同，可划分为若干职系（corps），法国公务员共有1 000多职系。根据职位的工作责任大小、难易程度、任务轻重，可以将职位划分为不同职等（grades）。按照职位的任职资格条件、考核等次，法国将每一职等划分为1～8职级（echelons），按功绩制原则进行职务任免与升降、薪酬管理。

20世纪80年代以来，法国公务员职位分类制改革进一步深化，以适应行政环境的变化。削减公共职位、裁减冗员是法国当代公务员制度改革的重要内容。2008年4月4日，法国总统萨科齐在总统府主持“公共政策现代化委员会”会议，通过了预算部长韦尔特主持起草的公共政策改革报告，其中包括100多项改革措施，旨在削减公务员人数、调整或合并各部一些司局机构、联通陆海空三军采购中心、调整驻外使领馆设置和人员配置等。自2019年1月起，马克龙政府启动公务员管理改革，计划在5年内裁减12万个公务员岗位。

4. 日本公务员职位分类

在国家机关和国营企事业中供职者为“国家公务员”，在地方政府和地方公营企事业中供职者为“地方公务员”。日本公务员分为一般职公务员、特别职公务员。

（1）一般职公务员。一般职是指除特别职以外，通过参加竞争性考试而获得职位的公职人员，涉及事务性职位、专业技术性职位等。一般职国家公务员包括行政职员、司法职员、教育职员、“四现业”职员，一般职地方公务员包括行政职员、教育职员、警察职员、消防职员、公营企业职员和单纯劳务职员。

（2）特别职公务员。特别职公务员是指由政治选举或政治任命而担任重要职务的职员。特别职国家公务员包括：内阁总理大臣；国务大臣；人事官和检察官；内阁法制局长官；政务次官；内阁总理大臣秘书官及其他秘书官；任职需要选举，或需要国会两院或一院表决或同意的公务员；日本教科文组织国内委员会的委员；法官及其他法院公务员；国会议员的秘书；防卫厅的公务员；等等。特别职地方公务员包括：都道府县知事，市町村长，议会议员，副知事，出纳长，助役（副市长或副町长），收入役，行政委员会委员，地方开发事业团理事长、理事、监事，部分事务组合的企事业长，地方自治体临时或非常勤顾问、调查员；等等。

日本公务员实行职级制。按照《日本国家公务员法》，人事院必须制定职阶制方案，根据职务种类及复杂程度、责任大小，对职务进行分类整理，将适用职阶制的所有职务确定等级，并依此确定公务员的薪俸报酬、考试、任免与升降、研修、考核等。公务员职级制的官职分类和等级分类从最小的职级分类开始，人事院将各行政机关的官职，按照职务和责任相似的原则划分为不同职级。职种是若干职级的集合，即按职务的复杂程度和责任程度不同划分的职级群。职群分类是将若干职种综合在一起加以概括而形成的分类制度。比如“行政职群”包括行政职、机械职、土木职等“职种”，各职种包括一、二“职级”。职种和职级的名称在政府各省厅通用。日本政府《关于一般职职员工资的法律》将适用职员的俸给表（工资表）分为行政职、专门行政职、税务职、公安职、海事职、教育职、研究职、医疗职、指定职等 9 类 17 个工资表。

3.3.2 西方国家公务员分类管理制度的特点及启示

1. 融合性：职位分类和品位分类相互交融

作为公务员分类管理的两大类型，公务员品位分类制和职位分类制各有长短。品位分类制以“人”为中心，强调人在事先，因人设职；职位分类制以“事”为中心，强调“事在人先”，因职择人。二者的有机整合，促进了公务员分类管理的人、事互动，不仅有助于构建科学、规范、严谨的标准化公共职位体系，也有助于选拔、培养和造就高技能、专业化公共管理人才队伍，优化公共部门人力资源配置。自 20 世纪中后期以来，公务员职位分类制、品位分类制呈现相互融合、互通有无、取长补短的趋势。比如以公务员品位分类制为主导的英国，自《富尔顿报告》实施以来，引进了公务员职位分类方法和技术，构建了职位分类、品位分类相融合的公务员分类管理制度。以公务员职位分类制为主导的美国自 1978 年《文官制度改革法》颁发以来，设立“高级行政职位”，实行“级随人走”的品位分类方法。

按照《中华人民共和国公务员法》，“国家对公务员实行分类管理，提高管理效能和科学化水平”，“国家实行公务员职位分类制度”。有必要结合我国公共部门人力资源特点，构建以职位分类为主、品位分类为辅，职务与职级并行的公务员分类管理体系。

2. 由繁至简：公务员分类管理规则、标准、程序与等级日益简化

综观美国、英国、法国、加拿大、日本等西方国家公务员分类管理制度，不难发现，公务员分类管理的规则、标准、程序、等级等日益简化。伴随着新公共管理运动的推进，西方国家不断简化公务员分类制度，废除了部分苛刻、复杂的“繁文缛节”，陆续构建了精密、高效、便捷的职位分类体系。比如美国政府于 1980 年启动公共职位分类制度简化实验，将 18 职等简化为 5 职等，职系、职级、录用程序、工资体系等相应简化。“政府重塑”运动期间，美国联邦人事管理署废除了联邦人事手册、联邦政府人事履历表。

有必要基于《公务员职务与级别管理规定》《公务员职务与职级并行规定》《行政执法类公务员管理规定（试行）》《专业技术类公务员管理规定（试行）》《党政领导干部选拔任用工作条例》等法规，根据我国公务员职务、职级序列和职位类别，在规范综合管理类职位管理的同时，完善专业技术类、行政执法类职位制度，合理设置不同职类公务员的职位、职组、职系、职等、职级，适度简化公务员职位分类结构、标准和程序。

3. 分权：下放分类管理权力，增加弹性空间

自 19 世纪中后期以来，以英国、美国、法国等为代表的西方国家公务员分类管理权力配置基本上走过了“分权—集权—分权”历程。公务员分类管理权力配置与调整，与各国的政治制度、行政制度以及公务员管理体制息息相关。西方国家公务员分类管理权力分散化，增加了地方政府、各部门及其行政首长在职位设置、公务员招募、职务与职级任免与升降、考核、奖惩、交流等方面的人事管理权限，有助于优化资源配置，提高人事管理效率。在新公共管理浪潮中，美国、英国、新西兰、澳大利亚、加拿大等西方国家通过引进“市场模式”和“宽带模式”等企业职位分类管理做法，不断创新公务员分类管理方法和技术。

随着《行政执法类公务员管理规定（试行）》《专业技术类公务员管理规定（试行）》《聘任制公务员管理规定（试行）》《公务员职务与职级并行规定》等法规实施，我国公务员分类管理分权化趋势日渐明显，有效激活了公务员管理体制，提高了干部人事管理效率。党的十九大报告强调，要“深化机构和行政体制改革”，“赋予省级及以下政府更多自主权”。有必要根据新时代专业化干部队伍建设的需要，以及党政机构和行政体制改革的客观需求，适当下放公务员分类管理权力。

4. 两官分立：政务官和事务官分类管理

美国、英国、法国、日本等西方国家实行立法、行政、司法三权分立的政治体制，政务官、事务官“两官分立”。政务官是西方国家政党政治的产物，经由政治选举或政治任命而产生，对选民、议会、政党和政治领导人负责，和政党和内阁共进退。事务官保持政治中立，长期任职，不与政党和内阁共进退。

2018 年 3 月 11 日，第十三届全国人民代表大会第一次会议通过的《中华人民共和国宪法修正案》强调，“社会主义制度是中华人民共和国的根本制度”，“中国共产党领导是中国特色社会主义最本质的特征”。我国是人民民主专政的社会主义国家，实行中国共产党领导的多党合作和政治协商制度，要坚定走中国特色社会主义政治发展道路，不能照搬西方国家的“多党轮流执政”“三权分立”“两院制”等制度。我国公务员管理遵循“党管干部”原则。中国特色的社会主义政治制度与政党制度决定了我国当前不能效仿西方国家所实施的政务官与事务官“两官分立”做法。按照《中华人民共和国公务员法》，国家实行公务员职务与职级并行制度，根据公务员职位类别和职责设置公务员领导职务、职级序列。要按照《中华人民共和国公务员法》《党政领导干部选拔任用工作条例》《公务员职务与职级并行规定》等法律法规的要求，推进我国干部人事制度改革，在完善党政领导干部选拔任用、考核、纪律、监督、交流与回避、辞职等制度的同时，重点推进我国公务员职位分类、考试录用、职务与职级任免与升降、奖惩、工资保险福利等制度改革。

5. 让管理者管理：设置高级行政职位，实行绩效管理

20 世纪中后期，随着新公共管理运动的推行，美国、英国、法国、加拿大、新西兰、澳大利亚等西方国家纷纷设立高级行政职位，实现“让管理者管理”。高级行政官与政府部长签订绩效合同，对部长负责，基于功绩制原则获取绩效薪酬。比如英国于 1982 年设置“高级执行官——发展类”，政府各部通过绩效合同进一步强化对高级公务员的绩效管理。

西方国家高级行政职位设置对我国政府雇员制改革和发展具有一定的借鉴意义。《聘任制公务员管理规定（试行）》的顺利实施，推动了我国公务员聘任制改革。有必要严格执行《中华人民共和国公务员法》《聘任制公务员管理规定（试行）》，规范聘任制公务员管理，尤其是要规范聘任制公务员的任职范围、职类、职等、职级、绩效管理、薪酬、保险、福利、劳动争议仲裁等内容。

6. 开放性：公务员职位结构由封闭至开放

英国、法国等以品位制为主导的国家，公共职位结构基本上经历了从封闭到开放的发展历程，其开放性不断增强。比如 1968 年英国政府发布的《富尔顿报告》主张构建公共职位公开结构，所有职位面向所有具备任职资格条件者开放。总体说来，自 20 世纪中后期以来，大部分西方国家公务员的任职资格条件日益宽松，公共职位结构的开放性与日俱增。

近年来，随着我国公务员职位分类制度的发展，我国公共职位结构的开放性日渐增强，公务员的职位、职务、职级晋升与交流渠道日益多元化，公务员在不同地区、部门、职位之间的流动日益频繁。《公务员职务与职级并行规定》规定，综合管理类、专业技术类、行政执法类等不同职位类别公务员之间可以交流。《中华人民共和国公务员法》则强调："公务员可以在公务员和参照本法管理的工作人员队伍内部交流，也可以与国有企业和不参照本法管理的事业单位中从事公务的人员交流。"有必要进一步加大公务员考试录用、公开选拔、职务职级任免与升降、交流、辞职、辞退与退休等制度改革，推动公共管理工作丰富化、扩大化，拓宽公务员有序流动的空间，完善公务员新陈代谢机制。

本章小结

本章阐述了公务员分类管理的含义、原则、类型，比较分析了公务员品位分类制、职位分类制的含义、特征、优缺点，介绍了公务员职位分类程序；回顾了我国公务员职位分类制度演变历程，阐述了我国公务员职位设置的基本要求、职位类别，分析了公务员职务序列和职级序列，介绍了我国公务员级别，以及解放军、武警、人民警察、海关人员、外交人员、消防救援人员的衔级；基于美、英、法、日本等西方国家的公务员分类管理制度，本章总结了西方国家公务员分类管理制度的特点及其对我国公务员分类管理改革的启示。

关键术语

公务员分类管理　公务员职位分类　公务员品位分类　职位　职务　职级　级别　职位分析　职位调查　政务官　事务官　高级行政官

复习思考题

1. 简述公务员分类管理的原则。
2. 比较分析公务员品位分类制、职位分类制的优点与缺点。
3. 简述公务员职位分类的程序。
4. 我国公务员职位的类别包括哪些？
5. 简述西方国家公务员分类管理制度的特及启示。

案　例

深圳辅警上岗底气更足

2017年12月1日，《深圳经济特区警务辅助人员条例》（简称《条例》）正式施行，从立法层面对辅警的身份性质、职责权限等重点问题进行了明确规定。截至2018年10月，深圳市拥有辅警约3.8万名，以宝安区公安分局镇南派出所为例，该所共有辅警约200人，分布在派出所的内勤、外勤、消防、户政、视频、信访等各个岗位上，部分岗位的辅警比民警的数量还多。辅警是指由公安机关统一招聘和管理，履行《条例》规定的职责，为公安机关日常运转和警务活动提供警务辅助支持的非人民警察身份的工作人员。深圳将建立符合辅警特点、体现岗位绩效和分级分类管理的薪酬和福利制度，辅警和其所在的公安机关应当依法缴纳基本养老、医疗、工伤、失业、生育等社会保险，缴存住房公积金。通过对辅警的日常管理、层级晋升、监督约束、招聘录用、职业保障等进行全面规定，实现辅警身份性质明晰、履职有法可依、管理严格规范、保障体系健全，使辅警真正成为一线执法警力的有效补充。《条例》规定，应聘辅警应有大学专科以上学历，退役士官和士兵应聘辅警的，其学历条件可以为高中以上。但未取得大学专科以上学历的，应当在入职后最长4年内取得大学专科以上学历；4年内未取得大学专科以上学历的，聘用期满后不予续聘。截至2018年10月，深圳市公安局组织两批次共5 000名辅警招聘，吸引来自全国30个省（市、区）的近3万人报考，首批678名辅警从全国各地9 000多名考生中脱颖而出。他们平均年龄28岁，全部为本科以上学历，其中全日制本科学历占70%，研究生学历9人。

资料来源：吕绍刚．辅警上岗底气更足．(2018-10-18). http://paper.people.com.cn/rmrb/html/2018-10/18/nw.D110000renmrb_20181018_1-11.htm.

案例分析题：

1. 概述深圳经济特区警务辅助人员管理的主要经验。
2. 结合案例及相关知识，简述警务辅助人员管理改革所面临的难点及对策。

第4章

公务员考核

党的十九大报告强调，要“完善干部考核评价机制”。2019 年 7 月，中共中央办公厅印发的《关于贯彻实施公务员法建设高素质专业化公务员队伍的意见》强调，要完善考核机制，发挥激励鞭策作用，严格依法依规开展考核等工作。在我国公务员考核过程中，要结合公共部门特色，不断创新公务员考核方法、手段、技术，合理确定考核的主体、客体、内容、等次、程序，实事求是地评估公务员的德才表现和工作实绩，并将考核结果与公务员薪酬、职务职级任免与升降、辞退、培训、交流、奖惩等制度相结合。

4.1 公务员考核概述

4.1.1 公务员考核的含义与意义

1. 公务员考核的含义

公务员考核，是指公务员考核主管部门按照法定的管理权限，依据一定的考核程序、方法和技术，对所管理的公务员的政治业务素质、工作能力和履行岗位职责、完成工作目标任务等情况进行全面、客观、公正的考察、审核、评价，并将评定结果作为公务员职务职级任免与升降、奖惩、辞退、培训、薪酬调整、交流、申诉控告等制度的依据。

2. 公务员考核的意义

(1) 有助于优化人力资源配置。公务员考核，旨在全面考察公务员的德、能、勤、绩、廉，重点考核工作实绩。通过规范、科学的公务员考核，公务员管理机构及时了解和掌握公务员的德才表现、履职情况，并将公务员考核结果与公务员的职位分类管理、职务职级任免与升降、培训教育、辞退、交流等制度紧密挂钩，优胜劣汰，这有助于优化公共部门人力资源配置，科学、合理地“选才、育才、用才、管才”，实现“人适其位、位得其人”，“人尽其才、才尽其用”。比如江苏宝应县自2019年以来，坚持重点突出、分层分级、体现差异、简便易行原则，探索建立领导干部政治考评、实绩评议、群众评价的量化考核机制，精准识别干部。

（2）有助于促进公务员职业生涯发展，提高行政效能。科学的考核内容与指标体系、规范的考核程序、严明的考核纪律与监督、多渠道的考核结果使用范围，无疑有助于公务员更加清醒地认识自我、了解自我，扬长避短、奋发有为，促进公务员职业生涯发展。同时，公务员考核使公共职位的压力与动力并存，在加强公务员管理的同时，激发公务员的工作热情，督促其不断改进工作方法，降低行政成本，提高行政效能。

（3）有助于规范公务员管理与监督。从公务员考试录用、职务职级任免与升降，到公务员交流、培训、薪酬管理、辞职、辞退、申诉控告等阶段，都离不开公务员考核。公务员考核贯穿于公务员管理全过程，是其他公务员管理流程的基础性环节。公务员考核的结果，可以作为调整公务员职务、职级、级别、工资以及公务员奖励、培训、辞退、申诉控告的依据。同时，公务员考核有警示和监督作用，有助于增强公务员的规则意识和自律意识，加强对政府机关及其公务员的监督。

4.1.2 我国公务员考核制度演变

1. 萌芽阶段：1921—1948年

新民主主义革命时期，中国共产党对干部实行“审查”制度，重在考察干部的政治觉悟、组织纪律性、革命精神、群众工作方法。1928年7月，中国共产党第六次全国代表大会通过的《中国共产党组织决议案草案》规定，考核一个党员应该以其政治认识、纪律性及对工人阶级利益的牺牲性为标准。此外，还加上他与广大工农群众的联系，他在这些群众中的威信和影响，指导群众的能力的标准。1938年11月6日，扩大的中共中央六届六中全会通过《关于各级党委暂行组织机构的决定》，设立各级党委“组织部”，组织部的职责包括“干部的考察”。1940年8月1日，中共中央印发《中央关于审查干部问题的指示》，决定在地方和军队中设置干部科，明确了干部审查的主要内容，即政治上对党的忠实程度、工作能力、长处和弱点；品质和能力；社会关系；家庭背景；是否有贪污腐化、违背党的政策等行为，以及干部审查程序、方法、纪律与惩戒。1943年8月15日出台的《中共中央关于审查干部的决定》中指出，审查干部要采取首长负责，自己动手，领导骨干与广大群众相结合，一般号召与个别指导相结合，调查研究，分清是非轻重，争取失足者，培养干部，教育群众的方针。

2. 初创阶段：1949—1977年

新中国成立以后，我国公务员考核工作取得新进展。1949年11月4日，中共中央组织部在《关于干部鉴定工作的规定》中指出，“干部鉴定，是干部在一定工作和学习期内各方面表现的检查和总结”，重点应放在“立场、观点、作风、掌握政策、遵守纪律、联系群众、学习态度”等方面，按照“才德标准”与“专业化”标准，实行“个人自我检讨，群众会议讨论，领导负责审查”三种方式紧密结合，一年一次鉴定，并将对干部鉴定结果与选举劳模结合起来。1951年，中共中央组织部提出以“政治品质”和“业务能力”

为干部考核的标准，建立针对干部日常表现的鉴定制度。1953年11月24日，中共中央出台《关于审查干部的决定》，要求在两三年内对全国干部进行一次细致审查。1954年11月，中共中央组织部重申实施干部年终鉴定制。1962年9月召开的党的八届十中全会提出了加强干部管理的七条措施，要求重新考察了解干部，使考察了解干部成为经常性的制度，并决定恢复干部鉴定制度。

总体说来，从1949年到“文化大革命”前，党和政府的干部考核取得一定成效，但也出现“论资排辈”等不和谐现象。“文化大革命”期间，干部考核制度受到严重破坏。周恩来主持中央工作后，党管干部原则重新恢复，又红又专的考核选拔干部标准重新落实。1973年，在全国组织工作座谈会上，确立了以“德、能、勤、绩”为考核内容，并实行全面、定期或不定期考核。由于遭到“四人帮”的破坏，干部考核工作重归混乱。

3. 探索、实践、形成、推广阶段：1978—1999年

1978年6月2日，邓小平在全军政治工作会议上指出，在整顿过程中，要严格考核干部，并且把它作为一项制度坚持下去。1979年6月，五届全国人大二次会议《政府工作报告》提出，要建立和完善干部考核制度。1979年11月21日，中共中央组织部下发的《关于实行干部考核制度的意见》要求“坚持德才兼备的原则，按照各类干部胜任现职所应具备的条件，从德、能、勤、绩四个方面进行考核”，“要实行领导和群众相结合的方法，把平时考察和定期考核结合起来”，并明确了干部考核管理权限。1980年8月，中共中央政治局会议提出干部“革命化、年轻化、知识化、专业化”要求，明确了新时期干部考核工作的指导思想。1983年9月，党中央批转全国组织工作座谈会的会议工作报告，提出要对党政领导干部实行年度考核。1983年10月，中共中央组织部出台《关于改革干部管理体制若干问题的规定》，规定提拔干部必须经过民主推荐和民意测验环节，凡没有走群众路线就上报者，不予审批。1988年6月，中共中央组织部下发《县（市、区）党政领导干部年度工作考核方案（试行）》《地方政府工作部门领导干部年度工作考核方案（试行）》。1989年，中央组织部人事部联合颁发《中央、国家机关司处级领导干部年度工作考核方案（试行）》。1993年8月，国务院颁发《国家公务员暂行条例》，其中包含公务员“考核”。1994年3月，人事部颁发《国家公务员考核暂行规定》。1994年9月28日，中国共产党第十四届中央委员会第四次全体会议通过《中共中央关于加强党的建设几个重大问题的决定》，要求完善领导干部考核制度。1995年1月4日，人事部下发《关于实施国家公务员考核制度有关问题的通知》。1995年8月，中共中央组织部下发《关于加强和完善县（市）党委、政府领导班子工作实绩考核的通知》。1996年1月19日，人事部下发《关于实施国家公务员考核制度有关问题的补充通知》。中共中央组织部于1998年5月26日下发《党政领导干部考核工作暂行规定》。

4. 科学化、民主化、法制化阶段：2000年至今

2000年6月，中共中央办公厅印发《深化干部人事制度改革纲要》，要求“完善党政领导干部考核制度”。2000年11月13日，人事部下发《关于进一步加强国家公务员考核工作的意见》。2002年7月9日，中共中央颁发《党政领导干部选拔任用工作条例》，明确规定“考察党政领导职务拟任人选，必须依据干部选拔任用条件和不同领导职务的职责要求，全面考察其德、能、勤、绩、廉，注重考察工作实绩”。

2005 年，《中华人民共和国公务员法》出台，明确了公务员考核的基本内容。2006 年，中共中央组织部印发《体现科学发展观要求的地方党政领导班子和领导干部综合考核评价试行办法》。2007 年，中共中央组织部、人事部联合下发《公务员考核规定（试行）》。2009 年，中共中央印发《关于建立促进科学发展的党政领导班子和领导干部考核评价机制的意见》以及相关配套法规。2010 年 9 月 9 日，中共中央印发《2010—2020 年深化干部人事制度改革规划纲要》，要求从建立岗位职责规范、实行平时考核与定期考核相结合、改进考核方法、强化考核结果运用等方面入手，健全考核评价机制。2011 年 6 月 10 日，监察部印发《关于开展政府绩效管理试点工作的意见》。

党的十八大报告指出，要“完善干部考核评价机制，促进领导干部树立正确政绩观”。2013 年底，中共中央组织部印发《关于改进地方党政领导班子和领导干部政绩考核工作的通知》。2014 年 1 月印发的《党政领导干部选拔任用工作条例》强调，“考察党政领导职务拟任人选，必须依据干部选拔任用条件和不同领导职务的职责要求，全面考察其德、能、勤、绩、廉”。2014 年 9 月，中共中央组织部、人力资源和社会保障部、国家公务员局印发《关于深入开展公务员平时考核试点工作的通知》。2015 年 3 月，中共中央、国务院下发《关于深化体制机制改革加快实施创新驱动发展战略的若干意见》，要求把创新驱动发展成效纳入对地方领导干部的考核范围。2016 年 5 月，中共中央、国务院印发《国家创新驱动发展战略纲要》，要求“完善以创新发展为导向的考核机制”。2016 年 7 月，人力资源和社会保障部印发的《人力资源和社会保障事业发展“十三五”规划纲要》提出，要完善公务员考核制度，全面推行平时考核，“强化考核结果的使用，发挥考核的监督激励作用”。党的十九大报告强调，要“全面实施绩效管理”，“完善干部考核评价机制”。2018 年 10 月，中共中央办公厅印发《关于统筹规范督查检查考核工作的通知》。《中华人民共和国公务员法》规定：“公务员的考核分为平时考核、专项考核和定期考核等方式。定期考核以平时考核、专项考核为基础。”中共中央办公厅于 2019 年 4 月印发《党政领导干部考核工作条例》。2019 年 7 月，中共中央办公厅印发《关于贯彻实施公务员法建设高素质专业化公务员队伍的意见》，强调要“完善考核机制，发挥激励鞭策作用”。

4.1.3 公务员考核的原则

按照《公务员考核规定（试行）》，公务员考核坚持客观公正、注重实绩的原则，实行领导与群众相结合、平时与定期相结合、定性与定量相结合的方法，按照规定的权限、条件、标准和程序进行。《党政领导干部考核工作条例》规定，考核工作坚持下列原则：党管干部，德才兼备、以德为先，事业为上、公道正派，注重实绩、群众公认，客观全面、简便有效，考用结合、奖惩分明。总之，在公务员考核过程中，应坚持以下原则：

1. 客观公正，民主公开

《中华人民共和国公务员法》规定，“公务员的管理，坚持公开、平等、竞争、择优的原则”。《公务员考核规定（试行）》明确指出，公务员考核坚持“客观公正”原则。客观，是指在公务员考核中必须重事实、重调查研究，不先入为主、主观臆断、无中生有、以偏概全。公正，是指在公务员考核的条件和标准掌握上一视同仁，不因人而异；民主公开，要求走群众路线、群众公认。党的十九大报告强调，“有事好商量，众人的事情由众人商量，是人民民主的真谛”，要“扩大党内基层民主，推进党务公开”，“完善和落实民主集中制的各项制度”。在公务员考核过程中，要将公务员考核的目标、范围、内容、方法、程序、标准、等次、结果使用等在一定范围内公开，满足公务员和人民群众的知情权、参与权、监督权。

2. 全面考核与重点考核相结合，注重实绩，群众公认，简便有效

《党政领导干部考核工作条例》规定，考核工作坚持“客观全面、简便有效”“注重实绩、群众公认”等原则。全面考核是指对公务员的德、能、勤、绩、廉等方面逐一考核。重点考核，是指在全面考核公务员的德、能、勤、绩、廉的基础上，重点考核工作实绩。工作实绩，是指公务员在履行岗位职责、完成职责任务、实现公共管理目标的过程中，通过所提出的工作思路、采取的公共管理行为与措施、发挥的作用等而取得的绩效，具体涉及完成工作的数量、质量、效率、效益。按照《中华人民共和国公务员法》：“公务员的考核应当按照管理权限，全面考核公务员的德、能、勤、绩、廉，重点考核政治素质和工作实绩。”《公务员考核规定（试行）》明确指出，公务员考核坚持“注重实绩”原则。党的十九大报告强调，“必须坚持人民主体地位”，“坚定不移贯彻创新、协调、绿色、开放、共享的发展理念”。要将新发展、以人民为中心等理念融入公务员考核全过程，真正做到全面考核与重点考核相结合，注重实绩、群众公认。

在公务员考核尤其是党政领导干部考核工作中，要坚持“简便有效”原则。2019 年 3 月，中共中央印发了修订后的《党政领导干部选拔任用工作条例》，强调要“推动形成系统完备、科学规范、有效管用、简便易行的选人用人制度机制”。随着《中共中央关于进一步激励广大干部新时代新担当新作为的意见》《党政领导干部考核工作条例》等的实施，以及统筹规范督查检查考核工作的深入，“简便易行”的考核工作原则得到彰显。在公务员考核过程中，要通过严格控制考核总量、实施考核计划管理、改进考核方式方法等措施，努力提高考核工作效率，尤其要注重为基层减负。

3. 分类考核，考用结合、奖惩分明

考核对象不同，考核的标准、方式方法、程序、结果使用等自然有一定的差别。《中华人民共和国公务员法》规定，“考核指标根据不同职位类别、不同层级机关分别设置”，“公务员的考核分为平时考核、专项考核和定期考核等方式”。《党政领导干部考核工作条例》强调，要“坚持从实际出发，实行分级分类考核。考核内容应当体现不同区域、不同部门、不同类型、不同层次领导班子和领导干部特点”。公务员考核要实行分类考核，要严格把握公务员的职位和职务、职级的特点，分级、分类进行考核管理。根据不同地区、部门、职务、职级、职位特点，科学设置考核内容和指标，采取不同的考核方法、技术，遵循不同的考核程序。2016 年 4 月 18 日，中央全面深化改革领导小组第二十三次会议审议通过《专业技术类公务员管理规定（试行）》和《行政执法类公务员管理规定（试行）》，会议指出，要“分类考核”。《党政领导干部考核工作条例》规定，考核工作坚持“考用结合、奖惩分明”原则。《中华人民共和国公务员法》规定：“定期考核的结果作为调整公务员职位、职务、职级、级别、工资以及公务员奖励、培训、辞退的依据。”

4. 党管干部，德才兼备、以德为先，事业为上、公道正派

党的十九大报告强调，“党的干部是党和国家事业的中坚力量。要坚持党管干部原则”。《中共中央关于加强党的政治建设的意见》规定，要“坚持党管干部原则，贯彻新时期好干部标准，始终把政治标准放在第一位”。《中华人民共和国公务员法》《党政领导干部考核工作条例》《关于贯彻实施公务员法建设高素质专业化公务员队伍的意见》等也强调“党管干部”原则。

《党政领导干部考核工作条例》规定，考核工作坚持“德才兼备、以德为先”原则。《关于新形势下党内政治生活的若干准则》强调，“选拔任用干部必须坚持党章规定的干部条件，坚持德才兼备、以德为先，坚持五湖四海、任人唯贤，坚持信念坚定、为民服务、勤政务实、敢于担当、清正廉洁的好干部标准”。考核工作中，要注重对包括政治品德、职业道德、社会公德、家庭美德等道德层面的考评，以选拔出德才兼备的好干部。

《党政领导干部考核工作条例》规定，考核工作坚持“事业为上，公道正派”原则。《关于新形势下党内政治生活的若干准则》强调：“把公道正派作为干部工作核心理念贯穿选人用人全过程，做到公道对待干部、公平评价干部、公正使用干部。”要坚持严管和厚爱结合、激励和约束并重，奖勤罚懒、奖优罚劣，调动各级党政领导班子和领导干部积极性、主动性、创造性，树立讲担当、重担当、改革创新、干事创业的鲜明导向。

4.1.4 公务员考核的机关与范围

1. 公务员考核的机关

（1）非领导成员、机关内设机构领导干部的考核机关。按照《公务员考核规定（试行）》：“公务员考核按照管理权限和规定的程序进行，由机关公务员管理部门组织实施。”国家机关在年度考核时设立非常设性考核委员会或考核小组，在部门负责人的领导下，负责国家公务员年度考核工作。考核委员会或考核小组由部门负责人、本部门人事机构等有关单位负责人和国家公务员代表组成。

（2）党政领导班子、领导干部考核机关。《党政领导干部考核工作条例》规定，党委（党组）及其组织（人事）部门按照干部管理权限，履行考核领导班子和领导干部的职责。党委（党组）承担考核工作主体责任，党委（党组）书记是第一责任人，组织（人事）部门承担具体工作责任。根据工作需要，党委（党组）可以组建和派出考核组。

2. 公务员考核的范围

公务员考核的范围包括非领导成员、党政领导班子与领导干部。党政领导班子及领导干部的年度考核适用于《党政领导干部考核工作条例》；党政机关内设机构领导干部、非领导成员的年度考核，适用于《公务员考核规定（试行）》。《公务员考核规定（试行）》对下列公务员考核进行特别规定：

（1）新录用的公务员。新录用的国家公务员在试用期间，应对其进行考核，但在年度考核时只写评语，不定等次，考核情况只作为任职、定级的依据。

（2）调任、转任的公务员。调任或者转任的公务员，由其调任或者转任的现工作单位进行考核并确定等次。其调任或者转任前的有关情况，由原单位提供。

（3）挂职的公务员。挂职的国家公务员，在挂职期间由挂职单位进行考核，并确定等次。在挂职单位工作不足半年的，由原单位进行考核；挂职结束的当年，由挂职的单位提供有关情况，原单位进行考核。

(4) 接受培训的公务员。单位派出学习和培训的国家公务员，由原工作单位进行考核，主要根据学习和培训表现确定等次。其学习和培训情况，由所在学习和培训单位提供。

(5) 请病假、事假的公务员。因病、事假累计超过半年的国家公务员，不进行考核。

(6) 接受立案审查尚未结案的公务员。公务员涉嫌违法违纪被立案调查尚未结案的，参加年度考核，不写评语、不定等次。结案后，不给予处分或者给予警告处分的，按规定补定等次。

(7) 受行政处分、政务处分的公务员。受警告处分的当年，参加年度考核，不得确定为优秀等次；受记过、记大过、降级、撤职处分期间，参加年度考核，只写评语，不定等次。在解除处分的当年及以后，其年度考核不受原处分影响。

(8) 拒绝参加考核的公务员。参加考核既是公务员的权利，也是公务员的义务。如果公务员应该参加年度考核，无正当理由不参加，经教育后仍然拒绝参加的，其所在单位可以直接确定其考核结果为不称职等次。

4.1.5 公务员考核的内容与等次

1. 公务员考核的内容

《中华人民共和国公务员法》《公务员考核规定（试行）》《党政领导干部考核工作条例》等规定，对公务员的考核，按照管理权限，全面考核公务员的“德、能、勤、绩、廉”，重点考核政治素质和工作实绩。

(1) 德。德，是指思想政治素质及个人品德、职业道德、社会公德等方面的表现。思想政治素质，主要是指公务员的政治思想表现，包括理想信念、宗旨观念、政治立场、政治方向、政治敏锐性和政治鉴别力等。个人品德主要看公务员能否牢固树立正确的世界观、人生观和价值观，是否正直、真诚、诚实、守信、谦虚、谨慎、善良等。职业道德，主要看公务员是否具有正确的职业观念和良好的职业态度、职业纪律和职业作风，是否忠于职守、服从命令，是否严守国家和工作纪律。社会公德，主要看公务员在社会交往和公共生活中是否模范遵守社会准则，勇于同不良现象作斗争。《党政领导干部考核工作条例》规定，全面考核领导干部政治品质和道德品行。政治品质，重点了解坚定理想信念、对党忠诚、尊崇党章、遵守政治纪律和政治规矩，在思想上、政治上、行动上同以习近平同志为核心的党中央保持高度一致等情况。道德品行，重点了解坚守忠诚老实、公道正派、实事求是、清正廉洁等价值观，遵守社会公德、职业道德、家庭美德和个人品德等情况。

延伸阅读

湖南祁阳干部选用重“五德”

为准确掌握干部德行，湖南祁阳县在干部考察中将“德”细化为政治品德、职业道德、社会公德、家庭美德、个人私德，着力提高选人用人精准性。该县从28个小项考察干部“五德”，把政治品德细化为有没有编造传播政治谣言及丑化党和国家形象的言论、有没有在群众中散布违背党的理论和路线方针政策的言论、有没有参与各种非法组织和非法活动等6项内容；把职业道德细化为服务宗旨意识强不强、工作积极性高不高、工作作风实不实、工作态度好不好等4项内容；把社会公德细化为看干部是否遵纪守法、是否诚实守信、是否情趣健康等6项内容；把家庭美德具体到是否孝敬老人、是否重视子女教育、是否对待配偶忠诚等8项内容；把个人私德细化为干部学习能力强不强、是否及时更新知识，干部胸怀宽不宽、是否团结同事甘为人梯等4方面，保证选用干部价值取向的正确性。

资料来源：王萍，丁凌明. 湖南祁阳干部选用重“五德”.（2018-02-12）. http://www.zuzhirenshi.com/dianzibao/2018-02-12/2/index.htm.

（2）能。能，是指履行职责的业务素质和能力。业务素质，主要是指公务员的政策理论水平、文化程度、专业知识水平。能力，主要是指公务员运用马克思主义的立场、观点、方法，认识问题、分析问题、解决问题的能力。《党政领导干部考核工作条例》规定，领导干部考核时，全面考核领导干部履职尽责特别是应对突发事件、群体性事件过程中的政治能力、专业素养和组织领导能力等情况。

（3）勤。勤，是指责任心、工作态度、工作作风、勤奋精神等方面的表现。责任心，主要看公务员是否敬重和热爱本职工作，是否勤勤恳恳、尽职尽责、甘于奉献。工作态度，主要看公务员工作是否积极主动、认真负责，能否严格遵守工作纪律。工作作风，主要看公务员是否深入实际，调查研究，尊重群众的首创精神。勤奋精神，主要看公务员是否善于开动脑筋，刻苦钻研业务，精益求精，不断开创工作新局面。《党政领导干部考核工作条例》规定，领导干部考核时，全面考核领导干部的精神状态和工作作风，重点了解发扬革命精神、斗争精神，坚持“三严三实”，勤勉敬业、恪尽职守，认真负责、紧抓快办，锐意进取、敢于担当，艰苦奋斗、甘于奉献等情况。

（4）绩。绩，是指完成工作的数量、质量、效率和所产生的效益。具体而言，是指公务员在完成任务目标和履行岗位职责的过程中，通过所提出的工作思路、采取的措施、发挥的作用而取得的绩效。《党政领导干部考核工作条例》规定，领导干部考核时，全面考核领导干部坚持正确政绩观，履职尽责、完成日常工作、承担急难险重任务、处理复杂问题、应对重大考验的情况和实际成效。考核党委（党组）书记的工作实绩，首先看抓党建工作的成效，考核领导班子其他党员领导干部的工作实绩应当加大抓党建工作的权重。

（5）廉。廉，是指廉洁自律等方面的表现。廉，主要看公务员能否严格遵守党和国家关于廉洁从政的有关法规，能否廉洁奉公、恪尽职守，能否艰苦奋斗、勤俭节约，能否秉公执法、公道正派，能否严格遵守组织人事纪律、任人唯贤。《党政领导干部考核工作条例》规定，领导干部考核时，全面考核领导干部落实党风廉政建设“一岗双责”政治责任，遵守廉洁自律准则，带头落实中央八项规定及其实施细则精神，秉公用权，树立良好的家风，严格要求亲属和身边工作人员，反对“四风”和特权思想、特权现象等情况。

《中国共产党廉洁自律准则》规定了党员、党员领导干部的廉洁自律规范：

1）党员廉洁自律规范：坚持公私分明、先公后私、克己奉公，坚持崇廉拒腐、清白做人、干净做事，坚持尚俭戒奢、艰苦朴素、勤俭节约，坚持吃苦在前、享受在后、甘于奉献。

2）党员领导干部廉洁自律规范包括：廉洁从政，自觉保持人民公仆本色；廉洁用权，自觉维护人民根本利益；廉洁修身，自觉提升思想道德境界；廉洁齐家，自觉带头树立良好家风。

2. 公务员考核的等次

按照《中华人民共和国公务员法》《公务员考核规定（试行）》《党政领导干部考核工作条例》，我国公务员定期考核结果分为优秀、称职、基本称职和不称职四等次。

（1）非领导成员考核等次与标准。

1）优秀。优秀等次的标准：思想政治素质高；精通业务，工作能力强；工作责任心强，勤勉尽责，工作作风好；工作实绩突出；清正廉洁。

2）称职。称职等次的标准：思想政治素质较高；熟悉业务，工作能力较强；工作责任心强，工作积极，工作作风较好；能够完成本职工作；廉洁自律。

3）基本称职。基本称职等次的标准：思想政治素质一般；履行职责的工作能力较弱；工作责任心一般，或工作作风方面存在明显不足；能基本完成本职工作，但完成工作的数量不足、质量和效率不高，或在工作中有较大失误；能基本做到廉洁自律，但某些方面存在不足。

4）不称职。不称职等次的标准：思想政治素质较差；业务素质和工作能力不能适应工作要求；工作责任心或工作作风差；不能完成工作任务，或在工作中因严重失误、失职造成重大损失或者恶劣社会影响；存在不廉洁问题，且情形较为严重。

（2）领导班子、领导干部的考核等次与标准。

领导班子年度考核结果一般分为优秀、良好、一般、较差 4 个等次。领导干部年度考核结果分为优秀、称职、基本称职、不称职 4 个等次。

1）优秀。优秀是指综合表现突出，出色履行领导职责或者岗位要求，圆满地完成了年度工作任务，成绩显著。领导干部优秀等次的标准：思想政治素质高；组织领导能力强；密切联系群众，工作作风好；工作实绩突出；清正廉洁。

2）良好、称职。良好、称职是指综合表现好，认真履行领导职责或者岗位要求，较好地完成了年度工作任务。领导干部称职等次的标准：思想政治素质较高；组织领导能力较强；联系群众，工作作风较好；工作实绩比较突出；能做到廉洁自律。

3）一般、基本称职。一般、基本称职是指综合表现勉强达到领导职责或者岗位要求，或者在某个方面存在明显不足、有较大问题。领导干部基本称职等次的标准：思想政治素质一般；组织领导能力较弱；工作作风方面存在某些不足；能基本完成年度工作目标，但工作实绩不突出；能基本做到廉洁自律，但某些方面还有差距。

4）较差、不称职。较差、不称职是指综合表现达不到领导职责或者岗位要求，或者在某个方面存在严重问题、出现重大错误。领导干部不称职等次的标准：思想政治素质方面存在突出问题；组织领导能力差，不能胜任现职领导岗位；在领导班子中闹无原则纠纷，严重影响班子团结或工作作风存在严重问题；有以权谋私行为，存在不廉洁问题；工作不负责任，给党和人民的事业造成较大损失；连续两年未完成年度工作目标，工作实绩差。

4.2 公务员考核的方法、程序、结果使用与纪律

4.2.1 公务员考核方法

1. 公务员考核方法的基本要求

按照《公务员考核规定（试行）》，公务员考核“实行领导与群众相结合，平时与定期相结合，定性与定量相结合的方法”，按照规定的权限、条件、标准和程序进行。在《党政领导干部考核工作条例》《关于建立促进科学发展的党政领导班子和领导干部考核评价机制的意见》及其配套法规中，也凸显这三大结合。

（1）领导考核和群众考核相结合。在公务员考核过程中，要实行领导考核和群众考核相结合，吸收不同组织、团体、个人参与公务员考核，实现考核主体多元化。一方面，要坚持“领导考核”，充分发挥公务员考核主管机关、机关首长在考核过程中的主导作用；另一方面，要注重“群众考核”，发挥同事、公共服务对象、社会中介组织等在公务员考核过程中的辅助作用，听取群众对公务员德才表现、工作实绩的意见和建议，实现“群众公认”。比如浙江开化县自2019年以来，从上级、同级、下级3个维度，实行干部“三维联考分档管理”。

延伸阅读

武汉通报机关作风评议结果，“不满意”单位公开检讨

2018年1月2日，武汉召开全市新年作风建设大会，再次启动武汉机关作风建设新征程，公布2017年度“十优满意单位”“十差不满意单位”，武汉市客运出租车管理处等十家单位为2017年度“十差不满意单位”。截至2017年底，全市已建立全力惩除微腐败的巡查制度和全面严肃问责机制。但在2017年“双评议”工作中，武汉仍有13个参评处室满意度低于60%。本次公布的2017年度“十差不满意单位”包括武汉市客运出租车管理处、洪山区发改委价格监督检查分局等。作为“十差不满意单位”代表，武汉洪山区发改委价格监督检查分局负责人在会上公开检讨，表示将变被动履责为主动作为。

资料来源：范昊天．武汉通报机关作风评议结果．人民日报，2018-01-03.

（2）平时考核和定期考核相结合。《中华人民共和国公务员法》规定：“公务员的考核分为平时考核、专项考核和定期考核等方式。定期考核以平时考核、专项考核为基础。”《党政领导干部考核工作条例》规定，“考核方式主要包括平时考核、年度考核、专项考核、任期考核”。平时考核是指公务员考核管理机关或主管领导对公务员在日常工作中的表现和成效进行了解和记录，重点考核公务员履行岗位职责的情况。定期考核是例行考核，按照特定考核周期、程序、标准和方法进行。平时考核是定期考核的基础，定期考核是平时考核的升华，二者相辅相成、不可分割。

（3）定性考核和定量考核相结合。定性考核，是指对公务员的品德、素质、能力、绩效等进行诸如好坏、优劣、高低等综合定性评价。定性考核简单易行，考核成本较低，但主观色彩较强，科学性、准确性和客观性不够。定量考核则运用数理分析方法，整合数学、运筹学、统计学、经济学、决策科学、计算机科学等理论知识，对公务员的工作绩效、德才表现等进行量化考核。定量考核结果更加客观、具体，可靠性、准确性、科学性较强，但定量考核模型的理论色彩太浓、考核程序复杂、考核工作量大、成本高昂等。《党政领导干部考核工作条例》规定，考核结果确定应当加强综合分析研判，坚持定性与定量相结合，全面、历史、辩证地分析个人贡献与集体作用、主观努力与客观条件、增长速度与质量效益、显绩与潜绩、发展成果与成本代价等情况。

2. 公务员考核的常用方法

（1）相对考核方法。

1）序列比较法。序列比较法，是指先确定考评模块，将相同职务或职级的所有员工在同模块中比较，根据其工作状况和业绩排序，较好者排名在前，较差者排名在后，最后将各员工在若干模块的排序数字相加，得出其考评结果的方法。总数越小，绩效考评成绩越好。

2）配对比较法。配对比较法，是指将具有相同职务或职级的员工列在一起，根据评价要素进行两两配对比较，工作业绩较好者记“＋”，工作较差者记“－”，然后将各员工所得分数汇总的方法。分数越高者，考评成绩越好。

3）强制比例法。强制比例法，是指根据统计学正态分布原理，按照预定比例将被考核者分配到各绩效类别的方法。在公务员考核过程中，根据被考核者的业绩，将被考核者按优秀、称职、基本称职、不称职各占特定比例进行考核。

（2）绝对考核方法。

1）等级考核法。等级考核法，是指根据工作分析，将被考评岗位的工作内容划分为若干模组，明确工作任务、工作绩效标准，考评者根据被考评人的德才表现、工作能力、工作实绩，基于各模组的工作任务完成情况进行评估，总成绩便为该员工的最终考评成绩的方法。

2）量表评价法。量表评价法，是根据设计的等级评价量表对被评价者进行评价的方法。量表包括数字等级评定量表、图示等级评定量表。

3）目标考核法。目标考核法，是指按特定指标或评价标准来衡量员工完成工作任务、执行工作标准、实现既定工作目标的情况，并根据衡量结果给予相应的奖惩的方法。目标考核法是目标管理原理在员工绩效评估过程中的具体运用。

4）工作绩效标准法。该法采用明晰、具体、详尽且约束性更强的工作绩效衡量指标体系，指标必须符合 SMART 原则，即明确（specific）、可度量（measurable）、可实现性（attainable）、具体（realistic）、有时限性（time bounded），依照各项指标对公务员绩效逐一评估，然后按照各指标的重要性所确定的权数进行考核分数汇总。

5）平衡计分卡法。平衡计分卡由卡普兰、诺顿在《平衡计分卡：良好的绩效评价体系》一文中提出。平衡计分卡表明员工需要怎样的“知识、技能和系统”（学习和成长角度），才能创新和建立适当的战略优势和效率（内部流程角度），使组织能够把特定的价值带给市场（客户角度），从而最终实现更高的股东价值（财务角度）。

（3）描述性方法。

1）关键事件法。关键事件法要求考核者在预定的时间内记录员工平时工作中的关键事件，经大量收集信息后作出工作绩效评估。

2）工作记录法。工作记录法，是指先由被考评者把自己与工作职责有关的成绩写在一张成绩记录表上，然后由其上级主管来验证成绩的真实准确性，最后由外部的专家评估这些资料，从而对被考核人的绩效进行评价的方法。

3）360度绩效评估法。该法通过从与被考核者有工作关联的本人、上级、同事、下属、组织内设机构、供应商、服务对象等多元主体获得被考核者的绩效信息，据此对被考核者进行全方位、多维度的绩效评估。

4）评语考核法。评语考核法将自我评定、上级评定、主管机关评定相结合，以评语形式评定公务员的工作绩效，并确定相应考核成绩。评语的内容包括被考评者的德、能、勤、绩、廉，以及工作表现、优缺点和需努力的方向、改进建议、培养方法等。

5）小组考核法。小组考核法将小组所有成员的工作看作一个整体来评价。小组考核法认同的不是个人表现，而是整个小组的共同成效。

（4）综合定量评价考核法。

综合定量评价考核法是运用控制论和系统论原理，在考核公务员时，既考虑领导意见，又考虑群众评议，还要顾及个人意见，既要衡量硬指标，又要衡量软指标，既定性考核，也定量考核，从而综合和全面地考核职工绩效的方法。

4.2.2 公务员考核程序

1. 非领导成员定期考核程序

结合《中华人民共和国公务员法》《公务员考核规定（试行）》，非领导成员的定期考核程序大致分为四个阶段：

（1）个人总结。按照《公务员考核规定（试行）》，“被考核公务员按照职位职责和有关要求进行总结，并在一定范围内述职”。被考核者对自己本年度在德、能、勤、绩、廉等方面的基本情况进行归纳、总结。可将个人总结写成书面形式，并在一定范围内口头表述。

（2）提出考核等次建议，并对拟定为优秀等次的公务员在本机关范围内公示。按照《公务员考核规定（试行）》，“主管领导在听取群众和公务员本人意见的基础上，根据平时考核情况和个人总结，写出评语，提出考核等次建议和改进提高的要求”。同时，要对拟订为优秀等次的公务员在本机关范围内公示，听取群众的意见和建议。

（3）确定考核等次建议。按照《公务员考核规定（试行）》，“由本机关负责人或者授权的考核委员会确定考核等次”。

（4）考核结果通知。按照《公务员考核规定（试行）》，“将考核结果以书面形式通知被考核公务员，并由公务员本人签署意见”。

（5）复核、申诉、存档。公务员对考核结果如有异议，可以在接到考核结果通知之日起十日内向考核委员会或考核小组申请复核，考核委员会或考核小组在十日内提出复核意见，经部门负责人批准后以书面形式通知公务员本人。其中，如复核结果仍被确定为不称职等次的人员对复核意见不服，可以提出申诉。各机关应当将《公务员年度考核登记表》存入公务员本人档案，同时将本机关公务员年度考核情况报送同级公务员主管部门。

2. 党政领导干部考核程序

按照《党政领导干部考核工作条例》，平时考核、年度考核、专项考核、任期考核按照不同的方式和程序进行。

（1）平时考核。平时考核是对领导班子日常运行情况和领导干部一贯表现所进行的经常性考核，及时肯定鼓励、提醒纠偏。平时考核主要结合领导班子和领导干部日常管理进行：列席领导班子民主生活会、理论学习中心组、重要工作会议，参加重要工作活动等；与干部本人或者知情人谈心谈话，到所在单位听取干部群众意见；开展调研走访、专题调查、现场观摩等；结合党内集中学习教育、纪委监委日常监督、巡视巡察、工作督查、干部培训等进行深入了解；其他适当方法。

（2）年度考核。年度考核是以年度为周期对领导班子和领导干部所进行的综合性考核，一般在每年年末或者次年年初组织开展。年度考核程序：第一，总结述职。召开会议，领导班子总结报告全年工作，领导干部进行个人述职。第二，民主测评。根据对领导班子和领导干部考核内容的要求设计测评表，由参加民主测评的人员填写评价意见。参加测评的人员范围，按照知情度、关联度、代表性原则，结合实际确定。第三，个别谈话。与领导班子成员、相关干部群众以及其他需要参加的人员个别谈话了解情况。第四，了解核实。根据需要采取查阅资料、采集有关数据和信息、实地调研等方式，核实考核对象有关情况。第五，形成考核结果。对领导班子和领导干部进行综合分析，形成考核结果并及时反馈。

（3）专项考核。专项考核是对领导班子和领导干部在完成重要专项工作、承担急难险重任务、应对和处置重大突发事件中的工作态度、担当精神、作用发挥、实际成效等情况所进行的针对性考核。专项考核程序：第一，制定方案。明确考核对象、考核内容指标、程序步骤和工作要求等。第二，听取考核对象的总结汇报。第三，了解核实。采取查阅资料、实地调研、舆情分析、个别谈话、民主测评等方式，核实印证有关情况，必要时可以向纪检监察机关或者审计、信访等部门了解情况。第四，形成考核结果。对领导班子和领导干部作出评价。专项考核结果可以采用考核报告、评语、等次或者鉴定等形式确定。

（4）任期考核。任期考核是对实行任期制的领导班子和领导干部在一届任期内总体表现所进行的全方位考核，一般结合换届考察或者任期届满当年年度考核进行。任期考核程序：任期考核一般应按照总结述职、民主测评、个别谈话、了解核实、实绩分析、形成考核结果等程序进行。任期考核结果可以采用考核报告、评语、等次或者鉴定等形式确定。

4.2.3 公务员考核的结果使用

1. 非领导成员考核结果使用

按照《中华人民共和国公务员法》《公务员考核规定（试行）》，公务员年度考核的结果作为调整公务员职位、职务、职级、级别、工资以及公务员奖励、培训、辞退的依据。

（1）称职以上等次：优秀、称职。年度考核被确定为称职以上等次的，按照下列规定办理：第一，累计两年被确定为称职以上等次的，在所定级别对应工资标准内晋升一个工资档次。第二，累计五年被确定为称职以上等次的，在所任职务、职级对应级别范围内晋升一个级别。第三，确定为称职以上等次，且符合规定的其他任职资格条件的，具有晋升职务、职级的资格；连续三年以上被确定为优秀等次的，晋升职务或职级时优先考虑。第四，被确定为优秀等次的，当年给予嘉奖；连续三年被确定为优秀等次的，记三等功。第五，享受年度考核奖金。

(2) 基本称职等次。公务员年度考核被确定为基本称职等次的，按照下列规定办理：第一，对其诫勉谈话，限期改进。第二，本考核年度不计算为按年度考核结果晋升级别和级别工资档次的考核年限。第三，一年内不得晋升职务或职级。第四，不享受年度考核奖金。

(3) 不称职等次。年度考核被确定为不称职等次的，按照下列规定办理：第一，降低一个职务、职级层次任职。第二，本考核年度不计算为按年度考核结果晋升级别和级别工资档次的考核年限。第三，不享受年度考核奖金。第四，连续两年年度考核被确定为不称职等次的，予以辞退。

2. 领导班子、领导成员考核结果使用

按照《党政领导干部考核工作条例》，坚持考用结合，将考核结果与选拔任用、培养教育、管理监督、激励约束、问责追责等结合起来，鼓励先进、鞭策落后，推动能上能下，促进担当作为，严厉治庸治懒。领导干部考核形成的结论性材料，应当存入干部人事档案。

(1) 依据考核结果，有针对性地加强领导班子建设。

1) 领导班子作出重要贡献的，按照有关规定记功、授予称号，给予物质奖励。

2) 领导班子表现突出或者年度考核结果为优秀等次的，按照有关规定给予嘉奖。

3) 领导班子运行状况不好、凝聚力战斗力不强、不担当不作为、干部群众意见较大的，应当进行调整。

4) 领导班子年度考核结果为一般等次的，应当责成其向上级党组织写出书面报告，剖析原因、进行整改。

5) 领导班子年度考核结果为较差或者连续两年为一般等次的，应当对主要负责人和相关责任人进行调整。

(2) 依据考核结果，激励约束领导干部。

1) 领导干部作出重大贡献的，可以按照有关规定记功、授予称号，给予物质奖励；表现突出或者年度考核结果为优秀等次的，按照有关规定给予嘉奖；连续三年为优秀等次的，记三等功，同等条件下优先使用。

2) 领导干部年度考核结果为称职及以上等次的，按照有关规定享受年度考核奖金、晋升工资级别和级别工资档次。

3) 领导干部年度考核结果为基本称职等次的，应当对其进行诫勉，限期改进。

4) 领导干部年度考核结果为不称职等次的，按照规定程序降低一个职务或者职级层次任职。

5) 不参加年度考核、参加年度考核不确定等次或者年度考核结果为基本称职以下等次的，该年度不计算为晋升职务职级的任职年限，不计算为晋升工资级别和级别工资档次的考核年限。

6）领导干部不适宜担任现职的，应当根据有关规定对其进行调整。

4.2.4　考核的纪律与监督

1. 公务员考核纪律

各部门的部门负责人、主管领导人员、考核委员会或考核小组成员，必须严格按规定要求，实事求是地进行考核。对在考核过程中有徇私舞弊、打击报复、弄虚作假行为的，必须严肃处理。公务员考核人员要认真履行考核职责，按照规定的程序和要求实施考核，要全面、准确、细致地了解和客观公正地反映考核对象的情况，实行考核工作责任制、回避制。同时，考核对象要正确对待组织考核，如实汇报工作和思想，客观反映有关情况。有关部门和人员应客观、负责地向考核组提供真实情况和数据。

考核工作必须严格遵守下列纪律：不准搞形式、走过场，不准隐瞒、歪曲事实，不准弄虚作假，不准搞非组织活动，不准泄露谈话内容、测评结果等考核工作秘密，不准凭个人好恶评价干部、决定或者改变考核结果，不准借考核之机谋取私利，不准干扰、妨碍考核工作，不准打击报复干部和反映问题的人员。

2. 公务员考核监督

在公务员考核过程中，对违反公务员考核纪律的，要进行批评教育、责令检查、通报批评、诫勉、组织调整或者组织处理；涉嫌违纪或者职务违法、职务犯罪的，按照有关纪律和法律法规处理，给予党纪、政纪处分。造成考核结果失实的，宣布考核无效。党委（党组）、组织（人事）部门、纪检（监察）机关对考核工作实施监督，支持、鼓励群众监督，认真受理下级机关、干部、群众的举报、复核、申诉，并按职权范围及时进行核查和处理。

领导班子和领导干部应当正确对待和接受组织考核，如实汇报工作和思想，客观反映情况。对不按照要求参加或者不认真配合考核工作，经教育后仍不改正的，领导班子年度考核结果直接确定为较差等次，领导干部年度考核结果直接确定为不称职等次。对不按照规定组织开展考核、考核工作失真失实造成严重后果、本地区本部门本单位考核工作中不正之风严重、干部群众反映强烈以及对违反考核工作纪律等行为查处不力的，应当追究党委（党组）及其组织（人事）部门主要负责人和有关领导成员、直接责任人的责任。

4.3　党政领导班子和领导干部综合考核评价

2009 年 10 月，中共中央印发《关于建立促进科学发展的党政领导班子和领导干部考核评价机制的意见》，中共中央组织部先后颁发《地方党政领导班子和领导干部综合考核评价办法（试行）》《党政工作部门领导班子和领导干部综合考核评价办法（试行）》《党政领导班子和领导干部年度考核办法（试行）》，我国党政领导班子和领导干部考核评价机制不断改进。党的十八届三中全会通过的《中共中央关于全面深化改革若干重大问题的决定》提出，要“改革和完善干部考核评价制度”。2013年底，经中共中央批准，中央组织部印发《关于改进地方党政领导班子和领导干部政绩考核工作的通知》。党的十九大报告强调，要“坚持严管和厚爱结合、激励和约束并重，完善干部考核评价机制”。2018年3月11日，第十三届全国人民代表大会第一次会议通过的《中华人民共和国宪法修正案》强调，要“贯彻新发展理念”，“推动物质文明、政治文明、精神文明、社会文明、生态文明协调发展”。《党政领导干部选拔任用工作条例》强调，考察党政领导职务拟任人选，注重考察工作实绩，围绕贯彻落实党中央重大决策部署，统筹推进“五位一体”总体布局和协调推进“四个全面”战略布局，深入了解履行岗位职责、贯彻新发展理念、推动高质量发展取得的实际成效。在建设中国特色社会主义的新时代，要推进我国干部考核评价机制创新。

4.3.1 建立促进科学发展的干部考核评价机制的重点任务

1. 完善考核内容

（1）充分体现科学发展观和正确政绩观的要求。坚持以人民为中心的发展思想，坚持创新、协调、绿色、开放、共享的发展理念。《中国共产党章程》指出，要把“树立正确政绩观，做出经得起实践、人民、历史检验的实绩”作为党的各级领导干部必须具备的基本条件之一。党的十九大报告强调，要“坚定不移贯彻新发展理念，坚决端正发展观念、转变发展方式，发展质量和效益不断提升”，“激发全社会创造力和发展活力，努力实现更高质量、更有效率、更加公平、更可持续的发展”。要践行新发展理念，既注重考核发展速度，又注重考核发展方式、发展质量；既注重考核政治建设、经济建设、文化建设情况，又注重考核经济社会协调发展、人与自然和谐发展，特别是履行维护稳定第一责任、保障和改善民生的实际成效；既注重考核已经取得的显绩，又注重考核打基础、利长远的潜绩，注重综合分析局部与全局、效果与成本、主观努力与客观条件等各方面因素。

（2）充分体现把政治标准放在首位。坚持将党性作为德的核心内容，加强对领导干部思想政治素质的考核。注重考核理想信念，重点了解政治立场、政治方向、对党忠诚、为党分忧等情况；注重考核宗旨意识，重点了解求真务实、联系群众、恪尽职守、为民奉献等情况；注重考核道德修养，重点了解职业道德、社会公德、家庭美德、个人品德等情况，引导各级领导干部始终保持共产党人的政治本色。坚持信念坚定、为民服务、勤政务实、敢于担当、清正廉洁的好干部标准，突出政治标准，提拔重用牢固树立“四个意识”和“四个自信”、坚决维护党中央权威、全面贯彻执行党的理论和路线方针政策、忠诚干净担当的干部。

（3）充分体现不同区域、不同层次、不同类型的特点。根据不同地区、不同层级领导班子和领导干部的职责要求，设置各有侧重、各有特色的考核指标。按照不同领导岗位的职责和工作目标，把共性内容与个性内容结合起来，把过程性情况与结果性指标结合起来，更加注重对工作思路、工作基础、精力投入、作风转变、效能提升、制度完善等方面情况的考核分析。加强对党政主要负责人的考核，重点考核其领导科学发展、驾驭复杂局面、执行民主集中制、抓班子带队伍、坚持原则、履行廉政职责等情况。

（4）充分体现考核内容的激励性和约束性。突出对科学发展实践中创造精神、创新能力和创业成效的考核，突出对各领域改革综合效益和长远效益的考核，激励领导班子和领导干部解放思想、实事求是、开拓进取。坚持严管和厚爱结合、激励和约束并重，完善干部考核评价机制，建立激励机制和容错纠错机制。

2. 改进考核方式

（1）加强平时考核。围绕了解领导班子和领导干部的日常表现，通过个别谈话、专项调查、巡视组巡视、领导干部经济责任审计，参加领导班子民主生活会、党员领导干部述职述廉和年度工作会议等多种形式和渠道，加强经常性考核。注重在应对重大事件、完成重大任务以及涉及个人利益时，跟踪考核领导班子和领导干部的政治态度、负责精神、处理能力、自我要求等现实表现。定期开展民意调查、实绩分析，系统收集相关职能部门提供的重要经济社会发展统计数据和评价意见，加强平时积累和综合分析，完善考核的基础性资料。按照《推进领导干部能上能下若干规定（试行）》，要加强任期内考核和管理。

（2）健全年度考核。围绕考核完成年度工作目标和履行岗位职责的情况，采取总结述职、年度测评等方式，实行主要领导评价、领导班子成员评价和干部群众评价相结合，加强对领导班子和领导干部的年度考核，推动总结经验、改进工作。注重分类分项对年度考核测评结果进行综合分析，防止简单根据测评票形成评价意见。发挥年度考核对领导班子和领导干部的管理监督和激励鞭策作用，对反映出来的突出问题及时督促整改。对中央管理的领导班子和领导干部，按照以上方式实行年度考核。

（3）完善换届（任期）考察。围绕考核完成届期目标或者任期目标的情况，在坚持民主推荐、民主测评、个别谈话的基础上，完善民意调查、实绩分析、综合评价等方法，加强对领导班子领导能力和领导干部德才素质情况的全面考察。强化实地调查和延伸考察，注重听取知情者的意见。按照定性分析与定量分析相结合的要求，把定量分析作为重要手段运用到考察各环节，进行量化对比分析，形成既有定性评价又有定量分析的综合评价意见。

（4）改进任职考察。围绕岗位职责要求，完善推荐提名程序，改进考察方法，加强对拟提拔人选考察对象综合素质和发展潜力的考察。充分发挥地方各级党委全委会在推荐提名、党委（党组）在研究确定考察对象时的作用，推广运用二次会议投票推荐方法，坚持根据民主推荐结果，结合平时考核、年度考核掌握了解的情况，研究确定考察对象，把组织意见和群众意愿有机结合起来。实行差额考察和考察公示，扩大考察范围，认真听取纪检监察机关的意见。加强综合分析，深入了解考察对象的现实表现，防止干部“带病提拔”“带病上岗”。

3. 扩大考核民主

强化党内外干部群众的参与和监督，把上级评价、相关职能部门评价、本单位评价、基层群众以及社会评价结合起来，多层次、多渠道、多角度地了解评价干部，避免以偏概全。以扩大知情权为重点，进一步公开考核内容、考核程序、考核方法、考核结果，采用民主、公开的方式确定考核项目的目标值和权重，增强考核工作的透明度。探索实绩“公开、公示、公议”等做法，深入了解群众对推动科学发展实际成效的直接感受和现实要求，深入了解领导干部在群众中的公认度，加大群众满意度在考核评价中的分量。坚持民主与集中相结合，加强集体研究和综合分析，既尊重民意，又不简单地以票取人。

4. 强化考核结果运用

中共中央于 2018 年 5 月下发的《关于进一步激励广大干部新时代新担当新作为的意见》强调，要“加强考核结果反馈”。坚持把考核结果作为领导班子建设和领导干部选拔任用、培养教育、管理监督、激励约束的重要依据，充分发挥考核的积极作用，着力形成注重品行、科学发展、崇尚实干、重视基层、鼓励创新、群众公认的正确用人导向。加强对平时考核、年度考核、专项考核、换届（任期）考察、任职考察等各方面情况的综合分析，全面客观准确地评价领导班子和领导干部。坚持全面从严治党、奖惩分明，对自觉坚持科学发展、善于领导科学发展，坚持原则、勇于负责，敢抓善管、真抓实干，实绩突出、群众公认的优秀干部，要表彰奖励、提拔重用；对不按照科学发展观要求办事，急功近利、搞形式主义和形象工程，不负责任、不讲原则、怕得罪人，以及完成约束性指标方面发生问题的，要批评教育、诫勉谈话、督促整改；对群众意见较大、不胜任现职岗位的，要及时进行组织调整；对因工作失职造成严重后果的，要依法依纪处理。

4.3.2 党政领导班子和领导干部综合考核评价

1. 地方党政领导班子和领导干部综合考核评价

地方党政领导班子和领导干部综合考核评价按照《地方党政领导班子和领导干部综合考核评价办法（试行）》办理。

（1）民主推荐，确定考察对象。选拔任用地方党政领导干部，必须按照《党政领导干部选拔任用工作条例》的程序和要求，经过民主推荐提出考察对象。民主推荐包括会议投票推荐和个别谈话推荐。

（2）民主测评。民主测评主要了解地方党政领导班子工作情况和领导干部现实表现，重点了解贯彻落实科学发展观的实际情况。

（3）民意调查。民意调查主要通过社会有关方面评价，了解地方党政领导班子和领导干部的群众满意度。民意调查采取问卷调查、个别访谈、座谈会等方式。

（4）个别谈话。个别谈话包括结合民主推荐进行的个别谈话、到考察对象所在地方或者分管部门（单位）进行的个别谈话，以及同考察对象本人的谈话，主要深入了解地方党政领导班子建设和领导干部德才素质及现实表现。

（5）实绩分析。实绩分析主要依据有关方面提供的经济发展、社会发展、可持续发展整体情况和民意调查结果等内容，分析地方党政领导班子和领导干部在一定时期内的工作思路、工作投入、工作成效，重点评价贯彻落实科学发展观的实际成效。

（6）综合评价。综合评价主要是对民主推荐、民主测评、民意调查、个别谈话、实绩分析的结果，平时考核、年度考核以及纪检监察机关、巡视组的意见等情况进行分析、比较、评价。

（7）结果运用。根据考察情况和综合评价结果，认真分析地方党政领导班子的运行状况，提出加强领导班子建设、改进工作的意见和建议；客观评价领导干部的德才素质和现实表现，提出干部选拔任用、培养教育、管理监督、激励约束的意见和建议。

（8）反馈、申诉。地方党政领导班子的有关考核评价情况，应当向领导班子成员反馈，同时在一定范围内通报。领导干部的有关考核评价情况，应当向本人反馈。领导班子和领导干部对考核评价情况有不同意见的，可以向上级党委组织部门提出申诉。上级党委组织部门应当及时调查核实，作出明确答复。

2. 党政工作部门领导班子和领导干部综合考核评价

党政工作部门领导班子和领导干部综合考核评价按照《党政工作部门领导班子和领导干部综合考核评价办法（试行）》办理。

（1）民主推荐，确定考察对象。选拔任用党政工作部门领导干部，必须按照《党政领导干部选拔任用工作条例》的程序和要求，经过民主推荐提出考察对象。民主推荐包括会议投票推荐和个别谈话推荐。

（2）民主测评。民主测评主要了解党政工作部门领导班子工作情况和领导干部现实表现，重点了解贯彻落实科学发展观的实际情况。

（3）民意调查。民意调查通过工作服务对象评价和有关方面评价，了解党政工作部门领导班子工作情况和公众形象。民意调查参加人员范围为工作服务对象和有关方面人员。

（4）个别谈话。个别谈话主要深入了解党政工作部门领导班子建设和领导干部德才素质及现实表现。

（5）实绩分析。实绩分析主要通过上级评价、相关职能部门评价、内部评价、群众评价和自我评价，分析党政工作部门班子和领导干部履行职责、完成工作任务的情况。

（6）综合评价。综合评价主要在全面掌握考察信息的基础上客观公正地对党政工作部门领导班子和领导干部作出评价。

（7）结果运用。综合考核评价的结果，应当作为领导班子建设和领导干部选拔任用、培养教育、管理监督、激励约束的重要依据。

（8）反馈、申诉。领导班子考核评价的有关情况，应当向领导班子成员反馈，同时在一定范围内通报。领导干部考核评价的有关情况，应当向本人反馈。领导班子和领导干部对考核评价情况有不同意见的，可以向上级组织（人事）部门提出申诉。上级组织（人事）部门应当及时调查核实，作出明确答复。

4.4　西方国家公务员考核

4.4.1　西方国家公务员考核制度的主要内容

1. 美国公务员考核

1883 年出台的《彭德尔顿法》确立了功绩制原则，为美国公务员考核确定了法律基础。1905 年，西奥多·罗斯福总统下令，政府机关每半年进行一次考核。1912 年，一项拨款法要求文官事务委员会为联邦政府机构建立统一的绩效考核制度。1920 年，威尔逊总统下令在全美开展统一的公务员考核制度。1950 年，美国国会出台《绩效评估法》(Performance Rating Act)。1978 年出台的《文官制度改革法》进一步推动了美国公务员考核制度变革。1993 年，国会通过《政府绩效与结果法案》，美国政府绩效管理走上制度化轨道，该法案于 2010 年进行修订。2011 年，美国联邦人事管理署公布《员工绩效手册》。2012年1月，美国联邦人事管理署、美国行政管理和预算局联合推出高级公务员的绩效考核系统。2016年颁发的《绩效管理雇员参与条例》，扩大了绩效考核中的公务员参与。

（1）美国公务员考核主体。

1978年，美国《文官制度改革法》出台后，公务员考核机构包括隶属于联邦人事管理署的"人事考核部"以及分设于各部门的"考核委员会"和"复审委员会"。考核委员会负责审核各单位执行考核法规与功绩制情况，确定、复查、修正考核结果。复审委员会负责受理公务员考核申诉事项。20世纪中后期，美国构建了包含多元主体的考核体系，将公务员自评、同事互评、下属评定、外部专家或团体评定相结合。

（2）美国公务员考核的内容。

1）考绩。美国政府于1920年起实行全国统一的公务员考核制度。1923年颁发《联邦政府职位分类法》，确定了16项考核内容。1934年，美国联邦政府制定统一的考绩表，考核内容包括16项指标。1943年，联邦政府修改考核项目，增加为31项。1941年，美国国会通过《米德-诺姆兹普列夫法案》（Mead-Ramsplef Act），将统一考核制的实施范围扩大至中央和地方的行政机关、立法机关工作人员。按照1950年《绩效评估法》，美国政府废除了统一的考核制度，实行工作考绩制度，确立了工作质量、工作数量和工作适应性等考核要素。1980年，按照《文官制度改革法》，美国联邦人事管理署颁布公务员考核工作标准和实施办法，要求确定公务员考核内容时要注意考核因素和工作绩效标准。1993年《政府绩效与结果法案》规定，政府机关及其公务员的绩效考核标准包括一般性评估标准（含数量、质量、成本、效益）和特殊性评估标准。美国高级公务员考核的内容主要包括领导变革、领导人员、运营管理、建立联盟、结果驱动等五项关键要素。

2）考勤。除考绩外，美国对公务员考勤要求较严。美国公务员实行每周5天工作制，每天工作8小时。政府机关设有签到簿或记事卡，详细登记公务员的上下班时间、休息时间。公务员在工作时间内不准看报、聊天、会客、吸烟、写私人信件等。

（3）美国公务员考核程序。

美国公务员考核采取年度考核方式，每年一次，截止于3月11日。美国公务员年度考核，首先由各单位主管按照平时的工作记录和考核表为公务员逐项打分，各项得分汇总为考核结果，然后由考核者定期为被考核者撰写工作成绩评估报告，并在年终总结。美国联邦人事管理署的公务员考核体系指导方案则将公务员考核流程规定为计划（planning）、检测（monitoring）、提高（developing）、评定（rating）、奖励（rewording）等阶段。

（4）美国公务员考核方法与等次。

1）工作记录法。主管领导与下属共同确立工作目标，并详细记录下属的日常工作表现，每季度帮助下属核对工作结果和工作目标，掌握工作进度，提出改进方向。主管领导根据下属的考核记录填写年度考核表，作出工作绩效评价，并写明评价理由。工作绩效评价结果包括：不合格（unacceptable，U）、稍微成功（minimally successful，M）、完全成功（fully successful，F）、非常成功（exceed fully successful，E）、杰出（outstanding，O）。

2）相对比较法。相对比较法也被称为"人员比较法""军士比较法"，最先应用于美国陆军部，即先确定体格、智力、领导能力、品行、一般职位贡献等绩效考核要素，然后根据员工实际情况作出“优、良、中、次、劣”评定。

3）图表测度法。图表测度法，即先确定考核工作要素，针对每一要素区分“最佳、优秀、中等、次等、劣等”，并将各等次的评语排列在预测量尺上，考核者只需在每一要素测量尺上做记号以评定各项分数，然后将所有要素得分汇总后得出公务员考核总分，据此确定“最佳、优秀、中等、次等、劣等”五等，分别占10%、20%、40%、20%、10%。

4）普洛士考绩法。该法由行政学者普洛士提出，通过设计100项公务员的“明显动态或特性”作为考核指标，考核者只需标记考核对象有无该特性即可，而不论其具备该指标的程度。考核由三名主考官完成。

5）行为锚定法。先确立公务员的考核等级，为每一个等级的绩效界定标准行为。考核主体将公务员的表现与行为标准进行对比，以确定每个关键要素的等级，并匹配相应的分值。

（5）美国公务员考核结果使用。

美国公务员年度考核结果是人员裁减、辞退、职务任免与升降、调配、培训、工资增减、福利调整、奖励与惩戒的依据。美国实行公务员考核“提前警告”制度，对工作绩效不佳的人由各单位主管在正式考评三个月前向其“提前警告”，若不改进，考评时将被评为“不合格”。如果公务员对考核结果不服，可以向考核委员会或复审委员会提出复核或申诉。

2. 英国公务员考核

1854年，随着《关于建立英国常任文官制度的报告》出台，英国政府初步构建了基于功绩制的公务员考核制度。随着《富尔顿报告》《英国公务员管理法》的相继颁发，英国公务员考核制度日渐完善。英国政府于2012年6月启动新一轮公务员改革计划，致力于建立基于“快速和结果导向”的公务员评价机制。

（1）英国公务员考核主体。

英国中央政府和地方政府实行不同的公务员绩效考核模式。内阁办公厅设“录用评估署”，主管中央政府公务员考核事宜，公共服务与科学办公室、公务员专员办公室和财政部配合开展公务员考核。录用评估署委派各相关单位和部门设立考核办公室。政府部门内设考核机构和公务员的直接上司负责公务员考核具体事宜，如果涉及工薪问题，还要同财政部和工会协商。地方政府实行“组阁式”考核模式，由“评审团”负责公务员考核。评审团成员包括：一是本部门的最高负责人，二是实际执行人员，三是工会负责人，四是被服务的第三方人员。

（2）英国公务员考核的内容。

1）考绩。考核者根据公务员本年度的工作表现，逐项填写《年度考核报告》，并提出针对被考核者晋升与奖惩的建议。英国公务员考核报告包括两种：甲种考核报告，适合于助理次官以下、执行官以上的中级文官与低级上层文官；乙种考核报告，适合于助理文书。其中，甲种年度考核报告包括以下内容：一是被考核的基本情况，包括姓名、单位、到任日期、职位、现任职务与级别、部门、出生年月、考核日期等。二是被考核者的能力评估，包括工作知识、人格性情、判断力、责任心、创造力、可靠性、机敏适应性、监督能力、工作热情、行为道德等内容。英国公务员能力框架于2012年7月构建，并于2015

年6月修订。按照该框架，英国公务员考核指标体系共包括10项能力：纵观全局的能力、改变和提升的能力、有效决策的能力、领导和沟通的能力、协作和合作的能力、培养综合的能力、实现商业繁荣的能力、合乎经济效益的能力、优质服务的能力以及高效执行的能力。三是处置意见，即通过逐项考核，确定对被考核者的处理意见，涉及职务升降、奖励与处分、培训进修等方面。四是潜力评估，即对被考核者的发展潜力和可行性进行评估。五是综合考核，即对被考核者的优缺点进行综合评价，并签署考核者的姓名。六是复评，即检查、修改考核报告。乙种年度考核报告的内容与甲种相似，但“被考核者的能力”项目，内容不一致，主要包括理解力快慢、工作态度是否严谨、完成的工作数量、工作差错率、是否勇于承担责任、与人共事的和谐性、口头表达能力、数理统计能力等。

2）考勤。英国政府实行一周5个工作日制，每天办公时间为8小时15分钟。各单位设有签到公钟或签到簿。公务员每天上午需签到，午休或下班需签离。正常工作时间不得外出兼职。考核机构一旦发现本部门公务员有迟到早退、工作时间“开小差”等现象，将对违规者进行处罚，轻则罚薪、降职，重则开除公职。

（3）英国公务员考核程序。

英国公务员考核的基本程序包括：第一，部门制定年度目标。第二，个人制定年度目标。第三，目标实施检查。第四，公务员自评。第五，管理者评定，撰写考核报告。第六，复核、申诉。20世纪90年代以来，英国公务员考核导入绩效管理，绩效管理流程包括绩效规划、绩效实施、绩效检查、绩效评估、绩效反馈等环节。

（4）英国公务员考核方法。

1）考绩报告制。考绩报告制，即事先制定考绩报告表，依据表中的要素与绩效标准，由考核委员会根据公务员的平时工作绩效记录相关资料，加以考察、评定。考核结果分为A、B、C、D、E五等。评定后，将考核结果整理后交给机关首长审批。考核结果不公布，但成绩不合格者，要通知公务员本人，并需说明理由。

2）因素评定法。因素评定法，即事先制定考核报告表，按照表中的考核因素与绩效标准分别加以考察，决定其优、中、劣，写出评语，并将考核结果作为升降奖惩依据。

（5）英国公务员考核等次。

英国公务员考核等次大体分为三至七个不同档次，多数部门分为五个档次。

1）内阁办公厅式分档法。英国内阁办公厅将公务员考核等次分为五档：一档，最出色；二档，比较出色；三档，能够达到圆满程度；四档，需要改进；五档，业绩不佳，不能接受。

2）公务员学院式分档法。英国公务员学院将公务员考核等次分为四档：一档“杰出”，能出色完成工作目标，高于要求标准；二档“高效”，某些工作超出目标要求的标准；三档“有效”，能在本岗位达到所有的目标要求；四档“不合格”，有多方面达不到目标要求，需别人协助。

3）贸工部式分档法。英国贸工部将公务员考核等次分为七档：一档为1级，工作杰出；二档为2^+级，工作比较杰出；三档为2级，超出工作标准；四档为3^+级，刚刚达标，没有失误；五档为3级，刚刚达标，偶有失误；六档为4级，达不到标准；七档为5

级，工作不能被接受。

(6) 英国公务员考核结果使用。

考核结果与职务晋升、薪酬增减、辞退、奖励、惩戒、培训等紧密关联。管理者作出考核结论前，要先同被考核者沟通、交流。考核报告经公务员本人签字后才能生效。考核成绩与结果要以书面形式通知本人。如公务员对考核结果不服，可以提请复核或申诉。

3. 法国公务员考核

1946 年出台的《法国国家公务员章程》明确规定了与公务员考核相关的内容。法国政府先后于 1959 年、1984 年颁布相关法令，完善公务员考核制度。

(1) 法国公务员考核主体。

法国各机关设“行政对等委员会”，由各类公务员代表、官方代表、公务员工会代表组成，以协商方式处理与公务员有关的事宜。在公务员考核过程中，行政对等委员会确定绩效考核标准，并就考核分数、考核等次向机关首长提出意见和建议。高级官员考核由部门主管领导或司局长负责，其他职类官员由直接上司负责，最后由部门负责人审查并签署评语。

(2) 法国公务员考核的内容。

法国公务员考核分为通用考核项目和分类考核项目两大类。通用考核项目主要包括公务员的工作态度、工作方法、个人能力、身体状况等；分类考核项目则主要偏重于考察各类公务员的专业要求和职位要求。法国公务员考核内容一般包括 14 项，即身体适应性、专业知识、守时值勤、整洁与仪表、工作适应能力、合作精神、服务精神、工作积极性、工作效率、工作方法、理解力、组织协调能力、指挥监督能力、观察分析力。各部门在考核时，根据工作类别和岗位特点，至少选择与现任工作关系最密切的 6 项作为考核重点。

(3) 法国公务员考核程序。

法国公务员考核每年一次，由本部门行政首长主持，依照公务员的隶属关系由直接上级任主考。第一，分项打分。第二，通知被考核者，由其在考核表上签字。第三，撰写评语，送上一级领导核准签字，并将总评通知本部门的行政对等委员会。第四，行政对等委员会审议公务员考核结果，若认为考核结果不公正，可要求修正。第五，考核报告经机关首长审批通过。法国公务员考核过程中，允许公务员向行政对等委员会提出申诉，或直接上诉到行政法院。

(4) 法国公务员考核方法与等次。

法国公务员的年度考核实行评分法，满分为 200 分，每项评分最低 0 分，最高 20 分，分项打分后将各项分数累加后排序，并撰写考核评语。公务员考核等次分为 A、B、C、D、E 五等：A 等（优秀），140 分以上；B 等（良好），125～139 分；C 等（合格），100～124 分；D 等（不合格），85～99 分；E 等（低劣），60～84 分。为了消除各地区、部门的评分差异，法国政府构建了计分平衡制度，统一全国公务员考核评分标准。

(5) 法国公务员考核结果使用。

法国将公务员考核结果作为晋升级别、增加工资、调职、职务任免、奖惩的依据。考核等次为优秀、良好者，可提前晋级、增资，优先晋升职务，并获得奖金；考核等次为合格者，按照固定期限晋级、增资；考核等次为不合格、低劣者，予以转换职位、培训，严重不合要求者予以免职。法国公务员考核实行半公开制，考核结果只通知公务员本人，并在有关单位备案，而不完全公开。允许公务员申诉，以保证考核的客观公正，防止考核中的主观臆断。

4. 德国公务员考核

德国公务员考核被称为实绩评估。1978 年颁布的《联邦公务员职业生涯条例》规定，联邦公务员 5 年至少考核一次。各州参照《联邦公务员职业生涯条例》制定本州职业生涯条例，对州及市镇公务员进行考核。各级政府、各部门的公务员考核具体做法不同，比如有些实施定期考核，有些只对需晋升或调转岗位的公务员进行专项考核；有些 1 年考核一次，有些 2 年、3 年或 4 年考核一次。

（1）德国公务员考核主体。

联邦及州级机构在考核年度的三四月份筹备，6 月 30 日前结束。以处级部门为考核单位，直接上司（处长）为第一考核人，由机关领导确定考核等次。下属事业单位成立由业务领导、人事部门负责人和主管机构人事部门代表组成的考核委员会，统一领导考核工作。

（2）德国公务员考核内容。

1）中高级、高级公务员考核内容。德国对公务员进行分级、分类考核，各类公务员考核标准不同。中高级公务员（gehobener dienst，A9 至 A13 级，包括科员、科长、领事等）和高级公务员（hoeherer dienst，A13 级以上，包括司处长、参赞、大使、国务秘书等）的考核内容重点涉及：一是专业成绩，包括工作成绩、工作方式。二是素质，包括理解力、创造性与新任务决断能力、判断能力、决策能力与责任感、对额外任务的接受态度、承受力、领导潜力等要素。三是能力，包括专业知识、语言表达与文字表达能力、谈判技巧、上进心、学习能力、学习热情、应急能力、单独处事能力、社交能力以及其他专业技能。

2）初级、中级公务员考核内容。受过 10 年基础教育的初级公务员（A1 至 A6 级）和 12 年中等教育的中级公务员（A5 至 A9 级，如文字秘书），考核要素简单，重点评估工作数量、质量、团队精神、专业要求、社会性行为、公共服务行为能力、领导能力和责任感等。

（3）德国公务员考核程序。

德国公务员考核程序为：一是考核准备。被考核人撰写考核期工作报告，直接上级作为第一考核人与被考核公务员谈话。二是初评。第一考核人起草评估报告，写出书面意见交给上级领导，即第二考核人。三是复评。第二考核人对第一考核人是否遵循法定考核程序、是否公正等方面进行审查，并确定考核等次。四是公布考核结果。若公务员对考核结果不满，可在 1 个月之内到人事部门申诉或直接到行政法院上诉。如果人事部门或法院没有否定考核结果，则将档案资料存档备查。

（4）德国公务员考核方法与等次。

德国公务员考核有平时考勤、定期考核和不定期考核 3 种方式。其中，定期考核每 3 年一次。不定期考核的适用范围为：任命官员之前；55 周岁以下、在某一行政部门工作满 6 个月并将转任或调动的官员；应本人要求而考核。依据 1956 年的劳夫巴亨行政命令，德国公务员考核主要采用“臆断考绩法”，即由主管行政长官给下属写鉴定的方法。后来德国政府引入“标杆管理”绩效考评方法。考核结果分为优秀、良好、称职、基本称职、较差。同一工资级别中，优秀比例不超过 15%，良好不超过 35%。

（5）德国公务员考核结果使用。

德国公务员考核结果是晋升职务与级别、增资、调职、培训等的依据。出现空缺职位时，所在部门根据考核结果，进行资格预选并按晋升顺序报上级部门。年满 45 周岁、不满 58 周岁的公务员，如考核优秀、表现突出，可不经过培训直接提拔。考核合格的，每 2～4 年按期晋升工资档次，优秀人员可提前 1～2 年晋档，考核成绩很差的公务员延后 1～2 年调整工资档次。考核结果必须告知公务员本人，并纳入个人档案。

5. 日本公务员考核制度

公务员考核在日本被称为“勤务评定”或“工作评定”。《日本国家公务员法》《国家公务员工作评定规则》《关于工作成绩评定手续与记录的政令》《工作考核的基本标准规则》等法律法规，详细规定了公务员考核事宜。日本《人事院规则》规定，国家公务员每年都要接受定期考核。日本政府于 2009 年 4 月 1 日颁布“人事评价”制度，出台《公务员人事考核评价操作手册》，推动公务员考核制度改革。

（1）日本公务员考核主体。

日本公务员考核的具体办法由各机关依据《日本国家公务员法》、内阁总理大臣的政令、《人事院规则》等法律法规自行制定，由机关首长批准实施。公务员考核过程中，各机关明确规定了考核者、调整者、确认者。机关首长从公务员的直接领导中指定 1 名“考核者”对公务员进行考核。机关首长还需从公务员的直接领导中指定 1 名“调整者”对公务员的考核结果进行审查，如果结果适当，则维持原结果；如果结果不适当，则进行相应调整。机关首长作为“确认者”对考核结果进行最终裁决，若无异议则签字同意。为防止考核过程中的偏差，有些部门还规定“第二考核者”“第二调整者”。

（2）日本公务员考核内容。

《国家公务员工作评定规则》指出：“工作评定对于职员执行自己分担的职务和责任所取得的实际成绩，根据该职务的履行标准进行评定，而且必须把职员在执行职务中所表现出来的性格、能力和适应性表示出来。”日本人事院于 1954 年制定《工作考核的基本标准规则》，详细规定了公务员考核内容。《公务员人事考核评价操作手册》再次明确了公务员考核的内容。一是工作业绩。工作业绩是指工作数量和质量。二是工作能力。工作能力包括知识与技术水平、领导能力、创造能力、表达能力、理解力、判断能力、决断能力、规划力、执行力、交际能力等。三是工作适应性。工作适应性主要考核公务员是否适应目前工作，以及从事哪类工作更能发挥其作用。四是性格。性格主要考察公务员在履行职责时所表现出来的心理特点，如积极或消极、好辩或沉默、慎重或轻浮、勤奋或懒惰、坚强或软弱等。日本政府自 2006 年起实施《新人事考核第一次试行方案》，注重职务行动评估，主要考核“公务员在履行职务过程中表现出来的职务执行能力”。

（3）日本公务员考核程序。

日本公务员考核的一般程序为：一是记录平时成绩，将公务员的日常服务成绩进行记录、分析，并用考绩方法进行综合考核。二是制定考核标准。三是初核。由考核机关首长指定受考人所在单位主管对公务员进行初评。四是复核。由考核机关首长指定受考人的上一级单位主管复核初评结果。五是再复核。当考核机关首长认为考核结果不公正或存在其他问题时，可指定复核者的上级机关主管再度复核，并适当调整考核结果。六是核定。考核机关首长认为初核、复核或再复核结果适当时，可予以核定和奖惩；若认为复核或再复核不当，交回再议。七是制作考核记录书，存档。

（4）日本公务员考核方式、方法与等次。

1）日本公务员考核方式。日本公务员考核方式分为定期考核、特别考核、临时考核。一是定期考核。定期考核是指每年在规定的时间内实施考核，每年1～3次，由各级官员或其指定的考核者对公务员的工作成绩和表现进行评定。定期考核时间各部门各不相同，大体上介于每年6—10月之间。二是特别考核。特别考核是指对需具备附带条件而任用的公务员在试用期或见习期内进行考核，一般在其任职满5个月后进行，考核结果将决定其能否转正。三是临时考核。临时考核视工作具体情况来确定考核的时间和内容。

2）日本公务员考核方法。日本各机关采用的考核方法有所不同，主要包括分析评定、综合评定、绝对评定、相对评定等方法。具体的公务员考核方法有尺度法、成绩排序法、多项目综合评定法、段阶选一法、人品评语法、定期测验法、勤怠记录法、业务报告法、自我申报法、自我考核法、连记评分法等。

3）日本公务员考核等次。有些部门公务员考核等次包括A（优秀）、B（良好）、C（一般）三等。大部分部门公务员考核等次分为A、B、C、D、E五等：A等为“工作成绩卓越者”，一般不超过考核人数的10%；B等为“工作成绩优秀者”，一般不超过考核人数的20%；C等为“工作成绩良好者”，一般不超过考核人数的40%；D等为“工作成绩及格者”，一般不超过考核人数的20%；E等为“工作成绩低劣者”，一般不超过考核人数的10%。

（5）日本公务员考核结果使用。

《日本国家公务员法》规定：“内阁总理大臣必须制定关于对工作成绩优秀者进行表彰，以及对工作成绩较差者进行纠正的方案，并采取适当的措施。”日本公务员考核结果和职务任免与升降、提薪、勤勉津贴、交流、奖励、惩戒、进修等紧密相关。如A等公务员可以越级增加工资，B、C、D等公务员可逐级增加工资，E等公务员不得晋升工资。依据《日本国家公务员法》，对服务成绩不良者要根据人事院规则予以降职或免职处理，因责任事故造成损害的还要受到处罚。考核过程中，公务员需填写考核记录，该记录一般不对外公开，由人事部门保管，考核结果存入公务员档案。近年来，日本公务员考核结果也逐步向公务员本人公开，注重公务员考核过程中的沟通、交流与反馈。

4.4.2 西方国家公务员考核制度的特点及启示

1. 注重公务员考核法制建设

西方国家不仅在公务员管理基本法律法规中规定了公务员考核的相关内容，也纷纷出台专项公务员考核规章制度，明确公务员考核的主体、客体、内容、方法、指标、等次、标准、结果使用等内容，规范公务员考核管理。比如日本构建了以《日本国家公务员法》为基础，以《国家公务员工作评定规则》《关于工作成绩评定手续与记录的政令》《工作考核的基本标准规则》等法规为主体的公务员考核法规体系。

我国公务员考核管理法律法规随着我国干部人事制度改革和公务员考核实践而不断完善。当前，我国已经形成以《中华人民共和国公务员法》为指导，以《公务员考核规定（试行）》《地方党政领导班子和领导干部综合考核评价办法（试行）》《党政工作部门领导班子和领导干部综合考核评价办法（试行）》《党政领导干部选拔任用工作条例》等为主体的公务员考核法律法规体系。各地、各部门要以《中华人民共和国公务员法》和公务员考核专项管理法规为依据，按法定权限、程序开展公务员考核。

2. 公务员考核主体日益多元化

伴随着现代公务员制度的发展与民主政治的进步，美国、英国、法国、日本等西方国家已经形成包含考核机构、上司、下属、同事、公共服务对象、非政府组织在内的多元化公务员考核主体，立体公务员考核体系逐渐成形。比如美国、英国等国家公务员考核过程中，充分利用 360 度绩效评估法，扩大公务员考核主体。

按照《公务员考核规定（试行）》，我国公务员考核"实行领导与群众相结合"，要充分发挥党组、人事部门的指导作用，以及公务员考核委员会的主导作用，发挥人大、政协、监察、纪检、民主党派、新闻媒体的辅助作用，将公务员自评、领导评定、同事评定、群众评定紧密结合。在公务员考核过程中，要根据公务员的职务、职级、职位、部门特点、工作性质、工作任务与区域等，合理确定公务员考核主体，适度扩大公务员考核主体的范围。

3. 逐渐完善公务员考核内容，规范公务员考核等次与标准

（1）逐渐完善公务员考核内容。美国、英国、德国、法国、日本等西方国家坚持考勤与考绩相结合，不断完善公务员考核内容，构建了全方位的公务员考核指标体系。比如美国政府于 1934 年、1943 年、1978 年先后多次修订公务员考核项目，构建了包含关键要素、非关键要素、附加绩效要素在内的考核要素指标体系。

按照《公务员考核规定（试行）》，我国公务员考核的内容包括德、能、勤、绩、廉五要素。在我国公务员考核实践中，有必要根据领导职务、非领导职级公务员的职务、职级、职位特点，结合地区与部门特色、工作性质、工作任务，因地制宜、因时制宜、因部门制宜，完善公务员考核内容，构建科学、合理、规范、明确、可行的公务员考核指标体系。

（2）规范公务员考核等次与标准。虽然美国、英国、日本、法国、德国等西方国家公务员考核等次与标准各异，但一般都包括 5～7 个等次，并严格规定各等次所占比例（如日本、美国、德国）以及相应的绩效标准。同时，有些国家（如英国、美国、德国）在考核过程中实行分权，公务员考核等次因部门、地区而异。在我国公务员考核实践中，有必要坚持定性与定量相结合的原则，进一步明确各考核等次的绩效标准，严格控制不同考核等次的比例，尤其是优秀、基本称职、不称职等次的比重，力求实现各等次正态分布。

4. 推陈出新，不断改进公务员考核方法

20 世纪中后期，伴随着新公共管理运动的风起云涌，西方国家纷纷开展大刀阔斧的政府绩效管理改革，不断探索和改进公务员考核方法。在臆断考绩法、评语法、因素评定法、工作记录法、相对比较法等传统考核方法的基础上，360 度绩效评估法、目标考核法、关键绩效指标法、平衡计分卡法、标杆管理法等先进的考核方法备受青睐。

我国《公务员考核规定（试行）》明确规定，公务员考核实行"领导与群众相结合，平时与定期相结合，定性与定量相结合”的方法。要结合公共管理环境，公共部门特点，工作性质，公务员职务、职级与职位等因素，不断创新公务员考核方法，推广应用平衡计分卡、关键绩效指标、绩效目标管理等考核方法和技术。

5. 公务员考核权力适度分散

美国、英国、德国等西方国家在公务员考核过程中，向各部门适度授权，允许灵活确定公务员考核要素、绩效指标、考核等次与标准、考核结果使用范围等内容。比如英国政府从 1993 年起实施高度分权的公务员考核制度以取代原有的集权制度，给予内阁部和执行机构考核的灵活性与自主性，以开发公共组织需要的测评制度。

《中华人民共和国公务员法》《公务员考核规定（试行）》等法律法规明确了我国公务员考核管理体制，在中央、地方综合性公务员主管部门统筹指导下，机关考核委员会负责公务员考核日常管理。在推动我国行政管理体制和干部人事制度改革过程中，可适度下放公务员考核管理权限，允许各地方、各部门探索具有地方或部门特色的公务员考核制度。

6. 充分利用公务员考核结果，使公务员的工作压力与动力并存

美国、英国、法国、日本、德国等西方国家都将公务员考核结果与公务员职务任免与升降、薪酬与福利管理、交流、奖励、惩戒、培训、辞退等挂钩，进而在公共部门内部营造压力与动力并存的竞争性氛围，奖优罚劣。

《中华人民共和国公务员法》规定，将公务员“定期考核的结果作为调整公务员职务、职级、级别、工资以及公务员奖励、培训、辞退的依据”。有必要进一步拓宽公务员考核结果的应用范围，将公务员考核结果与公务员的职务职级任免与升降、工资调整、交流、奖励、惩戒、辞退、培训等紧密结合，促进公务员职业生涯规划发展。

7. 重视考核过程中的沟通、反馈与监督，切实维护公务员的合法权益

美国、英国、法国、日本、德国等西方国家在明确公务员合法权利的同时，越来越重视公务员考核过程中的沟通、反馈和监督，以维护公务员的合法权益。一是重视公务员考核沟通，注重吸收公务员参与，并发挥公务员工会的协调作用。二是重视公务员考核结果反馈，要求向被考核人通报考核结果，并指出需改进之处，以督促公务员扬长避短。三是重视公务员考核监督，完善协商、复核、申诉、司法诉讼等多元化权益保障机制。

《中华人民共和国公务员法》规定了公务员对“定期考核定为不称职”时进行复核与申诉的权利。在公务员考核实践中，有必要促成考核机构、部门领导、公务员之间的深度沟通，及时反馈公务员考核结果，发挥公务员工会、公务员主管部门、纪检监察机关在公务员权益救济中的作用。同时，有必要规范公务员考核程序，完善考核监控机制，严肃公务员考核纪律，加强公务员考核执法检查，健全公务员考核责任追究机制。

本章小结

本章分析了公务员考核的含义、意义、原则，回顾了我国公务员考核制度的发展历程；说明了领导成员、非领导成员的公务员考核机关与范围，明确指出了公务员考核的内容、等次；阐述了我国公务员考核的方法、程序、结果使用范围、纪律监督；简析了党政领导班子和领导干部综合考核评价的相关内容；总结了美国、英国、法国、德国、日本等西方国家公务员考核制度的内容、特点及其对我国公务员考核制度改革的启示。

关键术语

公务员考核　德、能、勤、绩、廉　优秀　称职　基本称职　不称职　目标考核法　平衡计分卡法　关键事件法　360 度绩效评估法

复习思考题

1. 简述我国公务员考核的原则。
2. 简述非领导成员的定期考核程序。
3. 简述党政领导干部专项考核程序。
4. 论述建立促进科学发展的干部考核评价机制的重点任务。
5. 论述西方国家公务员考核制度的特点及其启示。

案　例

贵州精细化督查考核，功夫下在平时

"公开点名，派专人盯整改，脸上真挂不住。"回忆起 2018 年第三季度的考核，贵州某省直单位负责人说。在贵州省直机关目标绩效管理领导小组办公室公布的 2018 年第三季度目标完成情况中，除一份整体情况报告外，还附带两份"负面清单"，未按进度要求完成目标任务的 20 个省直单位赫然在列。"负面清单"不是一纸空文，年底将以"负分"形式体现在单位考评中，干部的选拔任用、职工的年终奖励都与此挂钩。贵州通过引入"负面清单"管理模式和搭建信息化平台，以问题为导向开展精细化督查考核，推动各项重大决策部署落实落地。"平时跟不上进度，到年终再全力以赴也不管用。"贵州省直机关工委常务副书记、省直目标办主任王文阳表示，"负面清单"管理模式既减轻了各单位年终"集中迎考"的负担，也促进了工作作风转变，机关干部工作节奏慢、部门协调慢等现象明显改观。"去年我们取消了 5 个干部的评先评优资格，原因是年度考评不理想。"贵州省税务局考评处副处长郑华兵介绍，考评结果不仅关系干部职工的物质收益，而且与个人的前途发展紧密相连，让想混日子的人没日子可混。

资料来源：汪志球，程焕. 贵州以问题为导向开展精细化督查考核，避免集中迎考，功夫下在平时. (2019-05-29). http://paper.people.com.cn/rmrb/html/2019-05/29/nw.D110000renmrb_20190529_7-06.htm.

案例分析题：

1. 概述贵州精细化督查考核的亮点。
2. 结合案例以及相关知识，简述公务员考核工作的难点及对策。

第 5 章

公务员职务、职级任免与升降

“人适其位、位得其人”是公共部门人力资源管理的精髓。党的十九大报告提出，要“建设高素质专业化干部队伍”。《党政领导干部选拔任用工作条例》提出，要建设一支“忠诚干净担当的高素质专业化党政领导干部队伍”。2019 年 7 月，中共中央办公厅印发《关于贯彻实施公务员法建设高素质专业化公务员队伍的意见》，强调要严格依法依规开展职务职级任免升降等工作。在高素质专业化干部队伍建设中，要建立健全公务员职务职级任免与升降制度，把好干部标准落到实处。公务员职务职级任免包括任职、免职，以及职级任用、职级免除。公务员职务职级任免必须根据不同的任免形式与对象，严格规定任免程序、管理机构、管理权限、任免情形，依法办理任免手续。职务职级升降是公务员激励机制的重要内容，要严格按照法定条件和程序进行升降，严格遵守升降纪律。

5.1 公务员职务职级任免

公务员职务职级任免制度，涉及职务任免、职级任免的内涵、原则、方式、权限、程序等各方面。公务员职务职级任免，是公务员管理的重要环节，与公务员职位分类、考试录用、考核、职务职级升降、奖惩、辞职、辞退、退休、交流与回避、工资、保险、福利等制度息息相关。

5.1.1 公务员职务职级任免的内涵、原则、意义与制度演变

1. 公务员职务职级任免的内涵

公务员职务职级任免，包括公务员任职和免职，职级任用、职级免除。任免的公务员职务，为领导成员的职务；任免的公务员职级，为非领导成员的职级。

公务员任职，是指公务员任免机关按照管理权限，依据有关法律法规，通过法定程序，任命公务员担任某一职务。公务员免职，是指公务员任免机关按照管理权限，依据有关法律法规，通过法定程序，免去公务员所担任的某一职务。

公务员职级任用，是指公务员任免机关按照管理权限，依据有关法律法规，通过法定程序，任命公务员担任某一职级。公务员职级免除，是指公务员任免机关按照管理权限，依据有关法律法规，通过法定程序，免去公务员所担任的某一职级。

2. 公务员职务职级任免的原则

我国公务员职务职级任免制度遵循“革命化、年轻化、知识化和专业化”四化方针。按照《公务员职务任免与职务升降规定（试行）》，我国公务员职务职级任免坚持党管干部，任人唯贤、德才兼备、注重实绩，民主、公开、竞争、择优等原则。在党政领导干部职务任免过程中，按照《党政领导干部选拔任用工作条例》，必须坚持下列原则：党管干部原则；德才兼备、以德为先，五湖四海、任人唯贤原则；事业为上、人岗相适、人事相宜原则；公道正派、注重实绩、群众公认原则；民主集中制原则；依法办事原则。

我国实行公务员职务与职级并行制度，根据公务员职位类别和职责设置公务员领导职务、职级序列。《公务员职务与职级并行规定》强调，公务员职务与职级并行制度坚持以马克思列宁主义、毛泽东思想、邓小平理论、“三个代表”重要思想、科学发展观、习近平新时代中国特色社会主义思想为指导，贯彻新时代党的组织路线，坚持党管干部原则，坚持德才兼备、以德为先，坚持五湖四海、任人唯贤，坚持事业为上、公道正派，坚持向基层倾斜，坚持严管和厚爱结合、激励和约束并重。

延伸阅读

双鸭山女干部冷菊贞拟破格提拔，系全国人民满意公务员

2019 年 8 月，黑龙江双鸭山市委组织部发布一批拟任职干部公示名单，任正科级时间不满 3 年的双鸭山市市场监督管理局质量技术监督稽查支队稽查专员的冷菊贞拟任市民政局党组成员，提名为市民政局副局长人选，属破格提拔。冷菊贞还是驻饶河县西林子乡小南河村第一书记、扶贫工作队队长，是全国第九届人民满意公务员、全国三八红旗手、全省百名优秀第一书记。冷菊贞，女，汉族，1973 年 2 月生，2000 年 12 月入党，黑龙江省经济管理干部学院经济管理专业在职大学毕业。细嫩双手满是老茧，爱穿的旗袍变成耐脏的迷彩服，同事眼中的女摄影家成了村民心中的“冷大哥”。她的努力，换来了乌苏里江畔的黑龙江省饶河县西林子乡小南河村大变样，一穷二白的偏远山村变成了多业并兴、脱贫攻坚的明星村。冷菊贞以摄影的形式助力扶贫攻坚，用摄影的手段推进小南河村走出一条乡村旅游产业脱贫致富的新道路。

资料来源：双鸭山女干部冷菊贞拟破格提拔，系全国人民满意公务员．https://baijiahao.baidu.com/s? id=1640826023377709746&wfr=spider&for=pc.

3. 公务员职务职级任免制度的意义

（1）有助于完善公务员权责体系。“在其位，谋其政。”按照公务员职位分类的要求，处于不同职位的公务员，具有不同的职务、职级，需要承担不同的责任，掌握不同的公共

权力。职务、职级是职位的载体，职位是职务、职级的表现形式。科学合理的公务员职务、职级任免制度，根据公务员个人的德、能、勤、绩、廉等表现和职位设置的具体要求，将公务员安排到特定的职务、职级，并使之掌握相应的职权，承担相应的职责，完善了公务员权责体系。

（2）有助于加强公务员管理与监督。公务员考核、奖惩、职务职级升降、培训、工资、保险、福利、辞职、辞退、退休、申诉、控告等其他管理环节都以公务员职务、职级任免为基础。科学、合理、规范的公务员职务、职级任免制度，有助于加强公务员管理与监督，推动公务员管理制度化、科学化、民主化，促进反腐倡廉建设。

（3）有助于提高行政效率，促进经济与社会发展。"把最合适的人配备到最合适的职位，使之从事最合适的工作"，这是公共部门人力资源管理的金科玉律。科学合理的公务员职务、职级任免制度，为每一个公共职位配备了合适的公共管理人才，有助于充分发挥公务员的工作积极性、主动性和创造性，提高行政效率，促进经济与社会发展。

4. 我国公务员职务职级任免制度演变

新中国成立初期，我国出台了一系列公务员职务任免法规，如《中央人民政府任免国家机关工作人员暂行条例》《县级以上人民委员会任免国家机关工作人员条例》等，规范了公务员职务任免管理。1978—1992 年，我国各级政府及其工作部门不断探索和改进公务员职务任免制度，"革命化、年轻化、知识化和专业化"四化方针得到认真贯彻落实。

1993 年 8 月 14 日，国务院出台《国家公务员暂行条例》，规定了公务员职务任免的指导性方针。1995 年 2 月 9 日，中共中央下发《党政领导干部选拔任用工作暂行条例》。人事部于 1995 年 3 月 31 日发布《国家公务员职务任免暂行规定》。2002 年 7 月 9 日，中共中央办公厅颁布《党政领导干部选拔任用工作条例》。

2005 年 4 月 27 日，第十届全国人民代表大会常务委员会第十五次会议审议通过《中华人民共和国公务员法》，我国公务员职务任免步入法制化轨道。《公务员登记实施办法》《综合管理类公务员非领导职务设置管理办法》《公务员职务与级别管理规定》《新录用公务员任职定级规定》等配套法规为我国公务员职务任免奠定了坚实的基础。2008 年 2 月 29 日，中共中央组织部、人力资源和社会保障部联合颁发《公务员职务任免与职务升降规定（试行）》，我国公务员职务任免制度日渐完善。

党和政府重视党政领导干部选拔任用法制建设，先后颁发《党政领导干部职务任期暂行规定》《党政领导干部选拔任用工作有关事项报告办法（试行）》《党政领导干部选拔任用工作责任追究办法（试行）》《地方党委常委会向全委会报告干部选拔任用工作并接受民主评议办法（试行）》《党的地方委员会全体会议对下一级党委、政府领导班子正职拟任人选和推荐人选表决办法》《市县党委书记履行干部选拔任用工作职责离任检查办法（试行）》《关于加强县委书记队伍建设的若干规定》《关于加强乡镇党委书记队伍建设的意见》《关于加强市（地、州、盟）党政正职管理的若干规定》《干部选拔任用工作监督检查和责任追究办法》等法规、办法与意见。

2014 年 1 月，中共中央办公厅印发修订后的《党政领导干部选拔任用工作条例》，规范了党政领导干部选拔任用工作程序。2015 年 7 月，中共中央办公厅印发《推进领导干部能上能下若干规定（试行）》。2016 年 10 月，中国共产党第十八届中央委员会第六次全体会议通过的《关于新形势下党内政治生活的若干准则》指出："必须严格标准、健全制度、完善政策、规范程序，使选出来的干部组织放心、群众满意、干部服气。" 2016 年 7 月，中共中央办公厅、国务院办公厅印发《行政执法类公务员管理规定（试行）》《专业技术类公务员管理规定（试行）》。2017 年 7 月，中共中央办公厅、国务院办公厅印发《聘任制公务员管理规定（试行）》。2018 年 3 月，第十三届全国人民代表大会第一次会议通过《中华人民共和国监察法》，规定了国家和地方各级监察委员会的组成人员。2018 年 5 月，中共中央下发《关于进一步激励广大干部新时代新担当新作为的意见》，注重激励干部新时代新担当新作为。2019 年 3 月，中共中央印发修订后的《党政领导干部选拔任用工作条例》，致力于建立科学规范的党政领导干部选拔任用制度，形成有效管用、简便易行、有利于优秀人才脱颖而出的选人用人机制。2019 年 3 月，中共中央办公厅下发《公务员职务与职级并行规定》，推行公务员职务与职级并行、职级与待遇挂钩制度。

5.1.2 公务员职务职级任免方式

1. 公务员任职方式、职级任用方式

公务员领导职务实行选任制、委任制和聘任制。公务员职级实行委任制和聘任制。

不同任职方式的管理权限、任职主体与对象、任职程序、任职手续、任职期限各异。

（1）选任制。

选任制，是指通过选举来确定公务员任用对象的任用方式。选任制公务员，是指依照法定条件和程序，被选举担任特定公共职务的公务员，包括国家权力机关、行政机关、审判机关、检察机关、监察机关中由各级人大或人大常务委员会选举产生并决定任命的人员，以及政协、共产党机关、民主党派机关中按章程选举产生并决定任命的人员：

1）中国共产党机关的选任制公务员。按照《中国共产党章程》，应当经过选举产生的职务包括：党的中央政治局委员，候补委员，中央政治局常务委员会和中央委员会总书记，中央纪律检查委员会常委和书记、副书记；党的地方各级委员会常务委员会委员和书记、副书记，地方各级纪律检查委员会常委和书记、副书记；乡镇、街道党委书记、副书记，乡镇、街道纪律检查委员会书记、副书记。党的十九届一中全会选举习近平、李克强、栗战书、汪洋、王沪宁、赵乐际、韩正为中央政治局常委。

2）人大机关的选任制公务员。按照《中华人民共和国全国人民代表大会组织法》和《中华人民共和国地方各级人民代表大会和地方各级人民政府组织法》，应当经过选举产生的职务包括：全国人大常委会委员长、副委员长、秘书长，县级以上地方各级人大常委会主任、副主任、秘书长，乡镇人大主席、副主席。

3）行政机关的选任制公务员。按照《中华人民共和国全国人民代表大会组织法》和《中华人民共和国国务院组织法》，国务院总理、副总理应当经过选举产生；按照《中华人民共和国地方各级人民代表大会和地方各级人民政府组织法》，应当经过选举产生的职务包括：省长、副省长，自治区主席、副主席；市长、副市长，州长、副州长；县长、副县长，区长、副区长；乡长、副乡长，镇长、副镇长。

4）审判机关的选任制公务员。按照《中华人民共和国法官法》《中华人民共和国人民法院组织法》，应经过选举产生的职务包括最高人民法院院长、地方各级人民法院院长。

5）检察机关的选任制公务员。按照《中华人民共和国检察官法》《中华人民共和国人民检察院组织法》，应当经过选举产生的职务包括最高人民检察院检察长、地方各级人民检察院检察长。

6）政协机关的选任制公务员。按照《中国人民政治协商会议章程》，应当经过选举产生的职务包括：政协全国委员会主席、副主席、秘书长，政协各级地方委员会主席、副主席、秘书长。

7）民主党派机关的选任制公务员。按照《中国人民政治协商会议章程》和各民主党派章程，应当经过选举产生的职务包括：民主党派全国委员会的主席、副主席、秘书长，民主党派各级地方委员会主席、副主席、秘书长。

8）国家监察机关的选任制公务员。按照《中华人民共和国监察法》，应当经过选举产生的职务包括国家监察委员会的主任、地方各级监察委员会的主任。

除上述职务外，部分公务员职务虽然未经选举产生，但依据有关法规，按照民主集中制原则应由国家权力机关表决通过或决定任命。这些公务员职务可被称为“准选任制公务员”。一是人大机关的准选任制公务员。全国人大常务委员会副秘书长、专门委员会的负责人，由委员长提请常务委员会任免；县级以上的地方各级人民代表大会副秘书长，以及省、自治区、直辖市、自治州、设区的市的人民代表大会内设的各类专门委员会负责人，由本级人大常委会主任提请常务委员会任免。二是行政机关的准选任制公务员。国务委员、各部部长、各委员会主任、审计长、秘书长等人，由国务院总理提名，全国人大或人大常务委员会决定任免；地方各级人民政府秘书长、厅长、局长、科长、委员会主任等，由本级人大常务委员会决定任免。三是审判机关的准选任制公务员。最高人民法院副院长、庭长、副庭长、审判员由全国人民代表大会常务委员会任免；地方各级人民法院副院长、庭长、副庭长和审判员由地方各级人民代表大会常务委员会任免。四是检察机关的准选任制公务员。最高人民检察院副检察长、检察委员会委员和检察员由最高人民检察院检察长提请全国人民代表大会常务委员会任免；地方各级人民检察院副检察长、检察委员会委员和检察员由本级人民检察院检察长提请本级人民代表大会常务委员会任免。五是政协机关的准选任制公务员。中国人民政治协商会议全国委员会副秘书长、专门委员会负责人，由全国委员会常务委员会任免；县级以上地方各级政协委员会副秘书长、专门委员会负责人，由本级常务委员会任免。六是监察机关的准选任制公务员。国家监察委员会的副主任、委员由国家监察委员会主任提请全国人民代表大会常务委员会任免，地方各级监察委员会的副主任、委员由监察委员会主任提请本级人民代表大会常务委员会任免。

（2）委任制。

委任制，是指在任免权限范围下，由公务员任免机关依法直接委派工作人员担任一定职务、职级的公务员任用方式。除选任制和聘任制外，我国公务员基本上都实行委任制，具体分布在行政机关、审判机关、检察机关、监察机关、政协机关、中国共产党机关、民主党派机关、人大机关等单位。一般情况下，由有关方面提出拟任职的人选，经过干部组织（人事）部门考察后，由任免机关决定任命，并办理相关任职手续、职级任用手续。

（3）聘任制。

聘任制，是指按照公开、平等、竞争、择优、双向选择的原则，由用人单位通过人事合同形式聘用公务员的任用方式。按照《聘任制公务员管理规定（试行）》，聘任制公务员是指以合同形式聘任、依法履行公职、纳入国家行政编制、由国家财政负担工资福利的工作人员。《中华人民共和国公务员法》规定，机关根据工作需要，经省级以上公务员主管部门批准，可以对专业性较强的职位和辅助性职位实行聘任制。聘任为领导职务的，应当是专业性较强的职位。专业性较强的职位，是指具有低替代性，要求具备经过专门学习才能掌握的专业知识、专业技能的职位。辅助性职位，是指具有较强事务性，在机关工作中处于辅助地位的职位。涉及国家秘密的职位，不实行聘任制。

机关聘任公务员，应当按照平等自愿、协商一致的原则，签订书面的聘任合同，确定机关与所聘公务员双方的权利、义务。聘任合同应当具备合同期限，职位及其职责要求，工资、福利、保险待遇，违约责任等条款。聘任合同期限为一年至五年，由聘任机关根据工作任务和目标与拟聘任公务员协商确定。首次签订聘任合同的，可以约定试用期，试用期为一个月至六个月。聘任为领导职务的，聘任合同期限为三年至五年，试用期为一年。

聘任制公务员按照国家规定实行协议工资制。聘任机关根据公务员考核有关规定，依据聘任合同全面考核聘任制公务员的德、能、勤、绩、廉，重点考核其完成聘任合同确定的工作任务情况。考核结果作为聘任制公务员获得工资、奖励等的依据。聘任制公务员按照国家规定和聘任协议享受住房补贴、医疗补助等。国家建立人事争议仲裁制度。

2. 公务员免职方式、职级免除方式

免职，是指任免机关依据有关法律法规、章程，按照人事管理权限，通过法定程序，免去国家机关公务员所担任的行政职务。职级免除，是指任免机关依据有关法律法规、章程，按照人事管理权限，通过法定程序，免去国家机关公务员所担任的职级。

按照不同标准，可以将公务员免职方式、职级免除方式分为不同类型。

（1）按任职方式、职级任用方式可分为选任制、委任制、聘任制公务员免职。

1）选任制公务员免职。选任制公务员免职由具有法定选任权限的机关，按照法定程序免除选任制公务员的职务。选任制公务员免职的事由包括：任期届满不再连任，任期内辞职、被罢免、被撤职等。

2）委任制公务员免职、免除职级。委任制公务员免职、免除职级由具有法定委任权限的机关，按照法定程序免除委任制公务员的职务、职级。委任制公务员免职、免除职级的事由包括公务员职务职级升降、辞职、辞退、退休、转任、撤职、开除等。

3）聘任制公务员免职、免除职级。聘任制公务员免职、免除职级由具有法定聘任权限的机关，与聘任制公务员协商一致后，依法变更或解除其劳动合同，免除公务员的职务、职级。免职、免除职级的事由包括公务员职务职级升降、辞职、辞退、退休、转任等。

（2）按惩戒性可分为惩戒性免职、免除职级，非惩戒性免职、免除职级。

1）惩戒性免职、免除职级。惩戒性免职、免除职级，是指公务员因违反政务纪律、组织章程、法律法规、党内法规，被任免机关、纪检监察机关等依法免除其公共职务、职级，并追究其政纪、党纪或法律责任。惩戒性免职、免除职级事由包括公务员因被撤职、开除、罢免、引咎辞职、责令辞职等而被免职、免除职级。

延伸阅读

越是急难险重，越看干部担当

2019 年 7 月，湖南省衡阳市祁东县步云桥镇原党委书记和原党委副书记、镇长在该县启动防汛Ⅱ级应急响应期间，未向组织履行请假手续，擅自脱岗，双双被免职，给抗洪救灾关键时期视防汛纪律如儿戏的党员干部敲响了警钟。防汛救灾的工作纪律就是政治纪律，在抗洪抢险紧要关头擅自脱岗，这是典型的不守纪律，更是党性的缺失。顺境逆境看襟怀，大事难事看担当，越是急难险重时刻，越能看出党员干部的担当作为。2018 年，中共中央办公厅印发的《关于进一步激励广大干部新时代新担当新作为的意见》，着重提到“大力选拔敢于负责、勇于担当、善于作为、实绩突出的干部”，“既看日常工作中的担当，又看大事要事难事中的表现”，给敢担当善作为的党员干部极大激励。沧海横流，方显英雄本色。敢于担当、善于作为是共产党人的鲜明品格。党员干部在关键时刻挺身而出，成为群众的“主心骨”，正是检验自身党性的最佳时刻，也是践行初心使命的最佳时刻。

资料来源：吴储岐．越是急难险重，越看干部担当．(2019-07-23)．http://paper.people.com.cn/rmrb/html/2019-07/23/nw.D110000renmrb_20190723_1-19.htm.

2）非惩戒性免职、免除职级。非惩戒性免职、免除职级，是指因工作需要或公务员个人的正当原因，而非因违法乱纪，任免机关按照法定权限和程序免除公务员的职务、职级。非惩戒性免职、免除职级的事由包括公务员由于自愿辞职、因公辞职、转任、退休、任期届满不再连任等而被免职、免除职级。

5.1.3 公务员职务职级任免机关与任免权限

公务员职务职级任免机关，是指法定的具有公务员任免权限的国家机关或组织，是公务员职务、职级任免行为的主体。按照《中华人民共和国宪法》规定，国务院有权“依照法律规定任免……行政人员”，“县级以上地方各级人民政府依照法律规定的权限……任免……行政工作人员”。《中华人民共和国地方各级人民代表大会和地方各级人民政府组织法》规定，县级以上的地方各级人民政府有权“依照法律的规定任免……国家行政机关工作人员”。综上所述，国务院、县级以上各级人民政府及其工作部门是我国委任制公务员的任免机关。同时，随着《中华人民共和国公务员法》的出台，我国公务员的范围不断扩大，公务员任免机关的范围相应扩展。人大机关、政协机关、审判机关、检察机关、监察机关、民主党派机关、共产党机关、行政机关等组织，都属于公务员任免机关，这些机关有权任免委任制公务员。对于人大机关、行政机关、审判机关、检察机关、监察机关的选任制公务员，公务员任免机关主要是各级人大及其常务委员会，而非本级人民政府及其工作部门；共产党机关、政协机关、民主党派机关的选任制公务员，任免机关主要是中国共产党各级委员会及其常务委员会、中国人民政治协商会议各级委员会及其常务委员会、民主党派各级委员会及其常务委员会。

任免权限，是指某一公务员任免机关享有的任免特定范围内的公务员职务、职级的权力。任免权是公共部门人力资源管理的重要权限，由公务员任免机关掌握和行使，并由《中华人民共和国宪法》《中华人民共和国国务院组织法》《中华人民共和国地方各级人民代表大会和地方各级人民政府组织法》《中华人民共和国全国人民代表大会组织法》《公务员职务任免与职务升降规定（试行）》《中国共产党章程》《中华人民共和国人民法院组织法》《中华人民共和国人民检察院组织法》《中国人民政治协商会议章程》《中华人民共和国监察法》《党政领导干部选拔任用工作条例》等法律法规确定。我国公务员分布在中国共产党机关、人大机关、行政机关、检察机关、审判机关、监察机关、民主党派机关、政协机关，职务职级任免权由这些机关的相应组织掌握和行使。本章主要简介行政机关、人大机构、审判机关、检察机关、监察机关的选任制公务员的职务任免机关与任免权限，以及行政机关委任制公务员的职务职级任免机关与任免权限。

1. 选任制公务员的任免机关与任免权限

（1）全国人民代表大会及其常务委员会的职务任免权。

1）全国人民代表大会的任免权力。全国人民代表大会的任免权力包括：一是选举、任用权。选任全国人民代表大会常务委员会委员长、副委员长、秘书长、委员；选任中华人民共和国主席、副主席，中央军事委员会主席；根据中华人民共和国主席的提名，决定国务院总理人选；根据国务院总理提名，决定国务院副总理、国务委员、各部部长、各委员会主任、审计长、秘书长的人选；选任国家监察委员会主任；选任最高人民法院院长；选任最高人民检察院检察长；各全国人大专门委员会的主任委员、副主任委员和委员的人选由主席团在代表中提名，大会通过。二是免职权、罢免权。全国人民代表大会有权免职或罢免下列人员：国务院总理、副总理、国务委员、各部部长、各委员会主任、审计长、秘书长，最高人民法院院长，最高人民检察院检察长。

2）全国人民代表大会常务委员会的任免权力。全国人民代表大会常务委员会的任免权力主要是在全国人民代表大会闭会期间，根据国务院总理的提名，任免部长、委员会主任、审计长、秘书长；根据国家监察委员会主任的提名，选任国家监察委员会副主任、委员；根据最高人民法院院长的提请，任免最高人民法院副院长、审判员、审判委员会委员和军事法院院长；根据最高人民检察院检察长的提请，任免最高人民检察院副检察长、检察员、检察委员会委员和军事检察院检察长，并且批准省、自治区、直辖市的人民检察院检察长的任免；决定驻外全权代表的任免；在全国人大闭会期间，由委员长会议提名，任免专门委员会的个别副主任委员和部分委员。

（2）地方各级人民代表大会及其常务委员会的职务任免权。

1）地方各级人民代表大会的任免权力。地方各级人民代表大会的任免权力包括：一是选举、任用权。选任省长、副省长，自治区主席、副主席，市长、副市长，州长、副州长，县长、副县长，区长、副区长；选任地方监察委员会主任；选任本级人民法院院长和人民检察院检察长，选出的人民检察院检察长须报经上一级人民检察院检察长提请该级人民代表大会常务委员会批准。其中，乡、民族乡、镇的人民代表大会选举乡长、副乡长，镇长、副镇长；选举本级人民代表大会常务委员会的组成人员，其中，乡、民族乡、镇的人民代表大会选举本级人民代表大会主席、副主席；省、自治区、直辖市、自治州、设区的市的人民代表大会的各专门委员会的主任委员、副主任委员和委员的人选由主席团在代表中提名，大会通过。二是免职、罢免权。地方各级人民代表大会有权免职、罢免本级人民政府的组成人员。县级以上的地方各级人民代表大会有权免职、罢免由它选出的人民法院院长、人民检察院检察长。免职、罢免人民检察院检察长，须报经上一级人民检察院检察长提请该级人民代表大会常务委员会批准。

2）地方各级人民代表大会常务委员会的任免权。省、自治区、直辖市、自治州、县、自治县、市、市辖区的人民代表大会设立常务委员会。地方各级人民代表大会常务委员会行使以下任免权：第一，在本级人民代表大会闭会期间，决定副省长、自治区副主席、副市长、副州长、副县长、副区长的个别任免。第二，在省长、自治区主席、市长、州长、县长、区长和人民法院院长、人民检察院检察长因故不能担任职务的时候，从本级人民政府、人民法院、人民检察院副职领导人员中决定代理的人选；决定代理检察长，须报上一级人民检察院和人民代表大会常务委员会备案。第三，根据省长、自治区主席、市长、州长、县长、区长的提名，决定本级人民政府秘书长、厅长、局长、委员会主任、科长的任免，报上一级人民政府备案。第四，按照人民法院组织法和人民检察院组织法的规定，任免人民法院副院长、庭长、副庭长、审判委员会委员、审判员，任免人民检察院副检察长、检察委员会委员、检察员，批准任免下一级人民检察院检察长；省、自治区、直辖市的人民代表大会常务委员会根据主任会议的提名，决定在省、自治区内按地区设立的和在直辖市内设立的中级人民法院院长的任免，根据省、自治区、直辖市的人民检察院检察长的提名，决定人民检察院分院检察长的任免。第五，在本级人民代表大会闭会期间，决定撤销个别副省长、自治区副主席、副市长、副州长、副县长、副区长的职务；决定撤销由它任命的本级人民政府其他组成人员和人民法院副院长、庭长、副庭长、审判委员会委员、审判员，人民检察院副检察长、检察委员会委员、检察员，中级人民法院院长，人民检察院分院检察长的职务。在省、自治区、直辖市、自治州、设区的市的人民代表大会闭会期间，常务委员会可以任免专门委员会的个别副主任委员和部分委员，由主任会议提名，常务委员会会议通过。第六，根据地方监察委员会主任的提名，选任地方监察委员会副主任、委员。

2. 委任制公务员的任免机关与任免权限

我国委任制公务员分布于监察机关、中国共产党机关、人大机关、行政机关、检察机关、审判机关、民主党派机关、政协机关等，其任免机关与任免权限各异，按照相关法规，遵循法定程序办理任免手续。监察机关、中国共产党机关、人大机关、检察机关、审判机关、民主党派机关、政协机关的委任制公务员，按照相关法规及干部管理权限进行任免。县级以上各级人民政府及其工作部门，按照规定的任免权限任免行政机关的委任制公务员。各级人民政府综合性公务员管理机构负责承办本级人民政府任免国家公务员职务的有关事宜，并对本级人民政府工作部门的任免工作进行业务指导和监督、检查。

（1）县级以上各级人民政府的任免权限。

1）国务院：任免各部、委员会的副部长、副主任，各直属机构、办事机构的局长、副局长、主任、副主任，中华人民共和国常驻联合国副代表、驻联合国有关常设机构及部分国际组织的代表、副代表，驻外总领事及相当职务。

2）省、自治区、直辖市人民政府：任免各厅、局、委员会的副厅长、副局长、副主任，各直属机构、办事机构的局长、副局长、主任、副主任，各行政公署的专员、副专员，一级巡视员、二级巡视员及相当职务、职级。

3）自治州、设区的市人民政府：任免各局、委员会的副局长、副主任，各直属机构、办事机构的局长、副局长、主任、副主任，一级调研员、二级调研员、三级调研员、四级调研员及相当职务、职级。

4）县、不设区的市、市辖区人民政府：任免各委、办、局（科）的副主任、副局（科）长，一级主任科员、二级主任科员、三级主任科员、四级主任科员及相当职务和乡、镇人民政府所属机构的国家公务员职务、职级。

5）县级以上各级人民政府需要任免的其他国家公务员职务、职级。

（2）县级以上各级人民政府的工作部门的任免权限。

县级以上各级人民政府的工作部门任免本级人大与人民政府任免以外的国家公务员职务、职级。国务院各工作部门任免的司级非领导职级，省、自治区、直辖市各工作部门任免的处级非领导职级，自治州、设区的市各工作部门任免的科级非领导职级，应分别报本级人民政府的组织（人事）部门备案。

1）国务院各部委：任免部内的正副司（局）长、正副处长等领导职务，任免部内的一级巡视员、二级巡视员、一级调研员、二级调研员、三级调研员、四级调研员、一级主任科员、二级主任科员、三级主任科员、四级主任科员、一级科员、二级科员等职级。

2）省、自治区、直辖市政府工作部门：任免部门内部的正副处长等领导职务，任免部门内部的一级调研员、二级调研员、三级调研员、四级调研员、一级主任科员、二级主任科员、三级主任科员、四级主任科员、一级科员、二级科员等职级。

3）自治州、设区的市政府工作部门：任免部门内部的正副科长等领导职务，任免部门内部的一级主任科员、二级主任科员、三级主任科员、四级主任科员、一级科员、二级科员等职级。

5.1.4 委任制公务员职务职级任免情形与任免程序

1. 委任制公务员职务职级任免情形

公务员任免情形，是指实施公务员职务职级任免行为所需具备的条件，即在什么情形下可以办理公务员任职、免职手续，或职级任用、职级免除手续。

（1）委任制公务员任职、职级任用情形。公务员任职、职级任用，按照公务员职务、职级序列，在规定的编制限额和职数内进行，并有相应的职位空缺。公务员任职、职级任用应当具备拟任职务、职级所要求的条件和资格，符合交流和回避等有关规定。按照《公务员职务任免与职务升降规定（试行）》，公务员具有下列情形之一应予任命职务、职级：新录用公务员试用期满经考核合格的，通过调任、公开选拔等方式进入公务员队伍的，晋升或者降低职务、职级的，转任、挂职的，免职后需要新任职务、职级的，其他原因需要任职的。

（2）委任制公务员免职、职级免除情形。公务员被免职、免除职级后，应及时办理工作交接手续。按照《公务员职务任免与职务升降规定（试行）》，公务员具有下列情形之一应予免去现任职务、职级：晋升职务、职级后需要免去原任职务、职级的；降低职务、职级的；转任的；辞职或者调出机关的；非组织选派，离职学习期限超过一年的；退休的；其他原因需要免职的。此外，公务员属于下列情形之一，其职务、职级即自行免除，不再办理免职手续，由所在单位报任免机关备案：一是受到刑事处罚或者劳动教养的，二是受到撤职以上处分的，三是被辞退的，四是法律、法规及有关章程有其他规定的。

2. 委任制公务员职务、职级任免程序

公务员任免程序，是指实施公务员任免所必须完成的阶段或步骤，即公务员职务、职级任免实施的操作规程。

（1）委任制公务员任职、职级任用程序。第一，按照有关规定提出拟任职人选。所在单位或上级在本单位的职数限额内，根据职位空缺情况，采取领导和群众相结合的方法，提出拟任职人选，并向任免机关提出报告。第二，根据职位要求对拟任职人选进行考察或者了解。第三，按照干部管理权限集体讨论决定。第四，按照规定履行任职手续。按照规定颁发任职通知和任命书。在职务、职级对应的级别和工资档次内确定或调整其级别和工资档次，公务员职务、职级的任职时间，按照《党政领导干部选拔任用工作条例》和有关规定计算。

（2）委任制公务员免职、免除职级程序。第一，所在单位或上级提出拟免职、免除职级的建议。第二，任免机关组织（人事）部门对免职、免除职级的事由进行审核。第三，任免机关审批，即按照管理权限，由有关机关领导集体讨论决定公务员免职、免除职级。第四，任免机关下发免职通知，按照规定履行免职手续或免除职级手续。公务员对免职、免除职级决定不服，可以按照有关规定申请复核或申诉。

5.1.5 公务员兼职、任期制

1. 公务员兼职

公务员兼职，主要涉及公务员能否兼职、在哪里兼职、怎样兼职、能否领取兼职报酬等问题。《中华人民共和国公务员法》规定："根据工作需要和领导职务与职级的对应关系，公务员担任的领导职务和职级可以互相转任、兼任；符合规定资格条件的，可以晋升领导职务或者职级。"按照《中华人民共和国公务员法》《公务员职务任免与职务升降规定（试行）》：公务员因工作需要在机关外兼职，应当经有关机关批准，并不得领取兼职报酬。要适当控制公务员的兼职主体、范围、数量，并加强对公务员兼职的管理与监督。

2013 年 10 月，中共中央组织部下发《关于进一步规范党政领导干部在企业兼职（任职）问题的意见》规定，现职和不担任现职但未办理退（离）休手续的党政领导干部不得在企业兼职（任职）；对辞去公职或退（离）休的党政领导干部到企业兼职（任职）必须从严掌握、从严把关，确因工作需要到企业兼职（任职）的，应当按照干部管理权限严格审批；按规定经批准在企业兼职的党政领导干部，不得在企业领取薪酬、奖金、津贴等报酬，不得获取股权和其他额外利益。2014 年，中共中央组织部下发《关于规范退（离）休领导干部在社会团体兼职问题的通知》，从严规范退（离）休领导干部在社会团体兼职行为。

按照《中国共产党纪律处分条例》，违反有关规定在经济实体、社会团体等单位中兼职，或者经批准兼职但获取薪酬、奖金、津贴等额外利益，情节较轻的，给予警告或者严重警告处分；情节较重的，给予撤销党内职务或者留党察看处分；情节严重的，给予开除党籍处分。党员领导干部离职或者退（离）休后违反有关规定接受原任职务管辖的地区和业务范围内的企业和中介机构的聘任，或个人从事与原任职务管辖业务相关的营利活动，情节较轻的，给予警告或者严重警告处分；情节较重的，给予撤销党内职务处分；情节严重的，给予留党察看处分。党员领导干部离职或者退（离）休后违反有关规定担任上市公司、基金管理公司独立董事、独立监事等职务，情节较轻的，给予警告或者严重警告处分；情节较重的，给予撤销党内职务处分；情节严重的，给予留党察看处分。

2. 领导干部任期制

按照《中华人民共和国公务员法》："领导成员职务按照国家规定实行任期制。"任期制涉及担任领导职务的公务员任职届数、任职年限、任期内管理、任期期满工作安排等。按照《党政领导干部职务任期暂行规定》，党政领导职务每个任期为 5 年。党政领导干部在任期内应当保持稳定。除有下列情形之一的，应当任满一个任期：达到退休年龄的，由于健康原因不能或者不宜继续担任现职务的，不称职需要调整职务的，自愿辞职或者引咎辞职、责令辞职的，因受处分或处罚需要变动职务或者被罢免职务的，因工作特殊需要调整职务的。

党政领导干部在一个任期内因工作特殊需要调整职务，一般不得超过一次。党政领导干部在同一职位上连续任职达到两个任期，不再推荐、提名或者任命担任同一职务。党政领导干部担任同一层次领导职务累计达到 15 年的，不再推荐、提名或者任命担任法定范围内的同一层次领导职务，应根据干部个人情况和工作需要对其工作予以适当安排。

2018 年 3 月 11 日，第十三届全国人民代表大会第一次会议通过《中华人民共和国宪法修正案》，将第七十九条第三款"中华人民共和国主席、副主席每届任期同全国人民代表大会每届任期相同，连续任职不得超过两届"修改为"中华人民共和国主席、副主席每届任期同全国人民代表大会每届任期相同"。

5.2 公务员职务职级升降

为政之要，在于用人。在公务员管理实践中，要根据政府机关效能建设的实践和公务员自身的实际情况，科学、合理、有效地设计公务员职务职级升降制度，在政府机关内部营造"能上能下"的竞争、激励机制，增强公共组织的凝聚力和向心力，激发公务员的工作热情，提高工作效能。2015 年 7 月，中共中央办公厅印发《推进领导干部能上能下若干规定（试行）》，拓宽了干部能上能下的空间。按照《公务员职务与职级并行规定》，"公务员可以通过领导职务或者职级晋升"。要坚持党管人才原则，建立健全公务员职务职级升降制度，培养和造就一批信念坚定、为民服务、勤政务实、敢于担当、清正廉洁的好干部。

5.2.1 公务员职务职级升降的含义、原则与意义

1. 公务员职务职级升降的含义

公务员职务职级升降，是公务员职务、职级晋升和公务员降职、降低职级的统称。

（1）公务员职务职级晋升。公务员职务职级晋升，是指机关根据工作需要和公务员本人的表现，按照法定程序和方法，将公务员的职务、职级从较低层次升至较高层次。在职务、职级晋升的同时，公务员的地位随之上升，责任和职权扩大，工资和福利增加。

（2）公务员降职、降低职级。公务员降职、降低职级，是指对不称职的公务员，依据法定程序和方法，降低其原有职务、职级，即从较高层次的职务、职级改任较低层次的职务、职级。在降职、降低职级的同时，公务员的地位随之下降，责任和职权缩小，工资和福利减少。

2. 公务员职务职级升降的原则

（1）党管干部。在公务员职务职级升降过程中，要贯彻党的干部路线和方针，实行党的组织领导，坚持党管干部原则。选拔任用党政领导干部，必须符合把领导班子建设成为坚持党的基本理论、基本路线和基本纲领，全心全意为人民服务，具有领导社会主义现代化建设能力，结构合理、团结坚强的领导集体的要求。《中华人民共和国公务员法》规定，“公务员制度坚持中国共产党领导”，“坚持党管干部原则”。

（2）任人唯贤、德才兼备、以德为先、注重实绩。《关于新形势下党内政治生活的若干准则》规定：“选拔任用干部必须坚持党章规定的干部条件，坚持德才兼备、以德为先，坚持五湖四海、任人唯贤，坚持信念坚定、为民服务、勤政务实、敢于担当、清正廉洁的好干部标准。”在公务员职务、职级升降过程中，要坚持“高标准，严要求”，按照“任人唯贤、德才兼备、以德为先、注重实绩”的原则，选贤任能。

延伸阅读

“75后”县委书记张晓强成为全国最年轻地级市长

在2018年2月13日，台州市人大常委会任命张晓强为台州市副市长、代市长。张晓强出生于1975年11月，是2015年中组部表彰的百名优秀县委书记中最年轻者，当时仅40岁，任绍兴市委常委、诸暨市委书记，是浙江省最年轻的县委书记。1996年，张晓强从浙江林学院林学专业毕业，回到老家庆元县工作，担任屏都镇党委组织干事整整两年。1998年8月，他通过公选任团县委书记，半年后，再次通过公选成为丽水地区卫生局副局长。2003年1月，担任共青团丽水市委书记，成为正处级领导干部。2006年4月转任地方，先后担任景宁县委常委、常务副县长、县委副书记、政法委书记。2009年5月起担任遂昌县委副书记、县长。2011年11月，他又跨地区交流至湖州市，担任德清县委书记。2015年5月，出任绍兴市委常委、诸暨市委书记。

资料来源：这名75后县委书记将成全国最年轻地级市长.（2018-02-14）. http://news.sina.com.cn/c/nd/2018-02-14/doc-ifyrpeie4605937.shtml.

（3）民主、公开、平等、竞争、择优。民主，要求在公务员职务、职级升降过程中坚持群众路线，发扬民主集中制原则，规范民主推荐、民主评议、民意测验、实绩分析、综合评价等流程。公开，要求将空缺的公共职位、职务与职级升降资格条件与标准、升降程序与方法、拟升降人选的相关信息、升降结果等，依法在一定范围和时间内及时公布，并告知公务员本人。平等，意味着公务员职务、职级升降的条件、标准、程序一视同仁，不因人而异。竞争，要求在公务员职务、职级升降过程中，营造能上能下的良性竞争氛围，使公务员的工作动力和压力并存。择优，要求严格考核和评估拟升降人选的德、能、勤、绩、廉等素质，构建优胜劣汰机制，注重提升任用优秀的公务员。《关于新形势下党内政治生活的若干准则》规定，要“把公道正派作为干部工作核心理念贯穿选人用人全过程”。

(4) 逐级升降。《公务员职务任免与职务升降规定（试行）》《中华人民共和国公务员法》指出，公务员晋升职务，应当逐级晋升。特别优秀的或者工作特殊需要的，可以按照规定破格或者越一级晋升职务。公务员职务、职级升降，原则上应当逐级升降，以稳定公务员队伍。当然，逐级升降并非一成不变。因特殊工作需要，或公务员特别优秀，可打破逐级升降的常规，破格提升或越级晋升公务员职务、职级。2014年9月，中共中央办公厅印发《关于加强乡镇干部队伍建设的若干意见》，强调要注重从具有乡镇工作经历的人员中选拔乡镇领导干部。《公务员职务与职级并行规定》强调，“公务员晋升职级，应当在职级职数内逐级晋升”，并要符合相应的基本条件、资格条件，严格控制职数比例。

(5) 革命化、年轻化、知识化、专业化。在公务员职务、职级升降过程中，要严格遵守“革命化、年轻化、知识化、专业化”原则。革命化就是要求公务员具备坚定正确的政治方向，拥护党的基本路线，全心全意为人民服务；年轻化就是要求适当提拔年轻有为的领导干部，优化政府人力资源年龄结构，实现“老、中、青”合理搭配，从而塑造一支年富力强、具有战斗力和开拓创新精神的公务员队伍；知识化要求公务员具有较高的科学文化知识，能够担负领导实现社会主义现代化建设的重任；专业化就是要求公务员掌握本行业的专门知识和业务技能，具备卓越的公共管理和组织领导能力。党的十九大报告提出，要“建设高素质专业化干部队伍”，“大力发现储备年轻干部，注重在基层一线和困难艰苦的地方培养锻炼年轻干部，源源不断选拔使用经过实践考验的优秀年轻干部”。《党政领导干部选拔任用工作条例》也规定，要“推进干部队伍革命化、年轻化、知识化、专业化”，建设一支忠诚干净担当的高素质专业化党政领导干部队伍。

3. 公务员职务职级升降的意义

(1) 有助于优化公共部门人力资源配置。公务员职务、职级升降是确保政府机关每一职位获得合适人选的重要途径，是选贤任能的重要措施。机关按照工作需要和公务员本人的工作表现与业绩，通过公务员职务、职级升降来填补公共职位空缺，使公共部门人力资源与公共职位相互匹配，优化人力资源配置，实现“人适其位，位得其人”。

(2) 有助于促进公务员良性竞争，激发公务员的工作热情。公开、平等、竞争、择优，是公务员管理的重要原则。职务、职级升降是一种有效的激励手段，在一定程度上满足了公务员的尊重需求和自我实现需求，有助于推动公务员职业生涯发展，促进公务员良性竞争，激发公务员的工作热情。

(3) 有助于开辟能上能下的人力资源流动平台。按照“彼得原理”，在实行等级制度的组织中，每一组织成员都会晋升到他所不能胜任的那一级，最后，组织中的每一职位都被不能胜任该职位的人所担任，组织中的工作由组织中那些尚未被提升到其无力胜任的那一级职位的组织成员来从事和完成。公务员职务、职级升降制度，为公务员提供了“能上能下”的流动渠道，克服了“彼得原理”所描述的“能上不能下”的怪现象，可根据工作需要和公务员本人的实际表现，灵活地晋升或降低公务员职务、职级，推动公务员“能上能下”。2015年7月，中共中央办公厅印发的《推进领导干部能上能下若干规定（试行）》规定，必须坚持党要管党、从严治党，坚持实事求是、公道正派，坚持人岗相适、人尽其才，坚持依法依规、积极稳妥，着力解决为官不正、为官不为、为官乱为等问题，促使领导干部自觉践行“三严三实”要求，推动形成能者上、庸者下、劣者汰的用人导向和从政环境。

5.2.2 公务员职务职级晋升

1. 公务员职务职级晋升条件

公务员晋升职务职级，必须符合一定的前提条件和资格条件。

（1）公务员职务职级晋升的前提条件。晋升公务员的职务、职级应在国家规定的职务、职级名称序列和职数限额内进行，不得突破职务、职级名称序列和职数的限制。公务员晋升职务、职级，在规定任职晋级资格年限内的年度考核结果需均为称职以上等次。

（2）公务员职务、职级晋升的资格条件。公务员晋升职务、职级，应当具备拟任职务、职级所要求的思想政治素质、工作能力、文化程度和任职经历等方面的条件和资格。

1）晋升县处级以上领导职务。晋升县处级以上领导职务的公务员，应当具备《党政领导干部选拔任用工作条例》和有关法律、法规、章程规定的资格。《党政领导干部选拔任用工作条例》指出，提拔担任党政领导职务的，应当具备下列资格：提任县（处）级领导职务的，应当具有五年以上工龄和两年以上基层工作经历；提任县（处）级以上领导职务的，一般应当具有在下一级两个以上职位任职的经历；提任县（处）级以上领导职务，由副职提任正职的，应当在副职岗位工作两年以上，由下级正职提任上级副职的，应当在下级正职岗位工作三年以上；一般应当具有大学专科以上文化程度，其中厅局级以上领导干部一般应当具有大学本科以上文化程度；应当经过党校、行政院校、干部学院或者组织（人事）部门认可的其他培训机构的培训，培训时间应达到干部教育培训有关规定要求。确因特殊情况在提任前未达到培训要求的，应当在提任后一年内完成培训；具有正常履行职责的身体条件；提任党的领导职务的，应当符合《中国共产党章程》规定的党龄要求。职级公务员担任领导职务，按照《公务员职务与职级并行规定》等有关规定执行。

2）晋升乡科级领导职务。晋升乡科级领导职务的公务员，应当符合下列资格条件：具有大学专科以上文化程度；晋升乡科级正职领导职务的，应当担任副乡科级职务两年以上；晋升乡科级副职领导职务的，应当担任一级科员及相当层次职级三年以上；具有正常履行职责的身体条件；其他应当具备的资格。

3）根据职级晋升领导职务，应具备的任职年限条件：晋升厅局级正职，应当任二级巡视员及相当层次职级两年以上；晋升厅局级副职，应当任一级、二级调研员及相当层次职级累计3年以上，或者任二级调研员及相当层次职级3年以上；晋升县处级正职，应当任三级、四级调研员及相当层次职级累计两年以上，或者任四级调研员及相当层次职级两年以上；晋升县处级副职，应当任一级、二级主任科员及相当层次职级累计3年以上，或者任二级主任科员及相当层次职级 3 年以上；晋升乡科级正职，应当任三级、四级主任科员及相当层次职级累计两年以上，或者任四级主任科员及相当层次职级两年以上；晋升乡科级副职，应当任一级科员及相当层次职级 3 年以上。前述任职年限条件，是晋升领导职务必须达到的最低任职年限要求，不是达到后就必须晋升。

4）晋升综合管理类职级。综合管理类公务员晋升职级的基本条件：①政治素质好，拥护中国共产党的领导和社会主义制度，坚决维护习近平总书记的核心地位，坚决维护党中央权威和集中统一领导；②具备职位要求的工作能力和专业知识，忠于职守，勤勉尽责，勇于担当，工作实绩较好；③群众公认度较高；④符合拟晋升职级所要求的任职年限和资历；⑤作风品行好，遵纪守法，自觉践行社会主义核心价值观，清正廉洁。

综合管理类公务员晋升职级的任职年限：①晋升一级巡视员，应当任厅局级副职或者二级巡视员 4 年以上；②晋升二级巡视员，应当任一级调研员 4 年以上；③晋升一级调研员，应当任县处级正职或者二级调研员 3 年以上；④晋升二级调研员，应当任三级调研员两年以上；⑤晋升三级调研员，应当任县处级副职或者四级调研员两年以上；⑥晋升四级调研员，应当任一级主任科员两年以上；⑦晋升一级主任科员，应当任乡科级正职或者二级主任科员两年以上；⑧晋升二级主任科员，应当任三级主任科员两年以上；⑨晋升三级主任科员，应当任乡科级副职或者四级主任科员两年以上；⑩晋升四级主任科员，应当任一级科员两年以上；⑪晋升一级科员，应当任二级科员两年以上。

5）晋升行政执法类、专业技术类职级。行政执法类、专业技术类公务员的职级任免与升降工作，由各级党委（党组）及其组织（人事）部门按照干部管理权限，依照法定的条件和程序进行，严格遵守《公务员职务与职级并行规定》《公务员职务与职级并行制度实施方案》《行政执法类公务员职级设置管理办法（试行）》《专业技术类公务员职级设置管理办法（试行）》等规章制度。行政执法类公务员晋升职级，应当具备拟任职级所要求的思想政治素质、工作能力、文化程度、任职年限和任职经历等方面的基本条件，并在规定任职年限内的年度考核结果均为称职以上等次；重点考核其政治素质、严格规范公正文明执法情况和执法效能，体现正确的用人导向。专业技术类公务员晋升职级，应当具备拟任职级所要求的思想政治素质、工作能力、文化程度、专业技术任职资格、任职年限和任职经历等方面的基本条件，并在规定任职年限内的年度考核结果均为称职以上等次。

2. 公务员职务职级晋升程序

（1）公务员职务晋升程序。

公务员职务晋升必须按照有关法律法规的要求，严格遵循法定程序。按照《公务员职务任免与职务升降规定（试行）》，公务员晋升领导职务，按照下列程序办理：一是民主推荐，确定考察对象；二是组织考察，研究提出任职建议方案，并根据需要在一定范围内进行酝酿；三是按照管理权限讨论决定；四是按照规定履行任职手续。

《中华人民共和国公务员法》规定，公务员晋升领导职务的程序：一是动议；二是民主推荐；三是确定考察对象，组织考察；四是按照管理权限讨论决定；五是履行任职手续。

1）动议。干部动议是干部选拔任用工作的初始环节，即党委（党组）或者组织（人事）部门按照干部管理权限，根据工作需要和领导班子建设实际，提出启动干部选拔任用工作意见并形成工作方案的过程。

2）民主推荐。民主推荐，是指按照规定的范围、程序、方法和要求，组织有关人员推荐拟晋升的公务员人选的方法和活动。民主推荐包括谈话调研推荐和会议推荐。领导班子换届，民主推荐按照职位设置全额定向推荐；个别提拔任职或者进一步使用，可以按照拟任职位进行定向推荐，也可以根据拟任职位的具体情况进行非定向推荐；进一步使用的，可以采取听取意见的方式进行，其中正职也可以参照个别提拔任职进行民主推荐。

3）确定考察对象，组织考察。确定考察对象，应当根据工作需要和干部德才条件，将民主推荐与日常了解、综合分析研判以及岗位匹配度等情况综合考虑，深入分析、比较择优，防止把推荐票等同于选举票、简单以推荐票取人。对确定的考察对象，由组织（人事）部门进行严格考察。考察党政领导职务拟任人选，全面考察其德、能、勤、绩、廉。

4）按照干部管理权限讨论决定。党政领导职务拟任人选在讨论决定或者决定呈报前，应当根据职位和人选的不同情况，分别在党委（党组）、人大常委会、政府、政协等有关领导成员中进行酝酿。应当坚持民主讨论、集体决定的原则，按照干部管理权限由党委（党组）集体讨论作出任免决定，或者提出推荐、提名的意见。属于上级党委（党组）管理的，本级党委（党组）可以提出选拔任用建议。党委（党组）讨论决定干部任免事项，必须有2/3以上成员到会，并保证与会成员有足够时间听取情况介绍、充分发表意见。在充分讨论的基础上，采取口头表决、举手表决或者无记名投票等方式进行表决。

5）按照规定履行任职手续。对合格的拟晋升人选办理任职手续。选任制公务员职务晋升，应当按照管理权限和法定程序进行依法推荐、提名和民主协商。实行任职前公示制度和任职试用期制度，公示期一般不少于5个工作日，试用期为1年。对决定任用的干部，由任免机关下发任职通知，由党委（党组）指定专人同本人谈话。

（2）公务员职级晋升程序。

公务员职级应当逐级晋升，根据个人德才表现、工作实绩和任职资历，参考民主推荐或者民主测评结果确定人选，经公示后，按照管理权限审批。

晋升职级程序：1）党委（党组）或者组织（人事）部门研究提出工作方案。2）对符合晋升职级资格条件的人员进行民主推荐或者民主测评，提出初步人选。3）考察了解并确定拟晋升职级人选。中央机关公务员晋升一级、二级巡视员，应当进行考察；晋升其他职级，可以综合考虑民主推荐、民主测评与平时考核、年度考核、一贯表现等情况确定人选。省级以下机关公务员晋升职级的考察了解方式由省级公务员主管部门结合实际研究确定。4）对拟晋升职级人选进行公示，公示期不少于5个工作日。5）审批。中央机关公务员晋升职级由本机关党组（党委）及其组织（人事）部门审批，一级、二级巡视员职级职数使用等情况按年度报中央公务员主管部门备案。省级以下机关公务员晋升职级的审批权限由省级公务员主管部门提出意见，报省、自治区、直辖市党委审定。

（3）公开选拔、竞争上岗。

《中华人民共和国公务员法》规定，“厅局级正职以下领导职务出现空缺且本机关没有合适人选的，可以通过适当方式面向社会选拔任职人选”。公开选拔、竞争上岗严格遵照《党政领导干部选拔任用工作条例》《公开选拔党政领导干部工作暂行规定》《党政机关竞争上岗工作暂行条例》等规定进行。公开选拔、竞争上岗一般适用于副职领导职位。领导职位出现空缺且本地区本部门没有合适人选的，特别是需要补充紧缺专业人才或者配备结构需要干部的，可以通过公开选拔产生人选；领导职位出现空缺，本单位本系统符合资格条件人数较多且需要进一步比选择优的，可以通过竞争上岗产生人选。

5.2.3　公务员降职、降低职级

降职、降低职级，是一种正常的公务员职务与职级升降方式，而非行政处分。公务员降职、降低职级与否，取决于公共职位与公务员素质、能力之间的匹配程度。

1. 公务员降职、降低职级的条件

按照《中华人民共和国公务员法》，公务员的职务、职级实行能上能下。对不适宜或者不胜任现任职务、职级的，应当进行调整。公务员在年度考核中被确定为不称职的，按照规定程序降低一个职务或者职级层次任职。

按照《公务员职务与职级并行规定》，公务员有下列情形之一的，应当按照规定降低职级：(1) 不能胜任职位职责要求的；(2) 年度考核被确定为不称职等次的；(3) 受到降职处理或者撤职处分的；(4) 法律法规和党内法规规定的其他情形。

2. 公务员降职、降低职级的程序

(1) 提出降职、降低职级建议。所在单位应当提出降职、降低职级安排意见，主要涉及降职、降低职级的事由，以及降职、降低职级后的安排取向。

(2) 对降职、降低职级的事由进行审核，并听取拟降职人、降低职级人的意见。所在单位在正式上报降职、降低职级安排意见之前，应当审核降职、降低职级的事由。同时，所在单位应主动征求公务员本人对降职、降低职级安排的看法和意见。

(3) 按照干部管理权限集体讨论决定。任免机关审批前，组织（人事）部门应派人到呈报单位复查了解，全面听取意见，综合分析，提出审核意见，并按照管理权限由领导集体研究决定。

(4) 按照规定办理降职、降低职级手续。组织（人事）部门要按照法定程序，为被降职、降低职级的公务员办理与职务职级变动相关的手续。公务员被降职、降低职级的，其级别超过新任职务或新职级对应的最高级别的，应当同时降至新任职务或新职级对应的最高级别。降职、降低职级的公务员，在新的职位工作一年以上，德才表现和工作实绩突出，经考察符合晋升职务、职级条件的，可晋升职务、职级。其中，降职、降低职级时降低级别的，其级别按照规定晋升；降职、降低职级时未降低级别的，晋升到降职、降低职级前职务层次或职级层级的职务或职级时，其级别不随职务和职级晋升。公务员对降职、降低职级决定不服，可按有关规定提出复核或申诉。

5.2.4　公务员职务职级任免与职务职级升降纪律与监督

在公务员的职务职级任免与职务职级升降工作中，不得有下列行为：一是超编制、超职数、超机构规格或者自设职位任用与晋升公务员职务或职级；二是随意放宽或者改变公务员职务职级任用和晋升的条件；三是在考察工作中隐瞒、歪曲事实真相，或者泄露酝酿、讨论公务员职务职级任免与职务职级升降的情况；四是违反规定程序决定公务员的职务职级任免与职务职级升降；五是突击晋升公务员职务职级；六是任人唯亲、封官许愿、

营私舞弊、打击报复；七是其他妨碍公务员职务职级任免与职务职级升降工作公正合理进行的行为。对违规作出的人事决定，由有关机关予以纠正，并按规定对主要责任人以及其他直接责任人进行处理，触犯法律的，依法处理。公务员对免职、免除职级，以及降职、降低职级的决定不服，可以按照有关规定申请复核或者提出申诉。

2016 年 8 月，中组部、中央纪委联合下发《关于防止干部“带病提拔”的意见》，要求落实工作责任，深化日常了解，注重分析研判，加强动议审查，强化任前把关，严格责任追究。按照《公务员职务与职级并行规定》，机关应当严格执行公务员职务与职级并行制度，不得违反规定设置职级，不得超职数配备职级，不得随意放宽职级任职资格条件，不得违反规定提高或者降低职级待遇标准。对违反相关规定的，由县级以上党委或者公务员主管部门按照管理权限，区别不同情况，分别予以责令纠正或者宣布无效；对负有责任的领导人员和直接责任人员，根据情节轻重，给予批评教育、组织处理或者处分。

党政领导干部职务任免与职务升降过程中，要严格遵守《党政领导干部选拔任用工作条例》《市县党委书记履行干部选拔任用工作职责离任检查办法（试行）》《地方党委常委会向全委会报告干部选拔任用工作并接受民主评议办法（试行）》《党政领导干部选拔任用工作有关事项报告办法》《中国共产党纪律处分条例》《中国共产党问责条例》《中国共产党廉洁自律准则》《中国共产党党内监督条例》《关于新形势下党内政治生活的若干准则》《推进领导干部能上能下若干规定（试行）》《公务员职务与职级并行规定》《中国共产党重大事项请示报告条例》《干部选拔任用工作监督检查和责任追究办法》等法规、办法，加强职务职级任免与职务职级升降检查、监督。

5.3 西方国家公务员职务任免与升降

5.3.1 西方国家公务员职务任免制度

西方国家行政机关的公务员职务任免制度与其政府组织形式紧密相关。当前，西方国家政府组织形式主要包括三种：一是内阁制政府。内阁制政府又称“议会制政府”“责任内阁制政府”，是指由内阁总揽行政权力并向议会负责的政府组织形式，实行内阁制的国家包括英国、德国、意大利、加拿大、日本等。二是总统制政府。总统制政府，是指总统担任国家元首和政府首脑并总揽国家最高行政权力的政府组织形式。总统制政府以美国为典型，还包括以法国为代表的“半总统制半议会制”，以及以俄罗斯为代表的总统集权的“超级总统制”。三是委员会制政府。委员会制政府是指实行合议制的委员会为国家最高行政机关的政府组织形式，立法机关与行政机关议行合一。

1. 西方国家公务员职务任免方式

美国、英国、日本、德国、法国等西方国家大都实行“政务官”“事务官”两官分立。西方国家公务员职务任免主要包括选任制、委任制、聘任制。

（1）选任制。选任制公务员通过政治选举、政党选举方式产生。由于不同国家的政党制度、政治与行政体制不同，选任制公务员的任免机构、任免对象、任免范围、任免程序、任免资格条件各异。但不论是以英国、日本等国为代表的内阁制国家，还是以美国、法国、俄罗斯为代表的总统制国家，立法机构（如英国上议院、下议院，美国参议院、众议院）、政党在选任公务员过程中扮演着重要的角色。西方国家大部分政务官、部分事务官实行选任制，选任制公务员经由法定程序，由立法机构、政党等选举产生。

（2）委任制。委任制公务员通过政治任命形式产生，机关首长掌握委任权。由于美国、英国、法国、德国、日本等西方国家公务员管理体制、公务员范围各不相同，委任制公务员的任免机构、任免对象、任免范围、任免程序、任免条件等各异。比如实行部内制公务员管理体制的法国，公务员范围广泛，委任制公务员分布于立法机构、行政机构、司法机构、公立学校、公立医院等单位，委任权限由各单位的行政首长与内设的人事管理机构在综合性公务员管理机构的统筹管理下分类、分级享有。

（3）聘任制。聘任制公务员通过与政府机关签订聘任合同，约定劳资双方的任职资格条件、权利、义务、责任、薪酬、绩效目标、任职年限、劳动争议仲裁等内容。自20世纪七八十年代以来，伴随着新公共管理运动的兴起，德国、美国、英国、澳大利亚、新西兰、加拿大等西方国家纷纷推动公共部门人力资源管理变革，聘任制公务员所占的比重日益加大。比如《德国公务员法》规定，“可以通过招聘广告聘用公务员”，聘任制公务员的任职条件包括适应能力、工作能力、技术水平等，不考虑性别、籍贯、民族、宗教、信仰、政治观点、出身、社会关系等因素。德国地方政府大部分雇员实行聘任制，在法律和协商的基础上通过签订服务协议而被雇佣，正式编制的公务员仅占总人数的10%。聘任制公务员不占行政编制，管理制度灵活，各机构行政首长、人事管理机构拥有充分的人事管理权力。

2. 西方国家公务员职务任免机关与任免权限

虽然不同西方国家的政府组织形式各异，但各国公务员的任免机构大都涉及立法机关、政党、行政机关、司法机关，以及其他公立机构。

（1）议会。西方国家议会一般实行两院制（bicameral system）。比如英国议会由上院、下院组成，法国议会由国民议会、参议院组成，美国议会由众议院、参议院组成。议会履行立法权、监督权，议长、委员会、议会党团扮演着十分重要的角色。其中，议会党团由议会中属于同一政党的议员组成，致力于统一本党议员在议会中的行动，其最高决策机构为议会党团全体会议，比如英国议会党团的领导层包括党的领袖、督导长、督导员、党的其他前座与后座议员，执政时为内阁，在野时为影子内阁。西方国家议会在部分政务官、高级事务官职务任免过程中至关重要。一方面，议会在政务官、高级事务官任用过程中拥有较大的话语权，比如美国联邦人事管理署署长、功绩制保护委员会主席等高级官员任命，必须经由美国参议院审批通过；另一方面，西方国家议会大都享有倒阁权、弹劾权以及质询权、调查权等，对政务官、高级事务官起震慑作用。

（2）政党。政党是指一定阶级、阶层、集团的活跃分子，基于共同的意志和利益，采取共同行动，以期获得、维持政权或影响政治权力运作而建立起来的政治组织。西方国家政党的组织机构一般包括党的领袖、中央组织、地方和基层组织、外围组织等。西方国家政党主要实行两党制、多党制，比如英国由保守党、工党轮流执政，美国由共和党、民主党轮流执政，法国则形成四大政党（社会党、共产党、戴高乐派、独立共和党）、两党派别（左翼反对派、右翼多数派）。政党在公务员职务任免过程中扮演着十分重要的角色。执政党通过议会选举获得议会多数席位，或通过行政首脑选举占据政府首脑职位；通过议会选举争夺议会领导人职位，利用本党在议院中的政党领袖、督导员、议会党团等，影响议会及其委员会活动；控制议会后，执政党将触角遍布政府行政机关，控制政府各部部长以及其他核心行政官员的人事任免。此外，执政党还影响司法机关、社会团体、其他公共事业机构的人事任免。

（3）行政机关。在不同政府组织形式下，西方国家公务员职务任免机关、权限、对象、情形、程序等各异。比如实行内阁制的英国，首相集行政权、立法权于一身，身兼政府首脑、议会领袖、党魁，有权任免内阁成员、非内阁成员，向英国女王提交任免名单。西方国家中央政府行政机构从纵向上划分为四个层次：政府首脑、内阁、政府各部、内设行政机构。

（4）司法机关。司法机关包括审判机关、检察机关、司法行政机关。

1）审判机关。审判机关主要是指法院，代表国家行使审判权。审判机关有权任免本系统内大部分工作人员，并对行政机关高级公务员、政务官任免进行监督。比如英国法院体系包括基层法院（郡法院、治安法院）、最高法院（高等法院、皇家刑事法院、上诉法院）、上议院，以及各类专门法院体系（如劳资关系法院、行政裁判所）。

2）检察机关。检察机关是代表国家追究犯罪、提起公诉并进行法律监督的机关。检察机关有权任免本系统内的大部分工作人员，并对行政机关高级公务员、政务官任免进行监督。英国在1530年设立总检察长、副总检察长，并于1880年设立检察长，于1985年设置皇家检察署。法国检察机关独立于法院，但附设于法院内部，由司法部领导，所有检察官由总统根据司法部部长的提名而任命。

3）司法行政机关。司法行政机关是指主管司法行政事务的国家行政机关，比如美国、法国、德国、俄罗斯设置司法部，日本设置法务省。司法行政机关影响司法系统人事任免。

（5）其他公立机构。由于各国公务员范围各异，公务员任免机关和任免权限略有不同。除立法机关、司法机关、行政机关、政党外，西方国家其他公立机构也拥有本系统内公职人员的人事任免权力，如公立学校、公立医院，以及其他公立社会团体与组织。此外，英国、美国、澳大利亚、新西兰、加拿大等国家设立了大量与各部关系密切，但不受议会控制的半独立机构，比如英国独立机构包括关税与货物税局、国内税收局等。美国独立机构则包括各类独立管制机构（如美国联邦储备委员会、联邦通信委员会），以及行政性或事务性机构（如美国国家科学基金会）。独立机构的行政首长掌握本机构内的人事任免权力。

3. 西方国家公务员职务任免情形

（1）西方国家公务员任职情形。西方国家严格规定公务员的任职资格条件，遵循法定任职程序，办理任职手续，并为公务员颁发书面的任职书。西方国家公务员任职情形主要包括：一是新进入公务员队伍的，需要办理任职手续。新进入公务员队伍的途径包括：通过政治选举或政治任命直接进入公务员队伍，通过公务员考试录用、聘任、调任、公开选拔、荐举等方式新进入公务员队伍。二是公务员职位发生变化，需要办理任职手续。由于公务员职务升降、转任、免职后重新任职等原因，需要办理任职手续。三是其他法定情形。比如德国公务员任用对象除专职公务员外，还包括后备公务员、送学人员、荣誉公务员。

（2）西方国家公务员免职情形。主要包括：转换职位的；职务升降；因健康原因不能坚持正常工作超过一定期限；不符合任职资格条件，不胜任现职，又不宜转任其他职务的；退休的；被辞退；因机构变动强制性裁员；死亡；因违法乱纪受到刑事处罚；等等。

4. 典型西方国家公务员职务任免

（1）典型西方国家公务员任职。

1）德国公务员任职。德国公务员任职方式包括选任制、委任制、聘任制。选任制公务员的选任程序按照联邦《德国基本法》、《选举法》以及各级地方政府选举法的规定进行，适用于联邦总理、政府各部部长、各部国务秘书、各州州长、各州政府部长以及各级地方政府行政首长。委任制公务员的任免权限由机关首长掌控，《德国公务员法》规定，机关首长“负责为下属机构的人事安排做出官方、合法的决定”。聘任制公务员以契约形式约定双方的权利与义务，适用于国务秘书、联邦各部司局长、联邦各部直属机构领导人等。《德国公务员法》严格规定公务员的任职资格条件，涉及肯定性资格条件、限制性资格条件。按照进入公共机构的方式，德国公务员可分为专职公务员、后备公务员、送学公务员、荣誉公务员。常任公务员按照受教育程度、实习期、考试成绩等标准，分为高级职、上级职、中级职、初级职。高级职公务员任命由各主管部门的人事总监主持审查拟任者的资格条件，提出审查意见和任命意见，报请联邦总统任命；上级职、中级职、初级职公务员任命由联邦总统授权各有关部门办理。

2）英国公务员任职。英国公务员任职方式包括选任制、委任制、聘任制。英国公务员任用注重对拟任人选的资格审查。按照《英国公务员管理法》，“在提交一项无条件的任用人选前，应全面进行各项审查，以确保拟任人选的确符合任用资格条件标准”，其中的资格条件包括品德、国籍、外侨证书等。各内阁部有权规定公务员的试用期，试用期一般不超过两年。开始从事公共管理工作两个月内，公务员有权获得书面的任用书，以确定工作条件，并要求机关发放养老金资料。英国高级公务员必须符合法定的资格条件，并按照法定程序任用，《英国公务员管理法》详细规定了高级公务员的工作规范和条件，以及合同、选拔和继任计划、薪金和定级、节假日和休假、工作时间、离职、流动性等内容。

3）日本公务员任职。按照《日本国家公务员法》，“国家公务员的职务分为一般职和特别职”。公务员任用，要按照法定程序，遵循《公职选举法》、《日本国家公务员法》、《地方公务员法》、人事院规则，根据考试成绩，以及对工作实绩和能力的考核结果进行。第一，一般职公务员任职。一般职公务员通过考试录用进入公务员队伍，并依法办理任职手续。日本录用一般职公务员，强调坚持客观标准，排除政治、人为或其他因素。一般职公务员的试用期为 6 个月。第二，特别职公务员任职。特别职公务员任职方式包括选任制和委任制。国会议员、内阁总理大臣、地方政府行政首长、地方议会议员等都是由选举产生的。都道府县的知事、市町村的市长、町长、村长和同级地方议会议员，由所在地方的选民直接选举产生。日本政府的大臣、各省厅政务次官、法官、人事官、驻外大使和政府代表等，都是通过委任制产生的。特别职公务员一般都有明确的任期和任职资格限制。根据《日本国家公务员法》，“在紧急情况或与临时职务有关的情况下，或没有任用候选人名册时，经人事院批准，可以在不超过 6 个月内临时任用”。

（2）典型西方国家公务员免职。

1）德国公务员免职。按照《德国公务员法》，当公务员死亡、被辞退、失去公务员权利、因违法而受惩处、依法退休时，公务员关系结束，公务员将被免职。其中，“失去公务员权利”是指：经法院审理，公务员因不法行为被判处至少一年监禁，或因扰乱社会治安、通敌、叛国、危害民主权利、危害国际安全等不法行为被判处至少 6 个月监禁，公务员关系将随着法定判决而结束，联邦宪法法院可以按照《德国基本法》酌情剥夺公务员权利。公务员关系一旦结束，不再享受公职人员工资、保险、福利待遇，原有的职务、级别、职称全部取消。当出现下列情况时，主管机关将收回任命证书：在执行公务期间被发现有欺诈或贿赂行为；尽管被任命的公务员不承认犯罪事实，但他已经或即将受到法律制裁；尽管被任命者不承认违法违纪事实，但已被默认得到惩处或免职。另外，当公务员被调动时，因职位发生变动，原职位需办理免职手续。

2）英国公务员免职。按照《英国公务员管理法》，公务员在各内阁部和执行机构流动、政府机构变更、被辞退、退休时，将被免职。“必要的话，受到刑事调查或违纪处罚的个人可以被停止任用以保护公共利益”。在停止任用期间，可扣留全部或部分工资，以进行纪律处罚；没有被没收的工资根据公务员的养老金方案以正常方式计算并予以补发。

3）日本公务员免职。按照《日本国家公务员法》，“公务员免职必须基于法定事由”。如果日本公务员符合下列条款之一，根据人事院规则，可以违反其意志对其免职：工作成绩不好；因身心障碍影响职务履行，或不能胜任职务；缺乏职务必需的资格条件；因机关制度或定员修改、预算减少等原因，产生多余的职位或冗员时。另外，按照人事院规则，如果日本公务员因身心障碍需长期休养，或因刑事案件被起诉时，可以违反公务员的意志对其停职。被停职者保留公务员身份，但不任职，停职期间不享受任何报酬。停职事由消失后，解除停职。

5.3.2 西方国家公务员职务升降

职务升降是公务员管理的重要内容。职务升降制度开辟了能上能下的职务平台，营造了良好的公共部门人力资源管理竞争与激励机制。西方国家通过立法，明确规定了公务员职务升降的类型、条件、对象、程序等。

1. 西方国家公务员职务晋升

西方国家拟晋升的公务员需具备既定资格条件，遵循法定程序，办理法定的晋职手续。可以将西方国家公务员职务晋升分为不同类型：一是按晋职者选拔方式，分为委任晋升、考试晋升、考核晋升、招聘晋升、荐举晋升、登用晋升；二是按照晋升依据，分为功绩晋升、年资晋升；三是按照晋升者来源，分为内部晋升、外部晋升；四是按照晋升时职务递增幅度，分为逐级晋升、破格越级晋升。西方国家公务员晋升的条件、方式、程序等各具特色。

（1）德国公务员晋升。

1）公务员职务晋升条件。《德国基本法》规定："所有德国人，按其个性、能力和业务专长，均有担任公职的同等机会。"《德意志联邦共和国官员资历条例》规定："公务员录用、任用、授职、提职、晋升，只能根据公务员的资格、胜任工作的能力和工作成绩来决定。"德国公务员晋升注重公务员的资历，具体分为简单职务资历、中等职务资历、上等职务资历、高级职务资历。不同资历的公务员晋升条件涉及文化程度、培训教育背景、工龄、基层岗位任职年限、工作效率等。

2）公务员晋升类型。按照晋升的职级，可以将德国公务员晋升分为下列类型：一是职级间晋升。德国公务员的俸禄表中共有16职系，每一职系包含9～15个职级，通常每两年可以晋升一级。二是职级内晋升。德国公务员分为4职区，即简单职区、中等职区、上等职区、高级职区，相邻职区将包含一个交叉职等。职级内晋升，是指按照平时工作成绩、考核结果、服务年限等因素进行职等晋升。三是跨职区的公务员职务晋升。

3）德国公务员晋升主管机构与晋升程序。德国公务员晋升事宜由"选拔委员会"主管。公务员晋升要遵循法定程序。按照《德意志联邦共和国官员资历条例》，官员晋升可以根据上级建议或个人申请，以及上级审批的办法进行。国家机关依法对拟晋升人员预选、筛选后，向选拔委员会推荐候选人，并说明候选人的能力状况。选拔委员会对拟任人选的资格条件进行审核，并报请有关部门批准。德国公务员晋升必须经过考试，考试内容包括行政知识、基础知识和专业知识，考试成绩分为特优、优、良、中、差、劣，成绩不合格者不能晋升。按照《德国公务员法》，"正规机构职业人员的职务应逐级晋升，一般不得越级晋升"。

（2）英国公务员晋升。

1）英国公务员晋升条件。长期以来，英国公务员职务晋升主要基于资历。1968年，按照《富尔顿报告》的建议，英国政府改革了公务员晋升制度，构建了相对开放的公务员职务晋升模式，凸显工作能力和工作实绩。英国公务员晋升以公务员的考勤、考绩、资历、升级考试成绩为依据。拟晋升者需具备特定的任职年限，比如具备3年以上资历的文书官才能晋升执行官。高级公务员晋升注重考察功绩，初级、中级公务员晋升注重资历。

2）英国公务员晋升主管机构。各部门设置临时性机构公务员"晋升委员会"，该委员会由人事部门负责人、机关负责人、具有一定资历和工作经验的官员、1名公务员代表共同组成。晋升委员会对公务员晋升问题进行研究，组织考绩评价，提出晋升建议，并由机构首长作出晋升决定。高级公务员晋升，由内阁会议决定。

3）英国公务员晋升程序。助理次官以上的英国公务员晋升事宜由"高级任命遴选委员会"（SASC）主管，各部副常务次官、次官、主要财政官员和重要官员提升，先由文官长和首相共同商议，提出初选人员，经SASC审核后，报请英国首相批准，然后以英王名义任命。助理次官以下的公务员晋升，遵循以下程序：第一，各部统计缺额，如需要增补则向各机构发出通知；第二，审核任职资格；第三，审核初选对象的工作成绩、资历和考核等次；第四，晋升委员会对审核合格人员进行面试，并提出晋升建议，并由机关首长作出晋升决定。

（3）日本公务员晋升。

1）日本公务员晋升条件。日本公务员晋升与职位分类制紧密联系，一般职公务员晋升严格遵循“年功”晋升原则。年功主要涉及公务员的工作年限、工作成绩，并参考公务员的工作能力、品行、身体状况等因素。公务员晋升条件包括：第一，晋升必须在各职务等级规定的限额内进行；第二，拟晋升人员必须具备现任职务等级 1 年以上的工作经历；第三，晋升对象的工作成绩良好，并通过了勤务评定；第四，工作成绩特别优异的公务员，可减少规定的工作年限。日本公务员一般每 4 年有一次晋升机会。日本公务员一般按官职逐级晋升，晋升职务序列依次为股长（4 级、5 级、6 级）、课长助理（7 级、8 级）、室长（9 级）、课长（10 级）、部长（11 级）、次长或审议官、局长次长、官房长、局长、事务次官。

2）日本公务员晋升主管机构。省（部）级系（课）长以上官职的公务员晋升由日本人事院负责。课长以下职务的公务员晋升由本部门决定，但必须通过人事院考核。

3）日本公务员晋升方式与程序。日本公务员晋升包括以下几种方式：一是考试晋升。按照《日本国家公务员法》，“公务员晋升应通过比其职务低的公务员在职期间的竞争性考试进行。人事院认为必要时，可以限制应试者的范围”。晋升课长级公务员的考试由人事院组织，晋升课长以下职务的公务员考试由各省厅组织。公务员晋升考试分为高级、中级、初级三个档次。按照考试成绩，结合公务员的德才表现、工作实绩、学历、资历等条件，择优晋升。二是考绩晋升。考绩晋升也被称为“考核选拔晋升”。按照《日本国家公务员法》，“鉴于拟晋升的职务的职权与责任，人事院认为不适于在在职公务员内部进行考试时，可以根据任职者以前的工作成绩通过考核选拔晋升”。考绩晋升适用于课长以上职位，考核内容涉及工作年限、工作实绩、能力评定、同事评价等方面。考绩晋升是由任用者按照一定基准来判断其是否具备履行职位的能力，必要时可以采用经历评定、现场测验、笔试考试以及其他方法。三是登用晋升。登用晋升，是指越级晋升，或放宽任职资格条件的晋升制度。拟登用晋升对象一般是学历较低但工作成绩特别优异，工作能力特别强，且没参加Ⅰ类公务员考试的优秀公务员。经过 3 人推荐，由“登用委员会”审批，优秀公务员可获得高级考试合格的待遇，晋升职务。登用委员会由人事部门官员和各部门主管共同组成。四是人事异动。人事异动通过比较频繁地调动公务员的工作岗位，使之得到多方锻炼，提高才能。

2. 西方国家公务员降职制度

（1）西方国家公务员降职条件。西方国家公务员降职条件一般涉及以下几方面：任职资格条件缺失；工作效率低下，工作业绩不理想；因身体原因不能胜任原职，不能继续执行公务；机构编制缩减，裁减冗员；因违纪、失误或失职行为影响恶劣。比如《日本国家公务员法》指出，如果公务员符合下列条款之一，根据人事院规则，可以违反其意志对其降职：工作成绩不好；因身心障碍影响职务履行，或不能胜任职务；欠缺任职资格条件；因机关制度或定员修改、预算减少等原因，产生多余的职位或冗员时。西方国家常将降职作为公务员行政惩戒方式之一，比如《法国国家公务员章程》《德国联邦惩戒法》将公务员“降职”纳入纪律惩戒范畴。

（2）西方国家公务员降职程序。公务员降职审批程序与公务员晋升审批程序类似，一般由主管机关决定，报请上一级机关审核、批准，再由任免机关办理相关任免手续。由于公务员降职与公务员切身权益紧密相关，美国、英国、法国、日本、德国等西方国家一般允许被降职的公务员向有关机关提出申诉。

本章小结

本章分析了公务员职务职级任免的内涵、原则、意义，回顾了我国公务员职务职级任免制度发展历程；比较分析了不同类型的公务员职务职级任免方式、任免机关、任免权限；分析了委任制公务员职务职级任免情形与任免程序，阐述了公务员兼职以及任期制；分析了职务职级升降的含义、原则与意义，说明了公务员职务职级升降的条件、程序，简介了公务员职务职级任免与升降的纪律与监督机制；比较分析了西方国家公务员职务任免方式、任免机关与任免权限、任免情形，并举例说明了德国、英国、日本等国家公务员职务任免制度；比较分析了西方国家公务员职务晋升与降职制度。

关键术语

公务员任职　公务员免职　选任制　委任制　聘任制　任期制　民主推荐　惩戒性免职　非惩戒性免职　公务员职务晋升　公务员降职

复习思考题

1. 简述我国委任制公务员任职、职级任用情形。
2. 简述我国公务员职务职级升降的原则。
3. 简述我国公务员晋升领导职务的程序。
4. 简述我国公务员降职、降低职级的程序。
5. 简述日本公务员职务晋升的方式。

案　例

多为基层干部分忧解难

2018 年 11 月 15 日，《中共楚雄州委组织部州管干部任前公示公告》发布，原云南省楚雄州大姚县湾碧乡党委书记李忠凯拟提名为大姚县政协副主席候选人。该公示中，李忠凯同志的照片显示其“白发苍苍”，网友认为其照片和年龄差距较大，质疑其年龄不真实。楚雄州高度重视，迅速核查其档案和户籍资料，确定公示中的照片为李忠凯本人，出生年月为“1980 年 8 月”。李忠凯曾于 2018 年 10 月被中共楚雄州委评为“楚雄州担当作为的优秀基层干部”。一张“年龄与面相不符”的任前公示照片，让“80 后”乡党委书记李忠凯走红网络。不到 40 岁、早生华发，或许也有遗传因素，但工作辛苦是不争的事实。常年加班出差的李忠凯，最长一次50多天未能回家。干部的头发累白了，但只要工作提升了群众的幸福感，心里却是高兴的。以个人辛苦换来群众幸福，在他们身上有着无比生动的诠释。一张白发照片引起共鸣，说明关心爱护基层干部，我们还有许多事情要做。

资料来源：吕晓勋．多为基层干部分忧解难．(2018－11－22)．http://paper.people.com.cn/rmrb/html/2018－11/22/nw.D110000renmrb_20181122_5－05.htm.

案例分析题：

1. 您认为，“80后”白发基层干部李忠凯走红网络的主要原因有哪些？
2. 结合案例及相关知识，您认为如何更好地激发新时代基层干部担当作为？

第6章

公务员奖励、纪律、监督与惩戒

赏罚分明、监督有力、奖惩有度，才能在公共组织内部营造良性的竞争性氛围，实现工作压力和动力并存，有效调动公务员的工作积极性、主动性和创造性。党的十九大报告强调，要“建立激励机制和容错纠错机制”，“持之以恒正风肃纪”，“健全党和国家监督体系”。2018年12月29日，第十三届全国人民代表大会常务委员会第七次会议通过修订后的《中华人民共和国公务员法》，明确了奖励、监督与惩戒的相关内容。2019年7月，中共中央办公厅印发的《关于贯彻实施公务员法建设高素质专业化公务员队伍的意见》强调，要严格依法依规开展奖惩、监督等工作，加强正向激励。有必要完善公务员奖励、纪律与惩戒制度，规范公共权力，鼓励、监督公务员依法依规履行公职，提高公共管理效能。

6.1　公务员奖励

2008年1月4日，中央组织部、人事部颁布《公务员奖励规定（试行）》，明确公务员奖励的原则、条件、种类、权限、程序、实施、监督等相关内容。按照该规定，对工作表现突出，有显著成绩和贡献，或者有其他突出事迹的公务员或者公务员集体，给予奖励。

6.1.1　公务员奖励的含义、意义、原则与制度演变

1. 公务员奖励的含义

奖励，一般是指对工作突出、成绩显著的个人或集体进行物质和精神方面的激励，以促使其扬长避短，为组织作出更大贡献。

公务员奖励，是指国家机关依照法律、法规，遵循法定程序，对在工作中表现突出、有显著成绩和贡献，或有其他突出事迹的公务员或公务员集体，给予一定的荣誉或物质利益，以激励其奋发向上、恪尽职守，全心全意为人民服务。其中，公务员集体的奖励适用于按照编制序列设置的机构或者为完成专项任务组成的工作集体。

2. 公务员奖励的意义

（1）激励作用。奖励是激发员工的工作热情与潜能，调动其积极性、主动性与创造性的重要举措。按照需求层次理论，人类需求分为五个层级：生理需求、安全需求、社交需求、自尊和尊重需求、自我实现需求。通过实施公务员奖励制度，尽可能满足不同部门、职务、职级、职位和级别的公务员的多元化需求，使之获得物质或精神上的利益，这无疑有助于激发公务员的工作积极性、主动性和创造性，督促其脚踏实地、积极进取、奋发有为。比如山东省于2017年12月印发《关于激励干部担当作为干事创业的意见（试行）》，着力完善正向激励机制，每年开展争当“担当作为好干部”、争创“干事创业好团队”活动，每两年选树一批优秀县委书记、优秀乡镇党委书记等先进典型。

（2）示范和引导作用。公务员奖励具有示范和引导作用，健全的奖励制度有助于在公共组织内部树立标杆，形成榜样，激励先进，鞭策后进。按照斯金纳所倡导的强化理论，某种行为的肯定或否定的后果在一定程度上决定该行为在今后是否会重复发生。强化分为正强化和负强化。在公务员管理过程上，正强化就是奖励那些公共组织需要的行为，从而加强这种行为；负强化就是惩戒那些与公共组织不相容的行为，从而避免或削弱这种行为。通过奖励表现突出、有显著成绩与贡献的公务员或公务员集体，不仅肯定和表彰了公务员的优异成绩，同时激发和带动其他公务员积极工作，在组织内部形成“你追我赶、力争上游”的氛围。

延伸阅读

廖俊波荣获第六届全国道德模范（敬业奉献类）称号

廖俊波，中共党员，生前系福建省南平市委常委、常务副市长兼武夷新区党工委书记。廖俊波牢固树立政治意识、大局意识、核心意识、看齐意识，坚决贯彻党中央决策部署，面对贫困县、革命老区、经济发展长期全省倒数第一的政和县，不打退堂鼓，不当太平官，把担当放在首位，率领全县党员干部撸起袖子加油干，用勤奋、实干、严谨描绘出一幅幅美丽画卷，成为新时期共产党人的楷模。廖俊波当过中学老师、乡镇干部，在县乡两级做过主要领导，在产业园区等经济建设主战场经过磨砺，工作勤奋努力，多次对家人讲，“组织给了我这么高的荣誉，唯有加倍努力，才能报答党的厚爱和人民的信任”。廖俊波对群众充满感情，始终惦记着群众的冷暖安危，把群众当亲人。廖俊波始终把工作当事业干，乐在其中，总有使不完的劲。他敢于担当、勇于创新，经常鼓励干部：“只要是为了发展、为了群众就大胆去干，有责任我来担。”廖俊波把“肝胆干事、干净做人”作为座右铭。只要“朋友关系”、不要“利益关系”，是他做人和交友的原则。生活中，他始终廉洁自守，加班熬夜是常态，却从不给自己开小灶。他十分注重家风家教，爱人至今仍然在教学第一线。廖俊波还曾荣获全国优秀县委书记、全国优秀共产党员等称号。

资料来源：廖俊波荣获第六届全国道德模范（敬业奉献类）称号．东南网．2017-11-10.

（3）维系和稳定作用。公共组织的发展和繁荣需要相对稳定的公共管理人才队伍，在公务员管理实践中，我们有必要采取积极有效的措施，增强公共组织的凝聚力与向心力，维系、稳定和壮大人才队伍。赫茨伯格提出了影响人类行为的双因素理论，即保健因素和激励因素。通过公务员奖励，在稳定保健因素的前提下，不断丰富激励因素，有助于避免乃至消除公务员的不满情绪，增强员工的组织认同意识和忠诚感，提升组织的向心力和凝聚力。

3. 公务员奖励的原则

《公务员奖励规定（试行）》指出：“公务员奖励坚持公开、公平和公正的原则，坚持精神奖励与物质奖励相结合、以精神奖励为主的原则，及时奖励与定期奖励相结合，按照规定的条件、种类、标准、权限和程序进行。”在公务员奖励过程中，要坚持以下原则：

（1）公开、公平、公正。一是公开原则。公务员奖励应当坚持公开原则，杜绝暗箱操作。在实施公务员奖励时，要将公务员奖励的条件、等次、标准、程序、对象、结果等在一定范围内以书面、电子、公告栏等多种形式公开，增强奖励的透明度，自觉接受人民群众、公务员、纪检机关、新闻媒体等对公务员奖励的监督。部分重大奖励，在作出正式的奖励决定前，应当在一定范围内将拟奖励的对象公示。二是公平、公正的原则。按照行为科学家亚当斯所提出的公平理论，当一个人作出成绩并取得报酬以后，他不仅关心自己所得报酬的绝对量，而且关心自己所得报酬的相对量。在实施公务员奖励时，要坚持公平、公正原则，严格规定公务员奖励的类型、条件、标准、等次、程序、范围，严肃公务员奖励纪律，实事求是，一视同仁，不搞双重标准或多重标准，不因人而异。

（2）物质奖励与精神奖励相结合，以精神奖励为主。按照《公务员奖励规定（试行）》《中华人民共和国公务员法》，公务员奖励要坚持精神奖励与物质奖励相结合、以精神奖励为主的原则。按照马克思主义理论，人的需要包括物质需要和精神需要。精神奖励和物质奖励是奖励的两种形式，具有不同的激励功能。在对公务员实施奖励时，必须兼顾公务员的物质需要和精神需要。在适度满足其物质需求的前提下，主要通过精神激励满足公务员的精神需求，激发公务员的工作热情和斗志，增强公务员工作的荣誉感、成就感和责任感。

（3）个人奖励与集体奖励相结合。《公务员奖励规定（试行）》《中华人民共和国公务员法》突破了陈规，扩大了公务员奖励对象，要求对工作表现突出，有显著成绩和贡献，或者有其他突出事迹的公务员或者公务员集体，给予奖励。《中华人民共和国公务员法》规定：“对受奖励的公务员或者公务员集体予以表彰，并对受奖励的个人给予一次性奖金或者其他待遇。”《人民法院奖励暂行规定》《检察机关奖励暂行规定》《公安机关人民警察奖励条令》等专项奖励规章也将个人奖励与集体奖励紧密结合。根据公务员奖励的实际需要，既强调对公务员个人进行奖励，也奖励公务员集体，这不仅有助于激发个人的工作热情，也有助于加强政府机关团队建设，培育和提升公务员的集体主义精神。

（4）定期奖励与及时奖励相结合。中共中央办公厅于 2018 年 5 月 20 日下发的《关于进一步激励广大干部新时代新担当新作为的意见》强调，要“做好平时激励、专项表彰奖励工作”。《中华人民共和国公务员法》规定，“奖励坚持定期奖励与及时奖励相结合”。定期奖励，是指按照固定的周期、程序对特定范围的公务员或公务员集体进行奖励。公务员定期奖励以公务员年度考核为基础，公务员的工作实绩与考核结果可以作为公务员定期奖励的依据。及时奖励，也被称为“不定期奖励”，是指对在重要专项工作、活动或突发事件以及查处重大违法案件中作出突出成绩或贡献的公务员集体和个人进行奖励。定期奖励是及时奖励的基础，及时奖励是定期奖励的必要补充，要坚持定期奖励和及时奖励相结合，以定期奖励为主，以及时奖励为辅。一些地方政府出台及时奖励专项规定，比如浙江省委组织部于2019年8月印发《浙江省公务员及时奖励办法（试行）》。

4. 我国公务员奖励制度演变

早在1943年，中央苏维埃政府公布《陕甘宁边区各级政府干部奖惩暂行条例》。1951年5月，中共中央下发《关于保守党和国家机密奖惩暂行办法》。1952年，政务院根据《中国人民政治协商会议共同纲领》的指导性要求，草拟《国家机关工作人员奖惩暂行条例》。1954年12月，国务院第三次会议通过《中华人民共和国授予中国人民解放军在中国人民革命战争时期有功人员的勋章奖章条例》，并于1955年2月经全国人大批准实施。1957年10月，国务院公布经第一届全国人大常务委员会第八十二次会议批准的《国务院关于国家行政机关工作人员的奖惩暂行规定》，该规定涉及公务员奖励的条件、种类、权限、管辖范围等。1979年12月，中共中央办公厅转发法制委员会机关党组《对建国以来国家制定的法律、法令、法规进行整理的意见的请示报告》，明确《国务院关于国家行政机关工作人员的奖惩暂行规定》仍然适用。1980年，国家人事局颁发《关于贯彻执行〈国务院关于国家行政机关工作人员的奖惩暂行规定〉的通知》。1981年7月，国家人事局下发《关于国家行政机关工作人员的奖励经费开支问题的通知》。1982年1月，国家人事局下发《国家行政机关工作人员升级奖励试行办法》。1982年9月，最高人民法院、最高人民检察院、劳动人事部联合下发《关于各级人民法院、各级人民检察院工作人员奖惩工作参照〈国务院关于国家行政机关工作人员的奖惩暂行规定〉办理的通知》。

1993年颁发的《国家公务员暂行条例》对公务员奖励的种类、权限、程序等内容作出专项规定。1995年7月，人事部依照《国家公务员暂行条例》，颁发《国家公务员奖励暂行规定》。2005年4月27日，第十届全国人民代表大会常务委员会第十五次会议通过《中华人民共和国公务员法》，明确规定公务员奖励的对象、条件、种类、待遇、权限、撤销等内容。2008年1月4日，中央组织部、人事部颁布《公务员奖励规定（试行）》，我国公务员奖励制度日渐完善。2011年5月5日，中共中央组织部、人力资源和社会保障部、国家公务员局联合下发《关于开展带头创先争优，争做人民满意公务员活动的意见》，要求按照公务员奖励有关规定，及时表彰和树立先进典型。

2017年3月，中共中央办公厅印发《关于推进“两学一做”学习教育常态化制度化的意见》，要求各级党组织选树先进典型，树立时代楷模。党的十九大报告强调，要“建立激励机制和容错纠错机制，旗帜鲜明为那些敢于担当、踏实做事、不谋私利的干部撑腰鼓劲”。2018年12月，国务院办公厅印发《关于对真抓实干成效明显地方进一步加大激励支持力度的通知》。

党和国家高度重视功勋荣誉表彰激励。2015年12月14日，中共中央政治局会议审议决定成立“党和国家功勋荣誉表彰工作委员会”。2015年12月27日，十二届全国人大常委会第十八次会议表决通过《中华人民共和国国家勋章和国家荣誉称号法》。《中华人民共和国公务员法》规定：“按照国家规定，可以向参与特定时期、特定领域重大工作的公务员颁发纪念证书或者纪念章。”我国已确立“共和国勋章”、“七一勋章”、“八一勋章”、

“友谊勋章”、“国家荣誉称号”，以及党、国家、军队功勋簿等“五章一簿”功勋荣誉表彰体系。2019 年 8 月 27 日，党和国家功勋荣誉表彰工作委员会办公室发布关于“共和国勋章”和国家荣誉称号建议人选公示，“共和国勋章”建议人选有于敏、申纪兰、孙家栋、李延年、张富清、袁隆平、屠呦呦、黄旭华等 8 人，“国家荣誉称号”建议人选有于漪、王蒙、王继才、艾热提·马木提、董建华等 28 人。此外，“时代楷模”则是由中宣部集中组织宣传的全国重大先进典型，比如中宣部于 2019 年 8 月 9 日追授余元君“时代楷模”称号，他生前是湖南省水利厅副总工程师兼洞庭湖水利工程管理局总工程师，因连续多日高负荷工作而因公殉职，年仅 46 岁。

6.1.2 公务员奖励的等次、条件与标准

1. 公务员奖励的等次

1993 年，《国家公务员暂行条例》将公务员奖励等次确定为：嘉奖、记三等功、记二等功、记一等功、授予荣誉称号。《国家公务员奖励暂行规定》《中华人民共和国公务员法》规定的公务员奖励种类与此一致。2008 年颁发的《公务员奖励规定（试行）》再次明确规定公务员奖励等次：嘉奖、记三等功、记二等功、记一等功和授予荣誉称号。其中，对功绩卓著者，授予“人民满意的公务员”、“人民满意的公务员集体”或者“模范公务员”、“模范公务员集体”等荣誉称号。近年来，全国各地纷纷开展“争创人民满意的公务员和人民满意的公务员集体”活动。全国“人民满意的公务员”和“人民满意的公务员集体”称号是公务员奖励最高荣誉，该评选表彰活动自 1996 年至 2019 年已举行 9 届。其中，2019 年获奖的第九届全国“人民满意的公务员”192 名、“人民满意的公务员集体”98 个。

2. 公务员奖励的条件

公务员奖励的条件，是指公务员或公务员集体赖以接受奖励的法定情形。按照《中华人民共和国公务员法》：“对工作表现突出，有显著成绩和贡献，或者有其他突出事迹的公务员或者公务员集体，给予奖励。”公务员或者公务员集体符合下列条件之一的，给予奖励：（1）忠于职守，积极工作，勇于担当，工作实绩显著的；（2）遵守纪律，廉洁奉公，作风正派，办事公道，模范作用突出的；（3）在工作中有发明创造或者提出合理化建议，取得显著经济效益或者社会效益的；（4）为增进民族团结、维护社会稳定作出突出贡献的；（5）爱护公共财产，节约国家资财有突出成绩的；（6）防止或者消除事故有功，使国家和人民群众利益免受或者减少损失的；（7）在抢险、救灾等特定环境中作出突出贡献的；（8）同违法违纪行为作斗争有功绩的；（9）在对外交往中为国家争得荣誉和利益的；（10）有其他突出功绩的。

3. 公务员奖励的标准

公务员奖励从高到低分为不同等次，每一等次的奖励均需符合特定的标准。按照《中华人民共和国公务员法》和《公务员奖励规定（试行）》，对国家公务员的奖励分为嘉奖、记三等功、记二等功、记一等功、授予荣誉称号。这五类奖励依次从低到高排列，嘉奖最低，授予荣誉称号最高。具体奖励等次授予情况如下：（1）对在工作中表现突出，取得优良成绩的，应当给予嘉奖；（2）对在工作中作出较大贡献，取得显著成绩的，应当给予记

三等功；（3）对在工作中作出重大贡献，取得优异成绩的，应当给予记二等功、一等功；（4）对功绩卓著，有特殊贡献的，可以授予荣誉称号。

6.1.3 公务员奖励程序、权限与待遇

《中华人民共和国公务员法》指出，给予公务员或者公务员集体奖励，要“按照规定的权限和程序决定或者审批”。公务员奖励必须依法进行，严格遵循法定的程序，并由具有法定管理权限的国家机关审批相应等次的公务员奖励。

1. 公务员奖励程序

公务员奖励程序是指国家机关对公务员实施具体奖励时所应遵循的工作步骤、流程。程序合法，是规范公务员奖励，确保奖励公开、公平、公正的关键。在公务员奖励过程中，必须按法定程序办事，避免违规奖励、暗箱操作。按照《公务员奖励规定（试行）》，给予公务员或公务员集体奖励，一般按下列程序进行：

（1）提出奖励建议。公务员、公务员集体作出显著成绩和贡献需要奖励的，由所在机关（部门）在征求群众意见的基础上，提出奖励建议。

（2）按照规定的奖励审批权限上报，进行奖励审核。给予公务员、公务员集体的奖励，要经同级公务员主管部门或者市（地）级以上组织（人事）部门审核。报送上级党委、政府奖励的，必须逐级经公务员主管部门审核；报送本级党委、政府或上级公务员主管部门奖励的，必须经本级公务员主管部门审核；由本部门批准奖励的，由本部门的干部人事部门审核。由市（地）级以上机关审批的奖励，事先应当将奖励实施方案报同级公务员主管部门审核。

（3）公示。经审核机关审核后，在一定范围内将拟奖励的对象及其简要事迹、奖励种类等信息公示7个工作日，以接受公众评议和社会监督。如涉及国家秘密不宜公示的，经审批机关同意可不予公示。

（4）审批机关批准，并予以公布。奖励审批机关可成立非常设性“公务员奖励评审委员会”，审议拟奖励的单位与个人，并作出给予奖励或不予奖励的决定。必要时，应当按照干部管理权限，征得主管机关同意，并征求纪检、监察、审计等有关部门的意见。

（5）存档。公务员奖励经审批后，审批机关应及时在《公务员奖励审批表》《公务员集体奖励审批表》上加盖公章，并将相关表格退回公务员或公务员集体所在机关，由其将《公务员奖励审批表》存入公务员本人档案，将《公务员集体奖励审批表》存入获奖集体所在机关文书档案。

2. 公务员奖励权限

公务员奖励权限，是指依据国家机关规格、公务员管理体制、公务员奖励等次、奖励对象等因素，国家机关批准授予不同等次公务员奖励的权限。按照《中华人民共和国公务员法》《公务员奖励规定（试行）》，公务员奖励由主管部门按照下列权限批准：（1）嘉奖、记三等功，由县级以上党委、政府或者市（地）级以上机关批准；（2）记二等功，由市（地）级以上党委、政府或者省级以上机关批准；（3）记一等功，由省级以上党委、政府或者中央机关批准；（4）授予荣誉称号，由省级以上党委、政府或者中央公务员主管部门

批准。地方各级人民政府按照奖励权限的规定，给予本级人民代表大会选举或者任免代表大会常务委员会决定任命的人民政府领导人员奖励，应当报上一级人民政府批准；对政府工作部门领导人员的奖励，由本级人民政府批准。

3. 公务员奖励待遇

公务员奖励坚持精神奖励和物质奖励相结合，以精神奖励为主。《中华人民共和国公务员法》规定，"对受奖励的公务员或者公务员集体予以表彰，并对受奖励的个人给予一次性奖金或者其他待遇"，"按照国家规定，可以向参与特定时期、特定领域重大工作的公务员颁发纪念证书或者纪念章"。对获得奖励的公务员、公务员集体，可以采取适当形式予以表彰，表彰形式应当庄重、节俭。由审批机关颁布奖励决定，颁发奖励证书。获得记三等功以上奖励的，同时对公务员颁发奖章，对公务员集体颁发奖牌。

对获得奖励的公务员，按照规定标准给予一次性奖金：嘉奖，1 500 元；记三等功，3 000 元；记二等功，6 000 元；记一等功，12 000 元；授予"人民满意的公务员"等称号，20 000 元。对获得荣誉称号的公务员，按照有关规定享受省部级以上劳动模范和先进工作者待遇。对受奖励的公务员集体酌情给予一次性奖金，作为工作经费由集体使用，原则上不得向公务员个人发放。公务员奖励所需经费，应当列入各部门预算，予以保障。给予公务员、公务员集体奖励，对于因同一事由已获得上级机关奖励的，下级机关不再重复奖励。

6.1.4　公务员奖励纪律与撤销

1. 公务员奖励纪律

严肃公务员奖励纪律，加强公务员奖励监督至关重要。对于违规公务员奖励，要严肃查处。对在公务员奖励工作中有徇私舞弊、弄虚作假、不按规定条件和程序进行奖励等违法违纪行为的人员，以及负有领导责任的人员和直接责任人，根据情节轻重，给予批评教育或处分；构成犯罪的，依法追究刑事责任。在公务员奖励过程中，要严格遵照《中华人民共和国公务员法》《公务员奖励规定（试行）》，依法开展，严格遵守奖励纪律。一是要严格控制奖励范围。奖励范围尽量面向基层公务员与公务员集体，对各级党政领导干部、领导班子的奖励要从严掌握。二是要严格遵循法定的奖励程序。不能违规审批、暗箱操作，更不能不经审批任意发放奖励。三是要严格遵守公务员奖励标准。四是要严格加强奖励经费管理。列支奖励经费时，要充分考虑本地区、本单位的实有编制人数，以及公务员工资数额。

2. 公务员奖励撤销

公务员奖励撤销，是指公务员获得奖励以后，若出现违反法定事由、程序、权限等违法乱纪情况，由有审批权限的机关取消其奖励，并收回获奖证书、奖章、奖品等，停止受奖者的相关待遇，并追究责任。

（1）撤销公务员奖励的条件。按照《中华人民共和国公务员法》《公务员奖励规定（试行）》，公务员或者公务员集体有下列情形之一的，撤销奖励：一是弄虚作假，骗取奖励的。二是申报奖励时隐瞒严重错误或者严重违反规定程序的。三是有严重违纪违法等行为，影响称号声誉的。四是有法律、法规规定应当撤销奖励的其他情形的。应当撤销奖励的其他情形，需参照《公务员奖励规定（试行）》《行政机关公务员处分条例》《中华人民共和国刑法》等法律法规，具体情况具体分析，依法确定。比如获得奖励后，受到开除处分、劳动教养或者刑事处罚的；擅自扩大奖励范围、提高待遇和奖励标准的；奖励活动造成铺张浪费的。

（2）撤销公务员奖励的效力。公务员奖励一旦被撤销，立即失效。撤销奖励，由原申报机关报请审批机关批准，并予以公布。如涉及国家秘密不宜公布的，经审批机关同意可不予公布。必要时也可由原审批机关直接撤销。公务员获得的奖励被撤销后，审批机关应当收回并公开注销其奖励证书、奖章，停止其享受的有关待遇，撤销奖励的决定存入公务员本人档案。公务员集体获得的奖励被撤销后，审批机关应当收回并公开注销其奖励证书和奖牌。

6.2 公务员纪律、监督与惩戒

党的十九大报告强调，要“构建党统一指挥、全面覆盖、权威高效的监督体系，把党内监督同国家机关监督、民主监督、司法监督、群众监督、舆论监督贯通起来，增强监督合力”。2018年3月20日，第十三届全国人民代表大会第一次会议审议通过《中华人民共和国监察法》，强调要“构建集中统一、权威高效的中国特色国家监察体制”。公务员纪律、监督与惩戒是反腐倡廉的重要举措，是新时代推进国家治理体系和治理能力现代化的必然要求。作为人民的“公仆”，公务员应当遵纪守法，严于律己，以身作则，全心全意为人民服务，自觉接受人民群众的监督。在推进社会主义政治文明建设过程中，要严明公务员纪律，建立健全公务员监督机制，依法依规加大对违法违纪者的惩戒力度。

6.2.1 公务员纪律、监督的内涵与制度演变

1. 公务员纪律与监督的内涵

公务员纪律，是指国家机关为维护公共利益，稳定公共组织秩序，实现公共组织目标，确保公共组织正常运转，保证公共管理工作正常开展而制定的，并要求所有公务员严格遵守的行为规范。公务员纪律是公务员义务的具体化，是公务员权利的基础，以公务员惩戒为保障。

公务员监督是指党政机关内部、外部等多元化公共权力监督主体依据相关法律法规、党内法规及其他规章制度，对公务员行为的合法性、合规性、合理性进行监察、察看和督导，以规范、约束公务员的公共管理行为及其言行举止。

《中华人民共和国公务员法》规定：“机关应当对公务员的思想政治、履行职责、作风表现、遵纪守法等情况进行监督，开展勤政廉政教育，建立日常管理监督制度。对公务员监督发现问题的，应当区分不同情况，予以谈话提醒、批评教育、责令检查、诫勉、组织调整、处分。对公务员涉嫌职务违法和职务犯罪的，应当依法移送监察机关处理。”

党的十九大报告强调：“要加强对权力运行的制约和监督，让人民监督权力，让权力

在阳光下运行，把权力关进制度的笼子。强化自上而下的组织监督，改进自下而上的民主监督，发挥同级相互监督作用，加强对党员领导干部的日常管理监督。”

延伸阅读

杨晶因严重违纪受到留党察看一年、行政撤职、降级处分

2018 年 2 月 24 日，新华社发布消息：“日前，经中共中央批准，中央纪律检查委员会对十八届中央书记处书记、国务委员兼国务院秘书长杨晶严重违纪问题立案审查。经查，杨晶同志严重违反政治纪律和政治规矩、廉洁纪律，长期与不法企业主、不法社会人员不当交往，为对方利用其职务影响实施违法行为、谋取巨额私利提供便利条件，其亲属收受对方财物。在审查中，杨晶同志能够认错、悔错。依据《中国共产党纪律处分条例》等有关规定，经中央纪委常委会会议研究并报中央政治局会议审议，决定给予杨晶同志留党察看一年、行政撤职处分，降为正部长级，按程序办理。”1953 年 12 月出生的杨晶，是十九大后首个被降级的副国级干部。杨晶是内蒙古准格尔旗人，1970 年参加工作后，在内蒙古自治区工作了 36 年。

2. 我国公务员纪律与监督的制度演变

党和国家历来重视干部纪律与惩戒。早在 1943 年 4 月 25 日，陕甘宁边区发布《陕甘宁边区各级政府干部奖惩暂行条例》，规定了干部惩戒的事由、类型、程序。新中国成立以来，党和政府逐渐探索干部纪律制度。1952 年，政务院根据《中国人民政治协商会议共同纲领》的指导性要求，草拟《国家机关工作人员奖惩暂行条例》。1952 年 11 月 8 日，政务院发布《关于国家机关工作人员行政处分批准程序的规定》。1953 年 10 月，政务院人民监察委员会、人事部联合发布《关于干部惩戒中几个问题的解答》。1954 年 1 月，政务院发布《关于撤销国家机关工作人员行政处分暂行办法》。1954 年 3 月，政务院人民监察委员会再次发布《关于惩戒工作中应注意的几个问题》。1957 年 10 月，国务院发布经第一届全国人大常委会第八十二次会议批准通过的《国务院关于国家行政机关工作人员的奖惩暂行规定》，规定国家行政机关工作人员纪律的内容，以及处分类型、程序、权限、范围等。此后，监察部于 1958 年 6 月发布《〈关于国家行政机关工作人员的奖惩暂行规定〉中几个问题的解答》，内务部于 1964 年 4 月下发《〈关于国家行政机关工作人员的奖惩暂行规定〉中若干问题的解答》，劳动人事部于 1982 年 10 月下发《〈关于国家行政机关工作人员的奖惩暂行规定〉中几个问题的解答》。

1993 年出台的《国家公务员暂行条例》，明确规定公务员应当遵守的 14 条纪律。1997 年 5 月 9 日，第八届全国人民代表大会常务委员会第二十五次会议审议通过《中华人民共和国行政监察法》。2002 年，人事部发布《国家公务员行为规范》。2004 年 9 月 6 日，国务院第六十三次常务会议审议通过《中华人民共和国行政监察法实施条例》。2005 年出台的《中华人民共和国公务员法》进一步完善了公务员纪律与惩戒制度。2007 年 4 月，国务院下发《行政机关公务员处分条例》，规定了行政处分种类和适用、违法违纪行为及其适

用的处分、处分权限、处分程序、不服处分的申诉等内容。

2012年12月4日，中共中央政治局审议通过《关于改进工作作风、密切联系群众的八项规定》。《中国共产党章程》指出，要“不断完善党内监督体系”，“深入推进党风廉政建设和反腐败斗争，以零容忍态度惩治腐败，构建不敢腐、不能腐、不想腐的有效机制”。党员干部要严格遵守《中国共产党章程》《中国共产党廉洁自律准则》《中国共产党纪律处分条例》《关于新形势下党内政治生活的若干准则》《中国共产党重大事项请示报告条例》等党内法规。《中国共产党问责条例》《中国共产党党内监督条例》《中国共产党巡视工作条例》《中国共产党纪律检查机关监督执纪工作规则》《干部人事档案工作条例》等对党内监督进一步细化。

2018年3月20日，第十三届全国人大一次会议表决通过《中华人民共和国监察法》，以加强对所有行使公权力的公职人员的监督，实现国家监察全面覆盖，深入开展反腐败工作，推进国家治理体系和治理能力现代化。2018年4月6日，中共中央纪委、国家监察委员会印发《公职人员政务处分暂行规定》，以规范监察机关的政务处分工作。2019年5月，中共中央办公厅印发《干部选拔任用工作监督检查和责任追究办法》。2019年1月31日印发的《中共中央关于加强党的政治建设的意见》强调，要“扎紧不能腐的笼子，健全党和国家监督体系”。《法治政府建设与责任落实督察工作规定》《关于加强和改进中央和国家机关党的建设的意见》《重大行政决策程序暂行条例》《党政主要领导干部和国有企事业单位主要领导人员经济责任审计规定》《中国共产党党内法规执行责任制规定（试行）》等也对公务员监督尤其是党政领导干部监督工作提出了相应的要求。2019年8月22日，第十三届全国人大常委会第十二次会议对《中华人民共和国公职人员政务处分法（草案）》进行审议，该法旨在规范政务处分，强化对行使公权力的公职人员的监督，实现党纪与国法的有效衔接，推进政务处分法治化、规范化。

6.2.2 公务员纪律与监督的内容

结合《中华人民共和国宪法》《中华人民共和国公务员法》《行政机关公务员处分条例》《中国共产党纪律处分条例》《中华人民共和国监察法》《中共中央关于加强党的政治建设的意见》《中国共产党党内监督条例》《关于新形势下党内政治生活的若干准则》《中国共产党章程》《中国共产党问责条例》等相关法律法规、党内法规、规定，可以将我国公务员纪律归纳为政治纪律、工作纪律、廉政纪律、道德纪律等。

1. 政治纪律与监督

政治纪律，是指公务员在政治方面应当遵守的行为规范。《关于新形势下党内政治生活的若干准则》强调：“党要管党必须从党内政治生活管起，从严治党必须从党内政治生活严起。”《中国共产党纪律处分条例》明确规定了对违反政治纪律行为的处分。公务员政治纪律主要包括以下几个方面：

（1）不得散布有损宪法权威、中国共产党和国家声誉的言论，组织或者参加旨在反对宪法、中国共产党领导和国家的集会、游行、示威等活动。散布有损宪法权威、中国共产党和国家声誉的言论，是指公务员采用非法方式，当众肆意诋毁或攻击宪法、中国共产党以及国家的路线、方针、政策，造成恶劣影响的行为。

（2）不得组织或者参加非法组织，组织或者参加罢工。公民享有宪法规定的结社自由，可以依法组织、参加合法的社会团体。公务员要增强政治鉴别力，不能策划、组织、参加、指挥非法组织。罢工，是指员工主动停止本职工作，或唆使、动员、组织其他人员或集体停止工作的行为。公务员应当恪尽职守，不得组织和参加罢工。

（3）不得挑拨、破坏民族关系，参加民族分裂活动或者组织、利用宗教活动破坏民族团结和社会稳定。《中华人民共和国宪法》规定，“禁止对任何民族的歧视和压迫，禁止破坏民族团结和制造民族分裂的行为”。《中国共产党纪律处分条例》规定：“从事、参与挑拨破坏民族关系制造事端或者参加民族分裂活动的，对策划者、组织者和骨干分子，给予开除党籍处分。对其他参加人员，情节较轻的，给予警告或者严重警告处分；情节较重的，给予撤销党内职务或者留党察看处分；情节严重的，给予开除党籍处分。对不明真相被裹挟参加，经批评教育后确有悔改表现的，可以免予处分或者不予处分。有其他违反党和国家民族政策的行为，情节较轻的，给予警告或者严重警告处分；情节较重的，给予撤销党内职务或者留党察看处分；情节严重的，给予开除党籍处分。”

（4）不得违反有关规定参与禁止的网络传播行为或者网络活动。公务员应严格规范和约束自身网络行为。2017年6月1日，《中华人民共和国网络安全法》《互联网新闻信息服务管理规定》《互联网新闻信息服务许可管理实施细则》施行，从法律、制度层面净化网络环境。2018年12月，国务院办公厅下发《关于推进政务新媒体健康有序发展的意见》，规范转载发布工作。《中国共产党纪律处分条例》规定，通过网络、广播、电视、报刊、传单、书籍等，或利用讲座、论坛、报告会、座谈会等方式，有下列行为之一，情节较轻的，给予警告或者严重警告处分；情节较重的，给予撤销党内职务或者留党察看处分；情节严重的，给予开除党籍处分：第一，公开发表违背四项基本原则，违背、歪曲党的改革开放决策，或其他有严重政治问题的文章、演说、宣言、声明等。第二，妄议党中央大政方针，破坏党的集中统一。第三，丑化党和国家形象，或者诋毁、诬蔑党和国家领导人、英雄模范，或者歪曲党的历史、中华人民共和国历史、人民军队历史。第四，发布、播出、刊登、出版前款所列内容或者为上述行为提供方便条件的，对直接责任者和领导责任者给予严重警告或者撤销党内职务处分；情节严重的，给予留党察看或者开除党籍处分。

2. 工作纪律与监督

工作纪律，是指公务员在行使公共权力、履行公共管理职能、执行公务时必须遵守的行为规范。主要包括以下几个方面：

（1）不得不担当，不作为，玩忽职守，贻误工作。不担当，不作为，玩忽职守，贻误工作，是指公务员在工作中不负责任，不履行或不认真履行工作职责，办事拖拉、草率，作风散漫，行政效率低下，给工作造成不必要的损失。习近平总书记指出，“权力监督的目的是保证公权力正确行使，更好促进干部履职尽责、干事创业。既要管住乱用滥用权力的渎职行为，又要管住不用弃用权力的失职行为，整治不担当、不作为、慢作为、假作为，注意保护那些敢于负责、敢于担当作为的干部，对那些受到诬告陷害的干部要及时予以澄清，形成激浊扬清、干事创业的良好政治生态”。

（2）不得拒绝执行上级依法作出的决定和命令。按照《中华人民共和国公务员法》，公务员不得拒绝执行上级依法作出的决定和命令。但是，公务员执行公务时，认为上级的决定或者命令有错误的，可以向上级提出改正或者撤销该决定或者命令的意见、建议；上级不改变该决定或者命令，或者要求立即执行的，公务员应当执行该决定或者命令，执行的后果由上级负责，公务员不承担责任；但是，公务员执行明显违法的决定或者命令的，应当依法承担相应的责任。《关于新形势下党内政治生活的若干准则》规定，必须坚决维护党中央权威、保证全党令行禁止。必须坚持党员个人服从党的组织，少数服从多数，下级组织服从上级组织，全党各个组织和全体党员服从党的全国代表大会和中央委员会。必须牢固树立政治意识、大局意识、核心意识、看齐意识，自觉在思想上政治上行动上同党中央保持高度一致。

（3）不得对批评、申诉、控告、检举进行压制或者打击报复。按照《中华人民共和国宪法》，“对于公民的申诉、控告或者检举，有关国家机关必须查清事实，负责处理。任何人不得压制和打击报复”。《中华人民共和国公务员法》强调，我国公务员享有“对机关工作和领导人员提出批评和建议”的权利。按照《中华人民共和国刑法》，国家机关工作人员对控告人、申诉人、批评人、举报人实行报复陷害的，处二年以下有期徒刑或者拘役；情节严重的，处二年以上七年以下有期徒刑。《中国共产党章程》明确了党员享有“向党的上级组织直至中央提出请求、申诉和控告，并要求有关组织给以负责的答复”的权利。按照《中国共产党纪律处分条例》，有下列行为之一的，给予警告或者严重警告处分；情节较重的，给予撤销党内职务或者留党察看处分；情节严重的，给予开除党籍处分：第一，对批评、检举、控告进行阻挠、压制，或者将批评、检举、控告材料私自扣压、销毁，或者故意将其泄露给他人的；第二，对党员的申辩、辩护、作证等进行压制，造成不良后果的；第三，压制党员申诉，造成不良后果的，或者不按照有关规定处理党员申诉的；第四，有其他侵犯党员权利行为，造成不良后果的。对批评人、检举人、控告人、证人及其他人员打击报复的，依照前款规定从重或者加重处分。党组织有上述行为的，对直接责任者和领导责任者，依规处理。

（4）不得弄虚作假，误导、欺骗领导和公众。在公共管理过程中，公务员应当严格遵守客观规律，依法行政，做老实人，说老实话，办老实事，不得弄虚作假、虚报浮夸，更不得瞒上欺下。《关于新形势下党内政治生活的若干准则》强调，凡因弄虚作假、隐瞒实情给党和人民事业造成重大损失的，凡因弄虚作假、隐瞒实情骗取荣誉、地位、奖励或其他利益的，凡因纵容、唆使、暗示或强迫下级弄虚作假、隐瞒实情的，都要依纪依规严肃问责追责。按照《中国共产党纪律处分条例》，弄虚作假、欺上瞒下、损害群众利益行为的，对直接责任者和领导责任者，情节较重的，给予警告或者严重警告处分；情节严重的，给予撤销党内职务或者留党察看处分。在干部、职工的录用、考核、职务职级晋升、职称评定和征兵、安置复转军人等工作中，隐瞒、歪曲事实真相，或者利用职权或者职务职级上的影响违反有关规定为本人或者其他人谋取利益的，给予警告或者严重警告处分；情节较重的，给予撤销党内职务或者留党察看处分；情节严重的，给予开除党籍处分。弄虚作假，骗取职务、职级、职称、待遇、资格、学历、学位、荣誉或者其他利益的，依照前款规定处理。

(5) 不得滥用职权，侵害公民、法人或者其他组织的合法权益。任何组织或者个人都不得有超越宪法和法律的特权。公务员在行使职权过程中，既不得肆意僭越公共管理权限，也不得滥用行政自由裁量权。公务员不得滥用职权，侵害公民、法人或者其他组织的合法权益。按照《中华人民共和国刑法》所规定的“渎职罪”，国家机关工作人员滥用职权或者玩忽职守，致使公共财产、国家和人民利益遭受重大损失的，处三年以下有期徒刑或者拘役；情节特别严重的，处三年以上七年以下有期徒刑。《中国共产党纪律处分条例》规定，党组织在纪律审查中发现党员有贪污贿赂、失职渎职等刑法规定的行为涉嫌犯罪的，应当给予撤销党内职务、留党察看或者开除党籍处分。

(6) 不得泄露国家秘密或者工作秘密。国家秘密是关系国家的安全和利益，依照法定程序确定，在一定时间内只限一定范围的人员知悉的事项，国家秘密的密级分为“绝密”“机密”“秘密”三级。工作秘密，是指为了工作需要，由国家机关按照一定的工作程序确定，并只限一定范围内的工作人员知悉的事项。公务员处于特定的公共管理职位，应当严格遵守保密纪律，不得泄露国家秘密或者工作秘密。按照《中华人民共和国刑法》，国家机关工作人员违反保守国家秘密法的规定，故意或者过失泄露国家秘密，情节严重的，处三年以下有期徒刑或者拘役；情节特别严重的，处三年以上七年以下有期徒刑。《关于新形势下党内政治生活的若干准则》强调，党员“不准泄露党和国家秘密”。《中国共产党纪律处分条例》规定，泄露、扩散或者窃取党组织关于干部选拔任用、纪律审查等尚未公开事项或者其他应当保密的内容的，给予警告或者严重警告处分；情节较重的，给予撤销党内职务或者留党察看处分；情节严重的，给予开除党籍处分。

(7) 在对外交往中不得损害国家荣誉和利益。《中华人民共和国宪法》规定：“中华人民共和国公民有维护祖国的安全、荣誉和利益的义务，不得有危害祖国的安全、荣誉和利益的行为。”公务员必须严格遵守外事工作纪律，不得有损害国家荣誉和利益的行为。《中国共产党纪律处分条例》规定，驻外机构或者临时出国（境）团（组）中的党员擅自脱离组织，或者从事外事、机要、军事等工作的党员违反有关规定同国（境）外机构、人员联系和交往的，给予警告、严重警告或者撤销党内职务处分；驻外机构或者临时出国（境）团（组）中的党员，脱离组织出走时间不满六个月又自动回归的，给予撤销党内职务或者留党察看处分；脱离组织出走时间超过六个月的，按照自行脱党处理，党内予以除名；故意为他人脱离组织出走提供方便条件的，给予警告、严重警告或者撤销党内职务处分。

(8) 不得旷工或者因公外出、请假期满无正当理由逾期不归。按照《中华人民共和国公务员法》的规定，公务员旷工或者因公外出、请假期满无正当理由逾期不归连续超过15天，或者一年内累计超过30天的，应当辞退。公务员应当严格遵守单位的考勤、工时、休假制度，按时上下班，不迟到、不早退、不旷工。

3. 廉洁纪律与监督

廉洁纪律，是指公务员应遵守的公共财务和财政纪律，以及廉洁从政方面的行为规范。《中国共产党廉洁自律准则》明确了党员及党员领导干部廉洁自律规范。党的十九大报告强调，要“强化不敢腐的震慑，扎牢不能腐的笼子，增强不想腐的自觉，通过不懈努力换来海晏河清、朗朗乾坤”。

（1）不得贪污贿赂，利用职务之便为自己或者他人谋取私利。2007年，中央纪委颁发《关于严格禁止利用职务上的便利谋取不正当利益的若干规定》。按照《中华人民共和国刑法》，国家工作人员利用职务上的便利，侵吞、窃取、骗取或者以其他手段非法占有公共财物的，是贪污罪。国家工作人员利用职务上的便利，索取他人财物的，或者非法收受他人财物，为他人谋取利益的，是受贿罪。为谋取不正当利益，给予国家工作人员以财物的，是行贿罪。党的十九大报告强调："要坚持无禁区、全覆盖、零容忍，坚持重遏制、强高压、长震慑，坚持受贿行贿一起查，坚决防止党内形成利益集团。"《中国共产党纪律处分条例》规定，党组织在纪律审查中发现党员有贪污贿赂、失职渎职等刑法规定的行为涉嫌犯罪的，应当给予撤销党内职务、留党察看或者开除党籍处分。利用职权或者职务上的影响为他人谋取利益，本人的配偶、子女及其配偶等亲属和其他特定关系人收受对方财物，情节较重的，给予警告或者严重警告处分；情节严重的，给予撤销党内职务、留党察看或者开除党籍处分。要严肃查处贪污贿赂案件，给予违法乱纪者相应政纪党纪处分，必要时追究刑事责任。

（2）不得违反财经纪律，浪费国家资财。公务员应当严格遵守法定的公共财政与财务制度，节约国家资财，提高机关效能。公务员不得违反财经纪律，浪费国家资财。

（3）不得从事或者参与营利性活动，在企业或者其他营利性组织中兼任职务。作为公共管理者，公务员应当忠于职守，全心全意为人民服务，不得从事或者参与营利性活动，不得在企业或者其他营利性组织中兼任职务。《中华人民共和国公务员法》规定："公务员因工作需要在机关外兼职，应当经有关机关批准，并不得领取兼职报酬。"公务员应当严格遵守《关于严格禁止利用职务上的便利谋取不正当利益的若干规定》，不得利用职权和职务上的影响谋取不正当利益，不得利用职权和职务上的影响为亲属及身边工作人员谋取利益。《中国共产党纪律处分条例》规定，违反有关规定从事营利活动，有下列行为之一，情节较轻的，给予警告或者严重警告处分；情节较重的，给予撤销党内职务或者留党察看处分；情节严重的，给予开除党籍处分：经商办企业的，拥有非上市公司（企业）的股份或者证券的，买卖股票或者进行其他证券投资的，从事有偿中介活动的，在国（境）外注册公司或者投资入股的，有其他违反有关规定从事营利活动的。利用职权或者职务职级上的影响，为本人配偶、子女及其配偶等亲属和其他特定关系人的经营活动谋取利益的，依前款规定处理。违反有关规定在经济实体、社会团体等单位兼职，或经批准兼职但获取薪酬、奖金、津贴等额外利益的，依前款处理。

4. 道德纪律与监督

道德纪律，是指作为公共管理者的公务员应遵守的个人品德、政治道德、职业道德、社会公德等。主要内容包括以下几个方面：

（1）不得参与或者支持色情、吸毒、赌博、迷信等活动。色情、吸毒、赌博、迷信等活动，严重败坏社会风气，扰乱社会治安，危及社会稳定。作为公共管理者，公务员应当洁身自爱，率先垂范，遵纪守法，不得参与或者支持色情、吸毒、赌博、迷信等活动。

按照《中国共产党纪律处分条例》，生活奢靡、贪图享乐、追求低级趣味，造成不良影响的，给予警告或者严重警告处分；情节严重的，给予撤销党内职务处分；与他人发生不正当性关系，造成不良影响的，给予警告或者严重警告处分；情节较重的，给予撤销党内职务或者留党察看处分；情节严重的，给予开除党籍处分；利用职权、教养关系、从属关系或者其他相类似关系与他人发生性关系的，依照前款规定从重处分。

按照《中国共产党纪律处分条例》，对组织或参加迷信活动的党员的处分：第一，组织迷信活动的，给予撤销党内职务或者留党察看处分；情节严重的，给予开除党籍处分。第二，参加迷信活动，造成不良影响的，给予警告或者严重警告处分；情节较重的，给予撤销党内职务或者留党察看处分；情节严重的，给予开除党籍处分。第三，对不明真相的参加人员，经批评教育后确有悔改表现的，可以免予处分或者不予处分。

（2）不得违反职业道德、社会公德和家庭美德。公务员职业道德，是指公务员在公共管理过程中应遵守的行为准则，要大力倡导以“爱岗敬业、诚实守信、办事公道、服务群众、奉献社会、廉洁奉公、遵纪守法”为主要内容的职业道德，鼓励公务员争做“人民的公仆”“人民满意的公务员”。社会公德是全体公民在社会交往和公共生活中应该遵循的行为准则，要大力倡导以“文明礼貌、助人为乐、爱护公物、保护环境、遵纪守法”为主要内容的社会公德。倡导“富强、民主、文明、和谐、自由、平等、公正、法治、爱国、敬业、诚信、友善”，积极培育和践行社会主义核心价值观，贯彻落实“八荣八耻”的社会主义荣辱观，鼓励公务员争做有社会责任感的“好公民”。《关于新形势下党内政治生活的若干准则》规定，领导干部特别是高级干部必须带头践行社会主义核心价值观，继承和发扬党的优良传统和作风，弘扬中华民族传统美德，讲修养、讲道德、讲诚信、讲廉耻，养成共产党人的高风亮节，自觉远离低级趣味。《中国共产党党内监督条例》规定，党的领导干部应当“加强党性修养，陶冶道德情操，永葆共产党人政治本色”。

《中国共产党纪律处分条例》规定，党组织和党员违反党章和其他党内法规，违反国家法律法规，违反党和国家政策，违反社会主义道德，危害党、国家和人民利益的行为，依照规定应当给予纪律处理或者处分的，都必须受到追究。

《中国共产党纪律处分条例》规定，违背社会公序良俗，在公共场所有不当行为，造成不良影响的，给予警告或者严重警告处分；情节较重的，给予撤销党内职务或者留党察看处分；情节严重的，给予开除党籍处分。有其他严重违反社会公德、家庭美德行为的，应当视具体情节给予警告直至开除党籍处分。

公务员不得有违反宪法、法律与纪律的其他行为。公务员纪律是对公务员义务的具体化，同公务员义务无法完全列举一样，对公务员纪律也无法全部列出。国家法律与规定中对公务员的行为规范作出其他要求的，公务员也应当遵守。此外，法院、检察院、公安机关等部门的工作人员，因工作性质、工作任务及身份、职位特点，既要遵守《中华人民共和国监察法》《中华人民共和国公务员法》中所规定的普适性纪律，也要遵循相关专项法规所规定的特殊性纪律。法官要严格遵守《中华人民共和国法官法》《人民法院工作人员处分条例》《中华人民共和国法官职业道德基本准则》，检察官要严格遵守《中华人民共和国检察官法》《检察人员纪律处分条例（试行）》《中华人民共和国检察官职业道德基本准则（试行）》，公安机关工作人员要严格遵守《公安机关人民警察纪律条令》《公安机关人民警察职业道德规范》。

延伸阅读

严书记“火”了，被判了十年

“严书记”舆情风波始于2018年5月10日。某幼稚园分管大C班的陈姓老师在大C班家长的微信群里连发信息并抱怨称“以后放学那会严某某单独坐”“或者周围的人给她清空，她单独坐一边”“真的是够了”；当晚，严某某的妈妈李向阳在群里发消息要求陈老师道歉并表示将通知其集团领导，并表示学校将开除陈老师。李向阳过往的一些发言也被翻出，舆情发酵，“严书记”迅速成为网络热词。5月12日，网上出现署名为“广安市委副书记严春风”写给四川省委组织部的情况说明，称其已与涉事幼童的母亲离婚，对相关情况不知晓。5月18日，四川省纪委监委发布消息称，严春风涉嫌严重违纪违法，正接受纪律审查和监察调查。11月，四川省纪委监委对严春风严重违纪违法问题进行立案审查调查。经查，严春风违反政治纪律、组织纪律、廉洁纪律、生活纪律，涉嫌受贿犯罪，省纪委决定给予严春风开除党籍处分，由省监委给予其开除公职处分。最高人民检察院于12月27日发布消息称，严春风涉嫌受贿罪一案，由德阳市人民检察院依法向德阳市中级人民法院提起公诉，起诉书指控，被告人严春风依法应当以受贿罪追究其刑事责任。2019年8月2日，德阳市中级人民法院一审公开宣判严春风受贿案，对被告人严春风以受贿罪判处有期徒刑十年，处罚金人民币60万元；对严春风受贿所得财物及孳息，依法追缴，上缴国库。严春风当庭表示认罪服判，不上诉。经审理查明：2001年至2018年，被告人严春风利用职务上的便利，索取或非法收受他人财物共计折合人民币572.9万余元。

资料来源：“严书记”受贿案宣判：有期徒刑十年　罚60万.（2019-08-02）. http://society.people.com.cn/n1/2019/0802/c1008—31273018.html.

6.2.3　行政处分、政务处分

1. 行政处分、政务处分的含义与原则

（1）行政处分的含义与原则。

2007年4月，国务院颁发《行政机关公务员处分条例》。行政处分，是指国家机关对违反法律、法规、规章以及行政机关的决定和命令的公务员，按照法定条件和程序进行行政性制裁。公务员行政处分应当以事实为依据，以法律为准绳。公务员一旦违反纪律，将根据其情节轻重，予以相应行政处分。

按照《中华人民共和国公务员法》《行政机关公务员处分条例》，给予行政机关公务员处分，应当坚持以下原则：一是公正、公平；二是教育与惩处相结合；三是事实清楚，证据确凿；四是定性准确，处理恰当；五是程序合法，手续完备。

（2）政务处分的含义与原则。

政务处分是国家监察机关、任免机关、单位等处分决定机关、单位依据《中华人民共和国监察法》等法律、法规、国务院决定和规章，针对所有行使公权力的公职人员的违法违规行为所给予的纪律处分和惩戒。

公职人员有违法违规行为应当承担法律责任的，在国家有关公职人员政务处分的法律出台前，监察机关可以根据被调查的公职人员的具体身份，依照相关法律、法规、国务院决定和规章对违法行为及其适用处分的规定给予政务处分。2019 年 10 月 8 日，中国人大网公布的《中华人民共和国公职人员政务处分法（草案）》规定，“公职人员有违法行为，需要给予政务处分的，由处分决定机关、单位依照本法给予政务处分”，“处分决定机关、单位包括任免机关、单位和监察机关”。按照《中华人民共和国公务员法》规定，“公务员因违纪违法应当承担纪律责任的，依照本法给予处分或者由监察机关依法给予政务处分”。

给予公职人员政务处分应当坚持法律面前一律平等，依法依规；坚持实事求是、公平公正，做到事实清楚、证据确凿、定性准确、处理恰当、程序合法、手续完备；坚持民主集中制，集体讨论决定；坚持惩前毖后、治病救人方针，与违法行为的性质、情节、危害程度相适应；坚持党管干部，坚持党的领导，严格按照管理权限履行批准手续。

2. 行政处分、政务处分的种类、期限与结果

（1）行政处分、政务处分的种类。《中华人民共和国公务员法》和《行政机关公务员处分条例》将行政处分种类分为警告、记过、记大过、降级、撤职、开除。参考《关于国家公务员纪律惩戒有关问题的通知》以及《行政机关公务员处分条例》等，对于违法违纪公务员可作出如下处理：第一，违纪情节较重，给国家和人民利益造成一定损失或不良后果的，给予记大过以下处分；第二，违纪情节严重，给国家和人民利益造成重大损失或严重后果的，给予降级以上处分；第三，对触犯刑律，构成犯罪的，移交司法机关追究刑事责任。

监察机关对违法的公职人员可依法作出警告、记过、记大过、降级、撤职、开除等政务处分决定。公职人员中的中共党员严重违犯党纪涉嫌犯罪的，应当由党组织先作出党纪处分决定，并由监察机关依法给予政务处分后，再依法追究其刑事责任。非中共党员的公职人员涉嫌犯罪的，应当先由监察机关依法给予政务处分，再依法追究其刑事责任。公职人员中的中共党员先依法受到行政处罚和刑事责任追究的，党组织、监察机关可以根据生效的行政处罚决定和司法机关的生效判决、裁定、决定及其认定的事实、性质和情节，依纪依法给予党纪、政务处分。

（2）行政处分、政务处分的期限。行政处分、政务处分的期限是指公务员受到处分后，影响其考核结果、职务职级与级别晋升、工资档次提升、奖金发放等事项的时间跨度，即所受处分的延续时间。公务员受处分的期限为：警告，6 个月；记过，12 个月；记大过，18 个月；降级、撤职，24 个月。公务员同时有两种以上需要给予处分的行为的，应当分别确定其处分；应当给予的处分种类不同的，执行其中最重的处分；应当给予撤职以下多个相同种类处分的，执行该处分，并在一个处分期以上、多个处分期之和以下，决定处分期；公务员在受处分期间受到新的处分的，其处分期为原处分期尚未执行的期限与新处分期限之和。处分期最长不得超过 48 个月。

（3）行政处分、政务处分的结果。按照《中华人民共和国公务员法》《行政机关公务员处分条例》等，公务员在受处分期间不得晋升职务、职级和级别，其中，受记过、记大过、降级、撤职处分的，不得晋升工资档次；受撤职处分的，应当按照规定降低级别。公务员受开除处分的，自处分决定生效之日起，解除其与单位的人事关系，不得再担任公务员职务、职级。公务员在执行公务中违反纪律造成严重后果，主管领导负有责任的，在给予当事人处分的同时，应追究主管领导的责任，必要时可给予撤职以下处分。有违法违纪行为应当受到处分的公务员，在处分决定机关作出处分决定前已经退休的，不再给予处分；但是，依法应当给予降级、撤职、开除处分的，应当按照规定相应降低或者取消其享受的待遇。公职人员违法取得的财物和用于违法的财物，除依法应当由其他机关没收、追缴或者责令退赔的，由监察机关没收、追缴或者责令退赔。违法取得的财物应当退还原所有人或者原持有人的，予以退还；属于国家财产以及不应当退还或者无法退还原所有人或者原持有人的，上缴国库。

《中华人民共和国公务员法》规定："违纪违法行为情节轻微，经批评教育后改正的，可以免予处分。对同一违纪违法行为，监察机关已经作出政务处分决定的，公务员所在机关不再给予处分。"

3. 行政处分、政务处分的程序、复核与申诉

（1）行政处分、政务处分的程序。行政处分程序，是指具有处分权限的国家机关在行使处分权力、处理公务员违法违纪行为时应当遵循的手续和步骤。结合《中华人民共和国公务员法》《行政机关公务员处分条例》《中华人民共和国监察法》等法律法规，公务员行政处分程序主要包括：第一，初步调查。由任免机关有关部门对需要调查处理的事项进行初步调查。第二，立案。经初步调查，认为该公务员涉嫌违法违纪，需要进一步查证的，报任免机关负责人批准后立案。第三，进一步调查取证，形成书面调查材料。第四，听取公务员的陈述和申辩。第五，经任免机关领导成员集体讨论，作出对该公务员给予处分、免予处分或者撤销案件的决定。第六，通知并公布处分决定，资料归档。

监察机关经过调查、审理，决定给予公职人员政务处分或者免予处分的，按照下列程序办理：第一，将调查认定的事实及拟给予政务处分的依据告知被调查的公职人员，听取其陈述和申辩，并对其陈述的事实、理由和证据进行复核，记录在案。被调查的公职人员提出的事实、理由和证据成立的，应予采信。第二，按照处分决定权限，履行审批手续后作出对该公职人员给予处分或者免予处分的决定。第三，印发政务处分决定。第四，将政务处分决定送达受处分人和所在单位，并在一定范围内宣布。第五，对于受到降级以上政务处分的，应当在一个月内办理职务、工资及其他有关待遇等相应变更手续。第六，将政务处分决定存入受处分公职人员的档案。第七，监察机关对本级党委管理的公职人员依法作出政务处分决定后，除送达受处分人所在单位执行外，还应当根据受处分人的具体身份函告相应的机关或者群团组织等单位。受处分人系民主党派和无党派人士的，同时函告本级党委统战部以及相应的民主党派机关或者相关单位。公职人员受到开除处分后，其本人档案按照国家有关规定转递管理。

（2）行政处分、政务处分的复核与申诉。受到处分的公务员对处分决定不服的，依照《中华人民共和国公务员法》《中华人民共和国监察法》《行政机关公务员处分条例》等有关法规，可申请复核或申诉。复核、申诉期间，不停止处分执行。公务员不因提出复核、申诉、申辩而被加重处分。复核、申诉受理机关应当以事实为依据，以法律为准绳，依法作出相应决定：第一，有下列情形之一的，受理公务员复核、申诉的机关应当撤销处分决定，重新作出决定或者责令原处分决定机关重新作出决定：处分所依据的违法违纪事实证据不足的；违反法定程序，影响案件公正处理的；作出处分决定超越职权或者滥用职权的。第二，有下列情形之一的，受理公务员复核、申诉的机关应当变更处分决定，或者责令原处分决定机关变更处分决定：适用法律、法规、规章或者国务院决定错误的，对违法违纪行为的情节认定有误的。

对公职人员不服政务处分决定的复审、复核，按照《中华人民共和国监察法》的规定办理。变更、撤销政务处分的情形和法律后果，根据受处分的公职人员的具体身份，依照或者参照《行政机关公务员处分条例》《事业单位工作人员处分暂行规定》等规定执行。

4. 解除公务员处分

解除公务员处分，是指国家机关对给予撤职以下处分的公务员一定的考验期限，在考验期内，受处分的公务员没有新的违反纪律行为的，考验期满后，可以解除处分。根据《中华人民共和国公务员法》《行政机关公务员处分条例》等，公务员受开除以外的处分，在受处分期间有悔改表现，并且没有再发生违纪违法行为的，处分期满后自动解除。解除处分后，晋升工资档次、级别、职务、职级不再受原处分的影响，但解除降级、撤职处分的，不视为恢复原级别、职务与职级。

中共中央办公厅于 2018 年 5 月下发的《关于进一步激励广大干部新时代新担当新作为的意见》，要求按照建立健全容错纠错机制，宽容干部在改革创新中的失误错误，把干部在推进改革中因缺乏经验、先行先试出现的失误错误，同明知故犯的违纪违法行为区分开来；把尚无明确限制的探索性试验中的失误错误，同明令禁止后依然我行我素的违纪违法行为区分开来；把为推动发展的无意过失，同为谋取私利的违纪违法行为区分开来。一些地方政府为激励干部担当作为，也纷纷出台关于容错纠错的地方性政策法规，比如湖南省委办公厅于 2019 年 7 月印发《关于建立容错纠错机制激励干部担当作为的办法（试行）》。

6.2.4　中国共产党党纪处分

党的十九大报告强调，“当前，反腐败斗争形势依然严峻复杂，巩固压倒性态势、夺取压倒性胜利的决心必须坚如磐石”，“全面从严治党永远在路上”。要深刻认识党面临的执政考验、改革开放考验、市场经济考验、外部环境考验的长期性和复杂性，深刻认识党面临的精神懈怠危险、能力不足危险、脱离群众危险、消极腐败危险的尖锐性和严峻性，坚持问题导向，保持战略定力，推动全面从严治党向纵深发展。2018 年 12 月 13 日召开的中共中央政治局会议强调，反腐败斗争取得压倒性胜利，全面从严治党取得重大成果；反腐败斗争形势依然严峻复杂，全面从严治党依然任重道远，必须将“严”字长期坚持下去。要持之以恒正风肃纪，健全党和国家监督体系，夺取反腐败斗争压倒性胜利。2019 年 12 月 6 日召开的中共中央政治局会议强调，纪检监察工作要以习近平新时代中国特色社会主义思想为指导，深入贯彻党的十九大和十九届二中、三中、四中全会精神，增强“四个意识”，坚定“四个自信”，做到“两个维护”，协助党委深化全面从严治党，坚持和完善党和国家监督体系，强化对权力运行的制约和监督，一体推进不敢腐、不能腐、不想腐。

1. 党纪处分的含义与原则

（1）党纪处分的含义。党纪处分是由党的纪律检查机关依据《中国共产党章程》《中国共产党纪律处分条例》《中国共产党党内监督条例》《中国共产党问责条例》等党内法规，对违纪的中共党员或党组织所作出的党内处理。党的纪律是党的各级组织和全体党员必须遵守的行为规则。

（2）党纪处分的原则。第一，党要管党、从严治党。第二，党纪面前一律平等。第三，实事求是。第四，民主集中制。第五，惩前毖后、治病救人。

2. 党纪处分的种类、期限与结果

（1）党纪处分的种类。对党员的纪律处分种类包括警告、严重警告、撤销党内职务、留党察看、开除党籍，对严重违犯党纪的党组织的纪律处理措施包括改组、解散。

按党纪处分的内容，可将党纪处分分为对违反政治纪律行为的处分、对违反组织纪律行为的处分、对违反廉洁纪律行为的处分、对违反群众纪律行为的处分、对违反工作纪律行为的处分、对违反生活纪律行为的处分等。

（2）党纪处分的期限与结果。党员受到警告处分一年内、受到严重警告处分一年半内，不得在党内提升职务和向党外组织推荐担任高于其原任职务的党外职务。撤销党内职务处分，是指撤销受处分党员由党内选举或者组织任命的党内职务。留党察看处分，分为留党察看一年、留党察看两年。党员受到开除党籍处分，五年内不得重新入党。

对于严重违犯党纪、本身又不能纠正的党组织领导机构，应当予以改组。对于全体或者多数党员严重违犯党纪的党组织，应当予以解散。

3. 党纪处分程序、复核与申诉

（1）党纪处分的程序。

《中国共产党纪律检查机关监督执纪工作规则》规定了党纪处分程序，具体包括线索处置、谈话函询、初步核实、审查调查、审理等。实施党纪处分，应当按照规定程序经党组织集体讨论决定，不允许任何个人或者少数人擅自决定和批准。

要运用监督执纪“四种形态”。经常开展批评和自我批评、约谈函询，让“红红脸、出出汗”成为常态，让党纪轻处分、组织调整成为违纪处理的大多数，让党纪重处分、重大职务调整的成为少数，让严重违纪涉嫌违法立案审查的成为极少数。

（2）党纪处分的复核与申诉。

对不服处分决定的申诉，应当由批准处分的党委或者纪检机关受理；需要复议复查的，由纪检机关相关负责人批准后受理。申诉办理部门成立复查组，调阅原案案卷，必要时可以调查取证；经集体研究后，提出办理意见，报纪检机关相关负责人批准或者纪委常委会会议研究决定，作出复议复查决定。决定应当告知申诉人，抄送相关单位，并在一定范围内宣布。复议复查工作应当在 90 日内办结。

6.2.5 国家监察

各级监察委员会是行使国家监察职能的专责机关，依法对所有行使公权力的公职人员进行监察，调查职务违法和职务犯罪，开展廉政建设和反腐败工作，维护宪法和法律尊严。2018 年 12 月 13 日，习近平总书记在十九届中央政治局第十一次集体学习时的讲话强调，深化国家监察体制改革的初心，就是要把增强对公权力和公职人员的监督全覆盖、有效性作为着力点，推进公权力运行法治化，消除权力监督的真空地带，压缩权力行使的任性空间，建立完善的监督管理机制、有效的权力制约机制、严肃的责任追究机制。国家监察是对公权力最直接最有效的监督。

1. 监察机关及其职责

中华人民共和国国家监察委员会是最高监察机关。省、自治区、直辖市、自治州、县、自治县、市、市辖区设立监察委员会。各级监察委员会可以向本级中国共产党机关、国家机关、法律法规授权或者委托管理公共事务的组织和单位以及所管辖的行政区域、国有企业等派驻或者派出监察机构、监察专员。

监察委员会依法履行监督、调查、处置职责：一是对公职人员开展廉政教育，对其依法履职、秉公用权、廉洁从政从业以及道德操守情况进行监督检查。二是对涉嫌贪污贿赂、滥用职权、玩忽职守、权力寻租、利益输送、徇私舞弊以及浪费国家资财等职务违法和职务犯罪进行调查。三是对违法的公职人员依法作出政务处分决定；对履行职责不力、失职失责的领导人员进行问责；对涉嫌职务犯罪的，将调查结果移送人民检察院依法审查、提起公诉；向监察对象所在单位提出监察建议。

2. 监察范围

监察机关对下列公职人员和有关人员进行监察：一是中国共产党机关、人民代表大会及其常务委员会机关、人民政府、监察委员会、人民法院、人民检察院、中国人民政治协商会议各级委员会机关、民主党派机关和工商业联合会机关的公务员，以及参照《中华人民共和国公务员法》管理的人员。二是法律、法规授权或者受国家机关依法委托管理公共事务的组织中从事公务的人员。三是国有企业管理人员。四是公办的教育、科研、文化、医疗卫生、体育等单位中从事管理的人员。五是基层群众性自治组织中从事管理的人员。六是其他依法履行公职的人员。

3. 监察权限

监察机关行使监督、调查职权，有权依法向有关单位和个人了解情况，收集、调取证据。有关单位和个人应当如实提供。

对可能发生职务违法的监察对象，监察机关按照管理权限，可以直接或者委托有关机关、人员进行谈话或者要求说明情况。

在调查过程中，对涉嫌职务违法的被调查人，监察机关可以要求其就涉嫌违法行为作出陈述。对涉嫌贪污贿赂、失职渎职等职务犯罪的被调查人，监察机关可以进行讯问，要求其如实供述涉嫌犯罪的情况。在调查过程中，监察机关可以询问证人等人员。

被调查人涉嫌贪污贿赂、失职渎职等严重职务违法或者职务犯罪，监察机关已掌握其部分违法犯罪事实及证据，仍有重要问题需要进一步调查，有下列情形之一的，经监察机关依法审批，可将其留置在特定场所：涉及案情重大、复杂的，可能逃跑、自杀的，可能串供或者伪造、隐匿、毁灭证据的，可能有其他妨碍调查行为的。对涉嫌行贿犯罪或者共同职务犯罪的涉案人员，监察机关可以依照前款规定采取留置措施。

监察机关调查涉嫌贪污贿赂、失职渎职等严重职务违法或者职务犯罪，根据工作需要，可依照规定查询、冻结涉案单位和个人存款、汇款、债券、股票、基金份额等财产。冻结的财产经查明与案件无关的，应当在查明后三日内解除冻结，予以退还。

监察机关可以对涉嫌职务犯罪的被调查人以及可能隐藏被调查人或者犯罪证据的人的

身体、物品、住处和其他有关地方进行搜查。监察机关进行搜查时，可以根据工作需要提请公安机关配合，公安机关应当依法予以协助。

监察机关在调查过程中，可调取、查封、扣押用以证明被调查人涉嫌违法犯罪的财物、文件和电子数据等信息。监察机关在调查过程中，可直接或者指派、聘请有专门知识、资格的人员在调查人员主持下进行勘验检查。监察机关在调查过程中，对于案件中的专门性问题，可指派、聘请有专门知识的人进行鉴定。监察机关调查涉嫌重大贪污贿赂等职务犯罪，根据需要，经过严格批准手续，可采取技术调查措施，按照规定交有关机关执行。

依法应当留置的被调查人如果在逃，监察机关可以决定在本行政区域内通缉，由公安机关发布通缉令，追捕归案。监察机关为防止被调查人及相关人员逃匿境外，经省级以上监察机关批准，可以对被调查人及相关人员采取限制出境措施，由公安机关依法执行。

涉嫌职务犯罪的被调查人主动认罪认罚，有法定情形的，监察机关经领导人员集体研究，并报上一级监察机关批准，可以在移送人民检察院时提出从宽处罚的建议：自动投案，真诚悔罪悔过的；积极配合调查工作，如实供述监察机关还未掌握的违法犯罪行为的；积极退赃，减少损失的；具有重大立功表现或者案件涉及国家重大利益等情形的。

监察机关依照监察法规定收集的物证、书证、证人证言、被调查人供述和辩解、视听资料、电子数据等证据材料，在刑事诉讼中可以作为证据使用。

人民法院、人民检察院、公安机关、审计机关等国家机关在工作中发现公职人员涉嫌贪污贿赂、失职渎职等职务违法或者职务犯罪的问题线索，应当移送监察机关，由监察机关依法调查处置。被调查人既涉嫌严重职务违法或者职务犯罪，又涉嫌其他违法犯罪的，一般应当以监察机关为主调查，其他机关予以协助。

6.3 西方国家公务员奖励、纪律、监督与惩戒

6.3.1 西方国家公务员奖励制度

1. 西方国家公务员奖励法制建设

美国、英国、法国、德国、澳大利亚等西方国家一般没有出台与公务员奖励有关的专项法规，与公务员奖励有关的内容散见于公务员管理法中的公务员考核、奖励、职务晋升、薪酬福利等方面。比如《澳大利亚公务员法》规定，“奖励的含义与工资法的含义相同”，与奖励有关的内容体现在公务员工资福利、职务晋升等方面。日本政府则注重公务员奖励法制建设，一方面，《日本国家公务员法》规定，“内阁总理大臣必须制定关于对工作成绩优秀者的表彰及对成绩较差者的纠正方法的方案，采取适当的措施”；另一方面，日本各级地方政府都制定和实施《公务员表彰规程》，对工作成绩优异者予以奖励、表彰。美国政府则构建了包括《公务员改革法案》《绩效管理和认可制度的评估和支付条例》《政府绩效与结果法案》《首席人力资本法案》《关于绩效考核体系认证暂行条例》《绩效管理雇员参与条例》等在内的绩效管理制度体系，推动了公务员绩效奖励法制化。

2. 西方国家公务员奖励条件

公务员奖励条件，是指公务员赖以接受奖励的法定情形。西方国家公务员奖励条件大致可以分为两类：

（1）以考核等次为条件的奖励。公务员考核主管机构依法定期或不定期对公务员进行考核，并根据考核结果与等次给予公务员或公务员集体相应奖励。美国公务员年度考核后，半数公务员可领取不超过薪金20%的考绩奖金，其中，成绩“优异”者，提薪一级，并优先提职；成绩“满意”者，提薪一级。英国公务员考核等次一般分为A、B、C、D、E五等，各部门的“晋升委员会”根据公务员考核等次决定拟晋升与奖励的对象。

（2）以日常工作业绩为条件的奖励。主管机关根据公务员在日常工作中作出的工作业绩或特殊贡献，及时奖励。日常工作业绩涉及面广泛，比如：忠于职守，积极工作，兢兢业业，成绩显著；全心全意为国民服务；遵守纪律，廉洁奉公；提出合理化建议；发明创造；改进工作方法，提高行政效率，降低行政成本；超工作量；处理突发事件有功；保护公共财物；保护人民的生命与财产；等等。比如美国《文官制度改革法》规定，若公务员提出合理化建议，发明创造，超额完成工作任务，提高政府工作的质量和效率，由主管机构的领导发给其奖金。《瑞士联邦政府人事法》规定授予公务员奖励的情形，如给予敬业奖金，鼓励发明和创造，或对合理建议给予奖励等。

3. 西方国家公务员奖励形式

（1）荣誉奖励。荣誉奖励，也被称为“精神奖励”，即通过对公务员进行荣誉表彰，满足公务员的精神需要。

1）美国政府荣誉奖励。美国军事荣誉奖励包括荣誉勋章、模范服役十字勋章、银星勋章、紫心勋章、铜星勋章。非军事荣誉奖励包括平民荣誉、专业荣誉。其中，平民荣誉奖励包括总统自由勋章、总统公民奖章、总统联邦杰出公务员奖、公共安全人员勇气勋章、国会金质奖章、国会救生奖章。

2）日本政府荣誉奖励。日本对遵纪守法、成绩优秀的公务员，经工作评定后，根据成绩等次，分别给予天皇表彰、总理大臣表彰、大臣表彰、长官赏赐表彰、人事院总裁赏赐、业务成绩表彰、授予功劳勋章等。

3）加拿大政府荣誉奖励。加拿大设公务员个人荣誉奖励、集体荣誉奖励，对服务25年以上的公务员发给荣誉奖章，服务35年以上的公务员发给大奖章；对退休公务员发给退休人员荣誉证书；对品德优良、成绩突出的公务员授予特殊奖，发给奖状、奖金；对成绩显著的公务员集体发给奖状、奖金。

4）澳大利亚政府荣誉制度。1975年，英国女王批准澳大利亚自主设立澳大利亚勋章、澳大利亚勇敢勋章和国家奖章等荣誉。澳大利亚政府所设置的与公务员有关的专项荣誉奖励主要包括帝国服务勋章（奖章）、巴斯勋章、荣誉勋章、英帝国勋章、圣迈克尔与圣乔治勋章、皇家维多利亚勋章、澳大利亚勋章、公众服务奖章等。

此外，法国、英国政府也十分重视国家荣誉奖励制度。法国荣誉勋位分为大师勋位、大十字勋位、大军官勋位、高等骑士勋位、军官勋位、骑士勋位六等，法国国家勋章由法国总统颁发。英国授勋榜包括终身勋爵、枢密院顾问官、爵士、英帝国司令官级、英帝国军官级、英帝国成员级等。

（2）物质奖励。物质奖励，即通过向公务员发放现金、物品等，以满足公务员的物质需要。物质奖励一般以奖金形式为主，并伴随精神奖励。比如美国公务员奖金项目包括特殊成绩奖、质量优异奖、建议奖、节约奖、考绩奖等。德国公务员奖金有特殊奖金、现役年限奖金等。工作成绩特别优异的日本公务员，年终可获相当于本人年薪 60%的成绩奖。

（3）职务晋升奖励。美国、英国、日本、法国、德国等西方国家对工作表现特别优异的公务员，在职务晋升过程中优先考虑。在公务员职务晋升同时，公务员级别、薪酬档次等相应提升，满足了公务员的物质需求、精神需求和自我实现需求，激发了公务员工作热情。

4. 西方国家公务员奖励的主管机构、权限与程序

（1）公务员奖励的主管机构与权限。西方国家通常都有专职的公务员奖励管理机构。比如美国联邦政府设“总统奖励委员会”，负责全国奖励工作；各部门内设负责本部门行政奖励的专门机构。英国中央政府设立“女王奖励办公室”，负责全国奖励工作，各郡、各区设立负责行政奖励的管理机构。俄罗斯联邦总统办公厅内设“干部和国家奖励局”，负责国家奖励相关事宜，并成立“国家奖励委员会”，负责评估奖励材料。澳大利亚在总督府办公厅中内设“荣誉与奖项秘书处”，协助总督处理总督职权范围内与澳大利亚荣勋制度有关的各方面事务。澳大利亚除中央政府授予的奖项外，地方政府也设有一些奖项。总体说来，公务员奖励权限一般由国家元首、立法机关、各级行政部门及其行政首长掌握，政府各部委、地方政府有权对本部门、本地区的公务员进行奖励。

（2）公务员奖励程序。西方国家公务员奖励程序一般包括：确定或组建公务员奖励机构；讨论奖励设置方案；提出奖励建议；提交奖励申请；审核奖励材料；审批机关审议、批准、决定，并予以公布；颁奖；宣传教育。比如日本人事院总裁赏赐程序包括：第一，组建选考委员会。日本人事院委托 7 名社会有识之士组成选考委员会。第二，审核、选考。选考委员会对各府省、独立行政法人单位、日本邮政公社推荐的职员和集体进行严格的审核和选考。第三，审批。根据审核、选考结果确定人事院总裁赏赐名单，并由人事院总裁予以批准。第四，颁奖。人事院总裁颁奖一般在每年年底举行，由人事院总裁亲自颁奖。颁奖仪式结束后，受奖个人和集体代表及其配偶一同接受日本天皇、皇后接见。同时，受奖者的相关信息将在报纸、人事院网站上予以刊登、宣传。

6.3.2 西方国家公务员纪律与监督制度

1. 政治纪律与监督

（1）保持政治中立，不得为某一党派服务。西方国家要求公务员必须保持“政治中立”，全心全意为国民服务，而不是为某一党派服务。比如《英国公务员管理法》规定，英国大臣应“维护政治中立，不为党派目的使用公共资源”，公务员“不得参与任何有损于当今政府或未来政府所实施的公正无私的服务的政治活动或公共活动”。美国公务员纪律规定，公务员不得参加政治竞选活动，不得担任政党候选人，不得与劳动工人联合组织团体或采取共同的集体行动，不得为政治目的而收受金钱或物质。《日本国家公务员法》规定，“公务员不得为政党或政治目的接受捐款或其他利益，不得以任何方法参与这些行为；除行使选举权外，公务员不得参与人事院禁止的任何政治行为；公务员不得成为公选的公职候选人；公务员不得成为政党或其他政治团体的官员、顾问，以及其他具有类似作用的团体的成员”。《德国公务员法》规定，“公务员应当力求使自己行使的权利和义务摆脱政治控制力的限制和约束”。法国、瑞士、加拿大等国家也规定公务员必须保持政治中立。法国《政治生活信任法》规定，除欧盟银行与贷款机构以外，禁止任何法人借钱给政党，对自然人借钱给政党加强监督。

(2) 不得组织或参与非法组织，不得组织或参与非法罢工。部分西方国家通过立法，在一定程度上限制公务员的结社自由权，规定公务员不得组织或参与非法组织，不得组织或参与非法罢工。比如英国大约有 20%的公务员的结社权受到限制。《日本国家公务员法》规定，“公务员不得合谋、唆使、煽动、图谋与公众一起罢工、怠工，或搞其他争议性的行为，或降低政府工作效率的怠慢行为”。美国于 1947 年出台的《塔夫特-哈特莱法》(Taft-Hartley Act) 规定对罢工的公务员严加惩处，参加罢工的公务员不仅会被立即辞退，而且还要被剥夺 3 年的任职资格。当然，有些西方国家对公务员罢工的限制比较宽松，公务员罢工现象时有发生。比如法国公务员于 2008 年 7 月 15 日举行大罢工，抗议政府裁减公务员职位，全国有 100 多场示威，上街公务员以教师为主，但也包括医院员工、海关人员、税务官员、文化界员工等。

2. 工作纪律与监督

(1) 不得玩忽职守，贻误工作。西方国家立法规定，公务员应当恪尽职守，勤奋工作，不得玩忽职守，贻误工作。比如《英国公务员管理法》规定，“所有公务员应当忠于其所服务的政府部门”，公务员承担“按照法律合理履行公务的责任”。《法国公务员权利与义务总章程》规定，“所有公务员，不论其级别高低，必须负责履行其工作职责”。《日本国家公务员法》规定，“公务员应将其工作时间和职务上的注意力全部用于履行职责”。

(2) 不得滥用职权，徇私舞弊，损害社会公共利益。比如《英国公务员管理法》规定，公务员“不得滥用其职务上的方便或利用在执行公务中所获得的信息为自己或他人谋取私利”。《德国公务员法》强调，“公务员不得滥用职权的法令仍然有效”。《美国行政部门雇员道德行为准则》要求雇员保证“公务履行中的公正性”，并禁止雇员为私人利益而滥用公共权力。《日本国家公务员伦理法》规定，“职员要时刻清楚公私有别，不得侥幸地利用职务和地位为自己或自己所属的组织谋取私利”。加拿大联邦议会于 1973 年通过约束政府官员行为的《利益冲突章程》；1994 年，加拿大政府颁发《加拿大公职机关利益冲突和离职规则》。

(3) 不得拒绝执行上级依法作出的决定和命令。比如《英国公务员管理法》规定，“公务员不应当以放弃或拒绝执行由各位大臣或国民大会以及大会秘书长做出的各项决议和行动方案，从而破坏政府部门的各项政策、决策和行动方案”。《法国公务员权利与义务总章程》规定，“公务员必须遵守和服从上一级的领导和指示”。《日本国家公务员法》规定，“公务员在履行职务时，必须履行法令，忠实地执行上级在职务上的命令”。

(4) 不得泄露国家秘密或者工作秘密。比如《英国公务员管理法》规定，“公务员在没有授权的情况下，不能泄露部门内部往来的机密信息，或来自外部的机密信息”，“公务员在离开王室职务后，应继续履行保密义务”。《法国公务员权利与义务总章程》规定，“在刑法典确定的规则范围内，公务员必须严守职业机密”。《日本国家公务员法》规定，

“公务员不得泄露工作上所知的机密，离职后也不得泄露”。

（5）不得弄虚作假，误导、欺骗领导和公众。比如《英国公务员管理法》规定，“公务员应在履行职责时保持公正、正直和诚实，不能欺骗或者有意识地误导各位大臣、议会、国民大会或公众”。美国相关法律法规规定，公务员不得弄虚作假，不得欺骗上级和公众。

3. 廉政纪律与监督

（1）不得贪污、行贿与受贿。比如《英国公务员管理法》规定，“公务员不得接受任何来自第三方的可能损害其个人的公正判断力和诚实性的礼品、款待、恩惠或其他形式的好处”，“各内阁部和政府机构应当告知其职员，在哪些情况下，必须将其收到的礼品、款待、奖赏、勋章和其他收益进行报告，或在接受前必须经过批准”；英国早在 1889 年就颁发《公共机构贿赂法》，并于 1906 年颁发《防止贿赂法》。《美国行政部门雇员道德行为准则》禁止职员索取或者接受来自被禁止途径的礼物，并对职员之间的礼物进行限制；《美国法典》在第十八篇“犯罪与刑事诉讼程序”中，严格规定了贪污、贿赂以及利益冲突情形。《日本公务员伦理规程》规定，公务员不得接受利害关系者赠予的金钱、物品和不动产、金钱借贷、招待，不得与利害关系者一起娱乐、旅游。英国、法国、加拿大、德国等西方国家构建了公务员财产申报制度。根据《德意志联邦共和国基本法》和《德国公务员法》，公务员每年都要与所在单位签订“廉政合约”，承诺廉洁奉公。

（2）不得从事或者参与营利性活动。比如《美国政府行为道德改革法》规定：“政府工作人员不得在营利性的组织或集团中任职。”《法国公务员权利与义务总章程》规定：“公务员不得借职务之便从事任何特殊的具有营利性的个人活动；国家公务员不得通过其本人或中间人，在其负责或相关的行政检查的企业中收取任何性质的好处。”《日本国家公务员法》规定，公务员只能从事由政府负责的职务，应当与私营企业隔离，“不得兼任商业、工业、金融业等以营利为目的私营企业或其他团体的官员、顾问或理事等职务，或自办营利性企业”。

（3）不得违反财经纪律，浪费公共财金。比如《英国公务员管理法》规定：“公务员应尽力保证公共资金使用的适当性、有效性和效率性。”《美国行政部门雇员道德行为准则》规定，雇员具有“积极保护和保全政府财产，以及仅为了经认可的目的使用政府财产的义务”。

4. 道德纪律与监督

西方国家规定，公务员不得违反个人品德、职业道德和社会公德。美国出台了一系列与公务员道德有关的法律法规，如《美国行政部门雇员道德行为准则》、《美国政府道德法》（1989 年修订为《美国政府道德改革法》）等。《英国公务员管理法》规定：“公务员应当恪守特定专业领域的职业道德。”

6.3.3 西方国家公务员惩戒制度

1. 西方国家公务员惩戒主管机构与权限

公务员惩戒主管机构掌握惩戒权力，按照公务员管理法规对公务员进行监督、行政处分。公务员惩戒权限是指主管机构及其领导人所掌握的对违纪公务员进行处罚的法定权力范围。公务员惩戒权限与公务员的职类、职务、级别、工作部门、违纪情节等息息相关。不同公务员惩戒主管机构掌握不同的惩戒权限，西方国家公务员惩戒主管机关包括三类：

（1）公务员所在政府部门或其主管行政首长。公务员所在政府部门或其行政首长对本部门违纪情节轻微的公务员进行惩戒，其惩戒权限包括：一是限制性惩戒权。法国、德国、瑞士等国家规定，主管部门及其行政首长只能实施包括训诫、警告、少量罚款、扣薪等在内的轻微惩戒；较重惩戒权限则由专职行政惩戒机构、司法机构掌握。二是非限制性行政惩戒权。比如英国、日本等国规定，行政首长可以直接决定各种轻重不同的惩戒形式。英国国务大臣、日本总理大臣以及各省大臣等享有各类轻重不一的公务员惩戒权。

（2）专职行政惩戒机构。专职公务员惩戒机构是指在行政系统内部设立的专门实施公务员惩戒的纪检、监督机构，或综合性公务员管理机构。比如法国公务员纪律委员会、行政对等委员会，以及日本人事院、美国联邦人事管理署等。在主管部门及其行政首长只能实施限制性惩戒权的国家，一般设立“惩戒委员会”“纪律委员会”等专职行政惩戒机构，负责处理包括撤职、停职、开除等在内的较重的公务员惩戒事宜。

（3）司法性公务员惩戒机构。西方国家司法机构保持相对独立，不干预行政权力运行。但部分西方国家的司法机构也间接参与公务员惩戒事宜，比如德国公务员涉及减薪、停止晋升、降级、降职等处分时，必须移交联邦纪律法院处理。

2. 西方国家公务员惩戒条件

公务员惩戒条件是指公务员主管机关对公务员实施惩戒措施时所依据的标准和依据，即公务员应受处分的法定情形。各国立法规定，公务员的违法违纪行为应受惩戒。《法国公务员权利与义务总章程》规定：“在职期间或担任公共职务期间，某一公务员所犯的所有错误将受到相应的职务处分；如有必要，所犯的错误将受到刑事处分。”《德国公务员法》规定，“如果公务员因个人过失而使其应履行的公务义务受到损害，其行为构成公务犯罪；公务员在工作以外的行为，如果是个别行为且在特殊情况下使其职务或公务员的威望受到影响，则构成公务犯罪”，将追究公务员的行政或司法责任。《日本国家公务员法》规定，如果“公务员与下列各项之一相符的”，将对其惩戒：“违反本法或基于本法的命令时；渎职或消极怠工时；有不符合作为全体国民服务者的不正当行为时。”《瑞士联邦公务员法》规定：“公务人员无论无意失职或玩忽职守，均有可能受纪律处分。”

总体说来，西方国家公务员惩戒条件主要包括：（1）公务员违反国家宪法、法律、法规、规章等。（2）公务员不履行公务员管理法规所规定的义务、职责，违反公务员纪律或行为规范与准则，玩忽职守。其中，公务员纪律涉及政治纪律、工作纪律、廉政纪律、道德纪律等方面。（3）公务员主观上有过错。（4）公务员的违法、违纪行为影响正常的公共组织运行秩序，损害社会公共利益，危及政府形象和公务员个人形象。

3. 西方国家公务员惩戒形式

按照不同标准，可以将西方国家公务员惩戒分为不同形式。西方国家公务员惩戒形式多样，每种惩戒一般单独采用，但也不排除可附加使用或重叠使用，如《瑞士联邦公务员法》规定，“作为例外，多种纪律处分可一并执行”。具体采用何种惩戒形式，根据公务员违法违纪行为的情节轻重、损失大小、主观意识、悔改态度等，由主管机关酌情决定。

（1）司法惩戒、行政惩戒、政党惩戒。按照惩戒主管机构，可将公务员惩戒分为司法惩戒、行政惩戒、政党惩戒。司法惩戒，是指司法机关依法对触犯法律的公务员实施惩戒，追究其法定的刑事或民事责任。行政惩戒，是指行政机关或其监督机构按照公务员管理法规，对违反公务员纪律的公务员实施行政处分，追究其政纪责任。政党惩戒，是指政党或其纪检机构按照党员章程与纪律处分条例对违反党纪的公务员实施纪律处分，追究其党纪责任。

（2）精神惩戒、物质惩戒、职务惩戒。按照惩戒性质，可以将公务员惩戒分为精神惩戒、物质惩戒、职务惩戒。精神惩戒适用于轻微的违纪行为，通过申诫、警告、记过等方式对公务员进行名誉惩戒。物质惩戒适用于情节较重的违纪行为，通过罚款、减薪、取消加薪、取消养老金、停薪等方式，降低其物质待遇。职务惩戒适用于情节严重的违纪行为，通过降职、降级、取消晋升资格、撤职、停职、免职、开除等方式，使公务员的职务、级别或任用关系发生变动。

4. 西方国家公务员惩戒程序与权益保护

（1）西方国家公务员惩戒程序。西方国家公务员惩戒程序一般包括以下阶段：第一，初步调查，了解公务员的违纪行为与事实。第二，经任免机关负责人批准后立案。第三，形成惩戒决定，报上一级机关及其领导者审批。第四，经审议通过后，正式公布公务员惩戒决定。在审议过程中，若发现公务员触犯刑法，应将案件移交司法机关进行司法惩戒。第五，复核、申诉。被处分的公务员在规定的期限内，向有关部门提出复核、申诉。第六，复审，最后裁决。

（2）西方国家公务员惩戒过程中的权益保护。在公务员惩戒过程中，美国、日本、法国、德国、瑞士等西方国家都采取适当措施，以维护和保障公务员的合法权益。一是依法保障公务员的知情权。比如《日本国家公务员法》规定："对于公务员进行违反其意志的减薪、降职、停职、免职及其他对于其明显不利的处分，或进行惩戒处分时，行使该处分者在处分过程中，必须向公务员发放记载有处分事由的说明书。"二是依法保障公务员的申诉权。美国、英国、日本、法国、加拿大等西方国家在公务员管理法规中，明确规定了公务员在法定期限内对不利于自身的惩戒进行申诉的权利。比如 1978 年《文官制度改革法》规定，凡受到免职或停职 14 天以上、降职、减薪等不当处分者，可以向功绩制保护委员会申诉；如属于工会会员，也可以请求工会斡旋；若公务员对功绩制委员会的裁决不服，可向法院起诉，申请司法救济。三是依法保障公务员身份及其经济权益。有错必究，对因错误处分决定而受损的公务员进行适当补偿，并调整其职务与级别。比如《法国国家公务员章程》规定，被停职的公务员继续领取工资、住房补贴、津贴、家庭附加工资等。《日本国家公务员法》规定，若人事院经过调查，判明公务员没有应受处分的事由时，"人事院必须取消该处分，为恢复其作为公务员的权利进行必要且适当的处理，并改正该公务员因处分而受到的不合理的处理。人事院必须做出指示，偿还公务员因受处分而失去的报酬"。四是立法防范不当的行政惩戒。比如美国政府规定防止公务员处分不当的办法有行政长官不能因为公务员不服从其命令去从事竞选、募捐等政治活动而给予处分。

5. 典型国家公务员行政惩戒

（1）法国公务员行政惩戒。《法国国家公务员章程》规定，公务员惩戒形式有四类：一是警告，训诫。二是从晋升名单中取消其晋升资格；降级；临时解除职务，期限最多 15

天；根据行政命令将其调离工作岗位。三是降职降级；临时解除职务，期限为3个月至2年。四是下达行政命令强制退休，撤职或罢免。其中，第一类公务员惩戒中，只有训诫才存入公务员档案，3年之后若不再受处分，将自动从档案中撤销。若犯有第二类、第三类处分，可以取消公务员的职务晋升资格。临时解除公务员职务期间，剥夺公务员一切薪酬。

（2）瑞士公务员行政惩戒。《瑞士联邦公务员法》规定，公务员纪律处分包括：一是训诫。二是100法郎以内的罚款。三是撤销交通优惠。四是减少或取消薪金的暂时停职。五是维持原薪或减少薪金的强制调动工作。六是减少预定薪金。七是减少或取消正常加薪。八是停职。九是撤职。

（3）日本公务员行政惩戒。《日本国家公务员法》规定的公务员行政惩戒形式包括免职、停职、降薪和警告。其中，若公务员的停职期限不超过一年，由人事院规定；停职者保有公务员身份，但不任职，停职期间一般不领取报酬。惩戒处分由任命权者进行；人事院通过调查，可以对公务员实施惩戒程序；应实施惩戒的事件在刑事判决期间，人事院或任命权者经人事院批准，可以对相同事件酌情实施惩戒程序，行政惩戒处分不影响刑事诉讼。

（4）德国公务员行政惩戒。德国公务员行政惩戒形式包括警告、罚款、减薪、停止晋升、降级、降职、削减或取消退休金等。

（5）美国公务员行政惩戒。美国公务员行政惩戒形式包括警告、调换工作、记过、减薪、停职晋升、停薪、降职、免职。其中，免职是最严厉的行政处分，适用于17种法定违纪情形，如不遵守服务规程、破坏公务员法规、不服从长官指令或违抗命令、有欺骗行为、办事不力等。被提议降职、免职的公务员享有4项权利，一是有权委托律师或其他代表进行维权，二是有权在机关讨论给予降职或免职处分的会议前30天得到书面通知，三是有权在适当时间内进行口头或书面答辩，四是有权收到说明处分事由的处分决定书。

本章小结

本章分析了公务员奖励的含义、意义、原则，回顾了我国公务员奖励制度的演变历程；阐述了公务员奖励的等次、条件、标准、程序、管理权限、待遇、纪律与撤销等内容；分析了公务员纪律、监督的内涵、制度演变，以及我国公务员的政治纪律、工作纪律、廉政纪律、道德纪律等内容；分析了行政处分和政务处分的含义、原则、种类、期限、结果、程序、解除、复核与申诉等内容；简述了中国共产党党纪处分的含义、原则、种类、期限、结果、程序、复核与申诉；概述了监察机关及其职责、监察范围、监察权限；从法制建设、奖励条件、奖励形式、奖励权限、主管机构、程序等角度，比较分析了西方国家公务员奖励制度；阐述了西方国家公务员政治纪律、工作纪律、廉政纪律、道德纪律，并从惩戒主管机构与权限、惩戒条件、惩戒形式、惩戒程序与权益保护等角度，比较分析了西方国家公务员惩戒制度。

关键术语

公务员奖励　　精神奖励　　物质奖励　　定期奖励　　及时奖励　　公务员纪律

行政处分　政务处分　国家监察

复习思考题

1. 简述我国公务员奖励的原则。
2. 简述我国公务员奖励的程序。
3. 论述我国公务员工作纪律的内容。
4. 简述我国监察机关的主要职责。
5. 论述我国监察机关的监察范围与权限。
6. 简述西方国家公务员惩戒形式。

案　例

"震惊和惋惜"，落马的"90后"女干部

2018年7月17日，思南县人民法院在第一审判法庭公开开庭审理张某涉嫌犯贪污罪一案。张某出生于1992年，本科学历。法院审理查明，张某利用职务之便虚构王某某等10人在思南县参加城乡居民社会养老保险的事实，又以王某某等10人参加其他社会养老保险为由申请城乡退保，骗取社保资金，同时还侵吞杨某某等89人退回重复领取养老保险金（含死亡超领），涉案金额共计40余万元，数额巨大。张某于2016年9月才参加工作，2017年7月即着手实施贪腐行为，案发时年仅25周岁，是迄今为止该市范围内查办的最年轻的职务犯罪被告人。庭审最后，张某陈述："通过这件事情，我深深认识到自己所犯的严重错误，给单位、家人和社会造成了非常严重的危害，我内心无比悔恨、内疚，恨自己辜负了组织对我的信任、单位对我的培养，辜负了父母对我的栽培和殷切期望。"张某掩面哭泣："因为我的一念之差，犯下了大错，我已无脸面对单位和组织，更加对不起我的父母。你们辛辛苦苦把我养大，我却一时被金钱蒙蔽了心智，被诱惑冲昏了头脑，一失足成千古恨，让你们失望了，我对不起你们。"她忏悔道："我错了。我愿意接受法律的惩罚，今后，我一定痛定思痛，下定决心好好改造，彻底洗涤污浊的思想，重新树立正确的认识目标和价值观，用正确的理想和价值观回报社会，好好做人。"2018年8月15日，思南县人民法院判决张某犯贪污罪，判处有期徒刑一年六个月，处罚金人民币10万元。

资料来源："震惊和惋惜"，落马的"90后"女干部. https://www.sohu.com/a/245186450_203783.

案例分析题：

1. 结合案例，简析"90后"年轻干部腐败的成因及危害。
2. 根据案例，结合新时代"好干部"标准，分析如何加强新入职青年公务员廉洁教育。

第7章

公务员培训

党的十九大报告指出，要“用新时代中国特色社会主义思想武装全党”。2019年7月，中共中央办公厅印发的《关于贯彻实施公务员法建设高素质专业化公务员队伍的意见》强调，要把学习贯彻习近平新时代中国特色社会主义思想作为公务员培训的首要任务、考试测查的重要内容的重要方面。当前，有必要大力加强公务员培训，努力培养造就一支牢固树立“四个意识”和“四个自信”，坚决做到“两个维护”，“政治上靠得住、工作上有本事、作风上过得硬、人民群众信得过”的忠诚干净担当的高素质专业化干部队伍，为全面建成小康社会、基本实现社会主义现代化、全面建成社会主义现代化强国提供人才保证和智力支持。

7.1　公务员培训概述

7.1.1　公务员培训的内涵、特点与意义

1. 公务员培训的内涵

公务员培训，是指国家机关根据公务员工作职责的要求和提高公务员素质的需要，通过各种形式，有计划、有组织、有步骤地对公务员开展以政治理论、政策法规、业务知识、文化素养和技能训练等为主要内容的各种教育、培养和训练活动。公务员培训是政府人力资源开发的重要途径，是提高公务员素质和能力的重要手段。

2. 公务员培训的特点

（1）培训对象全员性，突出重点。按照《公务员培训规定（试行）》：“公务员培训的对象是全体公务员。”按照《干部教育培训工作条例》，干部教育培训的对象是全体干部，

重点是县处级以上党政领导干部和优秀中青年干部。不论党政领导干部，还是非领导成员，都要按照规定接受培训和教育。要将教育培训的普遍性要求与不同类别、不同层次、不同岗位公务员的特殊需要相结合，重点加强基层和机关基础岗位公务员培训。

（2）培训知识实用性。公务员培训的知识实用性，意味着培训要以公共管理工作为中心，针对经济、社会发展需要和公共职位的特殊需求，按照学用一致原则，“在干中学”，向受训者传授专门的公共管理相关知识和特殊的实践技能，注重培养和提高公务员的综合素质。比如，江苏盐城市建湖县围绕全县“四大战略”和江淮生态经济区建设，因地制宜，开展生态经济、新特产业、城镇规划、社会治理等专业知识培训。

（3）培训类型与方法多样性。由于不同公务员所在部门、职位、职务、职级、级别、学历、资历、工作职责与任务等因素的差异，公务员培训的类型和方法丰富多样。根据公务员培训对象的不同，可将我国公务员培训类型分为初任培训、任职培训、专门业务培训，以及提高政治素质和工作能力、更新知识的在职培训。不同类型的公务员培训，针对不同的培训对象，培训方法也各不相同。

（4）培训性质为终身教育。人们在小学、中学、大学所接受的学历教育是常规的“第一教育过程”。作为终身教育的重要措施，公务员培训是“第一教育过程”的发展和延伸，即“第二教育过程”。公务员培训突破了常规学校教育的时间、空间、信息、资源、环境等因素限制，培训教育是公务员一生中连续不断的学习过程，贯穿于公务员职业生涯发展全过程。

3. 公务员培训的意义

（1）有助于提高公务员的科学文化素质与公共管理能力。公务员应具备良好的科学文化素质，在公共管理过程中，能因地制宜、因时制宜，灵活运用科学管理理论、知识与方法。我国公务员还应具备政治鉴别能力、依法行政能力、公共服务能力、调查研究能力、学习能力、沟通协调能力、创新能力、应对突发事件能力、心理调适能力等公共管理能力。通过公务员培训，有计划、有组织、有步骤地向公务员和领导干部系统传授科学文化知识和公共管理知识、技能，进而提高其科学文化素质，增强其公共管理能力。应贯彻干部队伍革命化、年轻化、知识化、专业化方针，突出理想信念教育和党性党规党纪教育，将能力培养贯穿始终，全面提高干部德才素质和履职能力。

（2）有助于提高行政效率，降低行政成本。党的十九大报告部署“全面实施绩效管理”，推进政府绩效管理势在必行。提高行政效率，降低行政成本，是公共管理改革的重要目标，也是人民群众对公共服务的基本要求。通过公务员培训，增强公务员的成本意识与效率意识，提高公务员的公共管理技能，有助于提高行政效率、降低行政成本。

（3）有助于培养正确的政绩观，推动我国反腐倡廉建设。《中国共产党章程》规定，党的各级领导干部必须信念坚定、为民服务、勤政务实、敢于担当、清正廉洁；树立正确政绩观，作出经得起实践、人民、历史检验的实绩。通过公务员培训，对公务员进行思想道德教育和科学文化知识教育，促使公务员树立正确的世界观、人生观和价值观，增强社会主义核心价值观，进而树立科学发展观和正确政绩观，推动我国反腐倡廉建设。

（4）有助于实现国家长治久安。忠诚干净担当的高素质公务员队伍，是国家长治久安的重要保证。公务员是社会主义现代化建设的中坚力量，肩负着改革、发展、稳定的历史重任，只有大力加强和改进公务员培训工作，不断提高公务员的综合素质和公共管理技能，才能确保社会主义现代化建设事业顺利进行，实现国家长治久安，确保人民群众安居乐业。

7.1.2　我国公务员培训制度演变

新中国成立以后，党和政府在大力倡导干部在职学习的同时积极发展国民教育事业，兴办各类党校、管理干部学校。1953年以后，干部教育工作逐步转入在职干部轮训阶段，培养和造就了大批优秀干部和专门人才。党的十一届三中全会以后，党中央提出了干部“革命化、年轻化、知识化、专业化”方针，推动了我国干部教育培训工作。1993年，随着《国家公务员暂行条例》的颁布，公务员培训成为干部培训工作的重点。随着《国家公务员出国培训暂行规定》《国家公务员培训暂行规定》的出台，我国公务员培训制度日渐规范。

党的十六大之后，党中央强调要集中力量抓培训，努力建设一支高素质的干部队伍。各级党委（党组）与政府人事部门扎实推进大规模培训干部，大幅度提高干部素质工作。2006年2月，国务院下发《全民科学素质行动计划纲要（2006—2010—2020年）》，倡导“领导干部和公务员科学素质行动”。2006年3月，《干部教育培训工作条例》的实施，推动了公务员培训工作发展。2007年1月，中共中央颁发《2006—2010年全国干部教育培训规划》。2007年2月，国务院办公厅转发人事部所制定的《“十一五”行政机关公务员培训纲要》。2008年6月，中共中央组织部、人力资源和社会保障部联合颁发《公务员培训规定（试行）》，我国公务员培训制度进一步规范。为提高干部教育培训科学化水平，2010年6月，中共中央办公厅印发《2010—2020年干部教育培训改革纲要》。2011年3月，国务院办公厅转发人力资源和社会保障部、国家公务员局制定的《2011—2015年行政机关公务员培训纲要》。2011年10月，国家公务员局颁发《公务员职业道德培训大纲》，要求将公务员职业道德培训列入公务员初任、任职和在职培训的必修内容。2011年10月18日，中国共产党第十七届中央委员会第六次全体会议通过《中共中央关于深化文化体制改革，推动社会主义文化大发展大繁荣若干重大问题的决定》，要求用马克思主义中国化最新成果武装全党、教育人民，并把文化建设内容纳入干部培训计划和各级党校、行政学院、干部学院教学体系。

党的十八大报告强调，要“加强和改进干部教育培训”。2013年5月，中共中央印发《关于在全党深入开展党的群众路线教育实践活动的意见》。2013年9月，中共中央印发《2013—2017年全国干部教育培训规划》。2015年10月，中共中央印发《干部教育培训工作条例》。2016年12月，国务院办公厅转发人力资源和社会保障部、国家公务员局所印发的《“十三五”行政机关公务员培训纲要》。2017年3月，中共中央办公厅印发《关于推进“两学一做”学习教育常态化制度化的意见》。党的十九大报告强调，要推进“两学一做”学习教育常态化制度化，以县处级以上领导干部为重点，在全党开展“不忘初心、牢记使命”主题教育。中共中央办公厅于2018年5月下发的《关于进一步激励广大干部新时代新担当新作为的意见》强调，要按照建设高素质专业化干部队伍要求，强化能力培训和实践锻炼。2018年11月，中共中央印发《2018—2022年全国干部教育培训规划》。2019年

5月，中共中央印发《中国共产党党员教育管理工作条例》，明确了党员教育的基本任务、管理方式、党员教育管理信息化等内容。2019年7月，中共中央“不忘初心、牢记使命”主题教育领导小组印发《关于在“不忘初心、牢记使命”主题教育中对照党章党规找差距的工作方案》。2019年8月，中共中央印发《中国共产党宣传工作条例》，标志着宣传工作科学化规范化制度化建设迈上新的台阶。当前，我国公务员培训、干部培训工作面临新的历史机遇和挑战，加强公务员培训，提高公务员的素质和技能刻不容缓。

此外，党和国家历来重视公务员出国（境）培训管理与监督。早在1993年10月2日，中共中央办公厅、国务院办公厅印发《关于严禁用公费变相出国（境）旅游的通知》，要求严格控制用公费出国（境）活动，审批公务出国（境）经费要严格把关。1993年10月20日，国家外国专家局、外交部印发《关于派遣团组和人员赴国（境）外培训的暂行管理办法》。1995年，人事部下发《国家公务员出国培训暂行规定》。此后，《关于跨地区跨部门因公出国（境）团组的管理办法》《出国（境）培训经费管理实施细则（暂行）》《关于加强党政机关县（处）级以上领导干部出国（境）管理工作的意见》等规定陆续颁发。2008年10月，财政部、外交部、监察部、审计署、国家预防腐败局联合下发《加强党政干部因公出国（境）经费管理暂行办法》。2010年6月，中央纪委印发《用公款出国（境）旅游及相关违纪行为适用〈中国共产党纪律处分条例〉若干问题的解释》。财政部、国家外国专家局于2014年2月25日印发《因公短期出国培训费用管理办法》，以规范因公短期出国培训费用管理。2015年12月，国家外国专家局下发《关于加强中长期因公出国（境）培训管理工作的意见》，要求加强对培训项目和参训人员的审核把关，做好参训人员预培训，加强团组及参训人员境外培训期间管理，加强监督管理。2016年12月27日，财政部、中共中央组织部、国家公务员局等部门联合印发修订后的《中央和国家机关培训费管理办法》。按照中共中央于2018年3月印发的《深化党和国家机构改革方案》，重新组建科学技术部，将科学技术部、国家外国专家局的职责整合，重新组建科学技术部，科学技术部对外保留国家外国专家局牌子，负责引进国外智力工作等工作；中共中央组织部则负责国家公务员管理国际交流合作等工作。2019年10月25日，中共中央发布的《中国共产党党校（行政学院）工作条例》强调，党校（行政学院）是党领导的培养党的领导干部的学校，是党委的重要部门，是培训党的各级领导干部的主渠道。2019年11月，中共中央办公厅印发《2019—2023年全国党员教育培训工作规划》，要求从2019年开始，用5年时间，有计划分层次高质量开展党员教育培训，把全体党员普遍轮训一遍。

7.1.3 我国公务员培训原则

公务员培训原则，是指在公务员培训过程中，应当坚持的指导性准则。《公务员培训规定（试行）》指出：“公务员培训应当遵循理论联系实际、以人为本、全面发展、注重能力、学以致用、改革创新、科学管理的原则。”《干部教育培训工作条例》则指出，干部教育培训应当坚持的原则有：以人为本，按需施教；全员培训，保证质量；全面发展，注重能力；联系实际，学以致用；与时俱进，改革创新；等等。当前，结合有关法规，我国公务员培训应当坚持以下原则：

1. 理论联系实际，学用一致

（1）理论联系实际。党的十五届六中全会通过《中共中央关于加强和改进党的作风建设的决定》，要求“坚持理论联系实际，反对照抄照搬、本本主义”。在新的历史条件下，公务员培训工作必须从理论和实践相结合的角度，以习近平新时代中国特色社会主义思想为指导，坚持解放思想、实事求是，紧紧围绕建设新时代中国特色社会主义这个主题，准确把握新时代特征和中国国情，注重传授与新时代中国特色社会主义现代化建设相适应的科学文化知识和公共管理理论与方法，致力于培养公务员的公共管理实践技能，塑造忠诚干净担当的高素质专业化公务员队伍。

（2）学用一致。学用一致是指“在干中学”，边学、边用，学用相辅相成，同步发展，学以致用。学用一致原则，要求将公务员培训的内容与目的相结合，将公务员培训结果与公务员培训后的工作及使用统一起来。应当紧扣公共职位和公共管理工作的特点，按照学用一致的原则，确定公务员培训的管理制度、培训机构与对象、培训内容与方法、培训形式等。同时，要从政府人才资源开发和新时代国家治理体系与治理能力现代化建设的战略高度出发，将公务员培训与公务员考核、职务职级任免与升降、奖惩等制度结合起来，形成“育人、选人、用人”一体化的公共部门人力资源开发机制。

延伸阅读

徐州铜山区建立“90后”公务员成长导师制度

江苏徐州市铜山区出台《年轻公务员成长导师制度（试行）》，对“90后”年轻公务员进行个性化指导帮扶，以提升其能力素质。该区明确要求各镇（街道）各单位主要负责人为本镇（街道）本单位年轻公务员成长第一培养指导人，对年轻公务员进行思想引导、作风传导、工作指导、心理疏导。重点抓好“四个一”：一是每月一次谈心谈话，重点了解年轻公务员工作、学习、生活等情况，帮助他们调心态、找差距，促进其健康成长。二是每季度一次带班实习，带领年轻公务员深入脱贫攻坚、扫黑除恶等重点一线，分配急、难、险、重、新任务，促使他们在干中学、在学中干。三是每半年一次专项指导，针对年轻公务员业务能力、综合素养等短板不足，通过开办年轻公务员主体班，举办专题讲座等形式，进行专题专项指导训练。四是每年一次座谈交流，引导年轻公务员集中交流工作、学习体会，促使年轻公务员相互学习借鉴，共同成长进步。

资料来源：崔亚宁．徐州铜山区建立“90后”公务员成长导师制度．（2019-07-31）．http://www.zuzhirenshi.com/dianzibao/2019-07-31/4/c68506dd-1574-4413-8634-a8a5038dd23d.htm.

2. 以人为本，按需施教

以人为本、按需施教原则，是指根据公务员自身的特点与知识需求，结合经济社会发展需要，以及公共组织、公共管理工作需要，合理确定公务员培训的内容、方法、形式、时间、地点、施教机构等。按照《中华人民共和国公务员法》的要求，机关根据公务员工作职责的要求和提高公务员素质的需要，对公务员进行分级分类培训。公务员培训内容要符合公共管理工作需要，坚持“缺什么补什么，需要什么学什么”的原则，统筹兼顾，实现公务员素质和技能的长远发展。

3. 与时俱进、改革创新，科学管理、讲求实效

（1）与时俱进、改革创新。应根据经济社会发展需要，遵循公务员成长规律和培训规律，坚持问题导向和目标导向，增强“四个意识”，坚定“四个自信”，不断创新公务员培训内容、方法、形式、手段、技术，整合培训资源，优化培训队伍，推进公务员教育培训的理论创新、制度创新、实践创新和管理创新。

（2）科学管理、讲求实效。公务员培训，应“讲求实效”，通过加强“科学管理”，降低公务员培训成本，提高公务员培训质量、效率和效能。讲求实效体现在三方面：第一，降低公务员培训成本，提高公务员培训效率、效益与质量。第二，塑造高素质、专业化、忠诚干净担当的公务员队伍。第三，依法治训，从严管理。建立健全公务员培训法规与规章制度，依法依规开展公务员培训，规范培训流程，完善培训质量评估体系，从严管理教师与学员的行为，维护良好的培训秩序和学习风气。

4. 全面发展，注重能力建设

公务员培训要坚持“革命化、年轻化、知识化、专业化”方针和“德才兼备、以德为先”原则，突出理想信念教育和职业道德教育，全面提高公务员的思想政治素质、科学文化素质、业务素质和健康素质。要将能力建设贯穿公务员教育培训全过程，全面提高公务员德才素质和履职能力、公共管理能力。围绕能力建设，深化四类培训：初任培训，着力提高新录用公务员适应职位要求、胜任本职工作的能力；任职培训，着力提高晋升领导职务公务员的领导能力；专门业务培训，着力提高公务员的业务工作能力；在职培训，着力于全体公务员更新知识、开阔视野、提高素质，提高政治素质和工作能力。

7.1.4 公务员培训的类型、方式与内容

1. 公务员培训类型

按照培训对象的差异，公务员培训可以分为四种类型：初任培训，任职培训，专门业务培训，提高政治素质和工作能力、更新知识的在职培训。

（1）初任培训。初任培训是指对新录用公务员进行的培训，培训内容包括政治理论、依法行政、公务员法和公务员行为规范、机关工作方式方法等基本知识和技能，重点提高新录用公务员适应机关工作的能力。初任培训包括工作实习、专门培训教育。初任培训对象是新录用人员，即经考试录用进入国家机关，担任一级主任科员以下及其他相当职级层次的公务员。公务员初任培训在试用期内进行，时间不少于 12 天。初任培训合格者方能任职定级。没有参加初任培训，或培训考试与考核不合格的新录用公务员，不能任职定级。自 2018 年以来，江西宁都县打造金色、绿色、红色等“三色”课堂，加强新录用乡镇公务员培训，截至 2019 年 7 月底，已组织新录用乡镇公务员集中理论学习 300 多人次，开展实用技术培训 117 场次，到廉政教育警示基地参观学习 400 余人次。

（2）任职培训。任职培训是指按照新任职务的要求，对晋升领导职务的公务员进行培训，培训内容包括政治理论、领导科学、政策法规、廉政教育及所任职务相关业务知识等，重点提高其胜任领导工作的能力。任职培训对象是拟晋升领导职务的公务员。任职培训应当在公务员任职前或任职后一年内进行。省部级、厅局级、县处级党政领导干部应当每 5 年参加党校、行政学院、干部学院，以及干部教育培训管理部门认可的其他培训机构累计 3 个月或者 550 学时以上的培训。提拔担任领导职务的，确因特殊情况在提任前未达到教育培训要求的，应当在提任后 1 年内完成培训。其他干部参加教育培训的时间，根据

有关规定和工作需要确定，每年累计不少于 12 天或者 90 学时。

（3）专门业务培训。专门业务培训是指根据公务员从事专项工作的需要进行的专业知识和技能培训，重点提高公务员的业务工作能力。专门业务培训以部门、单位为主。公务员专门业务培训的对象、时间、地点、内容、方法、形式等由机关根据工作需要确定。专门业务培训考试、考核不合格的公务员，不得从事专门业务工作。

（4）在职培训。在职培训是指对全体公务员进行的，以更新知识、提高政治素质和工作能力为目的的在职培训。在职培训的内容、时间、方式、要求，由各级组织（人事）部门和机关根据需要确定。在职培训考试、考核不合格的公务员，年度考核不得确定为优秀等次。对担任专业技术职级的公务员，应执行《全国专业技术人员继续教育暂行规定》，按照专业技术人员继续教育的要求进行培训。

2. 公务员培训方式

按照公务员培训组织管理体制，可将公务员培训分为几种方式：

（1）组织调训。组织（人事）部门负责制定公务员脱产培训计划，选调公务员参加脱产培训。公务员所在机关按照计划完成调训任务。公务员应当服从组织调训，遵守培训的规章制度，完成规定的培训任务。比如天津于 2018 年 1 月前后，采取集中学习、专题辅导、分组讨论、撰写体会、交流总结相结合的方式，分 6 期对 2 000 名市管干部集中轮训。

（2）公务员自主选学。组织（人事）部门按照公务员个性化、差别化的培训需求，定期公布专题讲座等培训项目和相关要求，鼓励公务员利用业余时间自主选择参加培训。重庆丰都县搭建自主选学班、网上课堂和周末大讲堂等平台，采取“内容定制、干部所需、时间自选”方式，开辟多元化公务员学习渠道。

（3）公务员在职自学制度。鼓励公务员本着工作需要、学用一致的原则利用业余时间参加有关学历学位教育和其他学习，多读书、读好书。公务员所在机关要为公务员在职自学提供必要条件。比如江苏泗阳开展“菜单式”全员干部培训，形成了以干部在职自学为基础，主体班次培训为主导，“菜单式”全员普及培训为重点，现代远程教育、学历教育等为补充的多层次、立体化公务员教育培训体系。

（4）境外培训。组织（人事）部门根据工作需要，组织开展公务员国外（境外）培训工作。我国公务员出国培训对象为在职的各级国家公务员骨干。组织开展国外（境外）时，要坚持问题导向、按需培训的原则，做好培训对象遴选、培训目的地甄选、培训机构选择、培训课程设置，加强培训效果考评与经费监管，提高培训质量与效益。

还要积极倡导挂职培训、分段式培训，探索完善干部免职脱岗培训、后备干部个性化定制培训制度，探索跨地区、跨部门、跨学校的合作培训模式。上级干部教育培训主管部门、干部教育培训机构要针对重点地区、重点领域干部的特殊培训需求，主动送教上门。

3. 公务员培训内容

公务员培训应根据经济社会发展需要，按照“革命化、年轻化、知识化、专业化”要求，结合公务员的岗位职责要求和不同层次、类别公务员的个人特点与学习需求，以政治理论、政策法规、业务知识、文化素养和技能训练等为基本内容，并以政治理论培训为重点，综合运用组织调训与自主选学、脱产培训与在职自学、境内培训与境外培训相结合等方式，促进公务员的素质和能力的全面提高。按照“少而精”的原则和科学性、针对性、时代性、应用性要求，科学地设计公务员培训的课程。公务员培训课程设置一般分为公共必修课、专业必修课和选修课。要着眼于提高干部素质和能力，建立以培训需求为导向的培训内容更新机制，不断完善理论教育、知识教育、党性教育体系。

中共中央于2019年5月印发的《中国共产党党员教育管理工作条例》强调，要学习贯彻习近平新时代中国特色社会主义思想，把用习近平新时代中国特色社会主义思想武装全党作为党员教育管理的首要政治任务，组织党员读原著、学原文、悟原理，深入学习领会习近平新时代中国特色社会主义思想的核心要义、基本精神、实践要求，掌握贯穿其中的马克思主义立场观点方法。

7.2 公务员培训程序、方法、管理、纪律与监督

7.2.1 公务员培训程序

公务员培训是一项系统工程，要从培训需求出发，制定实施培训方案，合理确定公务员培训的目标、内容、方法、方式、施教机构与师资、对象、时间、地点等，对培训效果进行考核评估、反馈，以提高培训质量。按照系统培训模式，培训是PDCA（plan，do，check，action）循环过程。英国学者博伊代尔（Boydell）对该模式进行改造，提出包含十步骤的培训循环过程，可将其简化为确认学习需求、确定学习目标、决定培训战略、设计和计划培训、实施培训、评价学习。结合公共部门人力资源管理的特点，可将公务员培训程序分为以下步骤：

1. 公务员培训需求分析

公务员培训需求分析，是指培训组织者在培训之前，从公共组织发展与公务员个人职业生涯发展目标出发，采用定性、定量分析方法与技术，对公共组织绩效和公务员的知识、技能、综合素质、工作实绩等进行评价、鉴定，以确定公务员培训的需求、必要性。常用培训需求分析方法包括绩效评估法、差距分析法、现场观察法、面谈征询法、文献资料分析法、问卷调查法、自我申报法、服务对象调查法等。公务员培训需求分析可从个体、组织、地区、工作任务等层面入手。

《2018—2022年全国干部教育培训规划》强调，要牢固树立按需培训理念，突出组织需求和岗位需求，把需求调研贯穿训前、训中、训后全过程。《干部教育培训工作条例》规定，干部教育培训要坚持“服务大局，按需施教”。公务员教育培训机构要组织专门力量，开展深入细致的需求调研，准确把握组织需求、岗位需求和干部需求。比如安徽青阳县聚焦“向基层问需、向干部问计、向学员问策”，于2019年2月在全县开展培训需求调查。

2. 确定公务员培训目标

培训目标，是指公务员培训活动目的和预期成果。培训目标因培训主管部门、施教机构、公务员所在部门、培训阶段、培训期限、对象、内容、方式、方法等因素而异。按照SMART原则，培训目标要力求明确（specific）、可衡量（measurable）、可实现性（attainable）、具体（realistic）、时限性（time bounded）。按照培训阶段，可以将公务员培训

目标分为长期目标、中期目标、近期目标等。中共中央印发的《2018—2022 年全国干部教育培训规划》明确规定了 2018—2022 年全国干部教育培训规划的目标，目标主要包括：（1）以习近平新时代中国特色社会主义思想为中心内容的理论教育更加深入；（2）党性教育更加扎实；（3）专业化能力培训更加精准；（4）知识培训更加有效；（5）干部教育培训体系改革更加深化。

3. 设计公务员培训方案与计划

设计培训方案，是指根据公务员培训需求和培训目标，结合公共部门人力资源整体素质的优势、劣势、机会、威胁，拟定培训计划，合理确定培训的施教机构、师资、对象、时间、地点，科学设计公务员培训大纲、内容、方法、方式，明确公务员培训的步骤与措施，以确保实现培训目标。

要注重完善公务员培训计划。要完善体现培训需求的计划生成机制。按照《2018—2022 年全国干部教育培训规划》，要以县处级以上领导干部为重点，实施“习近平新时代中国特色社会主义思想教育培训计划”。培训机构要以培训需求分析结果为依据，科学设计培训项目，提出教学计划。培训管理部门和培训机构要建立培训计划协调会商机制。要研究不同类别、不同层次、不同岗位干部的素质能力模型，制定分类培训大纲，明确干部初任培训、任职培训、专门业务培训、在职培训等的目标、内容和方式等。

4. 健全公务员培训保障机制，实施培训方案

可从培训教育机构、师资、教材、经费等方面入手，完善公务员培训保障机制。

（1）培训教育机构保障。当前，我国公务员培训的教育机构主要包括各类党校（行政学院）、社会主义学院、管理干部学院、高等院校和科研院所、管理咨询公司、非政府组织、国（境）外政府组织及其他公务员培训机构等。2014 年 12 月，国家公务员局印发《国家公务员特色实践教育基地管理暂行办法》。《干部教育培训工作条例》规定，要“充分发挥党校、行政学院、干部学院在干部教育培训中的主渠道、主阵地作用。加强社会主义学院建设”。要进一步深化公务员培训教育的办学体制改革，形成党校、行政学院、干部学院主渠道作用充分发挥，高等学校和其他培训机构积极参与，网络培训广泛运用，分工明确、布局合理、开放竞争、优势互补、充满活力的办学体制。

（2）培训师资保障。《2018—2022 年全国干部教育培训规划》规定，要加强师资队伍建设，定期对理论骨干师资进行习近平新时代中国特色社会主义思想专题学习培训。《干部教育培训工作条例》规定，要“按照政治合格、素质优良、规模适当、结构合理、专兼结合的原则，建设高素质干部教育培训师资队伍”。实行专职教师职务聘任和竞争上岗制度，通过考核、奖惩和教育培训，加强专职教师队伍建设。

（3）培训教材保障。要建立统一规范、科学实用、各具特色的教材体系，适应不同层次、不同类别公务员培训的需要，着眼于提高公务员的综合素质和能力。《干部教育培训工作条例》规定，要“逐步建立开放的、形式多样的、具有时代特色的干部教育培训教材体系”。加强干部教育培训教材编写、出版、发行、使用的管理和监督。

（4）培训经费保障。要按照《公务员培训规定（试行）》《干部教育培训工作条例》的要求，改革培训经费管理。各级政府要将干部教育培训经费列入年度财政预算，随着财政收入增长逐步提高，保证干部教育培训工作需要。建立健全以财政投入为主体、社会投入和个人出资相结合的干部教育培训经费投入机制。建立健全干部教育培训专项经费管理制度，加大干部教育培训经费使用监督检查力度。加大对革命老区、民族地区、边疆地区、贫困地区干部教育培训支持力度。

5. 公务员培训评估

公务员培训评估，是指利用科学、有效的评估方法和技术，对公务员培训效率、效果、效益、质量进行衡量、评价，并将评价结果反馈给公务员及其所在工作部门、施教机构。在公务员培训评估过程中，可从受训公务员的反应、知识与技能提升、个人工作绩效、公共组织绩效等角度进行分析。

（1）健全公务员学习培训考核评价机制。严格执行公务员学习培训情况考核评价制度，考核评价内容包括公务员的学习态度和表现，掌握政治理论、政策法规、业务知识、文化知识和技能的程度，解决实际问题的能力，党性修养和作风养成，等等。培训考核应当区分不同教育培训方式，分别实施。脱产培训的考核，由主办单位和干部教育培训机构实施；网络培训和境外培训的考核，由主办单位和干部所在单位实施。干部教育培训实行登记管理。建立健全跟班管理制度，加强对干部学习培训的考核与监督。干部参加脱产培训情况应当记入干部年度考核表，参加两个月以上的脱产培训情况应当记入干部任免审批表。比如内蒙古鄂尔多斯市探索构建学分量化与学时认定、线上教学与线下培训、定量考核与定性评价相融合的工作机制，切实增强干部教育培训实效性。

（2）建立公务员教育培训质量评估机制。按照《干部教育培训工作条例》，要“建立健全干部教育培训评估制度，加强对干部教育培训机构、项目及课程的评估”。《2018—2022年全国干部教育培训规划》规定，要“坚持定量与定性相结合，完善质量评估指标体系，全面推进干部教育培训机构办学质量、项目质量、课程质量评估”。组织（人事）部门负责对公务员培训机构进行评估，评估内容包括培训方针、培训质量、培训项目、课程设置、师资队伍、教学组织管理、基础设施、经费保障、学风建设等。公务员培训主办单位要对培训班进行评估，也可委托认可的机构进行评估，评估内容包括培训方案设计、培训教学实施、培训管理、培训保障和培训效果等。

（3）完善公务员学习培训激励约束机制。公务员培训情况、学习成绩作为公务员考核的内容和任职、晋升的依据之一，开展选人用人工作检查应注意了解新提拔干部接受教育培训情况。对公务员进行任职考察，要把公务员学习培训情况作为重要内容。结合干部年度考核，开展述学、评学、考学活动。培训考核不合格的，年度考核不得确定为优秀等次。

7.2.2 公务员培训方法

公务员培训方法是指在公务员培训过程中所运用的手段和技术，主要包括：

1. 课堂讲授法

课堂讲授法，是指由主讲教师在课堂上以讲课方式向公务员传播知识和技能的培训方式。课堂讲授法是以教师为中心的公务员培训方法。要配备高素质的公务员培训师资队伍，坚持理论联系实际，创新课堂讲授的内容、方式方法，并及时改进教学条件，以切实提高课堂讲授效果。比如延安干部学院开展党性教育，形成课堂讲授、现场体验、社会实践等形式互补的“三位一体”教学方法；其中，课堂讲授主要采取研究式、案例式、互动式教学方法。

2. 研讨法

研讨法，是指通过研究、商榷、讨论等方式来发现、分析和解决问题，力求达成共识，巩固和加深对有关知识的理解。研讨法，可以由教师主导，也可以由学员主导。研讨成功的关键在于吸引所有学员共同参与，让所有学员畅所欲言，集思广益，实现师生良性互动。研讨法可采取很多形式，如演讲式研讨法、小组讨论法、集体讨论法、无领导小组讨论法、头脑风暴法等。

3. 案例分析法

案例分析法，是指根据既定的教学目的和要求，将公共管理实际工作中的情境或事件进行典型化处理，并将其作为案例供受训者进行思考、研究、分析和讨论，以培养其发现问题、分析问题、解决问题、预防问题的能力。教师发挥引导作用，启发、鼓励和支持学员运用公共管理相关知识对案例进行分析。学员是案例分析的主体，要利用自己所学的专业知识，结合自己的工作经历和职位特点，设身处地进行案例分析，提出具有建设性、针对性的对策。比如吉林扶余市在干部培训中坚持理论教学与案例教学相结合，在传授理论知识的同时，结合大量案例进行分析；也采用介绍先进典型的方式，使参训学员从旁听、旁观到有切身体会。

4. 角色扮演法

角色扮演法，是指根据公务员培训的目的和背景材料，安排学员未经预先演练且无预定的对话剧本而扮演特定的公共管理者角色，运用所学的公共管理知识和实践经验，对某项工作情景进行仿真模拟、实际表演，以开发公务员的智力，培养公务员的理解、分析、判断、推理、表达能力，提高公务员的公共管理和公共决策技能，改善公务员的人际关系协调能力。比如江西萍乡市委办创新“两学一做”学习教育形式，组织机关干部赴萍乡迎宾馆、市信访局跟班学习，扮演“宾馆服务员”“信访接访员”等角色。

5. 人格拓展训练法

人格拓展训练法，是指利用崇山峻岭、瀚海大川等自然环境，通过各种精心设计的野外活动，在发现问题、分析问题、解决问题、应对挑战的过程中，使学员达到“磨炼意志、陶冶情操、完善人格、熔炼团体”的培训目的。通过拓展训练，参训的公务员能体验野外探险的乐趣，领略和应对大自然的各种挑战与刺激，学习基本的野外探险技术和生存技巧。公务员还能认识和开发自身潜能，克服心理惰性，磨炼战胜困难的毅力，乐观面对工作与生活中的挑战。2018 年 1 月初，苏州市吴中区纪委监委组织该区 72 名纪检监察干部培训班赴苏州市国防教育训练中心开展为期两天的拓展训练。

6. 敏感性训练法

敏感性训练法，也称“T 小组训练法”，是美国心理学家勒温于 1946 年创建的一种旨在改善人际关系和消除文化障碍的方法。敏感性训练力求使受训者克服心理障碍，提高倾听、沟通与交流的技巧，增强自我认知和自我控制的能力，增强对别人语言、态度和行为的敏感性，培养对不同文化环境的适应能力，进而促进来自不同文化背景下的公务员之间的理解、交流与合作。比如浙江瑞安市委党校建成“干部心理健康促进中心”，仅 2017 年 9 月至 11 月，该中心就已先后接待 573 名干部开展团体心理辅导、培训。

7. 合作研究法

合作研究法，是指由教师指派或学员自愿结合而组成若干研究小组，各小组的成员共同承担特定的科研项目，经过一段时间的资料搜集、社会调查、讨论分析后，撰写并提交具有建设性、针对性、实用性的科研论文的方法。合作研究法常在公务员培训后期使用，旨在促使学员学以致用，提高学员的写作能力和科研能力，增强其团队意识和合作精神。比如湖南保靖县于2019年推行以“大调研、大联扶、大创建”为主题的“全员联创”公务员培训活动。

此外，在创新公务员培训方法的同时，要运用现代信息技术和网络计划，不断推广网络在线培训、远程教育、电化教育，提高干部教育培训教学和管理的信息化水平。

7.2.3 公务员培训管理、纪律与监督

1. 公务员培训管理

(1) 公务员培训管理体制。按照《干部教育培训工作条例》《公务员培训规定（试行）》，全国公务员教育培训工作实行在党中央领导下，由中共中央组织部主管，中央和国家机关有关工作部门分工负责，中央和地方分级管理的体制。按照《公务员培训规定（试行）》《干部教育培训工作条例》，要从“强化管理职能”“改进管理方式”“加强和改进学风建设”“改革经费管理”等角度入手，加强公务员培训宏观管理改革。

(2) 公务员培训主管机构。公务员培训主管机构，是指组织、协调、统筹公务员培训事宜的管理机构。根据我国政府机构设置和公共部门人事管理的需要，结合我国政治体制的特点，我国公务员培训的主管机构包括：一是中国共产党各级党委组织部门，二是各级政府人力资源和社会保障部门、公务员局，三是各级政府工作部门内设的人事培训主管机构。

2. 公务员培训纪律与监督

要大力加强和改进公务员培训教育的学风建设。各级党委和政府及其有关工作部门、公务员培训机构、公务员所在单位和公务员本人必须严格遵守公务员培训纪律，自觉接受党内监督、组织监督、群众监督和社会监督。

公务员培训主管部门按照公务员管理权限，会同教育、纪律、监察、财政、审计等部门依法对公务员培训工作进行监督检查，制止和纠正违法乱纪的行为，并对有关责任人员提出处理意见和建议。组织（人事）部门要将干部学习态度、参与程度、互动效果、学习成果作为评价学风情况的重要内容。公务员所在机关未按规定履行公务员培训职责的，由组织（人事）部门责令限期整改，逾期不改的给予通报批评。

教师要严守纪律、严谨治学、以德施教。公务员教育培训机构要坚持理论联系实际，从严治校，勤俭办学。公务员培训机构有下列情形之一的，由组织（人事）部门责令限期整改，逾期不改的给予通报批评；情节严重的，由有关部门对负有主要责任的领导人员和直接责任人员给予处分：采取不正当手段招揽生源的，以公务员培训名义组织公费旅游或进行高消费活动的，违反国家有关规定收取培训费用的，违反国家有关规定擅自印发学历证、学位证、资格证、培训证的，其他违法违纪行为。

学员要端正学习态度，严格遵守培训规章制度，遵循学习培训和廉洁自律各项规定，完成规定的培训任务。公务员因故未按规定参加教育培训或者未达到教育培训要求的，应

当及时补训。对无正当理由不参加教育培训的，给予批评教育直至组织处分。公务员在参加教育培训期间违反有关规定和纪律的，视情节轻重，给予批评教育直至纪律处分。公务员弄虚作假获取培训经历、学历或者学位的，按照有关规定严肃处理。对脱产培训考核不合格的，年度考核不得确定为优秀等次。

要严守财经纪律，加强培训经费监管，保证专款专用，提高经费使用效益。《干部教育培训工作条例》规定，要"加强干部教育培训经费管理，厉行节约，勤俭办学，提高经费使用效益"。按照《中央和国家机关培训费管理办法》，要做好培训计划和备案管理，明确培训开支范围和标准，严格培训组织与分级管理，规范报销结算，加强监督检查。

7.3 西方国家公务员培训

7.3.1 西方国家公务员培训制度的内容

1. 美国公务员培训制度

（1）美国公务员培训制度演变。美国政府十分重视公务员培训工作。1930 年，美国总统颁发行政命令，规定文官事务委员会和各部要举办文官培训班。1936 年颁发的《乔治狄恩法》规定，各州政府要定期举办公务员培训。1958 年 7 月，美国国会通过《政府雇员培训法》，规定在职公务员应接受培训。1967 年，约翰逊总统发布《关于促进政府雇员培训的规定》，鼓励美国文官事务委员会与各部门负责人共同制定培训方案。1970 年，国会颁布《政府间人员法》，规定美国联邦和州一级的公务员培训事宜。1974 年的《雇员综合培训法》规定了对失业公务员的培训。1977 年，美国总统签署政令宣布实行"总统管理实习生计划"，联邦政府每年从大学硕士或博士毕业生中选录 200～250 人，由各部门安排见习培训，两年后给予职位。1998 年，克林顿总统提出，要"通过提高培训和学习的技术含量，以完善现有联邦政府的培训和学习制度"，并实施"总统联邦政府培训技术远程学习系统框架的工作计划"。2002 年，美国政府提出电子政务计划，美国联邦人事管理署创建政府在线学习中心网站 Go Learn（现为 USA Learning）。奥巴马政府于 2012 年 4 月发布《投资于美国的未来：职业技术教育改革蓝图》，并于 2014 年 7 月发布《为工作做准备：就业导向的培训和美国机会》，《劳动力创新与机会法案》随后由美国国会通过。

（2）美国公务员培训类型。按照公务员培训教育机构与培训对象，可将美国公务员培训类型分为四种：一是部门培训。各地方政府人事培训机构举办培训班，课程设置由各部门根据工作性质而定。二是部际培训。由联邦政府或市政联盟主办，培训各部门的官员和职员。三是选派公务员到大学进修。政府部门同大学合作，由学校为公务员进行培训。四是在职培训。在职培训的种类包括任职前培训、实习培训、任职后培训等。

（3）美国公务员培训方法。美国公务员培训方法多样，广泛采用案例教学、情景模拟教学、现场观摩、理论讲授、头脑风暴法、问题导向的教学方法等培训方法。

（4）美国公务员培训教育机构。美国政府构建了包括联邦行政学院、政府部门内设的培训机构、高等院校、科研院所、非政府组织等在内的多元化、市场化、社会化公务员培训教育机构体系。美国联邦行政学院于1968年设立，专门培训联邦政府各部门、州政府和郡政府等高级行政官员，其使命是“培养优秀行政官员，保证联邦政府工作的行政效率”。美国公共行政教育特别是公共管理硕士（MPA）教育发展迅猛，美国哈佛大学肯尼迪政府学院、宾夕法尼亚大学沃顿商学院、锡拉丘兹大学马克斯韦尔学院、普林斯顿大学伍德罗·威尔逊公共与国际事务学院、斯坦福大学等院校的MPA培训项目均有较大影响力。

2. 英国公务员培训制度

（1）英国公务员培训制度演变。英国政府于1970年6月成立“文官学院”。1989年6月，按照“下一步行动方案”，文官学院转型为执行机构。布莱尔政府发表《现代化政府白皮书》之后，文官学院在2004年4月被并入英国内阁办公室之下新成立的“管理与政策研究中心”。2005年6月，配合英国政府的“文官改革”计划，“管理与政策研究中心”更名为“国家政府学院”。接受培训是英国公务员的法定权利。按照1995年颁发的《英国公务员管理法》，政府部门的机会均等，其中包括“寻求培训和个人发展机会”。英国政府于1996年通过《公务员培训政策》，要求所有政府机构必须“投资于人”。英国政府于2012年启动《公务员改革计划》，从整体部门利益、稳定性和实效性等方面考虑公务员个体培训，注重技能培训。

（2）英国公务员培训类型。按照培训对象，可将英国公务员培训类型分为三种：一是职前培训。职前培训包括对通过考试录用进入机关队伍，将要从事专业性工作的公务员进行培训；对新进入政府机关工作一年以上的公务员进行培训；对调任工作岗位的公务员进行新职位工作的培训。二是在职培训。对在职公务员进行专业知识和管理能力方面的培训。三是后备干部培训。《英国公务员管理法》注重“后备干部发展计划”，实施后备干部发展方案，为有潜力进入高级公务员的人们提供培训和发展机遇。

（3）英国公务员培训方法。一是岗位训练法。岗位培训是在上司传、帮、带下的不离职培训和轮岗培训。二是行动学习法。英国政府每年从应届或历届大学毕业生中精选一部分优秀青年，作为高级公务员的后备人才，放到政府部门边锻炼、边培训，对其中表现突出者予以快速晋升甚至破格提拔。三是心理调适学习法。在心理专家主持下，通过心理测评，在小组互动中加深自我认知，据此制订个人职业生涯计划，追求自我完善。此外，英国公务员培训还广泛采用案例分析法、情景模拟法、角色扮演法、无领导小组讨论法等。

（4）英国公务员培训教育机构。英国公务员的培训机构主要包括三类。一是政府部门内设的公务员培训教育机构，如英国财政部下设的“培训与发展局”。二是专门的公务员培训教育机构、非政府组织，如英国国家政府学院、英国皇家公共行政管理协会等。三是高等学校内设的公共政策、政治与经济、公共管理、公共事务等学院，如伯明翰大学公共政策学院、伦敦大学经济学与政治科学学院等。

3. 法国公务员培训制度

（1）法国公务员培训制度演变。法国十分重视公务员培训，并从法律、培训机构、培训方法、管理体制等方面完善公务员培训制度。《法国国家公务员章程》规定，公务员“享有职业培训的权利”。1971年，法国政府颁布《关于终身教育中职业继续培训组织法》，指出“职业继续培训是一项国家的义务；职业继续培训属于终身教育的范围”。1983年颁发的《法国公务员权利与义务总章程》强调，公务员享有“职业培训的权利；参加工会培训的权利”。1985 年，法国政府立法规定：“行政机关可以要求公务员进行继续培训；公务员为参加考试有要求继续培训的权利；公务员对自己感兴趣的项目有申请培训的权利；公务员参加以提高工作能力为目的的培训，全部费用由国家承担。”20 世纪 90 年代，法国提出“培训工程”，要求公务员在职业生涯中，每 3 年至少要接受一次更新知识、提高能力的强制性培训，同时本人也可自愿要求参加培训与进修，并享受适当的培训假期和工资、保险、福利待遇。法国构建了中央、地方、部门相结合的公务员培训管理体制。

（2）法国公务员培训类型。按照公务员培训对象，可将法国公务员培训分为四种类型：一是新录用公务员上岗前的初任培训。二是晋升培训，即公务员为晋升上一级职务所进行的培训。三是离职培训，即公务员本人想在某方面得到提高，由本人申请，经单位批准脱离现职接受培训。四是更新知识，提高工作能力的在职培训。

（3）法国公务员培训方法。法国公务员培训注重能力训练，综合运用专题讲座、研讨法、案例分析法、情景模拟法、代职实习法等方法，培养公务员的综合能力。比如法国国立行政学院培训期为两年，第一年进行校外实习，派学员到国家行政机关、国内公司和驻外使馆实习，并担任一定职务，如省长办公厅副主任、市长助理等。第二年为课堂学习，培训教师为政府高级官员，引导学员进行案例分析，以培养学员发现、分析和解决实际问题的能力。

（4）法国公务员培训教育机构。法国公务员培训教育机构可划分为四类：一是总理府直属的 3 所国家级院校，即国立行政学院、巴黎综合工科大学、国际公共行政管理学院。二是公职部所属的 5 个大区的地方行政学院，如里昂大区行政学院。三是政府各部门所属的 70 所专门职业技术院校，如国家海关学院、国家税务学院、国家产业管理学院、国家农业水利与林业学院。四是各部门和地方政府所属的 28 个培训中心，如马赛市公务员培训中心。

4. 日本公务员培训制度

（1）日本公务员培训制度演变。日本公务员培训被称为“研修”。日本公务员包括国家公务员、地方公务员，公务员培训制度分别依据《日本国家公务员法》《地方公务员法》《职员的教育训练》执行。《日本国家公务员法》规定，各中央部委有责任掌握公务员培训需求，据此制定和实施培训计划。日本人事院是公务员培训的领导机构，有权对公务员培训工作进行总体规划、协调和监督。人事院人才局下设“培训协调处”“培训指导处”“公务员研修所”等机构。

（2）日本公务员培训类型。按照公务员培训对象，可以将日本公务员培训分为：新录用公务员培训、骨干公务员培训、系长培训、中初级管理培训等。按照公务员培训的时间与地点等因素，可将日本公务员培训类型分为三种：一是在岗培训。在日常工作过程中，由公务员的直属上司或经验丰富的公务员对其进行指导培训，即“师带徒”形式。二是离岗培训。脱离日常工作岗位，由专职公务员培训教育机构直接实施培训，或委托学校、其他机构开展培训。三是派出培训。根据工作需要，向外派出公务员参加相应培训。日本人事院开展的派出培训项目包括行政官长期在外研究员培训制度、行政官国内研究员培训制度、行政官短期在外研究员培训制度、派往民间企业的培训制度。

（3）日本公务员培训方法。日本充分运用讲授法、研讨法、情景模拟法、无领导小组讨论法、头脑风暴法、辩论法、演讲法、角色扮演法、电脑化教学法等培训方法。比如人事院开展的“干部行政官研讨班”采用无领导小组讨论法、头脑风暴法等对话式培训等。

（4）日本公务员培训教育机构。《日本国家公务员法》规定，公务员培训由日本人事院和各府省实施。人事院内设“公务员研修所”，中央各省厅也设置“公务员研修所”。地方公务员培训由人事院在各地的事务局、所负责组织实施，各地方自治省也设置自治大学、培训中心。各部委可自行组织内部公务员岗位培训，并利用本部委和其他部委的专业培训机构、学校、人事代理部门等机构进行公务员脱产培训。《日本国家公务员教育训练规则》规定，各省厅长官在必要时可以委托该省厅以外的研究机构、学校或其他机关培训其职员。日本《地方公务员法》规定，地方政府可委托其他机构进行公务员培训。

7.3.2 西方国家公务员培训制度的特色及启示

1. 重视培训法规建设

西方国家重视公务员培训法规建设，把公务员培训看作与经济和社会发展、公务员职业生涯发展密切相关的重要任务，将培训作为公务员的权利和义务纳入“法规”“条例”，甚至是国家根本大法中，推动公务员教育培训与进修工作法制化、规范化，为公务员参加各类培训活动提供了有效的法律保障。比如《美国政府雇员培训法》《英国公务员管理法》《法国国家公务员章程》《日本国家公务员教育训练规则》等法规，都规定了公务员培训的权利与义务。健全的培训法规是开展公务员培训的法律依据。《干部教育培训工作条例》《公务员培训规定（试行）》《中华人民共和国公务员法》等法规，奠定了我国公务员培训的法制基础。有必要按照相关培训法规的要求，依法推动公务员培训工作。

2. 按需培训，注重能力建设

（1）按需培训。顾客导向、按需培训、因材施教，是西方国家公务员培训的重要原则。英国、法国、美国等西方国家根据不同公共组织和学员的需求设计培训项目，实行“订单式培训”，致力于满足顾客的多元化、个性化需求。比如英国国家政府学院为公务员提供定制培训服务，法国公务员培训注重需求调查。同时，英国、美国、法国、日本等西方国家公务员培训由传统的“通才”标准向“专才”标准转变。我国《干部教育培训工作条例》《公务员培训规定（试行）》中，确立了“按需施教”原则。在公务员培训过程中，我们要学习和借鉴西方国家公务员培训理念，加强公务员培训需求调研，按需培训。公务员培训机构要经常调查研究，完善公务员培训课程体系与教材，丰富、创新培训内容。

（2）注重能力建设。英国、美国、法国、日本等西方国家在公务员培训过程中，坚持以人为本，注重能力建设。比如英国国家政府学院根据英国内阁办公室所确定的公务员专业知识和能力框架来设计培训项目，注重培养高级公务员的基本能力：指挥能力（领导能力、战略思考和规划能力、完成工作任务的能力）、管理和沟通能力（管理人力资源的能力、沟通能力、管理财务和其他资源的能力）、个人贡献（个人能力、才智、创造能力和判断能力、专业知识和业务能力）。在我国公务员培训过程中，要按照《公务员培训规定（试行）》《干部教育培训工作条例》的要求，围绕《国家公务员通用能力标准框架（试行）》，大力加强公务员能力建设，致力于打造高素质的公务员队伍。

3. 不断创新公务员培训方法

美国、英国、法国、日本等西方国家不断创新公务员培训方法，除课堂传授法、案例教学法外，还利用研讨法、工作实习法、现场观摩法、角色扮演法、情景模拟法、心理调适学习法、师带徒法等。开放、灵活的教学方法，既有利于公务员更新知识、提高技能和政治素质，也有利于激发公务员参加培训的热情和积极性，提高培训质量和效果。要结合我国国情，基于公务员、公共组织、公共管理工作任务的培训需求，创新公务员培训方法，推广无领导小组讨论法、案例教学法、情景模拟法、敏感性训练法、角色扮演法等培训方法。

4. 培训教育机构日益多元化

英国、美国、日本、法国等西方国家大力加强公务员培训机构建设，构建了社会化、市场化、多元化公务员培训教育机构体系。各国公务员培训机构不仅包括政府部门内设的公务员培训机构，也包括高等学校、科研院所、非政府组织、外国政府机构等。基于我国公务员培训机构现状，有必要推动公务员培训教育机构市场化、社会化进程，构建分工明确、优势互补、布局合理、竞争有序的公务员培训机构体系。党校、行政学院和干部学院应当按照职能分工开展公务员培训工作。部门和系统的公务员培训机构，应当按照各自职责，承担本部门和本系统的公务员培训任务。其他培训机构经市（地）级以上组织（人事）部门认可，可承担机关委托的公务员培训任务。

5. 完善公务员培训保障机制，加强培训效益评估

（1）完善公务员培训保障。在加强公务员培训机构建设的同时，西方国家还从培训师资、培训经费、培训期间的工资福利、职务职级任免与晋升等角度，完善公务员培训保障机制。比如法国按公务员工资总额的一定比例划拨培训经费，国家公务员的培训费为工资总额的3.5%，地方公务员的培训费为工资总额的1%；英国公务员培训费用纳入各级政府机关财政预算。加强我国公务员培训必须按照《公务员培训规定（试行）》《干部教育培训工作条例》的要求，从经费预算、教材、师资、工资福利等角度完善公务员培训保障机制。

（2）加强公务员培训效益评估。西方国家按照3E［经济（economy）、效率（efficiency）、效能（effectiveness）］原则，大力加强公务员培训效益评估，注重分析培训投入、产出、顾客满意度。一方面，完善公务员学习效果评价机制。比如美国政府从反馈、学习、行为、结果、成本效益性等角度对公务员培训项目进行评估。另一方面，加强对公务员培训教育机构的培训质量评估。比如法国公务员培训引进市场机制，坚持“顾客导向”，不断加强公务员培训绩效评估。当前，加强我国公务员培训应从培训考核评价、激励约束机制、培训质量评估机制等角度入手，加强公务员培训效益评估。

本章小结

本章分析了公务员培训的内涵、特点、意义，回顾了我国公务员培训制度演变历程；阐述了我国公务员培训的原则、类型、方式、内容；简述了我国公务员培训的程序，介绍了课堂讲授法、研讨法、案例分析法、角色扮演法等多种培训方法，分析了我国公务员培训管理体制与监督机制；比较分析了美国、英国、法国、日本等西方国家公务员培训的制度演变、类型、方法、教育机构等内容，归纳了西方国家公务员培训制度特色及启示。

关键术语

公务员培训　初任培训　任职培训　专门业务培训　在职培训　公务员培训需求分析　公务员培训评估　研讨法　案例分析法　角色扮演法　人格拓展训练法　敏感性训练法

复习思考题

1. 简述我国公务员培训的原则。
2. 按照培训对象的差异，我国公务员培训可以分为哪些类型？
3. 如何加强公务员培训评估？
4. 论述西方国家公务员培训制度的特色及启示。

案　例

云南广南全覆盖培训脱贫一线干部

2019 年以来，云南广南县通过开展大学习、大培训和大考试，提高各级扶贫干部思想认识和业务能力。围绕精准识别、精准退出和行业扶贫政策标准，全面“回头看”，梳理应知应会的政策及知识要求，制作《广南县脱贫攻坚政策知识汇编》口袋书，发放全县帮扶干部和志愿者，印发《广南县脱贫攻坚总攻方案》2 600 余本，方便扶贫干部随身携带、学习。

采取“县级重点培训＋乡镇兜底培训”相结合，对“挂包帮”各定点扶贫单位、各乡（镇）扶贫干部开展全覆盖培训。县级层面以重点示范培训为主，邀请省州老师讲授习近平新时代中国特色社会主义思想，邀请省委党校教师讲解心理调适，加强扶贫领域腐败和作风专项治理培训，由领导干部讲解抓党建促脱贫攻坚、危房改造等。截至 2019 年 8 月底，县级共举办脱贫攻坚政策业务培训 3 期 1 300 余人。在乡镇和县级部门层面，以自主举办和联合举办为主，对帮扶干部全覆盖培训，各单位各乡镇培训 143 期 1.8 万人次。

坚持凡训必测，将村（社区）干部和其他帮扶干部区别，分类设置考卷。考试实行单人单桌，从县纪委监委、县委组织部、县委党校、县脱贫攻坚指挥部抽调监考老师。截至 2019 年 8 月底，县级已组织闭卷考试 1 300 余人（其中村社区干部 748 人），对考试未达 80 分的 18 名在职干部和部分村（社区）干部，集中补考，确保人人过关。

资料来源：广南轩．云南广南全覆盖培训脱贫一线干部．(2019－08－21)．http://www.zuzhirenshi.com/dianzibao/2019－08－21/2/cfc00229－68ff－4e43－8d55－1c629f3945db.htm.

案例分析题：

1. 归纳广南县脱贫一线干部培训工作的主要特点与成效。
2. 结合案例及相关知识，分析一线干部教育培训的难点与对策。

第8章

公务员交流与回避

公务员交流与回避是政府人力资源管理的重要环节。《中华人民共和国公务员法》规定，“国家实行公务员交流制度”，以构建公开、平等、竞争、择优的政府人力资源流动体制。同时，我国实施宽严并济的公务员回避制度，以加大反腐倡廉力度。2019年7月，中共中央办公厅印发《关于贯彻实施公务员法建设高素质专业化公务员队伍的意见》，强调要强化培养锻炼，提升能力素质。新时期，要认真贯彻落实党的十九大精神，将全面从严治党融入干部人事管理全过程，进一步完善公务员交流与回避制度，规范交流与回避程序。

8.1 公务员交流

8.1.1 公务员交流的含义与必要性

1. 公务员交流的含义

公务员交流，是指机关根据工作需要和公务员个人愿望，通过调任、转任、挂职等法定形式变换公务员的工作职位，从而产生或变更公务员职务职级关系或工作关系的人事管理活动与过程。

2. 公务员交流的必要性

（1）合理配置人才的客观要求。党的十九大报告强调：“要坚持党管人才原则，聚天下英才而用之，加快建设人才强国。”《中华人民共和国公务员法》规定，“公务员可以在公务员和参照本法管理的工作人员队伍内部交流，也可以与国有企业和不参照本法管理的事业单位中从事公务的人员交流”。综合管理类、专业技术类、行政执法类等不同职位类别公务员之间可以交流。在知识经济时代，有必要合理配置人才，建设气质相容、优势互补、结构合理、精干高效的公务员队伍。通过实施公务员交流制度，将每一个公务员都调配到最适合发挥其特长的公共职位上，达到人与事的最佳结合，实现人尽其才、才尽其用。根据干部人才对口支援工作安排，中央组织部、人力资源和社会保障部 2019 年组织开展了第九批援藏和第四批援青干部人才选派工作，共选派 2 307 名援藏援青干部人才。

延伸阅读

倾力奉献，人生就不平凡

战风雪、斗严寒、涉险途、抗高反……他们是雪域高原的“格桑花”。为民服务，奉献自我，在磨炼中越开越艳，他们就是重庆市第八批援助昌都项目建设管理指挥部全体队员。2016 年，22 名公务员从重庆来到西藏昌都市，开始了艰苦的援藏之旅。昌都地处横断山脉，山高谷深，指挥部经常面临落石、塌方、冰雪路等生与死的考验……“我们每一个援藏干部都是平凡人，但如果把自己的平凡人生与国家战略紧密结合起来，倾力奉献，人生就不平凡。”领队黎勇谈道。22 名公务员，22 名高原勇士。他们中，有为脱贫攻坚 3 年奔袭 12 万公里、数次历险的昌都市常务副市长蔡家林，有在金沙江堰塞湖险情一线战斗 15 天、妥善安置灾民的周玮乔，有被当地干部称为“用生命工作”的王代兵，有冬天在海拔 4 000 米坚守到最后才回渝休假的江世洪……“来报到的途中，援助芒康的 8 名队友遭遇两次道路塌方，人车险些被埋，大有‘出师未捷身先死’的感受。”更令黎勇心情沉重的是，3 年援藏就要结束了，两位队友却无法跟大家一起回家——璧山区安监局副局长颜广宇、北碚区交委副主任杨建伟把年轻的生命献给了援藏事业。指挥部每一名干部都把昌都当故乡、视藏胞为亲人，用饱含深情的一言一行架起汉藏人民连心桥。用无私的奉献诠释对党的忠诚和对藏区人民的大爱。“3 年时间，1 000 多个日夜，我们锤炼了党性，磨砺了意志，灵魂受到了洗礼，这都成为人生的一笔宝贵财富。”援藏干部张智说。

资料来源：赵兵．重庆第八批援助昌都项目建设管理指挥部 22 名公务员：“倾力奉献，人生就不平凡”．(2019-07-11)．http://paper.people.com.cn/rmrb/html/2019-07/11/nw.D110000renmrb_20190711_2-06.htm.

(2) 提高公务员素质的客观要求。正如邓小平同志所说：相熟的人搞到一块太久了，语言听习惯了，对事物的感觉就迟钝了，考虑问题就马虎了。有点新的语言，新的感觉，比较好。干部在这里待一待，那里待一待，接触的面广一些，知识也多一点。通过公务员交流，有计划、有步骤地促使公务员在不同地区、部门、职位之间流动，进而提升公务员的综合素质。

(3) 反腐倡廉的客观要求。党的十九大报告强调：“全面从严治党永远在路上。”公务员交流是新时代推进反腐倡廉的重要途径，它体现了预防和治理腐败的要求，有助于从源头上消除腐败。公务员交流制度可以有效地防止和减少因公务员长期在某地、某处任职所形成的错综复杂的人际关系对公务执行造成的不良影响，克服近亲繁殖乱象，打破盘根错节的“人情网”“关系网”，克服人际关系的固化和异化，降低腐败的概率，减少权力垄断和权力寻租行为。比如湖南省常德市鼎城区财政局机关为加强廉政建设，针对连续在机关同一股室或者同一岗位工作 5 年以上的负责人和业务骨干人员，实行大面积轮岗和干部交流。

8.1.2　我国公务员交流制度演变

我国干部交流制度是在新民主主义革命和社会主义革命中建立和发展起来的，并在社会主义现代化建设过程中逐渐完善。早在 1942 年，中央军委在《关于干部交流的建议》中就指出，干部太固定，使干部进步停滞，上下隔阂，有必要在适当程度内进行干部交流，即进行上面与下面、前方与后方、军队与地方的干部交流。1962 年 9 月 27 日，中国共产党第八届中央委员会第十次全体会议通过《关于有计划有步骤地交流各级党政主要领导干部的决定》，要求在全国范围内，在中央与地方之间、上下之间、地区之间和部门之间，对各级主要领导干部进行有计划的交流。“文化大革命”期间，我国干部交流工作中断。党的十一届三中全会以后，中央重提干部交流问题，把它作为我国干部制度改革的重要内容。1980 年 5 月 5 日，民政部颁发《干部调配工作暂行规定》，规定调配原则、范围、方法、手续和纪律。

1990 年 7 月 7 日，中共中央颁发《关于实行党和国家机关领导干部交流制度的规定》，要求从党和国家机关各部委，各省、自治区、直辖市做起，实行各级党和国家机关领导干部的交流制度。1991 年 2 月 4 日，人事部下发《干部调配工作规定》，规定了调配原则、调配范围和条件、审批权限、调配程序、调配纪律。1991 年 9 月 6 日，中共中央下发《关于抓紧培养教育青年干部的决定》，要求有计划地对青年领导干部进行交流或轮换。1993 年出台的《国家公务员暂行条例》要求国家公务员实行交流制度。1994 年 9 月 28 日，中国共产党第十四届中央委员会第四次全体会议通过《中共中央关于加强党的建设几个重大问题的决定》，要求有计划、有步骤地在上下级机关之间、地区之间、地区与部门之间、党政之间以及经济比较发达与相对落后地区之间进行干部交流，加大省部级干部交流力度，继续推进地市县级干部交流。此后，随着《中共中央关于抓紧培养选拔优秀年轻干部的通知》《国家公务员职位轮换（轮岗）暂行办法》《党政领导干部交流工作暂行规定》《党政领导干部选拔任用工作条例》等法规的出台，我国公务员交流制度稳步发展。

2006 年 1 月 1 日，《中华人民共和国公务员法》正式实施，我国公务员交流有法可依。2006 年 8 月，中共中央下发《党政领导干部交流工作规定》，要求推进干部交流工作。随着《公务员调任规定（试行）》的颁发，公务员调任工作日益规范。2009 年 10 月，中共中央印发《2009—2013 年全国党政领导班子建设规划纲要》，明确提出加大干部交流力度。2009 年 12 月，中共中央印发《2010—2020 年深化干部人事制度改革规划纲要》，进一步明确了完善干部交流回避制度的主要任务。2014 年下发的《党政领导干部选拔任用工作条例》规定，“实行党政领导干部交流制度”。《关于加强乡镇干部队伍建设的若干意见》《关于深化体制机制改革加快实施创新驱动发展战略的若干意见》《推进领导干部能上能下若干规定（试行）》等文件的出台，为推进公务员交流提出了指导性意见。党的十九大报告强调，要“鼓励引导人才向边远贫困地区、边疆民族地区、革命老区和基层一线流动”。《中华人民共和国公务员法》规定：“国家实行公务员交流制度。”2019 年 6 月，中共中央办公厅印发《关于鼓励引导人才向艰苦边远地区和基层一线流动的意见》，强调要完善人才培养吸引流动和激励保障机制，鼓励引导更多优秀人才到艰苦边远地区和基层一线建功立业。

在公务员管理实践中，有些地方和单位还存在公务员“借调”现象。借调，是指用人单位因工作需要而向其他单位临时借用人员的用工形式，在借调期内，被借调人主要在用人单位工作，并由原单位承担其工资福利，由原单位对其进行考核。公务员管理相关法规尚未对借调进行规范。浙江桐庐县、海南东方市、河北承德市营子区、宁夏吴忠市、新疆阿克苏市、广西柳州市等地纷纷出台了借调人员管理办法，严格约束借调行为，规范借调程序，控制借调人数和时间，进而为基层减负。《中国共产党纪律检查机关监督执纪工作规则》则对纪检机关内部的借调进行了规范，加强对借调人员的管理监督：审查事项确需借调人员参与的，一般安排从事辅助性工作；选用借调人员应当严格执行回避制度；审查组需要借调人员的，一般应从审查人才库抽选，由纪检机关组织部门办理手续，实行一案一借，不得连续多次借调。加强对借调人员的管理监督，借调结束后由审查组写出鉴定。借调单位和领导干部不得干预借调人员岗位调整、职务晋升等事项。

延伸阅读

桐庐开展“两抓两转”：干部为基层配、负担替基层减

“借调在外近3年，两头来回跑，精力实在是吃不消了。现在能安心回到镇里工作，内心有说不出的感动。”近日，回到镇里的小徐长舒了一口气。和小徐一样，这几天，长时间压在浙江桐庐县百江镇党委书记濮樟平心上的石头也落了下来。原来，镇里有6名被抽调到县级部门工作的同志，现在调回的调回、调出的调出，大家都有了合理的处置办法。“镇里本来编制就少，这6人占了1/10，而且都是乡里的骨干力量。少了这6个人，对乡镇的工作影响太大了。”濮樟平深有感触地说：“这次县里规范干部抽调工作，对于我们来说确实是个大好事。”为了给基层减负，2019年年初，浙江省桐庐县委谋划部署了“两抓两转”活动，即大抓基层大抓调研、转学风转会风。在走访调研中，县委组织部发现基层对干部不规范抽调问题反映突出，随即启动干部抽调规范工作。截至2019年7月，已对38个单位（含临时机构、工作组）的干部抽调情况进行摸底梳理，共清理抽调干部21人，明确调至现岗位15人，调回原单位6人，有效缓解了基层“编满人少”问题，保障了基层工作力量。桐庐县委组织部制定《桐庐县临时机构管理办法》，做好临时机构的设立及干部抽调工作，特别是从严控制从乡镇（街道）抽调干部。该办法明确，各单位不得随意抽调基层干部挂职帮忙，确需抽调必须经所在单位和县委组织部书面同意。一方面是“组合拳”，做到干部为基层配；另一方面是“连环招”，做到负担替基层减。针对基层反映的机构牌子多、职责事项多、工作台账多、政务App多、上墙制度多、考核督查多、创建评比多等“七多”问题，桐庐县集中整治，设立信息统一报送平台。针对基层干部反映的会议多特别是陪会多问题，桐庐县委明确严格落实精简会议各项要求。桐庐县还成立实体化运作的县服务基层办公室，突出破难减负。

资料来源：何小华，徐军勇．浙江桐庐开展“两抓两转”活动，干部为基层配、负担替基层减．(2019-07-15). http://www.zuzhirenshi.com/dianzibao/2019-07-15/2/ade48724-982e-4cbd-bfa2-222185ed75e2.htm.

8.1.3　我国公务员交流的法定形式

1. 调任

（1）调任含义。按照《中华人民共和国公务员法》《公务员调任规定（试行）》，调任是指国有企业、高等院校和科研院所以及其他不参照公务员法管理的事业单位中从事公务的人员，调入机关担任领导职务或者四级调研员以上及其他相当层次的职级。调任必须在核定的编制和职数限额内，且职位出现空缺，在本机关内部晋升或交流有困难的情况下进行，必要时也可公开考试选拔，择优调任。

延伸阅读

“玻璃门”变“旋转门”：江苏高邮出台人才双向流动政策

为畅通人才流动渠道，打破人才流动隐形“玻璃门”，2018 年，高邮市出台人才双向流动政策，实施聚才专项行动，聚焦紧缺型人才，吸引更多有志之士来邮发展。一是实行“轻松来”调入制度。针对在高邮工作未婚人才的恋爱对象、在外工作高邮籍人才等 4 类对象，分类设置调入基本条件。体制内人员调入相近机关事业单位同等性质岗位，企业人员择优推荐至本市重点企业。政策实施以来，截至 2019 年 8 月，异地公务员调入 6 人，专技人才调入 9 人。对新进入本市企业工作的高校毕业生给予一定工资外生活补贴和社保补贴，在重点医院定期为高层次人才组织健康体检，为来邮人才提供落户服务，对全日制本科以上人才的非户籍子女就读义务教育阶段学校，实行本市户籍学生同等待遇政策。二是实行“自由走”的调出制度。简化程序、畅通通道，让人才走得舒心。在本市工作的机关事业单位在编工作人员，只需调进、调出单位双方同意，乡镇公务员满 5 年，其他人员满 3 年（含试用期）或合同期满，即可办理调出手续，采取“简易办”的服务流程。

资料来源：邮组宣．“玻璃门”变“旋转门”：江苏高邮出台人才双向流动政策．(2019-08-02)．http://www.zuzhirenshi.com/dianzibao/2019-08-02/3/fc43b5a7-d0e0-4870-b1a9-8fe5061805d7.htm．

（2）调任资格条件。按照《中华人民共和国公务员法》：“调任人选应当具备本法第十三条规定的条件和拟任职位所要求的资格条件，并不得有本法第二十六条规定的情形。”结合《中华人民共和国公务员法》《公务员调任规定（试行）》，公务员调任的资格条件包括肯定性条件、限制性条件。

1）肯定性条件。公务员调任的肯定性条件，是指拟调任的公务员必须具备的资格条件，涉及思想政治素质与业务能力、工作经历和任职资历、工龄、学历、年龄等方面。根据《公务员调任规定（试行）》，调任人选除应当具备《中华人民共和国公务员法》第十三条规定的条件外，还应当具备下列资格条件：第一，具有良好的政治、业务素质，工作能力强、勤奋敬业、实绩突出。第二，具有与拟调任职位要求相当的工作经历和任职资历。比如，2018 年 1 月 21 日下午，海南省第五届人民代表大会常务委员会第三十五次会议决定任命原昆明理工大学校长、中国工程院院士彭金辉同志为海南省人民政府副省长。第三，具备《中华人民共和国公务员法》及其配套法规规定的晋升至拟任职务职级累计所需的最低工作年限。专业技术人员调入机关任职的，应当担任副高级专业技术职务两年以上，或者已担任正高级专业技术职务。第四，调入中央机关、省级机关任职的，应当具有大学本科以上文化程度；调入市（地）级以下机关任职的，应当具有大学专科以上文化程度。第五，调任厅局级职务职级的，原则上不超过55周岁；调任县（市）领导班子成员职务的，原则上不超过50周岁，调任其他处级职务职级的，原则上不超过45周岁；调任科级领导职务职级的，原则上不超过40周岁。第六，符合法律、法规、章程规定的其他条件。公务员调出机关后拟再调入机关担任高于调出机关时所任职务、职级的，应当具备从调出机关时所任职务、职级晋升至拟调任职务、职级所需的任职资格年限。一些地方则适当放宽了调任条件，比如，按照《云南省公务员调任办法（试行）》，原规定调任科级领导职务原则上不超过40周岁，放宽至45周岁。

2）限制性条件。公务员调任的限制性条件是指拟调任的公务员不得具有的情形。根据《公务员调任规定（试行）》，有下列情形之一的人员，不得调任：一是曾因犯罪受过刑事处罚的；二是曾被开除公职的；三是涉嫌违纪违法正在接受有关的专门机关审查，尚未作出结论的；四是受处分期间或者未满影响期限的；五是正在接受审计机关审计的；六是法律、法规规定的其他情形。

（3）调任程序。《中华人民共和国公务员法》规定，调任机关应当“对调任人选进行严格考察，并按照管理权限审批，必要时可以对调任人选进行考试”。公务员调任按照以下程序进行：第一，根据工作需要确定调任职位及调任条件。第二，提出调任人选。根据调任职位的要求，调任人选通过组织推荐方式产生。必要时，可以对调任人选进行考试。第三，征求调出单位意见。第四，组织考察。考察内容包括调任人选的德、能、勤、绩、廉等方面的表现。第五，集体讨论决定。第六，调任公示。按照任前公示制有关规定在调出、调入单位予以公示。第七，报批或者备案。公示期满，对没有反映问题或者反映问题不影响调任的，按规定程序进行审批或备案；对反映有严重问题未经查实的，待查实并作出结论后再决定是否调任。按照干部管理权限确定拟调任人员后，调入机关按照规定的权限办理审批或者备案。第八，办理调动、任职和公务员登记手续。调任人员的级别和有关待遇，根据其调任职务职级，结合本人原任职务、职级、工作经历、文化程度等条件，比照调入机关同等条件人员确定。调任人员除由国家权力机关依法任命职务或职级的以外，一般实行任职试用期制，试用期为一年。试用期满考核合格的，正式任职；考核不合格的，另行安排工作。

（4）调任工作纪律。调任必须遵守下列纪律：第一，调任审批或者备案机关应当严格履行职责，认真审核把关，不得随意降低标准，放宽条件。第二，调入机关应当严格履行有关程序，按照干部管理权限集体讨论决定，不得个人或者少数人说了算，弄虚作假，搞不正之风。第三，调出单位应当严格执行干部人事管理工作的有关法规、政策，提供真实情况，不得突击提拔。第四，参加考察的人员应当如实反映考察情况和意见，不得隐瞒、歪曲事实真相。第五，调任人员应当遵守有关规定，接到调动通知后，在规定期限内办理行政、工资关系等有关手续。此外，调任工作中存在应当回避情形的，按照有关规定执行。对违反规定的调任事项，呈报的不予批准；已经作出决定的宣布无效，并按照规定对主要责任人以及直接责任人作出组织处理或者处分。构成犯罪的，依法追究刑事责任。

2. 转任

（1）转任的含义。转任，是指公务员因工作需要或者其他正当理由在国家机关系统内跨地区、跨部门、跨系统的调动，或者在同一地区、部门、系统内的不同机构、职位之间进行转换任职。按照公务员转任地区变动情况，可以将公务员转任分为地区内转任、地区外转任。按照公务员转任的工作部门变动情况，可以将公务员转任分为跨部门转任、部门内转任、系统内转任。公务员转任遵循公开、公平、公正，综合素质与公共职位要求相适应，德才兼备、以德为先，尊重个人意愿与服从组织安排相结合的原则。拟转任的公务员应当具备任职资格条件，在规定的编制限额和职数内进行转任。《中华人民共和国公务员法》规定："根据工作需要和领导职务与职级的对应关系，公务员担任的领导职务和职级可以互相转任、兼任；符合规定资格条件的，可以晋升领导职务或者职级。"

（2）转任的特点。

1）转任对象具有广泛性。转任对象，包括所有在职公务员，尤其是省部级正职以下的领导成员，以及担任机关内设机构领导职务和工作性质特殊的公务员。要根据部门特点、工作需要、公务员素质等因素，合理确定公务员转任对象。比如《合肥市市直机关公务员转任办法》规定本市市级直属机关科级及科级以下公务员转任办法，规定了"应当跨部门转任""应当部门内转任或者系统内转任""可以不转任""不得跨部门转任"等不同转任对象。

2）转任范围限于国家机关内部。公务员转任的范围局限于政府机关内部，而不是政府与企事业单位、非政府组织之间。公务员转任可以在地区之间、部门之间、地区与部门之间、同一部门的不同机构或职位之间进行。《中华人民共和国公务员法》规定："对省部级正职以下的领导成员应当有计划、有重点地实行跨地区、跨部门转任。对担任机关内设机构领导职务和工作性质特殊的公务员，应当有计划地在本机关内转任。上级机关应当注重从基层机关公开遴选公务员。"

3）转任原因包括工作需要或个人愿望。转任原因主要有两方面：第一，机关根据工作需要进行公务员转任。机关根据公共管理工作需要进行转任，以调整公务员队伍的结构，增强公务员队伍的整体素质和战斗力，推动地区经济、社会发展，提高机关工作效能，加强机关廉政建设。第二，机关根据公务员的个人愿望进行转任。公务员本人基于自身的兴趣、爱好、家庭、工作能力等需要，具有转换工作职位的强烈愿望，经公务员本人申请，由任免机关审批后，机关可以对公务员进行转任。

（3）转任资格条件。《中华人民共和国公务员法》要求："公务员在不同职位之间转任应当具备拟任职位所要求的资格条件，在规定的编制限额和职数内进行。"不同地区、部门、职位的公共职务、职级，所要求的公务员资格条件各不相同。拟转任职务或职级所要求的资格条件具体涉及思想政治水平、学历、工作能力、工作经历和任职经历、任职年限、工龄、经验等。拟转任的公务员必须符合《中华人民共和国公务员法》《党政领导干部选拔任用工作条例》等法律法规以及特定职务、职级所规定的资格条件。

（4）转任程序。公务员转任，必须经过严格的申报、考核、考察和审批，依照法定程序，由任免机关办理相关的人事调配手续，严格遵守转任工作纪律。对符合条件、程序规范、材料齐全的，审批机关应在规定时限内予以审批，并开具转任通知书。公务员转任一般属于“平级”调动，但当公务员转任后的职务、职级和级别层次发生变化时，应当按照职务与职级升降的有关规定履行相关程序，办理任职手续。比如海南省委组织部、人力资源和社会保障厅于2018年印发《海南省公务员调动暂行规定》，规范公务员调动与转任工作。

3. 挂职

（1）挂职的含义。挂职，是指党政机关根据工作需要，选派公务员承担重大工程、重大项目、重点任务或者其他专项工作，使之在协助完成专项工作任务的同时，经受锻炼，丰富经验，增长才干。

（2）挂职的特点。

1）不办理调动手续。公务员在挂职期间，仅改变工作关系，与原单位的人事隶属关系保持不变，不办理工作调动手续，不占用挂职单位的编制员额和职数，不转户口和工资关系，仍为原单位正式职工，其所任职务、职级、编制须保留，工资、保险及福利待遇不变，挂职结束后一般回原单位工作。只是根据工作需要，到挂职单位协助从事重大工程、重大项目、重点任务或者其他专项工作任务，在具体工作业务上受挂职单位管理。

2）挂职目标的任务导向性。《中华人民共和国公务员法》规定：“根据工作需要，机关可以采取挂职方式选派公务员承担重大工程、重大项目、重点任务或者其他专项工作。”挂职任务完成后，回到原单位。

3）挂职时间灵活。挂职是临时性公务员交流，并非长期交流，挂职时间可长可短。挂职者的工作时间应按照原则性与灵活性相统一的原则，根据所承担的重大工程、重大项目、重点任务或者其他专项工作任务完成所需的实际时间，结合挂职者所在原单位的工作要求，由挂职主管部门、挂职者原有单位、拟挂职单位等有关部门协商确定，充分考虑到公共管理工作需要以及挂职者的个人意见与意愿。

4）挂职范围广泛。公务员挂职锻炼的范围涉及上级机关、下级机关、国有企业、事业单位、基层自治组织、非政府组织等。比如济南市于2017年7月从市直和县区选派年轻干部到7个领域挂职，其中，从市直部门（单位）选派40名到全市重点工作一线挂职，从市直部门（单位）、县区选派20名到驻济国内外知名企业挂职，从市直部门（单位）、县区选派10名到发达地区挂职，从市直部门（单位）选派30名到中直、省直机关挂职，从市属高职院校和科研院所选派10名到国内重点高校和科研院所挂职，从市直部门（单位）、县区选派20名到驻济金融监管部门和金融机构挂职。

（3）挂职干部管理。

1）坚持高标准、严要求，加强挂职对象选拔工作。应从提高干部队伍的综合素质、改善党政领导班子结构的需要出发，结合重大工程、重大项目、重点任务或者其他专项工作对干部素质的需要，对挂职的公务员的德才素质、发展潜力、文化程度和年龄等提出明确要求，并把后备干部和妇女干部、少数民族干部、非中共党员干部作为挂职干部的重点对象来考虑，严格规定挂职的申报、审批程序。

2）适才适用，合理安排挂职单位。在安排干部挂职的去向上，要按照重大工程、重大项目、重点任务或者其他专项工作的具体要求，本着兼顾业务、大体对口和接收单位工作需要的原则安排相应岗位和职务、职级。比如山东烟台市福山区于 2019 年初建立重点项目特派员制度，推行项目特派员“配对式”选派，有针对性地从住建委、发改委、行政审批等 22 个部门单位选派 23 名优秀年轻干部与重点项目“配对”。

3）加强挂职公务员日常管理。挂职期间，派出单位要严格加强对公务员的日常管理，保障公务员工资、保险和福利待遇，并配合挂职单位加强对公务员的考核和监督。挂职单位须积极为挂职干部提供必要的工作条件，关心挂职干部的工作和生活，及时协调解决他们遇到的实际困难。干部挂职期满后，组织部门和派出单位都要对挂职干部进行认真考评，听取挂职单位和同事的意见和建议，并将考核结果作为干部使用的重要依据。严格执行与干部任免、交流等相关的法律法规，严守挂职纪律，规范挂职程序，杜绝“乱挂”“空挂”现象。

延伸阅读

江西“90 后”副县长被提前免职

2019 年 5 月，江西九江银行“90 后”支行长挂职副县长一事引发广泛关注。因对挂职干部进行规范，7 月 23 日，该行支行长被免去副县长一职。湖口县人大相关负责人证实，按照市委要求，县政府提出议案，县人大召开常委会，依法免去该支行长的副县长一职。九江市委宣传部则表示，这是根据中央、省相关文件，对挂职干部进行规范。

2019 年 5 月 19 日，澎湃新闻报道了 29 岁九江银行湖口支行行长挂职湖口县副县长一事，这名女行长的学历背景和升职速度受关注。她于 2004 年进入江西旅游商贸职业学院学习，2009 年从该校毕业，获大专学历，之后在位于九江市浔阳区的九江银行甘棠支行担任柜员，2012 年 2 月起任该支行客户经理，其间，她于 2010 年至 2013 年通过江西财经大学函授专升本获得大学本科学历。2015 年 4 月，她从九江银行甘棠支行客户经理调任九江银行大校场支行行长助理。2016 年 3 月后，她任九江银行柴桑支行行长助理，2018 年 4 月出任九江银行营业部总经理助理。2019 年 2 月起，她开始担任位于九江市湖口县的九江银行湖口支行行长。2019 年 4 月 22 日，经湖口县第十六届人民代表大会常务委员会第十八次会议通过，她被任命为湖口县人民政府副县长；原定挂职两年，挂职结束后所挂任职务自行免除。

资料来源：江西“90 后”女副县长一事最新进展：被提前免职．央视网新闻，2019-07-24.

8.1.4　党政领导干部交流

2006 年 8 月，中共中央组织部下发《党政领导干部交流工作规定》，对党政领导干部调任、转任进行专项规定，严格确定了交流对象、交流范围和方式、组织实施、交流工作纪律、保障措施等内容。

1. 党政领导干部交流对象

《党政领导干部交流工作规定》规定了党政领导干部交流的对象及重点，确定了

“必须交流”“应当交流”“应当易地交流”“可不交流或者暂缓交流”等不同的交流对象。党政领导干部交流的对象主要是下列人员：一是因工作需要交流的，二是需要通过交流锻炼提高领导能力的，三是在一个地方或者部门工作时间较长的，四是按照规定需要回避的，五是其他原因需要交流的。交流的重点是县级以上地方党委、政府正职领导成员及其他领导成员，纪委、人民法院、人民检察院和党委、政府部分工作部门的正职领导成员。

（1）县级以上地方党委、政府领导成员在同一职位上任职满 10 年的，必须交流。民族自治地方的少数民族党政领导干部经批准可以适当放宽。在同一地区党政领导班子中担任同一层次领导职务满 10 年的，应当交流。新提拔担任县（市、区、旗）以上地方党委、政府领导成员的，应当有计划地易地交流任职。

（2）县级以上地方纪检机关（监察部门）、组织部门、人民法院、人民检察院、公安部门的正职领导成员，在同一职位任职满 10 年的，必须交流；新提拔的一般应易地交流任职。副职领导成员在同一领导班子中任职满 10 年的，应当交流。

（3）党政机关处级以上领导干部，特别是从事执纪执法、干部人事、审计、项目审批和资金管理工作的领导干部，在同一职位任职满 10 年的，应当交流。缺少基层工作经验或者岗位经历单一的县（处）级以上领导干部，应当有计划地交流。实行干部双重管理、以上级业务部门为主管理的单位的正职领导成员，在同一领导班子中任职满 10 年的，应当交流。

（4）党政领导干部有下列情形之一的，可不交流或者暂缓交流：离最高任职年龄不满 5 年的（属于必须交流的对象，可区别不同情况对其工作进行调整），因健康原因不宜交流的，涉嫌违纪违法正在接受纪检监察或者司法机关审查尚未作出结论的，其他原因不适合交流的。

2. 交流范围与方式

干部交流可以在地区之间，部门之间，地方与部门之间，党政机关与国有企业事业单位、人民团体、群众团体之间进行。地（厅）级干部一般在本省（自治区、直辖市）内交流，根据工作需要，也可跨省（自治区、直辖市）交流。县（处）级干部一般在本市（地、州、盟）范围内交流，根据工作需要，县（市、区、旗）委书记、县（市、区、旗）长可在本省（自治区、直辖市）范围内交流。中央和国家机关、省级党政机关应当注意选调有地方工作经验的干部，特别是市（地、州、盟）、县（市、区、旗）党政领导班子中的优秀年轻干部到机关任职，同时根据工作需要有计划地选派机关干部到地方任职。实行党政机关与国有企业事业单位之间的干部交流。实行干部双重管理、以上级业务部门为主管理的单位的领导干部，可在本系统内交流，也可与地方或者其他系统交流。

3. 交流程序

干部交流工作按照干部管理权限组织实施，一般按照下列程序办理：第一，组织（人事）部门拟定交流方案，提出交流人选；第二，征求干部调出、调入单位意见；第三，党委（党组）集体讨论决定；第四，党委（党组）或者组织（人事）部门与交流干部谈话，听取本人意见，作好思想工作；第五，组织（人事）部门办理调动手续。

8.2　公务员回避

8.2.1　公务员回避的含义与意义

1. 公务员回避的含义

公务员回避，是指通过对公务员的所任职务、职级、执行公务和任职地区等方面进行限制，以预防、减免、消除亲属关系等人为因素对公共管理工作的干扰，以确保公务员依法任职、依法行政，促进反腐倡廉。

2. 公务员回避的意义

（1）有助于促使公务员依法公正地履行公职。党的十九大报告强调："要加强对权力运行的制约和监督，让人民监督权力，让权力在阳光下运行，把权力关进制度的笼子。""在其位，谋其政。"作为人民的公仆，公务员应当审慎地使用公共权力，全心全意为人民服务。公务员回避制度，以立法形式表明了党和国家对公务员公开、公平、公正、透明执法的鲜明立场，有助于引导公务员依法履行公职，正确行使人民所赋予的公共权力。比如，浙江台州出台《台州市纪检监察干部利益回避规定（试行）》，明确任职回避、地域回避和公务回避三类，严格规定回避情形、回避程序、监督管理，督促纪检监察干部依法公正履行公职。

（2）有助于加强公共权力监督，提升选人用人公信力。党的十九大报告强调，要"深化简政放权，创新监管方式，增强政府公信力和执行力，建设人民满意的服务型政府"。公务员回避制度，以法律形式明确规定地区回避、任职回避、公务回避的对象、范围、方式、纪律，将公务员任职、执行公务等置于监督之下。公务员回避制度使公务员能够有效地避开与本人或亲属的利益息息相关的工作，秉公执法，防止任人唯亲、以权谋私、拉帮结派、贪赃枉法等现象发生，提高政府的公信力，改善公务员形象。比如，天津市制定《市管党政主要领导干部报告个人重要事项规定（试行）》《加强党政主要领导干部任职回避管理规定（试行）》等文件，明确一把手八小时之外、亲属任职回避等方面的监督要求，增强约束力。

8.2.2　我国公务员回避类型

1. 任职回避

（1）任职回避的含义。任职回避，是指具有特定亲属关系的公务员，不得在同一机关双方直接隶属于同一领导人员的职位或者有直接上下级领导关系的职位工作，也不得在其中一方担任领导职务的机关从事组织、人事、纪检、监察、审计和财务工作；公务员不得在其配偶、子女及其配偶经营的企业、营利性组织的行业监管或者主管部门担任领导成员。其中，同一行政首长，包括同一级领导班子成员；直接上下级领导关系，包括上一级正副职与下一级正副职之间的领导关系。此外，《中华人民共和国宪法》规定，县级以上的地方各级人大常委会的组成人员不能担任国家机关、审判机关和检察机关的职务。法院、检察院的工作人员除应按照《中华人民共和国公务员法》和《公务员回避规定（试行）》等法律法规进行任职回避外，还应遵守最高人民法院《关于对配偶子女从事律师职业的法院领导干部和审判执行岗位法官实行任职回避的规定（试行）》《关于落实任职回避制度的实施方案》《最高人民法院关于审判人员在诉讼活动中执行回避制度若干问题的规定》《法院领导干部及审判执行岗位法官任职回避指导手册》《检察人员任职回避和公务回避暂行办法》等专项任职回避规定。

（2）任职回避的范围。

1）任职回避的法定范围。按照《中华人民共和国公务员法》和《公务员回避规定（试行）》，公务员具有下列亲属关系的，必须实行任职回避：一是夫妻关系。男女双方因结婚而产生的亲属关系，是其他亲属关系成立的基础。二是直系血亲关系。直系血亲关系，是指具有直接血缘关系的亲属，如生育自己或自己所生育的各代亲属，主要包括祖父母、外祖父母、父母、子女、孙子女、外孙子女等。三是三代以内旁系血亲关系。三代以内旁系血亲都源于同一祖先，主要包括伯叔姑舅姨、兄弟姐妹、堂兄弟姐妹、表兄弟姐妹、侄子女、甥子女。四是近姻亲关系。近姻亲关系，是指基于婚姻关系而产生的亲属关系，夫妻关系除外，主要包括配偶的父母、配偶的兄弟姐妹及其配偶、子女的配偶及子女配偶的父母、三代以内旁系血亲的配偶。此外，为了规范公务员辞职与退休管理，加大反腐倡廉力度，《中华人民共和国公务员法》规定："公务员辞去公职或者退休的，原系领导成员、县处级以上领导职务的公务员在离职三年内，其他公务员在离职两年内，不得到与原工作业务直接相关的企业或者其他营利性组织任职，不得从事与原工作业务直接相关的营利性活动。"

2）任职回避的例外情形。《中华人民共和国公务员法》所规定的任职回避范围适度，适用于大多数公务员和机关单位。但是，对于部分基层单位或工作性质特殊的部门，由于受制于多种因素，亲属共处同一单位的情况仍然存在，难以严格遵循公务员任职回避规定。比如监狱等工作性质特殊的机关，有些远离城镇，其周边没有其他单位，无法为亲属安排合适的工作，若严格实行任职回避将为公务员的家庭生活带来诸多不便。因此，《中华人民共和国公务员法》作出较为灵活的规定，"因地域或者工作性质特殊，需要变通执行任职回避的，由省级以上公务员主管部门规定"，"法律对公务员回避另有规定的，从其规定"。

（3）任职回避的程序。第一，本人提出回避申请或者所在机关提出回避建议。第二，任免机关组织（人事）部门按照管理权限进行审核，并提出回避意见报任免机关。在报任免机关决定前，应当听取公务员本人及相关人员的意见。第三，任免机关作出决定。需要回避的，予以调整；职务职级层次不同的，一般由职务职级层次较低的一方回避；职务职级层次相同的，根据工作需要和实际情况决定其中一方回避。因地域或者工作性质特殊，需要变通执行任职回避的，由省级以上公务员主管部门规定。

（4）党政领导干部任职回避。党政领导干部应当严格按照《中华人民共和国公务员法》《党政领导干部选拔任用工作条例》《党政领导干部任职回避暂行规定》《公务员回避规定（试行）》进行任职回避。

1）党政领导干部任职回避适用对象。党政领导干部任职回避适用于中共中央、全国人大常委会、国务院、全国政协的工作部门和工作机构的领导成员，上述工作部门和工作机构的内设机构的领导干部；中央纪委、国家监察委员会和最高人民法院、最高人民检察院的副职领导成员及其机关内设机构的领导干部；县级以上地方党委、人大常委会、政府、政协及其工作部门和工作机构的领导成员，上述工作部门和工作机构的内设机构的领导干部；县级以上地方纪委、地方监察委员会和人民法院、人民检察院的领导成员及其机关内设机构的领导干部；工会、共青团、妇联等人民团体和县级以上党政机关所属事业单位的领导干部。

2）党政领导干部任职回避范围。有夫妻关系、直系血亲关系、三代以内旁系血亲关系以及近姻亲关系的，不得在同一机关担任双方直接隶属于同一领导人员的职位或者有直接上下级领导关系的职位，也不得在其中一方担任领导职务的机关从事组织（人事）、纪检（监察）、审计、财务等工作。领导干部的配偶、子女及其配偶以独资、合伙或者较大份额参股的方式，经营企业或者举办经营性民办非企业单位的，该领导干部不得在上述企业或者单位的行业监管或者业务主管部门担任领导成员。

3）党政领导干部任职回避程序。第一，提出回避意见或建议，报党委（党组）作出决定。领导干部任职时存在需要回避情况的，由组织（人事）部门提出回避意见，报党委（党组）作出决定；领导干部任职期间出现需要回避情况的，本人应当提出回避申请，所在单位党组织发现其有需要回避情况的应当提出回避建议，由组织（人事）部门审核后提出意见，报党委（党组）作出决定。第二，听取领导干部本人及相关人员的意见。组织（人事）部门提出回避意见报党委（党组）决定前，可以听取领导干部本人及相关人员的意见。第三，按照管理权限进行审核，党委（党组）讨论后作出是否回避的决定。需要回避的，予以调整，并按照法律及有关规定办理任免手续。领导干部必须服从回避决定。无正当理由拒不服从的，就地免职或者降职、降低职级使用。十九届中共中央第一轮巡视结束后，中共中央组织部迅速明确整改重点，梳理出选人用人问题共 188 条，分解为整改任务共 464 项，推动广东省针对一些单位任职回避制度执行不到位的问题，举一反三、全面整改，截至 2018 年 11 月，广东对第一批 30 家省直单位 183 名不符合任职回避要求的干部全部调整。

2. 公务回避

（1）公务回避的含义。公务回避，是指公务员在执行公务过程中，当遇到涉及本人或亲属的利害关系等法定情形时，为避免影响正当履行公务而进行回避。

（2）公务回避的条件。公务回避的条件，是指在行使公共管理职能，依法管理国家事务、社会公共事务过程中，有关公务员不得参与、必须回避的法定情形。

1）公务回避的一般条件。按照《中华人民共和国公务员法》《公务员回避规定（试行）》，公务员执行公务时，有下列情形之一的，应当回避：涉及本人利害关系的，涉及与本人有夫妻关系、直系血亲关系、三代以内旁系血亲关系以及近姻亲关系等亲属关系人员的利害关系的，其他可能影响公正执行公务的。

在公务员管理实践中，公务员从事监察、审计、仲裁、案件审理、税费稽征、项目资金审批、出国审批、考试录用、调任、职务职级升降、任免、考核、考察、奖惩、交流等公务活动，涉及本人或者与本人有法定亲属关系人员的利害关系时，必须回避，不得参加有关调查、讨论、审核、决定，也不得以任何方式施加影响。

中共中央办公厅于2019年1月印发修订后的《中国共产党纪律检查机关监督执纪工作规则》规定，要严格执行回避制度。审查调查审理人员是被审查调查人或者检举人近亲属、本案证人、利害关系人，或者存在其他可能影响公正审查调查审理情形的，不得参与相关审查调查审理工作，应当主动申请回避，被审查调查人、检举人以及其他有关人员也有权要求其回避。选用借调人员、看护人员、审查场所，应当严格执行回避制度。

《中华人民共和国监察法》强调，办理监察事项的监察人员有下列情形之一的，应当自行回避，监察对象、检举人及其他有关人员也有权要求其回避：一是监察对象或者检举人的近亲属的，二是担任过本案的证人的，三是本人或者其近亲属与办理的监察事项有利害关系的，四是有可能影响监察事项公正处理的其他情形的。

《党政领导干部选拔任用工作条例》规定，实行党政领导干部选拔任用工作回避制度。党委（党组）及其组织（人事）部门讨论干部任免，涉及与会人员本人及其亲属的，本人必须回避。干部考察组成员在干部考察工作中涉及其亲属的，本人必须回避。

一些单位、部门、地方政府根据经济社会发展需要，适当扩大公务员回避的范围。比如广州市中级人民法院于2017年实施的《关于严格执行任职回避制度的实施细则（试行）》严格规定：广州市两级法院工作人员，其配偶、子女（及其配偶）、父母在广州市法院辖区内从事律师职业的，均适用任职回避制度；需要任职回避的法院工作人员包括两级法院工作的政法编、事业编、合同制工作人员。

2）公务回避的特殊条件。公检法工作人员除了应当遵守《中华人民共和国公务员法》《党政领导干部选拔任用工作条例》等法律法规有关的公务员回避规定之外，还应遵循《中华人民共和国警察法》《中华人民共和国法官法》《中华人民共和国检察官法》《检察人员任职回避和公务回避暂行办法》等法律法规中的公务回避规定。

（3）公务回避的程序。第一，本人或者利害关系人提出回避申请，或者主管领导提出回避要求；第二，所在机关进行审查，作出是否回避的决定，并告知申请人；第三，需要回避的，由所在机关调整公务安排。特殊情况下，可由所在机关直接作出公务回避决定。

3. 地区回避

（1）地区回避的含义。公务员地区回避，是指担任一定职务或职级的公务员，为了公平、公正地履行职务、职级，不得在亲属集中的出生地、原籍或成长地任职。地区回避通过限制公务员的任职区域避免亲属关系的干扰，有助于任职回避和公务回避顺利实施，推动廉政建设，促使公务员执政为民，接受人民的监督。

（2）地区回避的区域与回避人员。

1）应当实行地区回避的区域与回避人员。《党政领导干部选拔任用工作条例》规定："领导干部不得在本人成长地担任县（市）党委和政府以及纪委监委、组织部门、法院、检察院、公安部门主要领导成员，一般不得在本人成长地担任市（地、盟）党委和政府以及纪委监委、组织部门、法院、检察院、公安部门主要领导成员。"《党政领导干部任职回避暂行规定》指出："领导干部不得在本人成长地担任县（市）党委、政府以及纪检机关、组织部门、人民法院、人民检察院、公安部门正职领导成员，一般不得在本人成长地担任市（地、盟）党委、政府以及纪检机关、组织部门、人民法院、人民检察院、公安部门正职领导成员。"《中华人民共和国公务员法》指出："公务员担任乡级机关、县级机关、设区的市级机关及其有关部门主要领导职务的，应当按照有关规定实行地域回避。”按照《公务员回避规定（试行）》，公务员担任县、乡党委、政府正职领导成员的，应当实行地域回避，一般不得在本人成长地担任市（地、盟）党委、政府正职领导成员。公务员担任县级纪检机关、组织部门、人民法院、人民检察院、公安部门正职领导成员的，应当实行地域回避，一般不得在本人成长地担任市（地、盟）纪检机关、组织部门、人民法院、人民检察院、公安部门正职领导成员。

结合相关法规，我国应当实行地区回避的公务员主要包括：县（市）党委、政府以及纪检监察机关、组织部门、人民法院、人民检察院、公安部门正职，乡镇党委书记，乡镇长等。

实行回避需要跨地区和跨部门调整、按照干部管理权限本级难以安排的，报请上级组织（人事）部门协调解决。经人民代表大会选举产生的领导干部需要实行地域回避的，根据实际情况，可以在任期内调整的，在任期内予以调整；任期内难以调整的，任期届满后予以调整。

2）地区回避的例外情形。民族区域自治地区是公务员地区回避的例外。民族区域自治是在国家统一领导下，各少数民族聚居的地方实行区域自治，设立自治机关，行使自治权。实行民族区域自治，体现了国家充分尊重和保障各少数民族管理本民族内部事务权利的精神，体现了国家坚持实行各民族平等、团结和共同繁荣的原则。《中华人民共和国宪法》规定，“自治区主席、自治州州长、自治县县长由实行区域自治的民族的公民担任”。

8.3　西方国家公务员交流与回避

8.3.1　西方国家公务员交流

西方国家重视公务员交流，交流目的包括：填补职位空缺；安置富余员工；调整不能胜任现职的公务员；丰富公务员的工作经历，锻炼公务员的公共管理能力；解决公务员的家庭困难；适应公共管理环境和工作任务变化；等等。公务员交流对象包括初级、中级、高级公务员。公务员交流形式多样，包括调任、转任、挂职、职务临时调动等。公务员交流范围广泛，不仅包括政府部门内部、部门之间，也包括政府与执行机构、企业、区域性或国际性公共机构、非政府组织之间等。同时，西方国家严格规定了公务员交流的任职资格条件、交流程序、交流纪律，注重加强对公务员交流的管理和监督。多样化、宽范围的公务员交流制度促进了西方国家公务员的职业生涯发展，提升了公务员的综合素质和公共管理技能。

1. 英国公务员交流制度

《英国公务员管理法》的“职员迁居与调遣”部分，规定了公务员交流的形式与内容。英国公务员交流的形式包括转任、挂职等。

（1）转任。《英国公务员管理法》规定，转任是公务员最基本的义务，它意味着公务员“在岗位和住所之间进行流动；离开住所受调遣外出工作一段时间”。根据环境变化，各内阁部和执行机构应当及时对转任要求作出调整。内阁各部和执行机构向职员详细阐明任职要求后，有权决定职员履行转任义务的程度，并将此义务扩展到海外。职员可在内阁各部和执行机构之间流动，包括将其他部门或执行机构的公务员调来填补空缺，或为促进公务员职业发展，或以互助理由而进行流动。

（2）挂职。按照《英国公务员管理法》，“挂职是指职员自愿暂时调入或调离公务员系统，但这种行为并不影响其雇佣身份”。挂职没有年龄和级别限制。挂职的条件由派遣单位、接收单位和公务员本人商议决定。被挂职到公务员系统以外的职员仍然保留公务员身份，享受公务员权利，应当依法履行公务员义务，遵守公务员行为准则和纪律。有关机关应向被挂职到外部的公务员提供养老金方案和伤害赔偿金方案。

2. 法国公务员交流

《国家和地方公务员一般地位法》规定了公务员的职业生涯发展制度，确立了职级与职位分离的原则，鼓励开展公务员交流。按照《法国国家公务员章程》，公务员交流形式包括职务临时调动、挂职、人事变动。

（1）职务临时调动。职务临时调动，是指将公务员暂时调离原行政机关而到新行政机关工作，但仍然保留其在原行政机关中进行职务晋升和退休的权利。可以根据公务员的要求或行政机关的决定进行职务临时调动。职务临时调动的期限可短、可长。职务临时调动的公务员由于某种原因，可以重新回原单位工作，但调回原单位不能是因为其在履行职责时犯错误。如果原单位暂时没有空缺职位，公务员可以继续在新单位工作并领取相应报酬，直到原单位职位空缺并调回原单位为止。只要符合部门特别法规定的各项条件，职务临时调动的公务员可以加入职务临时调动后的部门。

（2）挂职。按照《法国国家公务员章程》，挂职是指“该公务员仍属原单位工作人员，并且保留其职位，继续领取相应报酬，但将公务员交流到另外的部门工作”。挂职必须基于迫切的工作需要，并征得公务员本人同意，同时有利于国家行政部门或国家公共机构。被挂职的公务员在新单位的职级与他在原行政部门所具备的职级相当。法国公务员挂职的范围广泛，不仅适用于立法机关、司法机关、行政机关的工作人员，也适用于驻外机构、政府间国际机构的工作人员，以及具有联合性质的组织工作人员。

（3）人事变动。法国公务员“人事变动”相当于“转任”，公务员的职务关系、人事关系、工作关系等发生相应变动。按照《法国国家公务员章程》，主管机构征求行政对等委员会的同意后，负责工作人员的人事变动。下列人员的人事变动将予以优先考虑：第一，由于工作关系分居两地的工作人员；第二，由于工作关系与伙伴分居两地，且与伙伴有民事互助协议；第三，得到行政对等委员会认可，并且符合劳动法规定，具有劳动能力的残疾人员和正在履行工作职责的工作人员。如果需要填补某一涉及工作正常开展的空缺职位，且无法通过其他办法，哪怕是临时办法对其进行填补，可以先进行人事调动，事后向主管委员会报批。

3. 加拿大公务员交流

《加拿大雇佣法》在“人员调配”部分，详细规定了公务员交流的内容。除《加拿大雇佣法》和任何其他法令的明文规定外，部门次长有权在其管辖的公务机构内进行人员调配。公务员调配可以在相同职业群体中实施，也可依法在不同职业群体中实施。加拿大公务员交流的方式与我国类似，主要包括调任、转任、挂职。公务员调配条件包括：公务员调配应按照国库委员会规定的方式进行；任何公务员不得利用调配来晋升或改变任期；除非已经就公务员调配的福利待遇条件保持不变达成一致，否则，未经公务员本人同意，不得调配。

4. 日本公务员交流

日本采用“人事异动”，公务员在不同岗位之间轮换职务。日本公务员人事异动包括 5 个方面：升任、降任、转任、调整、兼任。日本公务员交流包括转任、调整、挂职、调任。

（1）转任。日本公务员转任，是指任命公务员担任属于不同任命权者管辖的其他官职（晋升职务、降职除外），意味着公务员在职阶制中的不同职种间流动。日本人事院规则规定：“转任是指用于分类官职的职员被任命为其他分类官职或作为常勤官职的非分类官职……但用于提升、调换或降职的除外。”拟转任的公务员必须符合《职员任免规则》中所规定的学历、资历、能力等任职资格条件。转任的期限，根据岗位空缺，一般工作 3～5 年后进行调整，大多数每 3 年转任一次，少数工作岗位因特殊需要，可延长为 5～7 年；如果在新岗位难以胜任，经本人申请，可在 1～2 年内重新调换工作岗位。各省厅公务员的转任，系长以下由局长决定，课长辅佐以上由大臣官房人事课决定。各省厅课长以上的公务员转任由人事院审查通过。日本公务员转任必须征得现任官职任命权者同意。

（2）调整。调整是指任命公务员担任原有任命权者所管辖的其他官职（晋升职务、降职除外），意味着公务员在本系统内的不同单位流动。拟调整者无须具备特别的资格条件，但任命权者需要考察公务员的能力、适应性以及人事管理必要性等因素。本省厅课长级以上的官职调整，必须经过人事院审查。考取高级（甲种）职务的公务员，一般两年左右调整一次工作；考取中级职务的公务员，一般三年左右调动一次工作。

（3）挂职、调任。鼓励高级公务员到同一部门不同处室，或到地方政府的有关处室挂职。按照《国家政府与私营企业人才交流法》，通过调任、挂职等形式从机关外调任掌握专业知识和技术的优秀人才到政府任职，如律师、会计师、系统工程师等。

5. 德国公务员交流

按照《德国公务员法》，在合法前提下，领导官员可以视需要或下属人员本人的要求在自己职权范围内调动下属人员的职位；如果新职位仍由原领导成员管辖，且职业相同，职务级别至少与原职务级别相同，可以无须征求下属人员本人的同意，新职务的职务补贴也不计入基本工资，但应将职位调动通知公务员本人。

领导官员可以在不征求下属公务员本人同意的情况下，将其调至其他政府官员负责的相同或不同的职业机构工作，但职务、级别保持不变，新职位的职务补贴不计入基本工资。由于机构调整（解散或合并）或工作任务变化，下属公务员难以发挥自己的工作特长，也可不经公务员本人同意将其调至原领导负责的相同职业、级别较低机构任职，但该公务员的职务、级别至少应与原有职务级别相同。德国实行轮岗交流制度，官员任职期满 5 年必须轮岗交流，对易滋生腐败的建设、规划、医药等部门将轮岗间隔缩短为 3 年。

综上所述，《德国公务员法》中所规定的“调动”，实际包含了转任、挂职两种交流形式。此外，《德国公务员法》还明确规定了“授权”情形。公务官员可以授权代理人短期内行使自己的全部或部分职权处理与自己职权相适应的事务；必要时，公务官员可以授权代理人短时间行使自己的全部或部分职权，处理与自己职权不相适应的事务。被授权的临时公务代表享有法定权利，承担法定义务，其费用由各授权机构的负责官员支付。

8.3.2 西方国家公务员回避

1. 西方国家公务员任职回避

（1）西方国家公务员任职回避主体。西方国家公务员任职回避主体一般包括具备夫妻关系，以及直系血亲、旁系血亲、近姻亲、干亲等亲戚关系的公务员。西方国家立法规定，禁止具有一定亲属或亲密关系的人在同一机关或者构成上下级关系的机关任职，并禁止其参加与其有亲属或亲密关系者的职务任免与升降、惩处、调动等事项。比如加拿大《公务员利益冲突与离职后行为法》规定，“部长或国务部长不应雇用近亲，即配偶、父母、子女与兄弟姊妹，亦不得与他们签订契约。他们亦不应让他们负责或任职的部门、机构雇用他们的近亲，或与之签订契约；部长、国务部长以及他们负责的部门或机构不应雇用另一部长、国务部长或国会内同一党派的同事之近亲，或与之签订契约，除非部长或国务部长不参与确定人选或谈判契约的公正的行政程序”。英国《地方政府雇员行为准则》规定，“为避免可能被控告有偏向，雇员与申请人有关系或与他或她在工作以外有良好的私人关系时，应不参与任命事宜；雇员不得参加与自己有亲戚关系或合伙人关系的雇员的惩治、晋升或调整工作方面的决定”。法国议会于 2017 年 8 月通过的《政治生活信任法》规定，禁止部长、国会议员与参议员、地方行政首长雇用亲人担任助理，交叉雇用其他议员或部长的家人、亲人时也要申报，并设立利益回避公开登记名册。《瑞士联邦雇员法》规定，有父子、兄弟、叔侄关系等近亲，不得担任有隶属关系的职务；《瑞士联邦委员会与联邦行政组织管理法》进一步规定了近亲的范围，包括联姻直系亲属、四代以内旁系血亲、连襟（姐妹的配偶）、兄弟的妻子、名义上认作近亲的人。此外，部分西方国家将公务员任职回避的范围扩大至来自同一政党，或毕业于同一学校的公职人员。比如《日本国家公务员法》规定，“关于人事官的任命，其中两人不得来自同一政党，或从同一大学毕业”。

（2）西方国家公务员任职回避程序。西方国家公务员任职回避程序一般包括：第一，本人提出回避申请，或任免机关提出回避要求。若无回避情形，公职候选人要在任职前向主管部门申明，或在任职表上填写清楚，说明不存在应当回避的亲属关系。如英国《地方政府雇员行为准则》在附录中指出：“申请任命的候选人在申请时，应以书面向当局主要行政长官报告，说明自己是否与该当局的任何成员或该当局下属任何任高级职务的官员有关系。故意不作此报告者，将使此候选人失去任职资格，如任命后被发现未作此报告者则将被解职。”第二，按管理权限进行审核并作出回避决定；需要回避的，调整其公职，并办理任职手续。

2. 西方国家公务员公务回避制度

（1）西方国家公务员公务回避条件。西方国家立法规定，公务员执行公务时有下列情形之一的，应当回避：涉及本人利害关系的，涉及与本人有夫妻关系、直系血亲关系、旁系血亲关系、近姻亲关系、干亲关系等亲属关系人员利害关系的，涉及本人的雇主、合伙人、委托人、朋友利害关系的，其他可能影响公正执行公务的。比如葡萄牙《行政程序法》规定了公务回避的七大情形，回避主体涉及公务员本人、公务员的委托人、配偶，以及与公务员有直系血亲、近姻亲、两代以内旁系血亲关系的亲属。1997 年《联邦德国行政程序法》规定应当进行公务回避的“亲属”是指有婚约者、配偶、直系血亲或姻亲、兄弟姊妹、兄弟姊妹的子女、兄弟姊妹的配偶和配偶的兄弟姊妹、父母的兄弟姊妹、养父母与养子女。美国《行政部门雇员道德行为准则》在“冲突的经济利益部分”要求回避经济利益，禁止雇员以公职身份参与本人及其配偶、未成年子女、雇主或任何其他特定人员在其中享有经济利益的活动，并回避“对其履行职务会造成实质性损害的外界工作和其他活动”；同时，该准则从“个人与商业关系”“以前雇主支付的特别报酬”两方面规定了雇员应予以回避的条款。加拿大《公务员利益冲突和离职后行为法》规定，“在制定政府政策或作出决定时，公职人员应当保证没有人或团体受雇于他们，并代表他们而获得优惠待遇；公职人员不应在公共事务上使与家庭成员、自己或朋友有利益关系的组织受到优惠”。

（2）西方国家公务员公务回避程序。西方国家公务员公务回避一般遵循以下程序：第一，公务员或当事人提出回避申请，或主管领导提出回避要求。美国《行政部门雇员道德行为准则》规定，“对需要回避事项，雇员有义务如实告知安排其任务的主管。如果根据道德协议或机关道德官员或相关负责人的要求，雇员还要提交一份回避的书面报告”，“如果事前不知道，事中应作公开口头申报，事后提交书面材料。如果有意隐瞒不作申报，事后一经发现，则该事项无效”。第二，有关部门进行审核，并作出是否回避的决定。公务回避申请或要求被提出后，主管机关应及时审核，并作出是否回避的决定。比如葡萄牙《行政程序法》规定，应在 3 日内对自行回避或申请回避作出决定，必要时，可听取拟回避者的利害关系人的意见和建议。第三，需要回避的，由本部门调整公务安排。若公务员知道回避事由而自行申请回避，或由当事人提出回避要求时，除非行政机关决定公务员继续参与本行政程序，公务员应当退出所执行的公务；行政机关决定公务员回避时，公务员应当退出所执行的公务，并由行政机关妥善安排接管人员。此外，如果公务员或当事人对行政机关所作出的公务回避决定不服，可以申请行政救济或司法救济。在某些特殊情况下，虽有应回避情形，但公务员对某些公务不必回避，在遵守公正性原则的前提下，可以经授权后参与公务。比如美国《行政部门雇员道德行为准则》规定，授权雇员参与某事所依据的原则是：该雇员履行公务应当做到政府利益高于一切，不会使任何一个有理智的人因此对机关的工作计划及其实施的公正性产生怀疑。

本章小结

本章分析了公务员交流的含义与必要性，回顾了我国公务员交流制度的演变历程；概述了包括调任、转任、挂职在内的我国公务员交流形式；分析了党政领导干部交流对象、范围与方式、程序；阐述了公务员回避的含义与意义，分析了我国公务员任职回避、公务回避、地区回避；比较分析了包括调任、转任、挂职等在内的西方国家公务员交流制度，简述了西方国家公务员任职回避、公务回避的主体、条件与程序等内容。

关键术语

公务员交流　调任　转任　挂职　任职回避　公务回避　地区回避

复习思考题

1. 简述公务员调任的程序。
2. 简述公务员转任的含义与特点。
3. 简述公务员挂职的含义与特点。
4. 简述我国党政领导干部任职回避程序。

案　例

龙岩向公款存储潜规则亮剑

福建省龙岩市通过开展专项整治，严查公款存储中的谋私逐利行为。早在2015年1月，龙岩市委就印发了《关于在全市党员干部中纠正不良习气树立清风正气的意见》，指出公款存储中的谋私逐利问题："（有的）把单位经费、项目资金存到指定银行，银行'投桃报李'，为其亲属安位子、拿高薪或给予高额回扣；有的则将银行的这些好处给了领导、领导亲属或特定关系人，变相搞利益输送。"2015年龙岩市纪委组织成立3个调研组进行专项调研，掌握了指定开户银行、指定存储银行、存款搬家、私定存款种类、干预单位存款、签订"阴阳协议"等公款存储中的乱象。自2015年8月起，全市开展党政机关、事业单位公款存储中谋私逐利问题专项整治，并分为自查自纠、专项检查、建章立制3个阶段。该市制定《单位公款存储情况自查表》《个人在单位公款存储方面有关情况自查表》，全市党政机关、事业单位及1.07万名党员干部填报了相关表格，并作出坚决杜绝利用公款存储谋私逐利的书面承诺。在专项检查中，龙岩市抽调财政、审计等人员组成检查组分赴部分市直单位和7个县（市、区），共抽查60个单位、259个银行账户，发现15个市直单位存在指定银行存储单位经费、公款定期活期随意存储、无实质性业务资金调度等廉政风险共计16条。2016年6月16日，龙岩市纪委集体约谈存在上述问题的市直单位主要负责人，责令其整改，并"签字背书"。2016年6月20日，龙岩市委市政府出台《关于防止在公款存储中发生利益冲突和利益输送的暂行办法》，明确实行公款招投标等竞争性存储、公款存储集体决策、公款存储回避制度，将公款存储列入领导干部经济责任审计内容。该暂行办法要求：各单位经费、项目资金存储到哪个银行要集体研究、形成记录，并在单位内部公示，银行给出的优惠也要在单位内公开；有存储决定权的领导干部、财务人员以及与资金管理有关的人员不得将本单位公款存储在配偶、子女及其配偶和其他特定关系人所在金融机构等。截至 2016 年 7 月底，该市在专项整治中共清理党政机关、事业单位填报银行账户 9 324 个、资金总量达 308 亿元，撤并银行账户 854 个、撤并资金 5.83 亿元。

资料来源：陈金来，李晓晖. 龙岩向公款存储潜规则亮剑. (2016-07-31). https://www.lytop.com/article—5712—1.html.

案例分析题：

1. 归纳龙岩市整治公款存储潜规则的必要性及主要举措。
2. 结合案例与公务回避的相关知识，浅析公款存储中利益冲突的成因与防治对策。

第 9 章

公务员工资、福利与保险

获得工资报酬，享受福利、保险待遇，是公务员依法享有的基本权利。作为社会主义劳动者和公共管理者，公务员依法享有劳动报酬、福利、保险待遇，获取基本的生活保障。党的十九大报告强调，要“提高就业质量和人民收入水平”，“加强社会保障体系建设”。有必要结合我国公共部门人力资源管理特点，学习和借鉴西方国家公务员工资、福利、保险制度改革的有益成分，推动我国公务员工资、福利、保险制度改革。

9.1 公务员工资

改革公务员工资制度，理顺收入分配关系，构建科学合理、公正公平的公务员收入分配体系，关系到广大公务员的工作积极性、主动性和创造性的充分发挥，关系到全面建设小康社会、建设中国特色社会主义事业的全局。党的十九大报告强调，要“坚持按劳分配原则，完善按要素分配的体制机制，促进收入分配更合理、更有序”。《中华人民共和国公务员法》规定：“公务员实行国家统一规定的工资制度。”

9.1.1 公务员工资的内涵

1. 工资

工资是指用人单位依据国家有关规定和劳动关系双方的约定，以货币形式支付给员工的劳动报酬。工资本质上是劳动力的价值或价格，是生产成本的重要组成部分。

2. 公务员工资

公务员工资，是指公务员依法履行公职，完成本职的公共管理工作任务后，国家机关依据按劳分配原则，由公共财政以货币形式支付给公务员的劳动报酬，是公务员依靠自己劳动所创造的价值的货币表现形式。公务员工资制度是关于公务员工资结构、形式、标准、预算、支付办法、改革原则、监管等的一系列法规、政策。

9.1.2 我国公务员工资制度演变

新中国成立初期，国家机关和事业单位的工作人员实行供给制和工资制并存的两种制度。1955 年，国务院发布《关于国家机关工作人员全部实行工资制和改行货币工资制的命令》，结束了供给制与工资制并存的局面。自 1956 年以来，以公务员的职务和级别为基础，我国公务员工资制度不断发展。总体说来，我国公务员工资制度经历了以下阶段：

1. 职务等级工资制

1956 年，为了缩小最高工资与最低工资的差距，党中央、国务院进行第一次工资制度改革，确立了职务等级工资制，根据公务员的职务、德才、资历，将国家机关工作人员分别纳入不同级别，实行“一职数级，上下交叉”。机关中的各种职务由高到低共分为 30 等级。从 1957 年 1 月至 1960 年 10 月，先后三次降低领导干部的工资。1960 年的工资标准一直延续到 1985 年，干部工资基本没有大变。公务员职务等级工资制初步确立了以职务和等级为基础的公务员工资体系，为我国公务员制度改革奠定了坚实的基础。由于政治与行政体制改革的滞后性，我国公务员职务等级工资制度的弊端日益显露，如公务员工资管理权限高度集中、职级不符、公务员的工资水平偏低、平均主义现象严重等。

2. 结构工资制

1985 年 6 月，我国在政府机关和事业单位推行第二次公务员工资制度改革，建立了以职务工资为主的结构工资制。工资结构改革，是在标准工资基础上加上副食补贴和行政费用节支奖，按照工资的不同职能，将工资分为基础工资、职务工资、工龄工资和奖励工资四部分。1989 年，我国再次调整公务员工资，将国家机关和事业单位工作人员的工资普调一级，改革后的高低工资差别仍为 10.2 倍（不包括工龄工资）。结构工资制基本上解决了职级不符问题，实现了机关事业单位工资制度与企业工资制度的相对分离，但是也存在一些问题，如奖励工资的标准模糊、工龄工资偏低、高定级别、高套职务工资、未建立正常增资制度等。

3. 职级工资制

党的十四大报告提出，要“逐步建立健全符合机关、企业和事业单位不同特点的科学的分类管理体制和有效的激励机制。这方面的改革要同机构改革、工资制度改革相结合”。党中央、国务院决定，从 1993 年 10 月 1 日起，对机关和事业单位工作人员的工资制度进行改革。按照 1993 年《机关工作人员工资制度改革方案》，公务员工资改革的基本内容包括：第一，实行职级工资制。工资按不同职能，分为职务工资、级别工资、基础工资和工龄工资四个部分。第二，建立正常增资制度。具体办法是晋升职务工资档次，晋升职务工资、级别工资和增加工龄工资，定期调整工资标准。第三，实行地区津贴制度。地区津贴分为艰苦边远地区津贴和地区附加津贴。第四，整顿津贴。合理的项目除按国家规定纳入职级工资标准外，其余部分保留，不合理的项目予以取消。第五，改革奖金制度。对优秀和称职的工作人员，年终发放一次性奖金。第六，改革机关工人工资制度。公务员职级工资制度基于公务员的职务和级别，并参考公务员的生活费用、工作年限等因素。本次改革凸显正常增资制，但基础工资、工龄工资的激励作用不强。

4. 职务与级别相结合的工资制度

党的十六大报告提出，要完善干部职务与级别相结合的制度，建立干部激励和保障机制。按照《中华人民共和国公务员法》的要求，公务员实行国家统一的职务与级别相结合的工资制度。2006 年 6 月，国务院下发《公务员工资制度改革方案》，要求改革公务员现行工资制度，实行国家统一的职务与级别相结合的公务员工资制度，完善机关工人工资制度。改革公务员职级工资制，规定公务员基本工资构成由职务工资、级别工资、基础工资和工龄工资四项调整为职务工资和级别工资两项；完善机关工人岗位技术等级（岗位）工资制；完善津贴补贴制度；健全工资水平正常增长机制；实行年终一次性奖金。党的十七大报告将“深化收入分配制度改革，增加城乡居民收入”作为“加快推进以改善民生为重点的社会建设”的重要内容。党的十八大强调，要“深化企业和机关事业单位工资制度改革”。

5. 职务与职级并行、职级与待遇挂钩，国家统一规定的工资制度

2014 年 12 月，中央全面深化改革领导小组第七次会议审议通过《关于县以下机关建立公务员职务与职级并行制度的意见》，以增加职级晋升通道，解决基层公务员“晋升难、待遇低”的矛盾。2016 年 7 月，人力资源和社会保障部印发《人力资源和社会保障事业发展“十三五”规划纲要》，部署“完善适应机关事业单位特点的工资制度”。2016 年 12 月，十二届全国人大常委会第二十五次会议通过《关于授权国务院在部分地区和部分在京中央机关暂时调整适用〈中华人民共和国公务员法〉有关规定的决定》，推行公务员职务与职级并行、职级与待遇挂钩制度。《中华人民共和国公务员法》规定，公务员实行国家统一规定的工资制度。公务员工资制度贯彻按劳分配原则，体现工作职责、工作能力、工作实绩、资历等因素，保持不同领导职务、职级、级别之间的合理工资差距。2019 年 3 月，中共中央办公厅印发《公务员职务与职级并行规定》，规定“公务员根据所任职级执行相应的工资标准，享受所在地区（部门）相应职务层次的住房、医疗、交通补贴、社会保险等待遇”。

9.1.3 公务员工资的基本构成

我国公务员工资包括基本工资、津贴、补贴和奖金。

1. 基本工资

（1）职务工资、职级工资。职务工资、职级工资按工作人员的职务或职级高低、责任轻重和工作难易程度确定，是公务员基本工资中体现按劳分配的主要内容。一个职务或职级对应一个工资标准，领导职务和相当职务层次的非领导职级对应不同的工资标准。工作人员按担任的职务、职级确定相应的职务工资、职级工资，并随职务、职级及任职年限的变化而变动。按照《中华人民共和国公务员法》的规定，国家实行公务员职务与职级并行制度，根据公务员职位类别和职责设置公务员领导职务、职级序列。

（2）级别工资。根据公务员所任职务、职级、德才表现、能力、工作实绩和资历等，确定级别和级别工资档次，执行相应的级别工资标准。每一职务层次、职级层次对应若干级别，每一级别设若干工资档次。公务员晋升职务、职级后，执行新任职务、职级的工资标准，并按规定晋升级别和增加级别工资。公务员年度考核称职及以上的，一般每五年可在所任职务、职级对应的级别内晋升一个级别，一般每两年可在所任级别对应的工资标准内晋升一个工资档次。公务员的级别达到所任职务、职级对应最高级别后，不再晋升级别，在最高级别工资标准内晋升级别工资档次。

2. 津贴

公务员津贴包括地区津贴和岗位津贴。其中，地区津贴包括地区附加津贴和艰苦边远地区津贴。

（1）地区附加津贴。地区附加津贴，主要反映地区间经济发展水平、物价消费水平等方面的差异，根据各地区经济发展水平和生活费支出等因素确定标准，同时还考虑机关、事业单位工作人员工资水平与企业职工工资水平的差距。国家对地区附加津贴进行宏观调整，各地区结合本地区的经济和社会发展水平、物价消费水平等确定地区附加津贴。

（2）艰苦边远地区津贴。艰苦边远地区津贴是对在艰苦边远环境下工作的公务员额外劳动消耗和特殊生活费支出等的适当补偿。执行艰苦边远地区津贴所需资金，属于财政支付的，由中央财政负担。我国出台了艰苦边远地区津贴相关规定，如《机关、事业单位艰苦边远地区津贴实施办法》《关于实施艰苦边远地区津贴的方案》《完善艰苦边远地区津贴制度实施方案》等。艰苦边远地区津贴评估指标包括自然地理环境、人文社会发展。

（3）岗位津贴。岗位津贴是国家对特殊工作岗位上工作的公务员支付的额外劳动报酬，根据公务员的工作岗位性质、工作环境、工作条件、工作责任等因素确定。国家对岗位津贴实行统一管理。在清理现有各项岗位津贴的基础上，规范岗位津贴。

3. 补贴

公务员补贴制度，是国家为了适应经济和社会的发展，结合公务员的职务、职级和级别而设置的福利补偿制度。按照《中华人民共和国公务员法》的规定，我国公务员按照国家规定享受住房、医疗等补贴、补助等。

（1）住房补贴。住房补贴是国家为职工解决住房问题而给予的补贴资助，即将单位原有用于建房、购房的资金转化为住房补贴，分次（如按月）或一次性发给职工，再由职工到住房市场上通过购买或租赁等方式解决自己的住房问题。国家建立住房公积金制度，住房公积金是指国家机关、国有企业、城镇集体企业、外商投资企业、城镇私营企业及其他城镇企业、事业单位、民办非企业单位、社会团体及其在职职工缴存的长期住房储金。

（2）医疗补助。公务员医疗补助是在城镇职工基本医疗保险制度基础上对公务员的补充医疗保障。公务员医疗补助经费由同级财政列入当年财政预算。医疗补助经费要专款专用、单独建账、单独管理，与基本医疗保险基金分开核算。医疗补助经费主要用于基本医疗保险统筹基金最高支付限额以上，符合基本医疗保险用药、诊疗范围和医疗服务设施标准的医疗费用补助；在基本医疗保险支付范围内，个人自付超过一定数额的医疗费用补助。

4. 奖金

奖金是根据按劳分配原则采取的作为工资补充的劳动报酬形式，是对工作认真负责、工作成绩显著的公务员的物质奖励。按照《中华人民共和国公务员法》的规定，公务员在定期考核中被确定为优秀、称职的，按照国家规定享受年终奖金。按照《公务员奖励规定

(试行)》，对获得“嘉奖，记三等功、记二等功、记一等功、授予荣誉称号”等奖励的公务员，按照规定标准给予一次性奖金。

9.1.4 公务员工资制度改革原则

1. 按劳分配原则

按照《中华人民共和国公务员法》的规定，“公务员工资制度贯彻按劳分配的原则，体现工作职责、工作能力、工作实绩、资历等因素”。党的十九大报告强调，要“坚持按劳分配原则，完善按要素分配的体制机制，促进收入分配更合理、更有序”。按劳分配，是指在对社会总产品做了各项必要扣除后，以劳动者向社会提供的劳动（包括劳动数量和质量）为尺度分配个人消费品，实行多劳多得、少劳少得，实现同工同酬，反对平均主义、大锅饭。

2. 职务与职级并行的原则

按照《中华人民共和国公务员法》规定，“国家实行公务员职务与职级并行制度，根据公务员职位类别和职责设置公务员领导职务、职级序列”；公务员工资制度要“保持不同职务、职级、级别之间的合理工资差距”。我国实行国家统一的公务员工资制度。职务、职级和级别是确定公务员工资的基本依据，公务员的基本工资包括职务工资、职级工资和级别工资。实行国家统一的工资制度，体现不同职务、职级和级别的公务员的工作责任、工作能力、工作实绩等方面差异，并做好统筹兼顾。保持不同职务、职级和级别的公务员工资之间的合理差距，既要克服平均主义现象，又要充分发挥公务员工资的激励作用。

3. 正常增资原则

《中华人民共和国公务员法》规定：“国家建立公务员工资的正常增长机制。”党的十九大报告强调，要“提高就业质量和人民收入水平”，“拓宽居民劳动收入和财产性收入渠道”。随着经济社会发展和物价消费水平的提高，有必要构建正常的公务员工资增长机制，以使公务员的工资有计划、有步骤、有组织地定期增长，满足公务员日益增长的物质生活和精神生活需要。公务员的工资水平应当与国民经济发展相协调、与社会进步相适应。增资的途径有以下三个：第一，公务员在年度考核称职的基础上每两年增加一档职务工资、职级工资，每五年增加一次级别工资。第二，随着职务、职级的晋升，相应提高职务工资、职级工资。第三，公务员除正常晋升工资外，国家定期调整工资标准，使公务员工资增长与国民经济发展、财政收入增长、消费水平、社会工资水平相适应。

4. 加强工资管理与监督原则

要加强工资管理，严格监督检查，有效调控地区工资差距，逐步将地区工资差距控制在合理的范围。党的十九大报告强调，要“履行好政府再分配调节职能”，“缩小收入分配差距”，“鼓励勤劳守法致富，扩大中等收入群体，增加低收入者收入，调节过高收入，取缔非法收入”。要严格遵守和坚决维护党的政治纪律，严格遵守和坚决维护机构编制和组织人事工作纪律，严格执行和坚决维护国家工资福利政策，严格遵守和坚决维护财经纪律，清理规范各类津贴、补贴。任何机关不得违反国家规定自行更改公务员工资、福利、保险政策，擅自提高或者降低公务员的工资、福利、保险待遇，不得扣减或者拖欠公务员的工资。

随着“放管服”改革的深入，各地纷纷下放公务员工资管理权限，简化工资审核流程，比如江西省人力资源和社会保障厅于2018年1月下发《关于明确省直机关事业单位工资审核权限的通知》，规定从2018年2月1日起下放16项省直机关单位工资审核权限，如机关公务员5年正常晋升级别、两年正常晋升级别工资档次等权限。

5. 平衡比较原则

《中华人民共和国公务员法》规定：“国家实行工资调查制度，定期进行公务员和企业相当人员工资水平的调查比较，并将工资调查比较结果作为调整公务员工资水平的依据。”党的十九大报告指出，要“在发展中补齐民生短板、促进社会公平正义”。通过与企业相当人员的工资水平进行平衡比较，并实施工资调查，合理确定公务员工资，有助于保持社会收入分配的合理差距，充分调动公务员工作的积极性、主动性和创造性。

9.2　公务员福利

随着经济社会发展和人民生活水平的提高，公务员的物质和文化生活需求日益多元化。在完善公务员工资、保险制度外，有必要完善公务员福利制度，以提高公务员的生活质量。党的十九大报告强调，要“完善社会救助、社会福利、慈善事业、优抚安置等制度”。

9.2.1　公务员福利的内涵

社会福利有广义、狭义之分。从广义角度，社会福利是指为了保障全体国民的物质、文化的最低生活标准，而由政府和民间提供的各种社会服务总和。从狭义角度，社会福利是指除工资、社会保险、社会优抚、社会救助之外的所有旨在提高员工生活质量的措施。

公务员福利制度，是指国家和机关单位为了满足公务员的物质、文化生活需要，解决公务员的工作与生活困难，提高其工作生活质量，在工资、社会保险、社会优抚、社会救助之外给予公务员的补助措施。

9.2.2　公务员福利的主要内容

按照不同标准，可将福利分为不同类型：按照福利是否具有强制性，分为法定福利、非法定福利；按照福利的价值和目标，分为风险保障型福利、物质激励型福利；按照福利的给付形式，分为现金福利、非现金福利；按照福利的实施范围，分为全员性福利、特种福利、特困福利；按照员工对福利的选择权，分为固定福利、弹性福利。以下主要从福利补贴与补助、工时与休假制度、集体生活福利设施、社会优抚制度等角度探讨公务员福利。

1. 福利补贴与补助

（1）生活补助。按照有关规定，公务员可以获得各类生活补助，如书报补助、夏季防暑降温补助、午餐或夜餐补助、独生子女补助、婴幼儿补助、生活用品价格补助等。随着全面从严治党的深入，以及中央八项规定的贯彻落实，公务员生活补助将进一步规范。

延伸阅读

广西乡镇工作补贴"从有到优"

广西印发《关于进一步建立完善乡镇机关事业单位工作人员乡镇工作补贴机制的通知》，提高补贴标准、优化补贴机制，实现乡镇工作补贴制度"从有到优"。一是建立补贴标准逐步提高机制。将补贴从每人每月300元增加到400元以上。建立补贴增长长效机制，根据全区经济发展水平、财力状况和物价水平，参照艰苦边远地区津贴浮动周期，逐步提高乡镇工作补贴标准。二是实行乡镇工作补贴标准地域差异化机制。设定400元、450元、500元三个补贴档次。各县（市、区）根据交通便利程度、距离县城远近、工作环境艰苦程度等因素，合理确定乡镇工作补贴档次执行标准。三是建立向长期在乡镇工作人员倾斜的乡镇工作补贴机制。从2019年起，累计领取乡镇工作补贴满5年（含）以上的，按所在乡镇标准的110%发放；累计满10（含）年以上的，按所在乡镇标准的130%发放；中断领取乡镇工作补贴的，扣除中断时间，领取补贴年限可累计计算；跨乡镇交流的人员，补贴按调入地执行档次重新计发。四是完善补贴发放与干部在岗情况挂钩机制。明确调离或退休人员，从调离或退休的下个月起停发乡镇工作补贴；因借调、脱产参加学历教育、病事假等原因离开乡镇工作岗位连续满1个月以上的人员，从次月起暂停发放离岗期间乡镇工作补贴。

资料来源：桂组轩．广西乡镇工作补贴"从有到优"：激励担当建功　引导合理流动．(2019-05-27). http://www.zuzhirenshi.com/dianzibao/2019-05-27/1/dccd2030-fca0-4f87-af6c-a8f046b5c31e.htm.

（2）上下班交通费补贴。职工上下班交通费补贴是指为帮助一部分上下班路远的职工减轻交通费支出而建立的补贴制度。1978年2月，财政部、国家劳动总局颁发《关于建立职工上下班交通费补贴制度的通知》，要求国家机关从行政经费中支出补贴费。上下班交通费补贴的发放是以在职、在编、在岗为前提，按公务员的部门、职务、职级、级别、职责、任务等因素差异设定系数，作为测算补贴标准的基本依据。交通补贴的发放形式分为按月发放、一次性发放、包干使用。2014年7月，中共中央办公厅、国务院办公厅联合印发《关于全面推进公务用车制度改革的指导意见》和《中央和国家机关公务用车制度改革方案》，公车改革全面推进。全国各地纷纷出台公车改革方案，细化了交通补贴标准。

（3）移动通信费用补贴。2004年1月8日，国务院机关事务管理局、中共中央直属机关事务管理局联合下发《中央和国家机关公务移动通讯费用补贴管理办法》，要求停止用公款为机关工作人员公务活动购置或配备无线移动电话、寻呼机，相关费用一律由个人自理，对机关工作人员按职级和工作需要发放公务移动通信费用补贴。地方政府可参照《中央和国家机关公务移动通讯费用补贴管理办法》，合理确定公务员的移动通信费用补贴标准。

（4）冬季取暖补贴。职工冬季宿舍取暖补贴是指国家为保证一部分寒冷地区的职工在冬季能够正常生活而设立的补贴制度。1978年，财政部、国家劳动总局联合下发《关于改进职工宿舍冬季取暖补贴的问题的意见》。实行冬季取暖补贴的地区和范围包括：除广东、广西、福建、浙江、湖南、湖北、四川（谅山阿孜彝族自治州除外）、云南（中甸、德钦县等除外）、贵州等省，江苏、安徽、河南等省的淮河以南地区，陕西省的秦岭以南地区外，其他地区的国家机关和事业、企业单位可以发给冬季取暖补贴；西藏地区，由当地政府酌情决定。地方政府可以根据本地的气候变化情况，结合本地区的经济社会发展情况，合理确定冬季取暖补贴的范围、期限和标准。

2. 工时与休假制度

工时制度，是指国家为合理安排公务员的工作和休息时间，维护和保障公务员的休息权利，劳逸结合，充分调动公务员的工作积极性、主动性、创造性，提高行政效率而规定的与公务员工作与休息时间有关的制度。我国公务员现行的休假制度包括法定节假日、年休假、探亲假、婚丧假、病事假等制度。其中，节假日以法定节假日、年休假和探亲假为主。

（1）工时制度。《中华人民共和国公务员法》规定："公务员执行国家规定的工时制度，按照国家规定享受休假。公务员在法定工作日之外加班的，应当给予相应的补休，不能补休的按照国家规定给予补助。"按照国务院《关于职工工作时间的规定》，职工每日工作8小时，每周工作40小时。任何单位和个人不得擅自延长职工工作时间。因特殊情况和紧急任务确需延长工作时间的，按照国家有关规定执行。国家机关、事业单位实行统一的工作时间，星期六和星期日为周休息日。一些地方探索不定时工作制，比如，成都部分行政事业单位自2017年8月1日以来，聚焦市场监管、社会管理和公共服务等领域，实行"错时工作、延时服务"。

（2）法定节假日制度。1949年12月23日，政务院颁布《全国年节及纪念日放假办法》，国务院于1999年、2007年和2013年对该法规进行了三次修订。全国公民放假的节日包括：新年，放假1天（1月1日）；春节，放假3天（农历正月初一、初二、初三）；清明节，放假1天（农历清明当日）；劳动节，放假1天（5月1日）；端午节，放假1天（农历端午当日）；中秋节，放假1天（农历中秋当日）；国庆节，放假3天（10月1日、2日、3日）。部分公民放假的节日及纪念日包括：妇女节（3月8日），妇女放假半天；青年节（5月4日），14周岁以上的青年放假半天；儿童节（6月1日），不满14周岁的少年儿童放假1天；中国人民解放军建军纪念日（8月1日），现役军人放假半天。少数民族习惯的节日，由少数民族聚居地区的地方人民政府，按照各民族习惯，规定放假日期。

（3）年休假制度。按照国务院于2007年颁发的《职工带薪年休假条例》，以及人事部于2008年颁发的《机关事业单位工作人员带薪年休假实施办法》，机关、团体、企业、事业单位、民办非企业单位、有雇工的个体工商户等单位的职工连续工作1年以上的，享受带薪年休假。职工在年休假期间享受与正常工作期间相同的工资收入。职工累计工作已满1年不满10年的，年休假5天；已满10年不满20年的，年休假10天；已满20年的，年休假15天。单位确因工作需要不能安排职工休年休假的，经职工本人同意，可不安排职工休年休假。对职工应休未休的年休假天数，单位应按该职工日工资收入的300%支付年休假工资报酬。

（4）探亲假制度。探亲待遇制度是国家为解决职工与分居两地的配偶、父母团聚而建立的一种福利制度。1981年，国务院颁发《关于职工探亲待遇的规定》，凡在国家机关、人民团体和全民所有制企业、事业单位工作满一年的固定职工，与配偶不住在一起，又不能在公休假日团聚的，可以享受探望配偶的待遇；与父亲、母亲都不住在一起，又不能在公休假日团聚的，可以享受探望父母的待遇。但是，职工与父亲或与母亲一方能够在公休假日团聚的，不能享受探望父母的待遇。职工探亲假期为：职工探望配偶的，每年给予一方探亲假一次，假期为 30 天；未婚职工探望父母，原则上每年给假一次，假期为 20 天；已婚职工探望父母的，每四年给假一次，假期为 20 天。

（5）婚假、丧假。第一，婚假。根据《关于国营企业职工请婚丧假和路程假等问题的通知》《中华人民共和国婚姻法》，婚假的期限如下：按法定结婚年龄（女 20 周岁，男 22 周岁）结婚的，可享受 3 天婚假；符合晚婚年龄（女 23 周岁，男 25 周岁）的，可享受晚婚假 15 天（含 3 天法定婚假）；结婚时男女双方不在一地工作的，可视路程远近，另给予路程假；在探亲假（探父母）期间结婚的，不另给假期。再婚的可享受法定婚假，不能享受晚婚假。《中华人民共和国人口与计划生育法》规定，“符合法律、法规规定生育子女的夫妻，可以获得延长生育假的奖励或者其他福利待遇。”全国各地相继依据该法修订了地方性计划生育条例，对婚假进行相应调整，如安徽、山西、江西、广西、广东、湖北、天津、浙江、宁夏等省取消了晚婚假；其中，部分省份明确并延长了婚假天数，如山西婚假 30 天，青海、福建婚假 15 天。第二，丧假。根据 1980 年 2 月 20 日国家劳动总局、财政部发布的《关于国营企业职工请婚丧假和路程假问题的通知》的规定，职工的直系亲属（父母、配偶和子女）死亡时，可以根据具体情况，给予 1～3 天的婚丧假；职工在外地的直系亲属死亡时需要本人去外地料理丧事的，可以根据路程远近，另给予路程假。

3. 集体生活福利设施

职工集体生活福利设施，是由企业、事业单位、行政机关共同出资兴办的，旨在满足员工共同生活需要、减轻其家务劳动、方便生活的集体生活福利设施，如食堂、宿舍、医务室、疗养院、阅览室、图书室、娱乐室、俱乐部、体育场等。改革开放以来，随着社会主义市场经济体制的建立和完善，以及机关后勤事业改革的推进，公务员集体生活福利设施市场化、社会化、货币化改革进程加快，机关所拥有的集体生活福利设施相对减少。

4. 社会优抚制度

社会优抚是针对军人及其家属所建立的社会保障制度，是指国家和社会对军人及其家属所提供的各种优待、抚恤、养老、就业安置等待遇和服务的保障制度。《中华人民共和国宪法》规定：“国家和社会保障残废军人的生活，抚恤烈士家属，优待军人家属。”1988 年，由国务院、中华人民共和国中央军事委员会联合颁发《军人抚恤优待条例》。2004 年，新的《军人抚恤优待条例》公布实施后，民政部下发《关于国家机关工作人员、人民警察伤亡抚恤有关问题的通知》，国家机关工作人员、人民警察的伤亡抚恤事宜参照《军人抚恤优待条例》执行。2011 年 7 月，中共中央军委、国务院对《军人抚恤优待条例》进行修订。党的十九大报告强调，要“完善社会救助、社会福利、慈善事业、优抚安置等制度”。2019 年 8 月 1 日，国务院公布《关于修改〈烈士褒扬条例〉的决定》，将英雄烈士保护纳入党和国家功勋荣誉表彰制度体系。

公务员社会优抚主要包括：一是伤残抚恤。国家机关工作人员、人民警察因公负伤致残，其伤残性质的认定和伤残等级评定标准、伤残抚恤金标准、补办评残手续和伤残抚恤关系转移等，参照《军人抚恤优待条例》及《伤残抚恤管理暂行办法》等规定办理。二是死亡抚恤。国家机关工作人员、人民警察因公牺牲和病故的确认，参照《军人抚恤优待条例》的有关规定办理。死亡抚恤金包括一次性抚恤金和定期抚恤金。国家机关工作人员、人民警察死亡一次性抚恤金标准，参照《军人抚恤优待条例》执行：烈士，80 个月工资；因公牺牲，40 个月工资；病故，20 个月工资。对符合条件的烈士遗属、因公牺牲军人遗属、病故军人遗属，发给定期抚恤金。三是丧葬补助费。补助标准由各省、自治区、直辖市确定。中央国家机关及其所属事业单位执行所在地的标准。四是遗属生活困难补助。县级以上地方人民政府对依靠定期抚恤金生活仍有困难的烈士遗属、因公牺牲军人遗属、病故军人遗属，可增发抚恤金或采取其他方式予以补助，保障其生活水平不低于当地平均生活水平。

退役军人事务部、财政部于 2019 年 7 月发出通知，提高部分退役军人和其他优抚对象等人员抚恤和生活补助标准。从 2019 年 8 月 1 日起，伤残人员（残疾军人、伤残人民警察、伤残国家机关工作人员、伤残民兵民工）残疾抚恤金标准、“三属”（烈士遗属、因公牺牲军人遗属、病故军人遗属）定期抚恤金标准、“三红”（在乡退伍红军老战士、在乡西路军红军老战士、红军失散人员）生活补助标准，在原有基础上提高 10%，在乡老复员军人生活补助标准在现行基础上每人每月提高 200 元，烈士老年子女生活补助标准由现行每人每月 440 元提高至 490 元，以上提标经费由中央财政承担。带病回乡退伍军人生活补助标准由现行每人每月 550 元提高至 600 元，参战参试退役军人生活补助标准由现行每人每月 600 元提高至 650 元，农村籍老义务兵每服一年义务兵役每月增加补助 5 元，达到每月 40 元。以上提标经费由中央财政和地方财政按比例承担。提标后，一级因战、因公、因病残疾军人抚恤金标准为每人每年 88 150 元、85 370 元、82 570 元。烈属、因公牺牲军人遗属、病故军人遗属定期抚恤金标准分别提高到每人每年 27 980 元、24 040 元和 22 610 元。在乡退伍红军老战士、在乡西路军红军老战士和红军失散人员生活补助标准，分别提高到每人每年 61 130 元、61 130 元和 27 580 元。

9.3　公务员保险

9.3.1　社会保险的内涵

1. 保险

保险是指投保人根据合同约定，向保险人支付保费，保险人对合同约定的可能发生的事故所造成的财产损失承担赔偿保险金的责任，或者当被保险人死亡、伤残、疾病或者达到合同约定的年龄和期限时，承担给付保险金责任的行为。通过保险人和被保险人之间签订合同，或者国家按照法律规定收取保险费，建立专门用途的后备基金，以补偿自然灾害、意外事故等给被保险人带来的经济损失，维护社会稳定和发展。

2. 社会保险

社会保险是国家通过立法形式，由社会集中建立基金，使劳动者在年老、患病、工伤、失业、生育等丧失劳动能力的情况下能够获得国家和社会补偿、帮助的社会保障制度。《中华人民共和国公务员法》规定：“公务员依法参加社会保险，按照国家规定享受保险待遇。公务员因公牺牲或者病故的，其亲属享受国家规定的抚恤和优待。”

9.3.2 公务员保险制度的基本内容

党的十九大报告强调，要按照兜底线、织密网、建机制的要求，全面建成覆盖全民、城乡统筹、权责清晰、保障适度、可持续的多层次社会保障体系，全面实施全民参保计划。2018 年 12 月 29 日，第十三届全国人民代表大会常务委员会第七次会议通过《关于修改〈中华人民共和国社会保险法〉的决定》。国务院办公厅于 2019 年 4 月 1 日印发《降低社会保险费率综合方案的通知》，部署降低养老保险单位缴费比例，继续阶段性降低失业保险、工伤保险费率，调整社保缴费基数政策，推进养老保险省级统筹，提高养老保险基金中央调剂比例。当前，我国公务员已经构建基本医疗保险、养老保险和生育保险制度，但公务员的失业保险和工伤保险等制度尚未确立。有必要推动我国公务员社会保险制度改革。

1. 基本医疗保险

基本医疗保险通常由国家立法强制实施，建立基金制度，费用由用人单位和个人共同缴纳，医疗保险费由医疗保险机构支付，以解决劳动者因患病或受伤带来的医疗风险。按照《中华人民共和国社会保险法》：“职工应当参加职工基本医疗保险，由用人单位和职工按照国家规定共同缴纳基本医疗保险费。”用人单位缴费率应控制在职工工资总额的 6%左右，职工缴费率一般为本人工资收入的 2%。基本医疗保险基金由统筹基金和个人账户构成：职工个人缴纳的基本医疗保险费，全部计入个人账户；用人单位缴纳的基本医疗保险费分为两部分，一部分用于建立统筹基金，一部分划入个人账户。符合基本医疗保险药品目录、诊疗项目、医疗服务设施标准以及急诊、抢救的医疗费用，按照国家规定从基本医疗保险基金中支付。党的十九大报告提出，要“完善统一的城乡居民基本医疗保险制度和大病保险制度”，“实施健康中国战略”，“深化医药卫生体制改革”。

2. 养老保险

养老保险，是指国家和社会根据法律和法规，为解决劳动者在达到国家规定的解除劳动义务的劳动年龄界限，或因年老丧失劳动能力退出劳动岗位后的基本生活问题而建立的社会保险制度。按照《中华人民共和国社会保险法》，“职工应当参加基本养老保险，由用人单位和职工共同缴纳基本养老保险费”，“公务员和参照公务员法管理的工作人员养老保险的办法由国务院规定”。我国基本养老保险基金由用人单位和个人缴费以及政府补贴等组成。基本养老金由统筹养老金和个人账户养老金组成。基本养老金根据个人累计缴费年限、缴费工资、当地职工平均工资、个人账户金额、城镇人口平均预期寿命等因素确定。参加基本养老保险的个人，达到法定退休年龄时累计缴费满 15 年的，按月领取基本养老金。国家建立基本养老金正常调整机制。2015 年 1 月，国务院下发《关于机关事业单位工作人员养老保险制度改革的决定》，要求“坚持全覆盖、保基本、多层次、可持续方针，以增强公平性、适应流动性、保证可持续性为重点，改革现行机关事业单位工作人员退休保障制度，逐步建立独立于机关事业单位之外、资金来源多渠道、保障方式多层次、管理服务社会化的养老保险体系”，实行社会统筹与个人账户相结合的基本养老保险制度，改革基本养老金计发办法，建立基本养老金正常调整机制，加强基金管理和监督，做好养老保险关系转移接续工作，建立职业年金制度，建立健全确保养老金发放的筹资机制，逐步实行社会化管理服务，提高社会保险经办管理水平。此后，《机关事业单位职业年金办法》《机关事业单位基本养老保险关系和职业年金转移接续经办规程（暂行）》《关于机关事业单位基本养老保险关系和职业年金转移接续有关问题的通知》《职业年金基金归集账户管理暂行办法》《关于建立城乡居民基本养老保险待遇确定和基础养老金正常调整机制的指导意见》《关于个人所得税法修改后有关优惠政策衔接问题的通知》等办法、通知、意见等相继下发，进一步规范了机关事业单位养老保险。新修订的《中华人民共和国公务员法》，规定公务员退休后，享受国家规定的养老金和其他待遇。党的十九大报告提出，要“完善城镇职工基本养老保险和城乡居民基本养老保险制度，尽快实现养老保险全国统筹”。

3. 失业保险

失业保险是指国家通过立法强制实行的，由社会集中建立基金对因失业而暂时中断生活来源的劳动者提供物质帮助的社会保障制度。党的十九大报告提出，要“完善失业、工伤保险制度”。按照《中华人民共和国社会保险法》，“职工应当参加失业保险，由用人单位和职工按照国家规定共同缴纳失业保险费”。城镇企业事业单位按照本单位工资总额的2%缴纳失业保险费，城镇企业事业单位职工按照本人工资的1%缴纳失业保险费。失业保险基金由单位、个人和国家三方共同负担。我国失业保险基金由下列各项构成：城镇企业事业单位、城镇企业事业及机关单位职工缴纳的失业保险费，失业保险基金的利息，财政补贴，依法纳入失业保险基金的其他资金。失业人员符合下列条件的，从失业保险基金中领取失业保险金：失业前用人单位和本人已经缴纳失业保险费满一年的；非因本人意愿中断就业的；已经进行失业登记，并有求职要求的。

4. 工伤保险

工伤保险，是指国家和社会为在生产、工作中遭受事故伤害和患职业性疾病的劳动者及其亲属提供医疗救治、生活保障、经济补偿、医疗和职业康复等物质帮助的社会保障制度。党的十九大报告提出，要“完善失业、工伤保险制度”。按照《中华人民共和国社会保险法》，“职工应当参加工伤保险，由用人单位缴纳工伤保险费，职工不缴纳工伤保险费”。《工伤保险条例》规定，工伤保险基金由用人单位缴纳的工伤保险费、工伤保险基金的利息和依法纳入工伤保险基金的其他资金构成。工伤保险费根据以支定收、收支平衡的原则确定费率。职工因工作原因受到事故伤害或者患职业病，且经工伤认定的，享受工伤保险待遇；其中，经劳动能力鉴定丧失劳动能力的，享受伤残待遇。近年来，一些地方政府试点公务员工伤保险，如截至2011年11月1日，山西长治市城区将780名在职公务员纳入了工伤保险范围。《浙江省工伤保险条例》自2018年1月1日起施行，将工伤保险参保范围扩大到国家机关和参公管理事业单位。

5. 生育保险

生育保险，是指通过国家立法规定，对怀孕、分娩女职工给予生活保障和物质帮助的社会保障政策。生育保险的覆盖范围包括中华人民共和国境内一切国家机关、人民团体、企业、事业单位的女职工，一些地方也将男职工纳入生育保险范围。党的十九大报告提出，要“促进生育政策和相关经济社会政策配套衔接”。2012 年 4 月 18 日，国务院第二百次常务会议通过《女职工劳动保护特别规定》，规定了女职工的产假、生育津贴等内容。《中华人民共和国社会保险法》规定，职工应当参加生育保险，由用人单位按照国家规定缴纳生育保险费，职工不缴纳生育保险费。用人单位已经缴纳生育保险费的，其职工享受生育保险待遇；职工未就业配偶按照国家规定享受生育医疗费用待遇。所需资金从生育保险基金中支付。我国生育保险待遇涉及产假、计划生育医疗费用、生育医疗费用、生育津贴、生育医疗待遇等。2019 年 3 月，国务院办公厅印发《关于全面推进生育保险和职工基本医疗保险合并实施的意见》。四川遂宁市人社局和市财政局早在 2017 年发布《关于调整遂宁市生育保险有关政策的通知》，规定从 2017 年 7 月 1 日起，将该市机关单位、参照公务员法管理的事业单位及其职工纳入生育保险参保范围，实现生育保险制度全覆盖，所需费用由同级财政列入预算解决。

（1）产假。产假是指给予女职工在生育过程中的休息期限，即女职工在分娩前和分娩后的假期。按照《女职工劳动保护特别规定》，女职工生育享受 98 天产假，其中产前可以休假 15 天；难产的，增加产假 15 天；生育多胞胎的，每多生育 1 个婴儿，增加产假 15 天。女职工怀孕未满 4 个月流产的，享受 15 天产假；怀孕满 4 个月流产的，享受 42 天产假。2015 年 12 月 27 日，第十二届全国人民代表大会常务委员会第十八次会议通过的修订后的《中华人民共和国人口与计划生育法》规定：“符合法律、法规规定生育子女的夫妻，可以获得延长生育假的奖励或者其他福利待遇。”“妇女怀孕、生育和哺乳期间，按照国家有关规定享受特殊劳动保护并可以获得帮助和补偿。公民实行计划生育手术，享受国家规定的休假；地方人民政府可以给予奖励。”此后，各地纷纷出台实施条例。比如《福建省人口与计划生育条例》规定：“女方产假延长为一百五十八日至一百八十日，男方照顾假为十五日。婚假、产假、照顾假期间，工资照发，不影响晋升。”《安徽省人口与计划生育条例》则规定：女方在享受国家规定产假基础上，延长产假 60 天；男方享受 10 天护理假；夫妻异地生活的，护理假为 20 天。

（2）计划生育医疗费用、生育医疗费用、生育津贴。计划生育医疗费用包括职工因计划生育实施放置（取出）宫内节育器、流产术、引产术、绝育及复通手术所发生的医疗费用，由生育保险基金支付。女职工生育的产前检查费、接生费、手术费、住院费和药费，由生育保险基金支付。女职工产假期间的生育津贴，对已经参加生育保险的，按照用人单位上年度职工月平均工资的标准，由生育保险基金支付；对未参加生育保险的，按照女职工产假前工资的标准由用人单位支付。

（3）医疗服务。按照《中华人民共和国人口与计划生育法》，国家建立婚前保健、孕产期保健制度。各级人民政府应采取措施，保障公民享有计划生育技术服务，提高公民生殖健康水平。生育保险医疗服务项目包括检查、接生、手术、住院、药品、计划生育手术等。

9.4　西方国家公务员工资、福利与保险

9.4.1　西方国家公务员工资与福利

1. 美国公务员工资与福利

（1）美国公务员工资。

1）基本工资。美国联邦政府共有30多个工资系统。美国已形成以常规工资体系为主、以弹性工资体系为辅的多元化基本工资框架。其中，常规工资体系适用于一般职位序列。弹性工资体系包括三种情形：一是设定最高工资标准规则，允许行政机构给予GS职位的雇员高于常规工资标准。二是适用于雇用高资格条件者和特别需要者的弹性工资。三是具有宽带结构的高级雇员弹性工资。

2）津贴、补贴。美国公务员津贴包括制服津贴、住宅津贴、生活津贴、岗位津贴、危险薪金津贴等。美国公务员享受加班费、假期补助、购房补助等补贴。

3）奖金。联邦政府奖金包括工作成绩奖、政府推荐奖、高绩效提薪等。为了吸引、安置、稳定优秀高级公共管理人才，联邦政府推出了包括雇佣奖金、安置奖金、留人津贴等奖励措施。

（2）美国公务员福利。美国公务员福利包括年休假、家庭与医疗假，以及出庭假、骨髓与器官捐赠假、紧急事件假、应征入伍假和无工资假等。一是年休假。普通公务员最长年休假不超过30天，高级公务员最长年休假不超过90天。未休假或未修满假的公务员可获得补偿津贴。二是家庭与医疗休假。按照《家庭与休假法案》，联邦政府雇员的直系家庭成员因患癌症、心脏病等严重疾病，或负重伤、怀孕或分娩需要长期照顾时，可以申请最长12周的无薪假期。此外，联邦政府雇员每年可以获得不超过13天的带薪病假。

2. 英国公务员工资与福利

（1）英国公务员工资。1995年颁发的《英国公务员管理法》明确规定了“薪金和津贴”。英国政府于2012年6月启动《公务员改革计划》，设置“公务员工资审查委员会”。英国公务员工资包括基本工资、津贴、补贴、奖金。

1）基本工资。根据基本工资的适用范围，可将英国公务员基本工资分为四种类型：第一种，适用于内阁成员及其他有关人员；第二种，适用于一般公务人员；第三种，适用于英格兰、威尔士、苏格兰的工作人员；第四种，适用于北爱尔兰的工作人员。在基本工资结构方面，英国公务员基本工资表现为三种形态：一是将工资设固定比率，适用于高级官员；二是按等级设工资幅度，采用年资加薪制；三是按物价指数变化情况调整工资。

2）津贴、补贴。《英国公务员管理法》规定，“各内阁和执行机构可以向其职员提供实物津贴以鼓舞和奖励良好的工作业绩，促进团队建设，或对杰出的贡献加以认可”。英国政府为公务员提供地区津贴、超时津贴、假日津贴、夜班津贴、技能津贴、驻外人员津贴等各种津贴、补贴。

3）奖金。英国公务员奖金与工作绩效紧密挂钩，绩效排名前25%的人员可获得基本

薪酬 10%的绩效奖金。

（2）英国公务员福利制度。英国公务员享有几种带薪休假。一是因结婚、直系亲属逝世、急迫任务可休的特种假。二是病假，可休 6 个月。三是年休假，假期长短按工龄和职务等级来决定，最少 3 周，最多 6 周。

3. 法国公务员工资与福利

（1）法国公务员工资。根据 1983 年 7 月 13 日颁发的《国家和地方公务员一般地位法》，公务员执行公务后，有权获得报酬。法国公务员报酬包括基本工资、津贴、补贴、奖金。

1）基本工资。法国公务员基本工资实行动态指数工资制，工资指数数值由政府根据物价和生活费用变动情况，以及公务员的职类、职系、职务、级别、工作实绩等灵活调整。法国公务员增资可采取普调、按职类调整、个别调整等方式。

2）津贴、补贴。法国公务员津贴、补贴繁多。公务员每年享受不少于 25 种津贴、补贴，如住房补贴、家庭补助、物价补贴、交际费、加班补贴、夜间工作补贴、出差补贴、危险工种补贴、自行车补贴、服装补贴、穿鞋补贴、小装饰补贴、衣物丢失补贴、多子女津贴等。某些公务员根据工作性质还可享受实物补助，如制服、交通工具。

3）奖金。法国公务员奖金分为按工作绩效发放的奖金和按工作条件发放的奖金两种形式。奖金约占公务员工资收入的 20%。

（2）法国公务员福利。法国公务员可享受如下假期：一是年休假。公务员工作满一年，每年可带薪休假 5 周。二是工伤假。因工伤事故造成丧失工作能力 10%或因职业病丧失工作能力的公务员，享受工伤假，在领取原工资的同时得到一笔临时伤残补助，并享有免费医疗优待。三是病假。分为一般病假、长期病假和重病假三种。病假期间，病人仍可享受家庭负担补助。

4. 日本公务员工资与福利制度

（1）日本公务员工资制度。

1）基本工资。《日本国家公务员法》在第三章“职务标准”中，规定了“适应形势原则”，并要求“公务员报酬基于职务、责任，必须按照法律规定的报酬准则支付”，“报酬准则中必须有工资表，制定工资表必须考虑到生活费、私营企业工资及其他人事院决定的适当情况的适当情形，并且根据等级或级别规定明确的工资额度”。1950 年日本政府出台《关于一般职职员工资的法律》，将适用职员的工资表分为行政职、专门行政职、税务职、公安职、海事职、教育职、研究职、医疗职、指定职等 9 类、17 个工资表。2001 年，日本通过《公务员制度改革大纲》，以“结构工资制”取代“职务工资制”。日本特别职公务员实行与一般职公务员不同的工资制度。日本人事院每年实施国家公务员工资实态调查、职种类别民间工资实态调查，对国家公务员和民间企业从业人员进行工资调查，作为公务员工资调整基础。

2）津贴、补贴。日本公务员津贴、补贴种类繁多，主要包括：一是根据职务和工作特殊性领取的津贴，包括工资调整额、教职调整额、工资的特别调整额、义务教育等职员特别调整额、特殊工作津贴等。二是正规工作时间之外的津贴，包括加班工作津贴、节日津贴、夜班津贴、管理职员特别工作津贴等。三是具有生活补贴性质的津贴，包括赡养津贴、通勤津贴、住房津贴、单身赴任津贴等。四是基于地区差异的津贴，包括调整津贴、特殊地区工作津贴、寒冷地区工作津贴等。五是初任职员的调整津贴。新职员在初任 5 年之内，享受《关于一般职职员工资的法律》中规定的初任公务员调整津贴。六是住房补贴。由政府兴建员工宿舍分配给公务员居住，宿舍包括公邸、免费宿舍、收费宿舍；未分配公家宿舍者可以获得租房补贴。

3）奖金。日本政府实施类似私营企业奖金的期末奖金、勤勉奖金制度。一是期末奖金。期末奖金在基准日（每年 3 月 1 日、6 月 1 日、12 月 1 日）起 15 天以内颁发。期末奖金数额，等于月薪、家庭津贴、调整津贴之和乘以基于领取日期的一定比例（若在 3 月、6 月、12 月领取，比例依次为 50%、140%、190%），以及基于上班时间的比例（根据上班时间的差异，分别确定为 30%、60%、80%、100%）。近年来，日本公务员期末奖金逐渐削减。二是勤勉奖金。勤勉奖金一般于每年 6 月 1 日、12 月 1 日左右根据此前 6 个月内公务员的工作成绩发放。勤勉奖金数额等于职员在基准日时应领取的月薪、月薪调整额之和，乘以机关首长或机关首长委任者根据人事院规则确定的标准百分比，最多不超过职员应领取的月薪、赡养津贴月薪及其调整额之和的 60%。

（2）日本公务员福利制度。日本公务员福利包括：一是双休日、法定节假日。日本公务员自 1993 年 3 月起实施“周双休日”（周六、周日）制。公务员的法定节假日按《关于国民节日的法律》《关于行政机关休息日的法律》确定，包括元旦、国庆节、春分日等 14 类节日。二是年休假。日本公务员可享受带薪年休假 6～20 天。未用完的年休假可移作下年使用，但移用天数不能超过 10 天。三是特别休假。特别休假基于以下原因：因预防传染病而造成交通堵塞；因自然灾害或其他原因造成交通堵塞；因自然灾害或其他原因，职员的居住条件被破坏；行使选举权；丧葬事情需要处理；去政府官厅出庭作证等。四是厚生福利。日本政府立法规定了与公务员保健、精力恢复等有关的厚生福利计划，涉及医疗保健、文化娱乐、体育活动、生活服务等方面。

9.4.2　西方国家社会保险制度

美国、英国、法国、日本、瑞典等西方国家构建了包括养老保险、医疗保险、失业保险、工伤保险、生育保险等在内的社会保险体系。本章重点分析西方国家公务员养老保险，以及具有普适性的西方国家医疗保险、失业保险、工伤保险、生育保险。

1. 西方国家公务员养老保险

（1）美国公务员养老保险。美国联邦政府于 1986 年出台《联邦雇员退休金制度法》，将公务员纳入国民社会保险体系。目前，美国联邦人事管理署主管三种公务员养老保险制度：一是 1920 年建立的公务员养老保险制度（CSRS），二是 1986 年建立的纳入全国养老社会保险范围的联邦雇员退休制度（FERS），三是包括私人部门和公共部门在内的雇主举办的各类职业年金计划。联邦雇员养老保险金包括三部分：国民社会保险金、联邦雇员基本退休金及个人节俭储蓄账户。2019 年 5 月，美国众议院通过《退休金提高法案》，对企业年金和个人退休账户体系进行改革。

（2）英国公务员养老保险。英国公务员养老金分为缴费养老金和非缴费养老金。其中缴费养老金分为两部分：一是国家基本养老金。国家基本养老金实行现收现付制，由国家财政、雇主、雇员共同出资。基本养老金待遇包括定额养老金、国家收入关联养老金、缴费性养老金、高龄老人及其配偶养老金等。二是职业养老金。各公共机构实行“职业养老金”计划和强制性个人年金账户，包括缴费确定型（DC）、待遇确定型（DB）两种模式。2013 年 4 月，英国《公共养老金法》出台，改革内容包括：养老指数调整标准由商品零售价格指数改为消费者物价指数，设置新缴费确定型计划或职业生涯平均收入计划，调整养老金领取年龄。将公共部门养老金领取年龄与国家养老金领取年龄统一，但消防员、警察和军队雇员 60 岁退休；雇主支出封顶；加强养老金计划管理和监管；上调高收入雇员缴费率。

（3）法国公务员养老保险。1964 年，法国国民议会和参议院通过《关于修改文职人员及军人退休金的法令》。法国公务员养老保险基金主要源自国家财政、地方单位和个人缴费。公务员养老金水平基于三种因素：一是工作年限。2010 年，萨科齐政府对退休制度进行改革，把全体国民的退休年龄从 60 岁逐步延长至 62 岁，领取全额养老金的年限也延长。奥朗德政府于 2013 年底规定，从 2020 年起至 2035 年，逐步将领取全额养老金的缴费年限延长至 43 年，逐步提高基本养老保险的缴费率。二是国家确定的年替代率，即公务员工资的 2%。三是退休时的工资基数。

（4）日本公务员养老保险。日本构建了三层次养老保险制度：一是国民年金。国民年金覆盖全体国民，分为养老年金、残障年金、寡妇年金、母子年金和遗孤年金五种。二是与就业收入相关联的雇员年金。雇员年金分为厚生年金和共济年金，其中覆盖 5 人以上私营企业职工的年金称为厚生年金；国家公务员、地方公务员、公营企业职工、农林渔团体雇员、私立学校教职员工参加的年金则为共济年金。三是可任意加入的养老金，主要是私人组织经营管理者的职业养老金或公司养老金。根据日本《国民年金法》，国民养老保险保费由国家和国民共同承担。近年来，日本政府采取适应弹性退休制的动态养老金，鼓励延长工作时间，提高养老保险费占工资的比重，逐年降低向被保险者支付保险金的数额，实行物价联动型养老金支付办法。

（5）瑞典公务员养老保险。长期以来，瑞典养老保险实行现收现付制，主要由两部分组成：一是国家基本养老金，适用于瑞典所有适龄老人。二是补充养老金，与职员一生的收入相关。养老金支付根据物价浮动而调整。瑞典从 2001 年起实施养老金制度改革：第一，实行部分积累制。总缴费率由占工资总额的 19%降为 18.5%，其中 16%计入名义个人账户，用于现收现付，支付退休人员的养老金；其余 2.5%记入个人账户，进入资本市场投资积累。第二，采取缴费确定型津贴模式。根据养老金受保人从 16 岁到退休所有年限缴纳养老费用的平均数额，以及个人缴纳的养老费用所形成的基金投资回报率来决定养老金的津贴标准。第三，实行灵活的退休年龄。员工最低退休年龄从 60 岁提高到 61 岁，61 岁后实行灵活退休政策，工作年限越长，养老金收入越高。第四，由政府建立的基金管理公司对养老基金实施管理。第五，建立“安全网”保护低收入者。

2. 西方国家医疗保险

（1）美国医疗保险。美国现行医保体系包括：一是政府医疗保险。政府医疗保险包括医疗照顾（medicare）和医疗补助（medicaid）。医疗照顾对象以 65 岁以上公民或连续居住五年以上的合法居民为主，也包括失去工作能力的残障人士；医疗补助由联邦政府与州政府共同出资，为低收入个人和家庭，以及贫困线下的残障人士提供。二是商业医疗保险。商业医疗保险包括雇主为雇员提供的契约性医疗保险，以及员工个人购买的医疗保险。美国总统奥巴马2010年3月签署的争议性很大的医改法案，计划将医保覆盖率从85%提升至95%，要求从2014年开始，大多数公民必须购买医疗保险，违者将受罚款。

（2）英国医疗保险。英国政府于1948年颁发《国家健康服务法》，将医疗保险范围扩大到全体公民，实行强制性国家保健服务制（National Health System，NHS）。1999年，英国国会通过《健康法案》。国民健康保险的医疗经费80%以上源自中央财政收入，其余由人们缴纳的国民保险费、看病处方费、受益人为享受高档医疗服务而支付的费用等弥补。所有英国人都可享受免费医疗。英国构建了三级医疗服务网络：社区全科医生服务、医院和专业门诊服务、地方社区医疗服务。

（3）法国医疗保险。法国政府早在1928年就曾颁发《疾病保险法》，现行医保法规为1978年修订的《疾病与生育保险法》。法国构建了以基本医疗保险为主、补充医疗保险并存的多层次医疗保险体系。法国医疗保险可分为三类：一是领薪者医疗保险制度，包括政府公务员、企事业单位雇员及低收入者等；二是非领薪者医疗保险制度，包括个体工商业者、自由职业者及手工业者等；三是农村医疗保险制度，包括农业从业人员及农业经营人员等。法国医疗保险基金源自参保者个人交纳、雇主交纳、社会性资助补贴等渠道。对领薪阶层而言，员工的医疗保险费占工资总额19.6%左右，其中，从员工工资总额扣除6.8%，其余由单位承担缴纳。受保人看病费用的70%由基础医保报销，剩下的30%由病人自理。

（4）日本医疗保险。1958年，日本政府出台《国民健康保险法》，实施全民医疗保险制度。日本公共医疗保险分为两类：一是适用于受雇人员的医疗保险，保险对象为产业工人、公共事业人员、政府机关工作人员等在职职工及其家属，包括健康保险、疾病统筹保险。二是国民健康保险，保险对象为农民、自由职业者、失业无业者等非受雇于他人者。医疗保险经费由国家、单位和个人三方筹集。2006年，日本国会审议通过《医疗保险制度和医疗费用体系的基本对策》。

（5）瑞典医疗保险。从20世纪30年代起，瑞典推行“全民健康保险”。1947年瑞典国会通过法案规定，凡为本国公民必须参加强制性医疗保险。医疗保险范围覆盖全体公民，以及在瑞典居住一年以上的外籍居民。瑞典医疗保险基金采取现收现付制，用人单位要按职工工资收入的33%缴纳社会保险税，职工个人负担4.95%的社会保险税。投保人及其16岁以下的子女可享受包括医生治疗费、住院费、药费、往返医院路费等在内的医疗保健费用，以及疾病津贴、牙科治疗补贴、药品费用、产妇津贴等医疗保险待遇。

3. 西方国家失业保险

（1）美国失业保险。1935年出台的《社会保障法》“授权各州管理失业保险补偿制度”。美国失业保险体系由联邦与州失业补偿计划、《劳动力投资法》组成。失业补偿计划实行联邦和州二元立法体制，旨在抑制失业、促进就业。美国失业保险基金主要源于雇主缴纳的失业保险税，只有几个州向职工征收失业保险税。美国失业保险给付项目较多，分为联邦雇员失业补偿金，以及特殊的支付项目等。

（2）英国失业保险。1911年，英国政府颁布《国民保险法》，实施强制性失业保险制度。现行失业保险法规为 1995 年出台的《失业保险法》。失业保险覆盖范围包括所有周收入在 62 英镑以上的雇员，以及自我雇佣者、缴纳减额养老保险费的已婚妇女和遗孀。失业保险费由雇主、雇员、政府三方分担，实行现收现付制。固定的失业保险金待遇为每周 46.45 英镑，失业者领取失业保险金的最长期限为 52 周。1995 年英国政府出台新的《求职者法案》，以“求职者津贴”代替失业保险待遇和收入补贴。

（3）法国失业保险。法国早在 1905 年颁发《失业保险法》，现行法规为 1984 年出台的《失业保险法》。失业保险参保范围为私立机构的工资收入者，不包括公立机构人员、自雇人员。法国失业保险管理局（ICDK）是由 3 个雇主协会和 5 个工会共同管理的非营利性失业保险管理机构。法国失业保险缴费率为员工工资的 5.8%，其中，雇主缴 3.7%，雇员缴 2.1%。失业保险金领取期限根据参保时间确定，最短 4 个月，最长 3 年。法国还实行由国家财政拨款的团结互助制度，救助对象为不能享受失业保险的失业者。

（4）日本失业保险。1947 年，日本国会通过《失业保险法》。1974 年国会通过《雇佣保险法》，将“失业保险”更名为“雇佣保险”。雇佣保险由失业保障和失业预防构成。失业保障从善后角度对失业劳动者进行补助，包括登记失业、统计失业、调查失业、给付失业，以及对劳动者遭遇失业风险后损失的工资收入给予补偿。失业预防包括安定雇佣、能力开发、雇佣福利等，从雇主和雇员两方面开发就业机会。失业保险金包括求职者津贴、教育训练津贴、就业促进津贴、继续雇佣津贴。失业保障系统所需资金由政府、雇主和雇员分担。

（5）瑞典失业保险。1935 年，瑞典政府出台《失业保险法》，现行的《失业保险法》和《失业保险基金会法》于 1997 年制定。失业保险待遇分为两部分：一是覆盖全民的基本失业保险。凡符合条件且年龄超过 20 岁的人员，都可获得失业救济金。二是自愿参加的收入损失保险，是由国家资助、行业工会主办、个人自愿参加的保险，向会员提供失业救济金。

4. 西方国家工伤保险

（1）美国工伤保险。1908 年，美国联邦政府颁布《联邦雇员伤害赔偿法》，并于 1970 年颁布《雇员安全健康法》。联邦政府负责造船工人、港口工人、公务员和矽肺病人的工伤保险，其他工伤保险由各州自行立法。工伤赔偿范围包括医疗费用、薪金补偿、肢体伤残赔偿、抚恤金等。美国实施强制性工伤保险，责任由雇主全部承担，工伤保险费率参考行业、企业工伤事故率、事故程度等因素划定。美国注重工伤预防、工伤康复、社区护理。

（2）英国工伤保险。英国政府于 1946 年颁布《国民工业伤害保险法》。英国没有单独的工伤保险基金。职工要申请职业病待遇必须满足两个条件：一是因职业病导致劳动能力丧失；二是患病职工必须已经参加工伤保险，且所患疾病是由从事有危害性的职业引起。

（3）法国工伤保险。法国早在 1898 年颁发《工伤保险法》，现行立法为 1946 年的《工伤保险法》。工伤保险覆盖范围包括雇员、学生、农业工作者、自由职业者等。工伤保险的享受条件是：申领者的年龄须在 60 岁以下，因工致伤、丧失劳动能力、终身残疾或丧失 2/3 以上劳动能力，而且在伤残之前一年内的受雇时间至少达到 33 天；超过 60 岁的工伤人员，工伤抚恤金转为养老金或按本人要求处理。工伤保险费由雇主缴纳，雇员个人不缴费。

(4) 日本工伤保险。日本政府于 1947 年颁发《工伤补偿保险法》，此后陆续颁布《工伤保险费征收法》《工伤补偿保险法》等。凡存在劳动关系的单位均应参加工伤保险，但雇用 5 人以下单位确定为“暂定任意适用事业”，可自愿决定参加与否，由劳动大臣裁定。工伤保险费由政府依据《工伤保险费征收法》向雇主征收，在预算范围内由公共财政补助部分费用。工伤保险费按行业划分为 8 大产业、53 个行业，最高费率 14.8%，最低费率 0.5%。

(5) 瑞典工伤保险。瑞典早在 1901 年出台《工伤强制补偿法》，现行法规为 2005 年修订的《工伤保险法》。瑞典工伤保险分为四个层次：一是法律强制参加的国家主办的社会工伤保险；二是保险公司主办、以雇主和雇员达成的谈判协议为基础的集体公约工伤保险；三是保险公司主办的团体保险；四是保险公司主办的个人保险。社会工伤保险覆盖范围包括公务员在内的所有雇员和独立经营者。工伤保险费由雇主和个人经营者分别按工薪收入总额 1.38%、1.40%缴纳。社会工伤保险基金用于支付工伤人员的治疗和康复费用、经济补偿。工伤保险待遇包括医疗费补贴、病假补贴、工伤津贴、伤残养老金、抚恤金等。

5. 西方国家生育保险

(1) 西方国家生育保险范围。西方国家生育保险覆盖范围各异，一般都涉及所有女性，一些国家将生育保险范围扩大到男性。少数国家或地区从居住权、职业、从业时间、工龄、缴纳失业保险费时间等方面严格限制生育保险资格条件。比如：冰岛规定，有常住权的母亲才可享受生育保险；法国规定，被保险人在分娩前必须投保满 1 个月，并且在生育的最近一年内的头 3 个月，至少受雇 20 个小时。

(2) 西方国家生育保险待遇。一是生育津贴，即对法定生育休假期间内的生育者的工资收入损失给予经济补偿。比如法国公务员生育或领养小孩，都享有 3 万法郎生育津贴。二是医疗护理，即承担与生育有关的医护费用，包括产前检查费等。三是生育补助，涉及“子女补助金”“婴儿津贴”“保姆津贴”等，对生育保险对象及其家属的生育费用给予经济补助。比如英国新生婴儿可获 250 英镑的首笔津贴，低收入家庭的新生婴儿则可得到 500 英镑津贴；法国公务员可获日托幼儿津贴及居家保姆津贴；瑞典为生育、护理婴儿和护理病孩的父母提供家长津贴。四是生育休假，包括母育假（产假）、父育假（母亲产假期间的父亲育儿假）和育儿假（母亲产假后父母双亲任何一方的育儿休假）。比如：法国女性公务员拥有至少 16 周强制性带薪产假，也可留职休假 3 年带小孩；德国女性公务员享有 2 年育婴假；日本女性公务员产假为 12 周，男性公务员在配偶生孩子时也可以享受 14 天的照顾假。

本章小结

本章分析了公务员工资的内涵，回顾了我国公务员工资制度演变历程；简述了包括基本工资、津贴、补贴和奖金等在内的我国公务员工资结构，探讨了我国公务员工资制度改革原则；分析了公务员福利的内涵，并从福利补贴与补助、工时与休假、集体生活福利设施、社会优抚等角度探讨了我国公务员福利制度；界定了社会保险的内涵，分析了包括基本医疗保险、养老保险、失业保险、工伤保险、生育保险等在内的我国社会保险制度；比较分析了西方国家公务员工资、福利与保险制度。

关键术语

公务员工资　职务工资　职级工资　级别工资　地区附加津贴　艰苦边远地区津贴　岗位津贴　奖金　社会优抚　基本医疗保险　养老保险　失业保险　工伤保险　生育保险

复习思考题

1. 简述我国公务员基本工资的内容。
2. 简述我国公务员津贴的内容。
3. 简述我国公务员工资制度改革的原则。
4. 比较分析西方国家公务员养老保险制度。

案　例

"退居二线"干部逍遥脱岗，变成另类吃空饷

一些领导干部因身体、年龄、岗位、压力等原因，实职改虚职"退居二线"。部分"退二线"的基层领导干部长期处于离线状态：有的不上班严重脱岗成常态，有的未经组织批准擅自出国旅游，还有的穿起休闲运动服"带薪居家养老"。记者采访了解到，"退居二线"干部是一个庞大群体，他们的思想和作为将影响整个干部群体作风。比如广西某县教育局副局长，实职改虚职当主任科员后，长期滞留北京。在西部某深度贫困县，县扶贫办主任主动申请实职改虚职，想上班就上班，不想上班就长期待在农村老家。"自局长改任主任科员后，很少来单位上班。除了非参加不可的会议外，平日连他的影子都看不到。"某沿海城市畜牧水产局工作人员告诉记者，两年前，局长因岗位需要"退居二线"，局里安排他在休渔期进行渔船巡查，但他几乎从没巡查过，任务被分摊到其他同事身上。这样长期"离线"的非领导岗位的干部不在少数，"占编不谋事、在编不在岗"已成人人皆知的潜规则。一名县区纪委书记告诉记者，此前他们立案查处了一批非领导职级的公务员，这些公务员迟到早退成常态，有的人一门心思投入第二职业，安排的会议不开、工作不做；有的人甚至未经组织批准擅自出国旅游。"别看他们长期不干活，但绩效工资是我们的好几倍。"一名基层干部说。许多调研员、主任科员长期不在岗，几乎在"带薪养老"，奖金不少，对这种另类"吃空饷"现象，就是管不了。"不干事"背后存在荒唐"官场逻辑"。一名"退居二线"的主任科员说，如果他在单位出现过多，或者在工作领域过多表达自己的意见，很容易被认为是"出风头"。"这些干部以前大多都是职能部门的'一把手'，现在的'一把手'长期是他们的属下，根本不敢管，县委、县政府由于不直接管理，

对这类干部的具体到岗情况没法实时掌握，因此出现‘单位管不了，上级管不到’的怪象。”一位局长坦言。“卸下担子就混日子”的倦怠心态普遍存在。

资料来源：夏军. “退居二线”干部逍遥脱岗，变成另类吃空饷.（2018-02-03）. http://www.xinhuanet.com/legal/2018-02/03/c_129804657.htm.

案例分析题：

1. 简析“退居二线”干部逍遥脱岗现象的危害及成因。

2. 结合案例，紧扣全面从严治党，以及新时代干部新担当新作为的相关要求，分析“退居二线”干部逍遥脱岗问题的防治对策。

第 10 章

公务员辞职、辞退与退休

公务员辞职与辞退制度，体现了公务员择业自主权与机关单位用人自主权之间的紧密结合，有助于优化公共部门人力资源配置。退休作为公务员的法定权利，实现了公务员“老有所养”，有助于保持公务员队伍的生机活力。

10.1 公务员辞职

政府机关、事业单位、企业、非政府组织之间，不应该“壁垒森严”，应有灵活、机动的“旋转门”，以促进不同社会组织之间进行自由的人才流动。通过建立和完善辞职制度，在法律上确保公务员的自主择业权，允许公务员根据自身的意愿、素质，以及机关的待遇、工作性质、任务等情况辞去职务、职级，这体现了我国公务员队伍的开放性。

10.1.1 公务员辞职的含义、特点、意义与制度演变

1. 公务员辞职的含义

公务员辞职，是指公务员根据本人的意愿提出申请，并经过任免机关批准，辞去现任职务、职级，依法解除其与机关之间的人事关系；或者担任领导职务的公务员，依照法律规定的条件和程序，辞去所担任的领导职务。前者是指公务员辞去公职，导致辞职者丧失公务员身份，与政府机关之间的人事关系、职务关系、职级关系、工作关系消失；后者是指公务员辞去领导职务，导致公务员丧失原有的领导职务，职务关系、工作关系变更，但没有丧失公务员身份、人事关系。

2. 公务员辞职的特点

(1) 辞职是公务员的法定权利。按照《中华人民共和国公务员法》规定，公务员享有

"申请辞职"的权利。《中华人民共和国劳动法》《中华人民共和国劳动合同法》也赋予职工辞职的权利：用人单位与劳动者协商一致，可以解除劳动合同；职工根据劳动法规或劳动合同的规定，可以提出辞去工作从而解除劳动关系。公务员是社会主义劳动者的重要组成部分，享有劳动法规和《中华人民共和国公务员法》所赋予的辞职权。

延伸阅读

创业是一个不断尝试、持续成长的过程

2017 年岁末，刘涛又回到了媒体的视线。他在位于长沙的圣湘生物上班了，职务为"董事长助理"。早在 2014 年 12 月初，刘涛就从湖南省临澧县副县长职位辞职，轰动一时。刘涛之所以引起热议，是因为他身上有很多标签：农家子弟、北大毕业、最年轻副县长（31 岁）、辞职创业……1981 年，刘涛出生于湖南省张家界市慈利县东岳观镇跑马村，1999 年，18 岁的他从慈利一中考上北京大学。2003 年，刘涛大学毕业，参加湖南省选调生考试，考上张家界市永定区双溪桥乡办公室秘书的职位。工作一年后，他考进共青团张家界市委。翌年，刘涛被调往共青团湖南省委工作。2008 年，刘涛被团省委推荐到湖南省委统战部学习，并留在统战部工作。2012 年 10 月，31 岁的刘涛被调往常德市临澧县，成为当地最年轻副县长。2014 年 11 月初，刘涛递交辞职报告，理由是要创业，辞职态度坚决。12 月初，刘涛辞职被批准。刘涛最初在家乡种植猕猴桃，接下来在某养猪企业做区域总经理，后离职。"对于从副县长离职，我没有过后悔，人家看重的是你（副县长）这个位置，而不是你。"刘涛坦言创业 3 年没有过"后悔"，"创造财富，这种感觉很好"。2017 年 12 月 20 日，刘涛正式加盟圣湘生物，公司创始人兼董事长戴立忠为其北大校友。刘涛对加盟圣湘生物充满憧憬，"人要通过不断的成长才能获取自己的价值"。"创业是一个不断尝试、持续成长的过程，资金、技术、土地、市场、团队，每一样都必须亲力亲为、重新摸索。"刘涛说。另据湖南日报社、新华社等媒体报道，2018 年，经上级党组织批准，湖南省张家界慈利县东岳观镇南岳村村主任刘际义等人带着全村百姓的期待，邀请刘涛回乡担任村第一书记。"他丝毫没有犹豫，当场就答应了。"刘涛告别圣湘生物，重拾创业梦想，在南岳村流转 100 多亩山地，成立湖南上品生态养殖有限公司，当起"鸡倌"，发展"订单农业"，2018 年该公司鸡和鸡蛋的销售额达到 210 余万元。

资料来源：喻向阳. 34 岁辞职副县长刘涛加盟圣湘生物，系北大校友戴立忠创立.（2018-01-05）. http://hn.rednet.cn/c/2018/01/05/4522186.htm.

（2）辞职必须经由法定程序。程序合法是规范辞职行为的前提条件。辞职，意味着公务员与政府机关解除人事关系，或不再担任领导职务。辞职行为必须符合法定程序，按照法律规定的操作规程办理相关手续，如申请、审核、审批、公务交接、经济责任审计等。未经有关机关批准，公务员不得擅自离职。

（3）辞职主体受到法律限制。《中华人民共和国宪法》规定，"任何组织或者个人都不得有超越宪法和法律的特权"；"中华人民共和国公民在行使自由和权利的时候，不得损害

国家的、社会的、集体的利益和其他公民的合法的自由和权利”。公务员必须依法行使辞职权利，不得随意辞职。按照《中华人民共和国公务员法》等法律法规，公务员在辞职时，受到一定限制。公务员的辞职事由必须合法、合理、正当，不能损害公共利益、部门利益和他人利益。受到辞职限制的公务员，不能违规辞职。中共中央组织部等部门印发的《关于规范公务员辞去公职后从业行为的意见》，依法依规对公务员辞去公职后的从业行为进行限制。

（4）公务员享有法定的辞职后待遇。公务员辞去公职或辞去领导职务后，依法享有法定待遇。第一，公务员辞去公职后，可以享受法定的辞职待遇。公务员与原单位解除人事任用关系，公务员身份随之消失，但可按照规定要求原单位开具有关人事关系证明，并依法进行档案转接工作。如果原单位侵犯公务员的合法权益，公务员可以按照《中华人民共和国劳动合同法》《中华人民共和国公务员法》的规定，要求原单位进行合理的经济补偿。公务员辞去公职后，只要其符合法定条件，仍然可通过参加公务员考试而重新成为公务员。同时，公务员享有重新就业的权利，若其在国有企事业单位重新就职，其工龄可以连续计算。第二，公务员辞去领导职务后，虽然公务员的职务、职级和级别可能变化，但其公务员身份没有改变，依法享有相应的待遇，如工资、保险、福利。但是，如果公务员涉嫌重大违法乱纪，公务员引咎辞职或被有关机关责令辞职，公务员的有关待遇可能消失。

3. 公务员辞职的意义

（1）有助于优化公共部门人力资源配置。公务员辞职制度确立了公务员的自由择业权，使那些业务不对口、志趣转变、不愿在机关工作、善于经营或更适合其他工作的公务员，通过辞职另择天地，进而优化社会人力资源配置，促进经济社会发展。

（2）有助于促进公共部门人力资源合理流动，提高行政效率。实行公务员辞职制度，砸破“铁饭碗”，完善了公务员竞争激励机制、优胜劣汰机制，促进了公共部门人力资源合理流动，推动了公务员新陈代谢和良性循环，以保持公务员队伍的活力，提升行政效率。

4. 我国公务员辞职制度演变

新中国成立初期，由于干部人事制度不健全，我国公务员流动机制僵化。公共职位意味着“铁饭碗”，公务员一旦进入国家机关，除非因组织需要调出机关，或因违法乱纪被开除公职，公务员一般不会离开国家机关。与计划经济时代相适应的统包统配的干部人事管理制度，严重束缚了公务员的个人自主择业权和机关单位的用人自主权。改革开放以来，随着社会主义市场经济体制的发展，我国干部人事制度改革逐渐推进，公务员辞职制度逐步建立。中共中央、国务院于 1984 年、1986 年先后颁发《关于严禁党政机关和党政干部经商、办企业的决定》《关于进一步制止党政机关和党政干部经商、办企业的规定》，要求党政机关领导干部到企业任职的，必须辞去党政领导职务，脱离党政机关。

1993 年出台的《国家公务员暂行条例》对公务员辞职进行专项规定，我国公务员辞职制度初步建立。1995 年，人事部发布《国家公务员辞职辞退暂行规定》，详细规定公务员辞职的程序、限制性条件等内容。1997 年，人事部颁发《关于国家公务员辞职或被辞退后有关问题的通知》。随着《党政领导干部选拔任用工作条例》《党政领导干部辞职暂行规定》的出台，我国进一步规范了党政领导干部辞职事宜。随着《中华人民共和国公务员法》的实施，我国公务员辞职进入法制化轨道。为规范公务员辞去公职工作，保障机关与公务员的合法权益，中共中央组织部、人力资源和社会保障部于 2009 年 7 月颁发《公务员辞去公职规定（试行）》。2015 年 7 月，中共中央办公厅印发《推进领导干部能上能下若干规定（试行）》规定，对有关领导干部实行问责的方式包括责令公开道歉、停职检查、引咎辞职、责令辞职、免职等。《中国共产党问责条例》也将责令辞职作为对党的领导干部的问责方式之一。2017 年 5 月，中共中央组织部等部门联合印发《关于规范公务员辞去公职后从业行为的意见》，公务员辞职后至少两年，不得从事与原工作业务相关的营利性活动。2019 年 3 月，中共中央印发了修订后的《党政领导干部选拔任用工作条例》，进一步规范了因公辞职、自愿辞职、引咎辞职和责令辞职等内容。

10.1.2　公务员辞去公职

辞去公职，是指公务员依照法律、法规规定，结合自己的意愿，申请终止与任免机关的任用关系，辞去所担任的公共职务或职级。

1. 辞去公职的条件

公务员辞去公职的条件，是指公务员可以辞去公共职务职级或不能辞去公共职务职级的法定情形。公务员辞去公职后，不再有公务员身份，与政府机关的人事关系、职务关系、职级关系、工作关系随之消失。公务员辞去公职的条件包括肯定性条件和限制性条件。

（1）肯定性条件。公务员辞去公职的肯定性条件，是指公务员可以辞去公职的法定情形。辞去公职是公务员所享有的法定权利，只要符合法律规定，遵循法定程序，公务员可以自愿向有关机关提出辞职，以解除人事关系。按照《中华人民共和国劳动合同法》的规定，“用人单位与劳动者协商一致，可以解除劳动合同”。公务员基于各种原因，与单位协商一致后，可以依法向主管机关提出辞呈，以解除人事关系。公务员主动辞去公职的原因可能包括：兴趣不浓厚，知识和技术不够，公共管理能力不强，对待遇不满，或健康原因、家庭原因，以及对职业价值的认知差异等。

（2）限制性条件。公务员辞去公职的限制性条件，是指公务员不能辞去公职的法定情形。按照《公务员辞去公职规定（试行）》，公务员有下列情形之一的，不得辞去公职：在涉及国家秘密等特殊职位任职或者离开上述职位不满国家规定的脱密期限的；重要公务尚未处理完毕，且须由本人继续处理的；正在接受审计、纪律审查、监察调查，或者涉嫌犯罪，司法程序尚未终结的；法律、行政法规规定的其他不得辞去公职的情形。此外，公务员与所在机关因专项培训订立协议约定工作期限的，在未满约定工作期限内一般不得申请辞去公职，申请辞去公职的，应当向所在机关支付违约金或履行相应义务。

2. 辞去公职的程序

公务员辞去公职，应遵守法定程序，按照《中华人民共和国公务员法》以及《公务员辞去公职规定（试行）》等配套法规办理。公务员辞去公职的程序包括：

（1）公务员本人向所在单位提出书面辞职申请。必须由本人填写《公务员辞去公职申请表》，向所在单位提出书面辞职申请。

（2）所在单位提出意见，按照管理权限报任免机关。公务员所在单位接到辞职申请后，应结合本单位的工作需要以及公务员的实际情况，认真讨论、分析公务员的辞职申请，提出处理意见后按照管理权限上报。如管理权限与任免权限分别属于两个机关，则应先送有管理权的机关审核同意后，再送任免机关批准。

（3）任免机关组织（人事）部门审核。任免机关组织（人事）部门根据《公务员辞去公职申请表》以及相关资料，认真审核以下内容：一是审核公务员辞职的条件是否合法。二是程序是否合法，手续是否齐备。三是单位意见是否恰当。经过严格审核之后，将人事部门的审核意见，连同相关材料报任免机关审批。

（4）任免机关审批。任免机关审批，作出同意辞去公职或者不同意辞去公职的批复，同意辞去公职的应当同时免去其他所任职务、职级。对于符合法定条件的辞职申请，任免机关应当自接到申请之日起 30 日内予以批准；不符合辞职条件的辞职申请，也应当在自接到申请之日起 30 日内作出不予批准的决定；对领导成员辞去公职的申请，应当自接到申请之日起 90 日内决定批准与否。在审批期间，公务员不得擅自离职，对擅自离职的，给予开除处分，不准重新录用到国家行政机关工作。

（5）审批结果通知，备案、存档。任免机关将审批结果以书面形式通知公务员所在单位和申请辞去公职的公务员，并将同意辞去公职批复送同级公务员主管部门备案。《公务员辞去公职申请表》和同意辞去公职的批复等存入本人档案。

（6）办理公务交接手续和辞职手续。公务员辞职后，应在批准之日起的半个月内，办理公务交接手续和辞职手续，必要时应接受财务审计。对拒不办理公务交接手续的，按照有关规定给予处分，情节严重的，给予开除处分。国家公务员辞职离开国家行政机关，其人事档案由所在单位按规定转至有关机构。公务员申请辞去公职未予批准的，可以按照规定申请复核或者提出申诉。复核、申诉期间不停止该人事处理的执行。

3. 公务员辞去公职的法律后果

（1）职务关系、职级关系、人事关系与工作关系消失。公务员一旦辞去公职，随即与国家机关解除公共职务职级关系、人事关系与工作关系，不再享有公务员的权利，无须承担公务员的义务。因不再保留公务员身份，辞职者可以按照双向选择的原则，自由进入人才市场，自主择业。公务员辞去公职后重新就业的，其辞去公职前在机关的工作年限合并计算。

（2）公职待遇丧失。公务员一旦辞去公职，公职待遇立即丧失。自辞职申请批准之月的下月起，公务员不再拥有与公共职务职级相对应的工作条件，不再享受国家机关所支付的工资、保险、福利等待遇，社会保险按照有关规定执行。因此，公务员辞去公职后，原国家机关应为获准辞职者办理各种身份、职务职级等级、工资待遇、工作年限等证明，作好档案和人事关系递转手续。

（3）重新担任公职受限，从业有所限制。公务员辞去公职后，一定时期内一般不得到与原机关有隶属关系的企业或营利性事业单位任职，确需任职的要经原任免机关批准。公务员辞去公职的，原系领导成员的公务员在离职 3 年内，其他公务员在离职两年内，不得到与原工作业务直接相关的企业或其他营利性组织任职，不得从事与原工作业务直接相关的营利性活动。《关于规范公务员辞去公职后从业行为的意见》规定，各级机关中原系领导班子成员的公务员以及其他担任县处级以上职务的公务员，辞去公职后 3 年内，不得接受原任职务管辖地区和业务范围内的企业、中介机构或其他营利性组织的聘任，个人不得从事与原任职务管辖业务直接相关的营利性活动；其他公务员辞去公职后两年内，不得接受与原工作业务直接相关的企业、中介机构或其他营利性组织的聘任，个人不得从事与原工作业务直接相关的营利性活动。省级以上具有行政审批、行业监管、执法监督等职能的机关，应当结合实际，逐步建立公务员辞去公职后从业行为限制清单。公务员申请辞去公职时应当如实报告从业去向，签署承诺书，对遵守从业限制规定、保守国家秘密和工作秘密，以及在从业限制期限内主动报告从业变动情况等作出承诺。

10.1.3　公务员辞去领导职务

1. 辞去领导职务的含义

公务员辞去领导职务，是指在国家机关中担任领导职务的公务员，依照法律规定的条件和程序，辞去所担任的领导职务。结合《中华人民共和国公务员法》《党政领导干部选拔任用工作条例》《党政领导干部辞职暂行规定》，辞去领导职务的公务员主要是指：中共中央、全国人大常委会、国务院、全国政协、中央纪律检查委员会、国家监察委员会的工作部门或者机关内设机构的领导成员，最高人民法院、最高人民检察院的领导成员（不含正职）和内设机构的领导成员；县级以上地方各级党委、人大常委会、政府、政协、纪委、监察委员会、人民法院、人民检察院及其工作部门或者机关内设机构的领导成员；上列工作部门的内设机构的领导成员。

2. 辞去领导职务的类型

（1）因公辞职。因公辞职，是指领导干部担任由人大、政协选举产生的领导职务，任期未满因工作需要变动职务，依照法律或者政协章程规定应当辞去现任领导职务的，向本级人民代表大会、人大常委会或者政协提出辞去现任领导职务。领导干部因公辞职，应当在接到党委（党组）通知后 7 日内，向任免机关提出辞去现任职务的书面申请。比如 2019 年 8 月 20 日，山东省东营市第八届人民代表大会常务委员会第二十一次会议，根据东营市人民政府市长赵志远的提请，决定任命王晓军为东营市人民政府副市长；2019 年 8 月 28 日，烟台市第十七届人民代表大会常务委员会第二十一次会议，根据王晓军的辞呈，决定接受其辞去烟台市人民政府副市长职务的请求，报烟台市人民代表大会备案。

（2）自愿辞职。自愿辞职，是指党政领导干部因个人或者其他原因，自愿提出辞去现任领导职务或者公职。党委（党组）应当自接到干部辞职申请之日起 3 个月内予以答复。党政领导干部辞去公职后 3 年内，不得到原任职务管辖的地区和业务范围内的企业、经营性事业单位和社会中介组织任职；不得从事或者代理与原工作业务直接相关的经商办企业活动。党政领导干部有下列情形之一的，不得辞去领导职务：有重要公务尚未处理完毕，而且须由本人继续处理的；由人大、政协选举、任命、决定任命的领导干部任职不满 1 年的；正在接受纪检机关（监察部门）、司法机关调查或者审计机关审计的；在涉及国家安全、重要机密等特殊职位上任职或者离开上述职位不满解密期限的；未满最低服务年限的；有其他特殊原因的。党政领导干部自愿辞职应当经过下列程序：第一，干部本人按照干部管理权限，以书面形式向党委（党组）提出辞职申请。第二，组织（人事）部门对干部辞职原因、辞职条件等有关情况进行了解审核，并提出初步意见。第三，按照干部管理权限，党委（党组）集体研究，作出同意辞职、不同意辞职或者暂缓辞职的决定。对申请辞去领导职务同时辞去公职的，党委（党组）除对是否同意其辞去领导职务作出决定外，还应对是否同意其辞去公职作出决定。第四，党委（党组）作出同意辞职决定后，按照有关规定办理辞职手续。

（3）引咎辞职。引咎辞职，是指党政领导干部因工作严重失误、失职造成重大损失或者恶劣影响，或者对重大事故负有重要领导责任等，不宜再担任现职，本人引咎辞去现任领导职务。党政领导干部引咎辞职应当经过下列程序：第一，干部本人按照干部管理权限，以书面形式向党委（党组）提出辞职申请。第二，组织（人事）部门对辞职原因等情况进行了解审核，并提出初步意见。第三，按照干部管理权限，党委（党组）集体研究，作出同意辞职、不同意辞职或者暂缓辞职的决定。第四，党委（党组）作出同意辞职决定后，按照有关规定办理辞职手续。

（4）责令辞职。责令辞职，是指党委（党组）及其组织（人事）部门根据党政领导干部任职期间的表现，认定其已不再适合担任现职，通过一定程序责令其辞去现任领导职务。拒不辞职的，应当免去现职。党政领导干部有应当引咎辞职的法定情形，而不提出辞职申请的，党委（党组）应当责令其辞职。被责令辞职的干部若对组织决定不服，可以在接到责令辞职通知后15日内，向作出决定的党委（党组）提出书面申诉。党委（党组）接到申诉后及时核查，并在一个月内作出复议决定。责令辞职应当经过下列程序：第一，党委（党组）作出责令干部辞职的决定，并指派专人与干部本人谈话。第二，被责令辞职的干部应当在接到责令辞职通知后15日内向任免机关提出书面辞职申请。第三，按照有关规定办理辞职手续。

延伸阅读

吉林长春长生公司问题疫苗案件，相关责任人被严肃处理

吉林长春长生公司问题疫苗案件发生后，党中央高度重视，国务院派出专门调查组对事件进行了全面调查，中央纪委国家监委开展了监管责任调查和审查调查工作，对6名中管干部作出予以免职、责令辞职、要求引咎辞职等处理，对涉嫌职务犯罪的原国家食品药品监督管理总局党组成员、副局长吴浈给予开除党籍处分并移送检察机关依法审查起诉。有关部门和地方根据调查认定事实，依规依纪依法对涉及原国家食品药品监管总局、国家药监局、吉林省各级药品监管部门、长春市人民政府、长春市高新技术产业开发区管委会等42名非中管干部进行了严肃处理，其中，厅局级干部13人、县处级干部23人、乡科级及以下干部6人，对涉嫌职务犯罪的吉林省原食品药品监管局3名责任人给予开除党籍处分并移送检察机关依法审查起诉，对包括原国家食品药品监管总局药品化妆品监管司1名副司长、吉林省原食品药品监管局两名副局长在内的6名责任人给予留党察看或撤销党内职务、政务撤职处分，对29名责任人给予其他党纪政务处分。

资料来源：吉林长春长生公司问题疫苗案件，相关责任人被严肃处理.（2019-02-02）. http://www.ccdi.gov.cn/yaowen/201902/t20190203_188326.html.

10.2　公务员辞退

公务员辞职制度维护和保障了公务员的择业自主权，使“铁饭碗”能砸破。公务员辞退制度，则维护和保障了机关单位的用人自主权，使“保险箱”不一定保险。健全的辞退制度是公务员退出机制的重要组成部分。

10.2.1　公务员辞退的含义、特点、意义与制度演变

1. 公务员辞退的含义

辞退，是指用人单位由于某种原因，依法与职工解除劳动关系的一种强制性措施。根据辞退原因的不同，可以将辞退分为违纪辞退和正常辞退。违纪辞退，是指用人单位对严重违反劳动纪律或犯有严重错误，但不够开除条件，经教育或处分仍无效的职工，依法强行解除劳动关系的处理措施。正常辞退，是指用人单位根据运营状况、富余职工情况、职工工作表现等，依法解除富余职工劳动关系的行为。

公务员辞退，是指国家机关或者其他具有公共职能的组织，依照法律规定的条件和程序，在法定的管理权限内解除其与公务员的任用关系。

2. 公务员辞退的特点

（1）辞退是国家机关的法定用人权利。法律赋予劳动者择业自主权，同样赋予用人单位用人自主权。政府机关作为公共部门，依法享有用人自主权。国家机关依照《中华人民共和国公务员法》《中华人民共和国劳动法》《中华人民共和国劳动合同法》等法律法规，有权终止不适宜继续在国家机关工作的公务员的任用关系，与其解除劳动合同。

（2）辞退必须基于法定事由。国家机关享有法定的用人权利，可以依法辞退公务员。但是，这并不意味着国家机关可以随意辞退公务员，无故解除其与公务员的任用关系。只有基于法定事由，符合法定要件，国家机关才能辞退公务员。按照《中华人民共和国公务员法》，公务员“非因法定事由……不被免职、降职、辞退或者处分”。如果未经法定事由，公务员被辞退，可以按照管理权限，依法向有关部门复核或申诉，以维护切身权益。

（3）辞退必须遵循法定程序。遵循法定的辞职程序，不仅有助于维护公务员的切身利益，而且能够限制用人单位的自由裁量权，有效防范国家机关滥用辞退权。《公务员辞退规定（试行）》指出：“辞退公务员，应当依照法定的情形、权限和程序办理。”辞退公务员，必须严格遵守法定的辞退程序，不能违规操作，更不能暗箱操作。

（4）被辞退的公务员享有法定待遇。公务员被辞退后，人事关系、职务关系、职级关系与工作关系消失，不保留公务员身份，自批准之月的下月起停发工资。但是，被辞退者按国家规定享受失业保险并领取辞退费。公务员被辞退前连续工作满一年以上的，自被辞退的次月起由有关机构按月发放辞退费。

3. 公务员辞退的意义

（1）有助于构建公共部门人力资源优胜劣汰机制。健全的优胜劣汰机制不仅需要完善职务职级升降机制，而且需要畅通“入口”与“出口”，以营造良好的竞争氛围。公务员

的辞退制度，破除了旧的人才“部门所有”“单位所有”观念，打破行政机关“铁饭碗”，畅通机关“出口”，促进公务员的选优汰劣，解决公务员“能进不能出”问题。

（2）有助于提高行政效率。通过完善公务员辞退制度，使不合格的公务员流出公共部门，在公共部门内部营造良性的竞争动力和压力。公务员辞退有助于优化公共部门人力资源配置，促进人力资源开发，提高公务员的整体素质和公共管理能力，激发公务员工作的积极性、主动性和创造性，督促其不断改进工作作风，提高行政效率。比如，江西省抚州市出台《抚州市国家机关工作人员“为官不为”问责办法（试行）》，对 8 种“为官不为”的行为进行问责，问责方式包括批评教育、书面检查、通报批评、诫勉谈话、组织处理 5 个层面，其中组织处理分为调整岗位、引咎辞职、责令辞职、免职、降职、解聘、辞退等方式。

4. 我国公务员辞退制度演变

1982 年，劳动人事部颁发《吸收录用干部问题的若干规定》，规定如果新录用的人员在试用期不合格，延长试用期仍然不合格的，可以辞退。1986 年，国务院颁发《国营企业辞退违纪职工暂行规定》，为公务员辞退工作提供了借鉴。1992 年，人事部下发《全民所有制事业单位辞退专业技术人员和管理人员暂行规定》。1989 年 7 月，公安部印发《关于公安机关辞退公安干警的规定（试行）》，率先在全国公安系统实行辞退制度。1995 年 7 月，人事部制定下发了《国家公务员辞职辞退暂行规定》，明确辞职辞退的程序、条件及相关要求。1996 年 7 月，人事部下发《国家公务员被辞退后有关问题的暂行办法》，对被辞退的公务员的档案管理、辞退费发放等做了补充规定。

2006 年，随着《中华人民共和国公务员法》的实施，我国公务员辞退制度进一步完善。为规范公务员辞退工作，中共中央组织部、人力资源和社会保障部于 2009 年 7 月 24 日联合下发《公务员辞退规定（试行）》。

10.2.2 公务员辞退的条件

公务员辞退的条件，是指公务员可以辞退或不得辞退的法定情形。公务员辞退条件包括肯定性条件和限制性条件。

1. 公务员辞退的肯定性条件

公务员辞退的肯定性条件，是指机关单位可以辞退公务员的法定情形。

（1）在年度考核中，连续两年被确定为不称职的。按照《公务员考核规定（试行）》，公务员具有下列情形之一的，应确定为不称职等次：思想政治素质较差；业务素质和工作能力不能适应工作要求；工作责任心或工作作风差；不能完成工作任务，或在工作中因严重失误、失职造成重大损失或者恶劣社会影响；存在不廉洁问题，且情形较为严重。如果公务员在年度考核中，连续两年被评为不称职，则不适于继续担任公务员职务职级，可以将其辞退。

（2）不胜任现职工作，又不接受其他安排的。公务员由于知识、能力、性格、健康状况等方面的原因，不胜任现职工作，不能顺利完成工作任务，工作效率低下，又不接受其他安排，拒不服从主管机关的人事任免决定，可以依法予以辞退。

（3）因所在机关调整、撤销、合并或者缩减编制员额需要调整工作，本人拒绝合理安排的。按照“定职能、定机构、定编制”的三定方案，政府机构改革过程中，坚持“精简、统一、效能”原则，对政府机关进行适当调整、撤销或合并，缩简机关人员编制员额。如果公务员拒不服从机关的合理安排，机关可以依法予以辞退。

（4）不履行公务员义务，不遵守法律和公务员纪律，经教育仍无转变，不适合继续在机关工作，又不宜给予开除处分的。《中华人民共和国监察法》《中华人民共和国公务员法》《行政机关公务员处分条例》等法律法规严格规定了公务员义务、纪律、惩戒等内容。如果公务员不履行公务员义务，不遵守法律和公务员纪律，经教育仍无转变，不适合继续在机关工作，又不宜给予开除处分的，机关可依法予以辞退。

（5）旷工或者因公外出、请假期满无正当理由逾期不归连续超过 15 天，或者一年内累计超过 30 天的。旷工，是指公务员无正当理由，不经请假，离开工作岗位，不从事本职工作；无正当理由，是指没有疾病、自然灾害、社会事故等不可抗力事由；逾期，是指超过事假、年休假、探亲假、出差假等国家法定的休假期限。

2. 公务员辞退的限制性条件

公务员辞退的限制性条件，是指机关不得辞退公务员的法定情形。《中华人民共和国公务员法》《公务员辞退规定（试行）》吸收了《中华人民共和国劳动法》等法律法规中有关辞退的内容，提出了公务员辞退的限制性条件。公务员有以下情形的，机关不得辞退公务员：

（1）因公致残，被确认丧失或者部分丧失工作能力的。因公致残，是指在执行公务中受伤，引发身体残疾。因公致残的范围包括：在执行任务和上下班途中，遭到非本人责任和无法抗拒的意外致残；在保护国家利益、维护社会治安、抢救人民生命、保护国家和集体财产中被犯罪分子致伤或遭意外致残；在创造发明、技术革新工作中致残；由组织确定外出参观、访问、考察遭受不可抗拒的灾害或非由本人负责发生的意外致残；因患职业病致残的；因医疗事故致残；等等。因公致残的公务员依法享受国家的特别保障，获得抚恤金或伤残补助。

（2）患病或者负伤，在规定的医疗期内的。医疗期是指公务员因患病或非因公负伤，而停止工作、治病休养的时限。《中华人民共和国公务员法》没有明确规定规医疗期的长短，可以参照执行 1994 年劳动部发布的《企业职工患病或非因工负伤医疗期规定》。

（3）女性公务员在孕期、产假、哺乳期内的。按照 2018 年新修订的《中华人民共和国妇女权益保障法》规定，“各单位在录用女职工时，应当依法与其签订劳动（聘用）合同或者服务协议，劳动（聘用）合同或者服务协议中不得规定限制女职工结婚、生育的内容”；“妇女在经期、孕期、产期、哺乳期受特殊保护”；“任何单位不得因结婚、怀孕、产假、哺乳等情形，降低女职工的工资，辞退女职工，单方解除劳动（聘用）合同或者服务协议。但是，女职工要求终止劳动（聘用）合同或者服务协议的除外”。

（4）法律、行政法规规定的其他不得辞退的情形。比如，按照《中华人民共和国劳动合同法》，劳动者有下列情形之一的，用人单位不得解除劳动合同：从事接触职业病危害作业的劳动者未进行离岗前职业健康检查，或者疑似职业病病人在诊断或者医学观察期间的；在本单位连续工作满 15 年，且距法定退休年龄不足 5 年的；在本单位患职业病或者因工负伤并被确认丧失或者部分丧失劳动能力的。

10.2.3 公务员辞退程序

《中华人民共和国公务员法》规定："辞退公务员，按照管理权限决定。辞退决定应当以书面形式通知被辞退的公务员，并应当告知辞退依据和理由。"结合《中华人民共和国公务员法》《公务员辞退规定（试行）》，辞退公务员应当遵循以下程序：

（1）所在单位在核准事实的基础上，经领导集体研究提出建议，填写《辞退公务员审批表》，按管理权限报任免机关审批。

（2）任免机关组织（人事）审核。

（3）任免机关审批。作出辞退决定的，以书面形式通知呈报单位和被辞退的国家公务员，同时抄送同级组织（人事）部门备案。县级以下机关辞退公务员，由县级公务员主管部门审核并报县级党委或者人民政府批准后作出决定。

（4）《辞退公务员审批表》和辞退决定等存入本人档案。

任免机关根据有关规定可直接作出辞退决定。公务员被辞退，应在批准之日起的半个月内办理公务交接手续和辞退手续，必要时应接受财务审计。对拒不办理公务交接手续的，按照有关规定给予处分；情节严重的，给予开除处分。《辞退公务员通知书》应当直接送达被辞退公务员本人。公务员对辞退决定不服的，可以申请复核或者提出申诉。复核、申诉期间不停止辞退决定的执行。

10.2.4 辞退费计发与停发

1. 辞退费计发

被辞退的公务员，可以领取辞退费或者根据国家有关规定享受失业保险，其他社会保险按照有关规定执行。辞退公务员所需经费，应当列入财政预算予以保障。公务员被辞退后，自批准之日的次月起停发工资，按照有关规定转递档案。领取辞退费的，机关在其档案转出后15日内，将辞退费一次性向接收档案的人才服务机构拨付。公务员被辞退前连续工作满一年以上的，自被辞退的次月起，由有关的人才服务机构按月发放辞退费。辞退费发放标准为公务员被辞退前上月基本工资。辞退费发放期限根据被辞退公务员在机关的工作年限确定：工作年限不满两年的，按照3个月发放；满两年的，按照4个月发放；两年以上的，每增加1年增发1个月，但最长不得超过24个月。

2. 辞退费停发

出现下列情形之一的，辞退费停发：领取期限已满，重新就业，应征服兵役，移居境外，被判刑或者被劳动教养，死亡。未发放的辞退费，有关的人才服务机构应当返还被辞退公务员原所在机关。

10.3 公务员退休

10.3.1 公务员退休的含义、特点、意义与制度演变

1. 公务员退休的含义

退休，是公务员管理的重要环节，是维护公务员权益的重要措施。公务员退休，是指

公务员达到法定退休年龄，或者工作时间达到一定年限，或者完全丧失工作能力时，依法办理手续，退出公共管理岗位，由国家或单位给予基本生活保障，以安度晚年的公共部门人事管理制度。党的十九大报告强调，要“认真做好离退休干部工作”。

2. 公务员退休的特点

（1）退休是公务员所享有的法定权利。退休是《中华人民共和国宪法》《中华人民共和国公务员法》等法律法规赋予公务员的法定权利。我国宪法规定，“国家依照法律规定实行企业事业组织的职工和国家机关工作人员的退休制度。退休人员的生活受到国家和社会的保障”，“中华人民共和国公民在年老、疾病或者丧失劳动能力的情况下，有从国家和社会获得物质帮助的权利”。《中华人民共和国公务员法》也规定了公务员应当退休和可以提前退休的法定情形。

（2）公务员退休必须符合法定条件和程序。公务员退休的法定条件，包括退休年龄、工作年限、健康状况、劳动能力等。只有符合法定条件的公务员才能自愿或强制退休，不符合条件的不能退休。同时，公务员退休必须按照规定的程序办理相关手续，如申请、审核、审批、待遇确定、公务交接等。

（3）退休后公务员的公职身份丧失。公务员退休后，公务员的公职身份随即丧失，不再占用行政编制和公共职位，不再享受公共权力，不再履行公共管理职能。同时，公务员退休后受到从业限制。《中华人民共和国公务员法》规定：“公务员辞去公职或者退休的，原系领导成员、县处级以上领导职务的公务员在离职三年内，其他公务员在离职两年内，不得到与原工作业务直接相关的企业或者其他营利性组织任职，不得从事与原工作业务直接相关的营利性活动。”

（4）退休后的公务员享受法定待遇。公务员退休后，依法享受退休待遇，包括政治待遇、养老金待遇，以及其他物质或精神生活待遇等。

3. 公务员退休的意义

（1）有助于促进干部年轻化，优化公共部门人力资源结构。党的十九大报告强调，要“大力发现储备年轻干部”。我国公务员退休制度建立的初衷与废除干部终身制紧密联系在一起。正如邓小平同志所言，庙只有那么大，菩萨只能要那么多，老的不退出来，新的进不去，这是很简单的道理。因此，老同志要有意识地退让。随着《中共中央关于建立老干部退休制度的决定》等法规的出台，我国公务员退休制度不断完善，破除了干部终身制，推动了我国干部年轻化进程，优化了我国公共部门人力资源结构。

（2）有助于实现公务员老有所养，保障公务员的合法权益。老有所养，是社会主义和谐社会建设的重要基础。党的十九大报告强调，“必须多谋民生之利、多解民生之忧，在发展中补齐民生短板、促进社会公平正义，在幼有所育、学有所教、劳有所得、病有所医、老有所养、住有所居、弱有所扶上不断取得新进展”。通过完善公务员退休制度，规范公务员养老金管理体制，为退休的公务员提供法定待遇，真正实现公务员“老有所养”。

（3）有助于激发公务员的工作热情，提高公共管理效能。党的十九大报告指出，要“统筹使用各类编制资源，形成科学合理的管理体制”，“建设人民满意的服务型政府”。通过健全公务员退休制度，实现干部队伍新陈代谢，进一步优化了党和国家机关编制管理，提高了公共管理效能。健全的公务员退休制度，不仅有利于激发在职公务员的工作热情与活力，而且通过鼓励退休公务员发挥余热，为国家和社会发展作出更多的贡献。

4. 我国公务员退休制度演变

新中国成立以后，我国公务员退休制度不断探索、发展。1950 年 3 月，中央人民政府政务院财政经济委员会发布了《关于退休人员处理办法的通知》，但适用范围只限于过去有退休金的机关、铁路、海关、邮电等单位的职工。1955 年底，国务院颁布《关于国家机关工作人员退休处理暂行办法》，适用范围扩大到国家机关及其所属事业单位的干部。1958 年 2 月，全国人大常委会通过并颁布《关于工人、职员退休处理的暂行规定》。1978 年 6 月，国务院颁发《关于安置老弱病残干部的暂行办法》。1982 年 2 月 20 日，中共中央下发《关于建立老干部退休制度的决定》，指出"建立老干部离休退休和退居二线的制度，是必要的"。1988 年 8 月 25 日，中共中央组织部、人事部联合下发《关于认真执行干部退（离）休制度有关问题的通知》。1990 年 2 月 27 日，人事部下发《关于高级专家退（离）休有关问题的通知》。1992 年中共中央组织部和人事部《关于县（处）级女干部退（离）休年龄问题的通知》规定，党政机关、群众团体的县（处）级女干部，凡能坚持正常工作，本人自愿，其退（离）休年龄可到 60 周岁，全民所有制事业单位中担任党务、行政工作的相应职级的女干部可参照执行。1993 年 8 月，国务院颁发《国家公务员暂行条例》，规定了国家公务员退休的条件、程序等。1995 年 12 月 8 日，国务院下发《关于机关、事业单位离退休人员增加离退休费的通知》决定，1995 年 9 月 30 日前的机关、事业单位离退休人员，从 1995 年 10 月起适当增加离退休费。2001 年 2 月 14 日，人事部下发《关于对离退休的国家公务员所犯错误如何追究其政纪责任的函》的复函。2005 年颁布的《中华人民共和国公务员法》，明确规定了公务员退休的方式、待遇、管理等相关事项。2006 年 6 月 20 日，人事部、财政部根据党中央、国务院批准的《公务员工资制度改革方案》和《事业单位工作人员收入分配制度改革方案》，下发《关于机关事业单位离退休人员计发离退休费等问题的实施办法》。

2015 年 1 月 14 日，国务院下发《关于机关事业单位工作人员养老保险制度改革的决定》，要求改革机关事业单位工作人员退休保障制度，逐步建立独立于机关事业单位之外、资金来源多渠道、保障方式多层次、管理服务社会化的养老保险体系。2015 年 3 月 27 日，国务院办公厅印发《机关事业单位职业年金办法》，以建立多层次养老保险体系。人力资源和社会保障部于 2017 年 1 月 18 日印发《机关事业单位基本养老保险关系和职业年金转移接续经办规程（暂行）》，规定了基本养老保险关系转移接续、职业年金转移接续等。2017 年 1 月 12 日，人力资源和社会保障部、财政部印发《关于机关事业单位基本养老保险关系和职业年金转移接续有关问题的通知》，以切实维护流动就业人员的养老保险权益。2017 年 8 月 22 日，人力资源和社会保障部、财政部印发《职业年金基金归集账户管理暂行办法》。2018 年 3 月 22 日，人力资源和社会保障部、财政部下发《关于建立城乡居民基本养老保险待遇确定和基础养老金正常调整机制的指导意见》。2018 年 12 月 27 日，财政部、国家税务总局印发《关于个人所得税法修改后有关优惠政策衔接问题的通知》。2018 年 12 月 29 日，第十三届全国人民代表大会常务委员会第七次会议通过修订后的《中华人民共和国公务员法》，规定公务员退休后，享受国家规定的养老金和其他待遇。

离休是特定的公务员退休方式，是指新中国成立以前参加革命工作的老干部，在达到一定年龄或因身体状况不能坚持正常工作时，离开工作岗位，由国家给予从优安置的特殊退休方式。1958 年 6 月，中共中央曾发出《关于安排一部分老同志担任各种荣誉性职务的通知》。1978 年至 1982 年，国务院相继颁发《关于安置老弱病残干部的暂行办法》、《关于老干部离职休养的暂行规定》和《关于老干部离职休养制度的几项规定》。1982 年 9 月，党的十二大通过的党章明确规定，年龄和身体状况不适宜于继续担任工作的干部，应当按照国家的规定，或者离休，或者退休。

10.3.3　公务员退休方式与条件

1. 公务员退休方式

公务员退休方式，是指依据不同条件、程序，适用于不同对象的公务员退休种类。按照《中华人民共和国公务员法》以及相关配套法规，结合公务员本人的退休意愿和机关工作需要，公务员退休方式可以分为强制退休和自愿退休两种。

（1）强制退休。强制退休，即“应当退休”，是指公务员达到法定退休年龄，或完全丧失工作能力，无论其愿意与否，由任免机关依法命令其办理退休手续，离开工作岗位，并享受相应的退休待遇。强制退休，体现了公共部门人事管理的权威性和严肃性，要求符合法定年龄、工作年限，或完全丧失工作能力的公务员必须退休，令行禁止，任何人不得以任何理由拒绝退休。

（2）自愿退休。自愿退休，即“可以提前退休”，是指公务员达到一定年龄，或具备法定的工作年限，由公务员本人主动申请退休，办理退休手续，离开工作岗位，并享受相应的退休待遇。

2. 公务员退休条件

公务员退休条件，是指公务员应当退休或可以提前退休的法定情形。公务员退休条件包括年龄、工作年限、健康状况、劳动（工作）能力等各方面。

（1）强制退休条件。

1）达到法定的退休年龄。《中华人民共和国公务员法》规定：“公务员达到国家规定的退休年龄或者完全丧失工作能力的，应当退休。”1978 年，国务院发布的《关于工人退休、退职的暂行办法 》中指出，全民所有制企业、事业单位和党政机关、群众团体的工人，男年满 60 周岁，女年满 50 周岁，应该退休。但是，1978 年国务院出台的《关于安置老弱病残干部的暂行办法》以及 1993 出台的《国家公务员暂行条例》，对职工退休年龄进行了修订：男年满 60 周岁，女年满 55 周岁。对于司局级以上的领导干部，由于其工作性质的特殊性，退休年龄可以适当放宽。按照中共中央《关于建立老干部退休制度的决定》，担任中央、国家机关部长、副部长，省、市、自治区委第一书记、书记、省政府省长、副省长，以及省、市、自治区纪律检查委员会和法院、检察院主要负责干部的，正职一般不超过 65 岁，副职一般不超过 60 岁。担任司局长一级的干部，一般不超过 60 岁。《公务员职务与职级并行制度实施方案》规定，四级调研员以上及相当职级层次的女性公务员，年满 60 周岁退休。

2）完全丧失工作能力。《中华人民共和国公务员法》规定：“公务员达到国家规定的退休年龄或者完全丧失工作能力的，应当退休。”完全丧失劳动能力，是指因损伤或疾病造成人体组织器官缺失、严重缺损、畸形或严重损害，致使伤病的组织器官或生理功能完全丧失或存在严重功能障碍。

（2）自愿退休条件。

按照《中华人民共和国公务员法》，公务员符合下列条件之一的，本人自愿提出申请，经任免机关批准，可以提前退休：工作年限满 30 年的；距国家规定的退休年龄不足 5 年，且工作年限满 20 年的；符合国家规定的可以提前退休的其他情形的。“距国家规定的退休年龄不足 5 年”，是指男年满 55 周岁，女年满 50 周岁。“可以提前退休的其他情形”，可参照国务院《关于工人退休、退职的暂行办法》《关于安置老弱病残干部的暂行办法》等规定。《公务员职务与职级并行制度实施方案》规定，一级至四级调研员以及相当职级层次的女性公务员，如本人申请，可以在年满 55 周岁时自愿退休；未自愿退休的，在年满 60 周岁前，可以根据《中华人民共和国公务员法》有关规定申请提前退休。

10.3.4 公务员退休程序与待遇

1. 公务员退休程序

公务员退休程序包括：第一，本人提出退休申请，并填写《国家机关公务员退休费审批表》。若公务员完全丧失工作能力，公务员本人提出退休申请后，需经医院证明其健康状况，并报请医务劳动鉴定部门鉴定。第二，主管单位审核，审核的内容包括公务员提交的材料是否齐备、公务员是否符合法定的退休条件等。第三，按照干部管理权限，报审批机关批准。任免机关根据公务员的退休申请，依照法定条件核准公务员可以退休、推迟退休或暂缓退休。审批机关一般为同级组织（人事）部门的公务员退休管理机构。机关依照法定的退休条件和程序，依法为公务员办理退休手续。

此外，为了加强对公务员退休的监管，《行政机关公务员处分条例》规定，被调查的公务员在违法违纪案件立案调查期间，不得办理退休手续；有违法违纪行为应当受到处分的行政机关公务员，在处分决定机关作出处分决定前已经退休的，不再给予处分；但是，依法应当给予降级、撤职、开除处分的，应按照规定相应降低或者取消其享受的待遇。

2. 公务员退休待遇

公务员退休待遇，是指公务员退休后依法可享受的政治、经济、文化、社会等方面的权利，以满足公务员退休后的多元化物质和文化生活需要，使之安享晚年。《中华人民共和国公务员法》规定：“公务员退休后，享受国家规定的养老金和其他待遇，国家为其生活和健康提供必要的服务和帮助，鼓励发挥个人专长，参与社会发展。”公务员退休待遇的确定，要基于以下基本要素：一是公务员退休前的行政职务、职级和级别，二是经济社会发展水平，三是全社会公务员定期增资进展情况。公务员退休待遇主要包括：

（1）政治待遇。《中华人民共和国宪法》规定，国家尊重和保障人权；任何公民享有宪法和法律规定的权利，同时必须履行宪法和法律规定的义务；中华人民共和国公民有言论、出版、集会、结社、游行、示威的自由。同时，中华人民共和国公民有劳动、休息、受教育的权利，以及在年老、疾病或者丧失劳动能力的情况下，有从国家和社会获得物质帮助的权利。已退休的公务员作为中华人民共和国公民，依法享有《中华人民共和国宪法》规定的各种政治权利和自由，享受法定的政治待遇。

（2）经济待遇。2015 年 1 月 3 日，国务院下发《关于机关事业单位工作人员养老保险制度改革的决定》。按照该决定，我国实行社会统筹与个人账户相结合的基本养老保险制度，改革基本养老金计发办法，分几种情况：第一，该决定实施后参加工作、个人缴费年限累计满 15 年的人员，退休后按月发给基本养老金。基本养老金由基础养老金和个人账户养老金组成。退休时的基础养老金月标准以当地上年度在岗职工月平均工资和本人指数化月平均缴费工资的平均值为基数，缴费每满 1 年发给 1%。个人账户养老金月标准为个人账户储存额除以计发月数，计发月数根据本人退休时城镇人口平均预期寿命、本人退休年龄、利息等因素确定。该决定实施前参加工作、实施后退休且缴费年限累计满 15 年的人员，按照合理衔接、平稳过渡的原则，在发给基础养老金和个人账户养老金的基础上，再依据视同缴费年限长短发给过渡性养老金。第二，该决定实施后达到退休年龄但个人缴费年限累计不满 15 年的人员，其基本养老保险关系处理和基本养老金计发比照人力资源和社会保障部所下发的《实施〈中华人民共和国社会保险法〉若干规定》执行。第三，该决定实施前已经退休的人员，继续按照国家规定的原待遇标准发放基本养老金，同时执行基本养老金调整办法。第四，机关事业单位离休人员仍按照国家统一规定发给离休费，并调整相关待遇。

按照《机关事业单位职业年金办法》，从 2014 年 10 月 1 日起，实行机关事业单位职业年金制度。职业年金，是指机关事业单位及其工作人员在参加机关事业单位基本养老保险的基础上建立的补充养老保险制度。职业年金所需费用由单位和工作人员个人共同承担。单位缴纳职业年金费用的比例为本单位工资总额的 8%，个人缴费比例为本人缴费工资的 4%，由单位代扣。国家适时调整单位和个人职业年金缴费的比例。职业年金基金由单位缴费、个人缴费、职业年金基金投资运营收益、国家规定的其他收入等组成。职业年金基金采用个人账户方式管理。工作人员变动工作单位，职业年金个人账户资金可随同转移。

2019 年 3 月，人力资源和社会保障部、财政部印发《关于 2019 年调整退休人员基本养老金的通知》，规定从 2019 年 1 月 1 日起调整企业和机关事业单位退休人员基本养老金水平，按照 2018 年退休人员月人均基本养老金的 5%左右确定；采取定额调整、挂钩调整与适当倾斜相结合的办法，实现企业和机关事业单位退休人员调整办法基本统一。

（3）其他待遇。公务员退休后，除享受法定的政治待遇，养老金、职业年金等经济待遇外，还享有足以保障晚年基本生活需要的其他待遇，如地区津贴、公费医疗与伤残保险待遇、抚恤金、丧葬补助金、住房补贴等。

10.4　西方国家公务员辞职、辞退与退休

10.4.1　西方国家公务员辞职

1. 英国公务员辞职

申请辞职是英国公务员的法定权利。公务员辞职必须向主管机关提出辞职申请，并提

前通知所在单位。《英国公务员管理法》规定，“部门和机构可以决定其职员辞职时应当给予部门和机构的最短通知期”。其中，高级公务员辞职前，应以书面形式至少提前30天通知原单位。英国公务员辞职申请经审批后，公务员办理公务交接手续后离开机关。但是，在公务员离开之前，所在的部门和机构应当提醒即将离职的公务员：《公务员保密条例》和保密职责继续适用；记住业务任命规则；如果他们遵守相关时限规定，可以将其应得的部分养老金转移缴纳到新养老金方案中。

2. 德国公务员辞职

《德国公务员法》规定，“公务员可以随时提出辞职要求，但要向上级提出书面辞职书，辞职书上交两周内，上级首长将研究决定并向公务员下达解职命令；解职命令将确定公务员离职开始的时间，但该时间可以适当推迟三个月，以确保公务员全面交代工作”。解职命令必须以书面形式下达给公务员本人。公务员被解职后，其公务员身份丧失，公务员不得索要任何报酬和物质待遇。德国公务员辞职后，可重新谋取公共职位。

延伸阅读

德国两名部长因论文造假辞职

近年来，德国曝出好几起因博士论文抄袭导致政客下台的案例。德国前国防部部长古滕贝格曾是德国政坛的闪耀新星，有拜罗伊特大学的法学博士学位。2011年，两位德国法学家撰文指出，时任国防部部长的古滕贝格的博士论文大段抄袭，且很多抄袭没写明出处。国防部部长抄袭事件迅速点燃舆论，古滕贝格的博士授予方拜罗伊特大学立刻启动对其博士论文的调查，拜罗伊特检察院迅速对古滕贝格提起涉嫌违反著作权法等两项指控。反对党们对古滕贝格进行围攻，要求古滕贝格立刻辞职。顶不住压力的古滕贝格很快辞去国防部部长一职。不久，拜罗伊特大学根据调查结果，决定撤销他的博士学位。这位在德国声名狼藉的前政治希望之星不得不远走他乡。时任德国教育和研究部部长沙万公开表示：“我公开为古滕贝格的行为感到羞耻，我想他自己也该有同样的感受。”然而，2013年有网站爆料，沙万的博士论文也存在大段抄袭。沙万的博士学位授予方杜塞尔多夫大学随即调查、评估，认定其博士论文存在“大篇幅抄袭”，沙万不得不辞职。近年来德国有许多政客都受到了学历质疑，一旦最终被证实其学历存在问题，他们只能黯然离开政治舞台。

资料来源：赵海博．两位部长因论文抄袭被迫下台，德国人对博士学位真有“洁癖”．（2019-03-18）．http://mini.eastday.com/a/190318023750817.html.

3. 瑞士公务员辞职

《瑞士联邦政府人事法》明确规定了政府与公务员之间的各项劳动关系。劳动关系是公共权利关系，雇主和雇员之间必须依法签订书面的劳动合同。雇主以合理、经济和负责的方式雇用公务员，所有公务员依法享有相应的权利和义务。劳动合同可限定期限（最长为5年），也可不限定期限。按照《瑞士联邦政府人事法》，“双方在达成一致的情况下，可在任何时间终止劳动关系”。任期届满的公务员，如果不愿意继续任职，应在任期届满前3个月告知任命机关，并由任命机关在接到辞职申请3个月以内接受请求进行审批。当公务员提出辞职时，双方可立即解除限定期限的劳动合同。对于不限定期限的劳动合同，在试用期内，公务员主动辞职，可以立即解除劳动合同；试用期满，可在提出辞职申请书的月末与雇主解除劳动合同。如果雇主要求了解公务员辞职的原因，公务员必须以书面形式写明辞职理由。瑞士公务员辞职后，可在各类企业、学校、社会组织、联邦委员会等单位任职。

4. 法国公务员辞职

法国严格限制公务员辞职，不允许公务员擅自辞职。法国公务员如果想辞职，必须提交正式的辞职报告，并经主管领导审批通过，重点审核其辞职事由。未经审批擅自辞职者，将受到严厉的行政处分或撤职、取消退休金。对于集体辞职者，不予批准，同时给予法律处分。法国《政治生活信任法》规定，政府必须报告高级公务员转入私人企业的情况。

总之，辞职是西方国家赋予公务员的一项法定权利。公务员依法与政府部门或机构签订劳动合同，双方形成法定的劳动关系。不同国家对公务员辞职的限制性条件略有不同，其中，法国、日本对公务员辞职的限制比较严格，瑞士、英国、德国、美国等国家对公务员辞职的限制较为宽松。西方国家在规定公务员辞职条件的同时，也明确规定了公务员辞职的方式、程序、预先通知期、时限、辞职后待遇、辞职后从业限制与渠道、辞职后保密要求等内容。《中华人民共和国公务员法》《党政领导干部辞职暂行规定》《公务员辞去公职规定（试行）》等法律法规严格规定了公务员或领导干部辞职的类型、条件、程序、时限等事项。我国应当借鉴西方国家公务员辞职制度的有益成分，规范我国公务员辞职的程序与条件，并对公务员尤其是领导干部辞职后的行为进行限制和约束。

10.4.2 西方国家公务员辞退

1. 英国公务员辞退

若英国公务员不称职，工作效率低下，将被辞退。按照《英国公务员管理法》“公务员因工作绩效或考勤没有改进，或因病退休又不适合的，可以因其工作无效而将他辞退”。其中，工作效率低下是指“工作效率不至于低得可以认定为无效，但他不再符合岗位要求，不能令人满意地履行工作职责”。在公务员辞退实践中，除非根据协议终止雇佣，英国政府部门和机构一般会为公务员提供“辞退预先通知期”。辞退预先通知期满，公务员与部门和机构之间的任用关系立即结束。辞退预先通知期根据公务员的任职年限、薪酬支付方式确定，一般为 1～5 周。如果公务员不是基于法定理由而被政府机构辞退，预先辞退通知期为 6 个月。如果部门和机构基于个别原因未给予公务员法定的辞退预先通知期，应当按照《公务员补偿方案》进行补偿。英国公务员被辞退后，依法享有相应的经济补偿，补偿金额按照英国《公务员补偿方案》的规定执行。公务员对辞退事由或补偿费等有异议的，可以申诉。

2. 德国公务员辞退

德国公务员被辞退后，上级机构或首长将向公务员下达书面解职命令。公务员被解职后，其公务员身份丧失，公务员不得索要任何报酬和物质待遇。按照《德国公务员法》规定，下列情形，公务员将被辞退：一是拒绝执行宣誓誓词承诺的人员。二是已被任命为某一机构主管，但其在任职期间的言行与最高公务当局的规定不一致、不相符的人员。三是未经最高公务当局的批准擅自滞留国外的人员。四是根据《德国基本法》的有关条款，已经丧失德国公民资格的人员，或已经丧失德国公民条件的人员，或已经丧失德国国籍的欧共体成员国的人员。五是身为公务部门或机构的公务员，又兼任其他部门或机构首长的人员。六是根据德国最高公务当局规定，已经达到终止公务员关系时间的人员。

后备公务员有以下情形，也将被辞退：因不良行为被处罚降低至少一级工资；试用期内，适应能力、工作能力、技术能力等方面表现不合格；因工作能力低，而不接受工作调动安排；因机构解散、合并、变更而下岗，又不适合其他工作的。根据受雇时间的不同，后备公务员被辞退后，在解职命令宣布后的不同时间内必须正式离职：受雇时间满 3 个月者，两周内离职；受雇时间 3 个月至 1 年者，1 个月内离职；受雇时间满 1 年者，6 周内离职。

3. 瑞士公务员辞退

按照《瑞士联邦政府人事法》，“双方在达成一致的情况下，可在任何时间终止劳动关系”。雇主可以依法辞退公务员，立即解除限定期限的劳动合同。对于不限定期限的劳动合同，在试用期内，雇主可以依法立即解除劳动合同，辞退公务员。试用期满，符合以下情形之一的，雇主可以依法立即解除劳动合同，辞退公务员：一是公务员违反法定义务，或违反合同约定的重要职责；二是尽管已被书面警告，但还是屡犯错误；三是才干或能力不足，无法履行合同约定的工作任务，或公务员怀有恶意地去完成本项工作任务；四是公务员怀有恶意地去完成属于其职权范围内的其他工作任务；五是当雇主无法向公务员推荐另外一项适合于他的工作岗位时，公务员提出重大经济补偿要求或工作需要；六是法定的某一承诺条件不复存在。

雇主辞退公务员，必须向公务员下达书面的辞退通知。若公务员没有过错，雇主在解除劳动合同以前，必须采取一切必要措施以保留该公务员在原岗位工作。如果公务员没有过错而被辞退，公务员依法获得相应的补偿金或津贴补偿。公务员在收到辞退通知书 30 天内，可以以适当形式向雇主表明劳动合同的取消是无效的，因为该辞退行为有重大形式缺陷、没有根据、不合理等。收到雇员异议 30 天内，雇主应依法要求主管部门对辞退决定进行复核，否则该辞退决定无效，公务员重返原岗位，或雇主为公务员推荐另外一个适合他的工作岗位。如果主管部门经复核后，发现雇主因滥用职权，或采取歧视性政策而解除劳动合同，该辞退决定无效。

4. 澳大利亚公务员辞退

按照《澳大利亚公务员法》，代表联邦政府的机关首长对机关中的公务员具有雇主的所有权利、职责和权力，“机关首长可以随时书面通知终止对公务员的录用”，即辞退公务员。机关首长可以按照劳动合同的约定辞退聘任制公务员，也可以辞退全职公务员。辞退全职公务员，必须在终止雇佣通知中说明理由。基于以下理由，机关首长可以辞退全职公务员：一是雇员为超编人员；二是雇员缺乏或丧失履行职责的足够能力；三是雇员长期不能工作，或工作绩效差；四是公务员因体力或精力原因不能胜任工作；五是公务员未能顺利通过入门培训考试；六是公务员不能满足法定的公务员录用条件，即试用期、公民身份、正式资格、信用与品德证明、健康证明等；七是公务员有违反行为准则的劣迹。此外，辞退高级公务员时，要征求公务员委员会主席同意，并由公务员委员会主席下达书面的辞退指示。

总之，英国、德国、瑞士、澳大利亚等西方国家赋予政府机关法定的自主用人权。政府机关作为雇主，与公务员签订劳动合同。如果符合法定条件和程序，机关可以依法辞退公务员，与之解除劳动合同。西方国家详细规定了辞退公务员的条件、程序、离职期限、辞退后待遇、权益救济、经济补偿等事项。其中，德国、瑞士、澳大利亚等国，针对不同任职方式的公务员，设定了不同的辞退条件、程序、离职期限等。《中华人民共和国公务员法》《公务员辞退规定（试行）》等法律法规明确公务员辞退的条件、程序、辞退费等内容。我国可借鉴西方国家公务员辞退的有益成分，如预先辞退通知期、严格的辞退条件等，推动我国公务员辞退制度改革。

10.4.3 西方国家公务员退休

1. 英国公务员退休

退休是英国公务员的法定权利。按照公务员退休条件的性质，英国公务员退休可以分为正常退休、提前退休或提前终止雇佣合同。公务员对退休事项有异议，可以提出申诉。

（1）正常退休。1965 年，英国政府修改 1859 年颁发的《文官退休法》，并于 1971 年颁发《退休金增加法》。但撒切尔政府上台后，公务员退休金被削减。英国公务员的法定退休年龄与其工作年限有关：如果公务员的工作年限不满 10 年，则法定退休年龄为 60 岁；如果公务员的工作年限为 10 年以上，则法定退休年龄为 65 岁。英国政府于 2002 年 12 月 17 日出台措施，鼓励“老人们”延缓退休时间，那些愿意坚持工作到 70 岁的人在退休时将得到政府一次性 2 万英镑的奖励。2006 年，英国公务员领取养老金的正常年龄由 60 岁提高到 65 岁，符合法定条件的公务员也可以在 60 岁退休。英国政府推行公务员灵活退休计划，符合条件的公务员可以在 10 年期限内选择合适的时机自主决定退休时间。英国政府鼓励年老的公务员发挥余热，公务员退休后可到政府以外的单位任职；但退休两年以内，如果想接受与原工作单位有关的私人企业的任职邀请，需经有关部门审批。英国公务员达到法定的退休年龄，符合法定的退休条件，可以正常退休。按照《英国公务员管理法》的规定，公务员正常退休应当符合以下条件：第一，在对其职员实施退休政策时，保持政策的普遍一致性。第二，确保 60 岁以上的继续受雇职员符合健康和效率标准。第三，高级公务员的正常退休年龄为 60 岁，也可续聘 60 岁以上的人。第四，继续聘任 60 岁以上的高级任命选举委员会（SASC）小组成员超过 3 个月的，需得到国内公务员大臣的书面审批。

（2）提前退休或提前终止雇佣合同。英国公务员提前退休适用于 50 岁及其以上的公务员。提前终止雇佣合同适用于 50 岁以下的公务员。提前退休的公务员按照英国《公务员补偿方案》或《公务员养老金本金方案规则》，享有法定的退休金和补贴。英国公务员提前退休或提前终止雇佣合同包括以下类型：

1）强制性提前退休或提前终止雇佣合同。按照《1996 年就业权利法》和《英国公务员管理法》，英国政府部门和机构有权强制性要求公务员退休，以裁减冗员。英国政府部门和机构可以建议自愿退休者按照强制性提前退休规则自动离职。强制性提前退休或强制性终止雇佣合同的原因有：一是结构性原因，如严重的公务员晋升障碍，或严重的机构管理或组织困难。这种情况适用于高级公务员。二是公务员已经至少出现两次以上的工作效率极其低下问题，且效率无法改观。

2）弹性提前退休或提前终止雇佣合同。由于结构调整、工作效率低下、有限的岗位能力等原因，政府部门和机构可以要求公务员弹性退休，以确保公共利益，提高工作效率。

3）经批准的提前退休。第一，若退休可以解决公共管理问题或全面提高工作效率，部门和机构可要求公务员提前退休。只有 50 岁及以上，且至少有 5 年胜任工作经历的公务员才符合条件。第二，公务员可以申请提前退休并需管理部门批准。只有 50 岁及以上，且至少有 25 年胜任工作经历的公务员才能申请。

4）养老金递减领取式退休。某些公务员有权提前退休并可立即按照逐年递减的方式领取养老金，不需要财政部支出任何额外费用。公务员应达到 50 岁及以上，且至少有两年胜任工作经历的公务员才符合条件。

5）病退。部门和机构可以因健康原因让公务员提前退休，公务员也可申请病退。病退前，公务员要出具由内阁办公厅指定的医疗顾问所开具的医疗证明。病退者享受经国会批准的养老金预算费用。病退不适用于 65 岁以上的公务员，或者在最低退休年龄正式退休的公务员以及被返聘者。

2. 德国公务员退休

基于年龄、工作能力、工作年限等原因，德国公务员将被强制性退休，或自愿提前退休。符合法定条件的公务员，也可以推迟退休或暂缓退休。德国公务员退休命令由任命该公务员的公务部门依法下发，以书面形式通知公务员本人。公务员退休时间自公务员受到书面退休命令当日起，或当月末起算。退休公务员将享受终身的退休金。

（1）正常退休。德国公务员符合以下法定情形之一的，可以正常退休：

1）达到法定的退休年龄。德国公务员正常退休年龄为 65 岁。按照《德国公务员法》的规定，“已满 65 岁的公务员一般不再任命为公务员；公务员集团中的公务员最高年龄限定为 65 岁”。2006 年 12 月，德国大联合政府在内阁会议中通过《德国退休体制改革决议》方案，根据该方案，从 2012 年起，德国人的退休年龄期限将由现在的 65 岁延后推迟到 67 岁。《德国公务员法》还规定了推迟退休的法定情形，如“根据年满 65 岁的公务员本人的要求，可以推迟退休时间，最多不超过 70 岁”。

2）因身体条件或健康原因，丧失工作能力，无力继续任职。按照《德国公务员法》，“因身体条件或健康原因无力继续任职的专职公务员将按退休处理”。如果在 6 个月内公务员因病不能坚持 3 个月正常上班工作，而且预计病情在 3 个月内不能好转，将视为“无力继续任职”。因公生病、致残或负伤而丧失工作能力的后备公务员也将转入退休。

（2）提前退休。按照《德国公务员法》，公务员符合以下条件之一的，可以不经医院检查验证，直接申请提前退休：一是年满 60 岁，并患有德国《社会立法》中所规定的严重伤残疾病；二是年满 63 岁。

（3）暂缓退休。按照《德国公务员法》符合以下条件之一的，可暂缓退休：第一，至少能在 50%工作时间内，坚持正常工作并完成工作任务；第二，对公务员有限胜任工作能力的情况，可以酌情缩短其工作时间，或征求公务员本人同意将其降级，调至工作要求较低的机构任职。

3. 日本公务员退休

（1）正常退休。二战后初期，除了法官、检察官、大学教官、自卫官等部分人外，日本政府一般没有强制性规定公务员退休年龄。1979 年 8 月，日本人事院向政府发出导入退休年龄的制度，将公务员退休年龄原则上定为 60 岁。1981 年 6 月，日本国会通过了政府提出的关于实施公务员退休制度的《日本国家公务员法》修订案。1984 年 7 月，关于公务员退休年龄的《人事院规则》出台，正式确立公务员退休年龄为 60 岁。公务员达到法定退休年龄之后的第一个 3 月 15 日退职，或者由在任命权者预先指定的“定年退休日”退职。按照日本《人事院规则》，下列公务员的退休年龄依法延长：一是在医疗院、疗养所、诊所等人事院规定单位工作的医生、牙科医生，退休年龄为 65 岁。二是从事官厅的监事及其他官厅的事务，以及类似业务的公务员，退休年龄为 63 岁。三是因职务和责任特殊，或出现补缺困难，或被人事院认定明显不适宜 60 岁退休的公务员，按照《人事院规则》，其退休年龄为 60 岁以上、65 岁以下。四是国立公文书馆长、宫内厅次长、社会保险厅的医疗专门官等人，退休年龄为 65 岁；皇家警察学校的教育主事、公立高校教授、副教授、讲师、助教等人，退休年龄为 63 岁。

（2）推迟退休。基于法定原因，日本公务员可以推迟退休。按照《日本国家公务员法》，公务员虽然已经达到法定的退休年龄，但由于该职务的特殊性或履行职务的特殊情况，若该公务员退休，可能损及公务正常运行，公务员可以推迟退休。公务员推迟退休的期限不超过 3 年。下列情况下，公务员可以推迟退休：一是由于本职需要高度的专门知识、熟练技能、丰富经验，不容易获得合适的继任者。二是因工作环境以及其他工作条件的特殊性，该公务员退职后缺员难以补充，业务执行可能产生重大障碍时。三是在业务性质方面，由于该公务员退职以及接任者的公务交接，可能对业务继续执行产生重大障碍时。2010 年 4 月 1 日，日本实施《高龄者雇佣安定法》，保证有工作意愿与能力的人员被雇佣到 65 岁。日本厚生劳动相川崎二郎说：“要让 80％的 70 岁的老年人参加工作。”

（3）退休者再任用。为了发挥已经退休公务员的余热，日本鼓励根据公务员本人的能力和经验返聘已经退休的公务员。退休后再任用的相关条款，由人事院规定。返聘的时间原则上不超过 1 年，但也可适当延长，最长不超过 3 年。

（4）提前退休。提前退休，即“退职”，在日本被称为“天神下凡”，一些公务员尤其是高级公务员在 55 岁左右提前退休后再就业。提前退休后再就业的类型主要有两种：一是去民间企业再就职。公务员法律规定，公务员在退职后两年内不得到过去 5 年业务上有密切联系的营利性企业任职。二是去特殊法人企业再就职。2000 年 12 月 25 日，日本内阁颁发的《公务员制度改革大纲》强调，“天神下凡”须遵循“适当规则”，进行从业限制。

4. 法国公务员退休

1964 年 12 月 30 日，由法国国民议会和参议院通过的《关于修改文职人员及军人退休金的法令》，以及此前颁行的《文职人员及军人退休金法》中经上述修改法令仍予保留的法律条文，是法国实施公务员退休制度的法律依据。2010 年 7 月，法国政府例会审议通过新的退休法，决定改革退休制度：

（1）上调法定退休年龄。法国将利用 6 年时间逐步上调法定退休年龄，将法定退休年龄上调至 62 岁。从原有的法定退休年龄 60 岁算起，从 2011 年 7 月起每年上调 4 个月，到 2018 年法定退休年龄将增至 62 岁。此外，由于工作的特殊性和艰苦性，退休法草案允许从事繁重和危险工作的人员在缴纳规定年限的养老保险后在 60 岁前退休。派出型公务员，如消防员和警察，退休年龄调整为 52 岁或 57 岁。

（2）上调养老保险金缴纳年限与费率。根据国民预期寿命的延长，上调政府公务员、国有企业员工的养老保险金缴纳年限，从 2012 年的 41 年略微上调到 2020 年的 41.5 年；未来十年，公务员缴纳养老保险费率将向私营企业职工看齐，即由现在工资的 7.85%增至 10.55%。奥朗德政府于 2013 年底对退休制度再次改革，规定从 2020 年起至 2035 年，逐步将领取全额养老金的缴费年限延长至 43 年，逐步提高基本养老保险的缴费率。

（3）上调领取全额退休金的法定年龄。上调领取全额退休金的法定年龄，由原有的 65 岁延长至 2023 年的 67 岁。以原有的全额退休金的法定年龄 65 岁为基数，从 2016 年 7 月 1 日开始每年增加 4 个月，相当于到 2019 年增至 66 岁，2023 年增至 67 岁。

法国退休改革事务最高专员让-保罗·德勒瓦于 2018 年 10 月向法国政府递交有关退休改革的 15 条指导性纲领，提议用“全民退休制”取代原 42 个退休机制。2019 年 4 月 25 日，法国总统马克龙宣布，从 2020 年起将最低退休金增加到每月 900 欧元，2021 年起所有退休者的退休金都将与通货膨胀同步调整。

5. 美国公务员退休

按照美国《公务员退休法》，公务员符合以下条件的，可以退休：一是服务 30 年以上，年满 55 岁的；二是服务 20 年以上，年满 60 岁的；三是服务 5 年以上，年满 62 岁的；四是司法、警察人员服务 20 年以上，年满 50 岁的。凡身体伤残，完全丧失工作能力的公务员，工龄 5 年以上，不受年龄限制，可以随时退休。美国政府规定，联邦政府官员中，由总统提名、国会通过或由总统任命的政务官（如国务卿、部长、总统顾问等），不受退休年龄限制，与总统共进退。同时，美国政府鼓励公务员退休后发挥余热，联邦政府雇员退休后，可以到州政府、大学、私人公司重新就业，退休金照发，可在新职位退休后再领一份退休金。美国联邦政府文职雇员的养老金包括 32 个不同计划，最重要的是公务员退休制度、联邦雇员退休金计划；参加公务员退休制度和联邦雇员退休计划之一的，均可向节约储蓄计划缴款并获得补充养老金。

总之，英国、德国、日本、法国、美国等西方国家立法规定了公务员退休的条件、方式、程序、待遇、管理等内容。西方国家在严格规定公务员正常退休之外，也酌情允许公务员提前退休、推迟退休、暂缓退休等。公务员退休的条件一般涉及年龄、工作年限、身体状况、工作能力、工作绩效、组织结构调整、公共管理工作需要等方面。其中，西方国家公务员的法定退休年龄一般介于 55 岁到 65 岁之间。西方国家鼓励已经退休的公务员发挥余热，重新担任公共职务。同时，部分西方国家构建了公务员养老金制度，以保障退休公务员的生活需要。《中华人民共和国公务员法》《公务员工资制度改革方案》等法律法规规定了公务员“应当退休”和“可以提前退休”的条件、待遇等内容。退休后，公务员享受国家规定的退休金和其他待遇，国家为其生活和健康提供必要的服务和帮助。同样，我国也鼓励退休公务员发挥余热，利用个人专长，参与社会发展。与国外相比，我国公务员的法定退休年龄适中（男 60 岁，女 55 岁），但我国规定了男女不同的退休年龄，体现了对妇女权益的保护和尊重。我国应当学习和借鉴西方国家关于退休公务员管理的有益成分，比如，英国、德国、澳大利亚、日本、法国等国构建了完善的公务员退休养老金制度；《日本国家公务员法》规定了适用不同职种的差异性退休年龄，并规定可返聘退休公务员；《英国公务员管理法》所规定的“提前退休或终止合同”形式灵活；德国政府结合经济社会发展需要，适当延长公务员的法定退休年龄，并灵活规定公务员暂缓退休的情形。

本章小结

本章分析了公务员辞职的含义、特点、意义，回顾了我国公务员辞职制度演变历程；分析了公务员辞去公职的肯定性条件、限制性条件，阐述了公务员辞去公职的程序、法律后果；界定了辞去领导职务的含义，分析了包括因公辞职、自愿辞职、引咎辞职、责令辞职等辞去领导职务的不同类型及其程序；分析了公务员辞退的含义、特点与意义，简述了我国公务员辞退制度演变历程；阐述了公务员辞退的肯定性条件、限制性条件，以及公务员辞退程序、辞退费计发与停发等内容；分析了公务员退休的含义、特点、意义、制度演变，阐述了强制退休、自愿退休等公务员退休方式及其条件，并说明了公务员退休程序与待遇；比较分析了英国、德国、瑞士等西方国家公务员辞职、辞退与退休制度。

关键术语

公务员辞职　　辞去公职　　辞去领导职务　　因公辞职　　自愿辞职　　引咎辞职
责令辞职　　公务员辞退　　公务员退休　　职业年金　　强制退休　　自愿退休

复习思考题

1. 公务员有哪些情形的不得辞去公职？
2. 简述公务员辞去公职的程序。
3. 公务员辞退的肯定性条件包括哪些？
4. 简述我国公务员的退休方式。
5. 简述机关事业单位职业年金的概念及主要内容。
6. 简述日本公务员退休制度的特点及启示。

案　例

“辞职市长”梅永红回应为何辞职

2016 年 3 月 27 日，山东省济宁市原市长梅永红正式以国家基因库主任、华大基因农业集团董事长兼总裁的身份在中国（深圳）IT领袖峰会上亮相。当论坛主持人问到他辞去公职加入华大基因的原因时，梅永红作出回应："很多人都在解读，我为什么要这样转型。其实了解我工作轨迹的人会认为这是非常正常的，因为我在到山东之前，一直是在科技领域工作，一直是在做业务。所以我进行这样的转型，实际上是一种回归，回到这样一个更能体现我人生价值的轨道上来。"梅永红曾在农业部和科技部工作20余年。在出任济宁市市长前，他曾任科技部政策法规与体制改革司司长多年。2015年9月，梅永红辞任山东济宁市市长职务获同意。在华大基因公告中，公司董事长汪建称，这一领域与发展方向既是国家战略发展的重点，也符合梅永红同志的兴趣与志向，又能施展他长期积累的科技管理经验、战略运筹和综合能力。从全国范围来看，辞职下海成为一些官员的选择。梅永红曾指出，公务员已变为一个职业化岗位，"这就是一份职业，最后如果有更好的职业追求，可以更加充分地实现个人抱负和理想，就可以另谋他职"。另据报道，2018年8月7日，梅永红任职碧桂园集团副总裁，负责农业板块。

资料来源：谢玉娟．"辞职市长"梅永红回应为何离开官场．(2016-03-28)．http://news.sohu.com/20160328/n442553657.shtml.

案例分析题：

1．结合案例，分析领导干部"辞官下海"现象的原因。

2．结合案例以及相关知识，简述规范领导干部辞去公职行为的对策。

第 11 章

公务员申诉与控告

申诉、控告，是公务员享受的法定权利。若公务员对与其有关的人事处理决定不服，或公务员的合法权益受到不法、不当侵害，公务员可以依法向有关部门提出申诉、控告，依法依规维护和保障自身的合法权益。

11.1　公务员申诉与控告概述

11.1.1　公务员申诉与控告的含义

1. 公务员申诉的含义

申诉，是指公民、法人或其他社会组织及其成员，对国家机关或社会组织作出的涉及本人或本组织的处理决定不服，依照法律、法规或组织规章，向主管机关或组织陈述和说明，要求审查该处理决定，并采取纠偏措施，以维护和保障自身的合法权益。

公务员申诉，是指公务员对国家机关作出的涉及本人合法权益的人事处理决定不服，依法向有关机关提出意见，要求机关变更、撤销原处理决定，并重新处理，以维护和保障自身权益。公务员申诉旨在维护公务员本人的合法权益。公务员对国家机关作出的涉及本人合法权益的人事处理决定不服，认为该决定不合法、不合理、不客观、不公正，侵犯本人的合法权益，公务员有权依法提出申诉。

公务员申诉之前，可以提请原处理机关进行复核。复核，是指国家公务员对国家机关作出的涉及本人合法权益的人事处理决定不服，向原处理机关提出重新审查的意见和要求。

2. 公务员控告的含义

控告，从司法角度看，是指机关、团体、企事业单位和个人向司法机关揭露、告发犯罪事实或犯罪嫌疑人，要求依法予以惩处的行为。

公务员控告，是指公务员因所在机关及其领导人员侵犯自身的合法权益，依法向有关机关告发，请求获得法律保护和支持，要求制止、惩处违法违纪的机关及其领导人员的行为。公务员控告旨在维护公务员本人的合法权益。公务员有权要求违法乱纪者为自己赔礼道歉、恢复名誉、消除影响，或给予适当的经济补偿。

11.1.2 我国公务员申诉与控告制度演变

1954 年《中华人民共和国宪法》规定："中华人民共和国公民对于任何违法失职的国家机关工作人员，有向各级国家机关提出书面控告或者口头控告的权利。由于国家机关工作人员侵犯公民权利而受到损失的人，有取得赔偿的权利。"1957 年，国务院出台《关于国家行政机关工作人员的奖惩暂行规定》，规定"国家行政机关工作人员对所受纪律处分不服的时候，应该在接到通知后一个月内，向处理机关要求复议，并且有权直接向上级机关申诉……国家监察机关对于所受理的奖励或者纪律处分的控告、申诉案件，可以进行复议或者复查，并且提出具体意见，建议其主管机关作出决定，或者报请上级行政机关决定"。该规定初步确定了公务员申诉的主体、客体、事由、程序等内容。"文化大革命"期间，我国干部人事管理基本瘫痪，公务员申诉控告的权利受到制约，大量冤假错案涌现。十一届三中全会以后，公务员申诉控告制度改革渐入正轨。1982 年《中华人民共和国宪法》再次确认了公民的申诉控告权利，规定了申诉控告的法律责任。此后，《人民检察院控告申诉检察工作细则（试行）》《各级人民法院处理刑事案件申诉的暂行规定》等专项法规陆续出台。

1991 年 11 月 30 日，监察部下发《监察机关处理不服行政处分申诉的办法》，规定了监察机关处理申诉案件的管辖、申诉的提起和受理、复审和复核等事宜。为保障公民依法行使检举、控告的权利，健全举报制度，1991 年 12 月 24 日，监察部下发《监察机关举报工作办法》。1993 年出台的《国家公务员暂行条例》明确了公务员申诉控告的主体、客体、事由与程序。1995 年，人事部颁发《国家公务员申诉控告暂行规定》，该规定包括总则、申诉、控告、责任与处罚、附则等内容，标志着我国公务员申诉控告制度正式确立。1997 年 5 月 9 日，第八届全国人民代表大会常务委员会第二十五次会议通过《中华人民共和国行政监察法》，规定监察机关的职责包括受理控告、检举、申诉等。随着《人事部办公厅关于建立国家公务员申诉案件备案制度的通知》《公务员申诉案件办案规则》《人事争议处理办案规则》《人事争议处理暂行规定》《关于保护检举、控告人的规定》《公安机关受理控告申诉暂行规定》等与公务员申诉控告有关的法律、法规的出台，我国公务员申诉控告制度日渐规范。2004 年 9 月 6 日国务院第 63 次常务会议通过《中华人民共和国行政监察法实施条例》。国务院于 2007 年 4 月 22 日颁发的《行政机关公务员处分条例》明确规定了"不服处分的申诉"事宜。2008 年 5 月，中共中央组织部、人力资源和社会保障部联合颁发《公务员申诉规定（试行）》。2018 年 12 月 29 日，第十三届全国人民代表大会常务委员会第七次会议通过修订后的《中华人民共和国公务员法》，明确了公务员的"提出申诉和控告"权利，并规定了申诉与控告相关内容。《中华人民共和国监察法》也对公务员申诉、控告的相关事项进行规定。实践证明，完善的法规体系是顺利开展公务员申诉控告的前提，是维护公务员切身权益的制度保证。

11.1.3　公务员申诉与控告的意义

1. 有助于维护和保障公务员的合法权益

申诉控告是宪法赋予公民的基本政治权利。按照《中华人民共和国宪法》的规定，“中华人民共和国公民……对于任何国家机关和国家工作人员的违法失职行为，有向有关国家机关提出申诉、控告或者检举的权利”。公务员作为中华人民共和国公民，依法享有宪法和法律赋予的申诉与控告的权利。当公务员受到不适当处理或其合法权益遭到不法或不当侵害后，公务员通过申诉与控告，依法要求有关机关维护和保障自身的法定权益。比如，湖南省长沙市纪委于 2019 年 8 月 2 日通报 6 起为担当者担当、为负责者负责的案例，澄清不实举报，旗帜鲜明地为担当者担当、为负责者负责，激励干部干事创业。

2. 有助于加强公共权力监督，促进依法行政

党的十九大报告强调“坚持依法治国、依法执政、依法行政共同推进”，并要“构建党统一指挥、全面覆盖、权威高效的监督体系”。依法行政的基本要求是合法行政、合理行政、程序正当、高效便民、诚实守信、权责统一。实施依法行政，要求加强监督，忠实履行宪法和法律赋予的职责，保护公民、法人和其他组织的合法权益。《中华人民共和国宪法》和《中华人民共和国公务员法》赋予公务员申诉、控告的权利。当公务员对机关作出的人事处理决定不服，或机关及其领导人员侵犯公务员的合法权益时，公务员有权依法向有关机关提请申诉与控告，以切实维护和保障自身的法定权益。

3. 有助于推动我国公务员制度变革

公务员制度包括“进口”“出口”和日常管理等方面。由于公务员申诉与控告的事由涉及公务员管理的全过程，通过申诉与控告，不仅实现了对公务员的权益救济，也调整、修正了公务员管理过程中的偏差，推动了公务员制度改革。公务员申诉与控告，促使机关完善公务员制度，规范公共部门人力资源管理行为，以解决公务员制度实施过程中的实际问题，切实保障和维护公务员的合法权益，促进公共部门人力资源开发，维系、稳定、壮大公务员队伍。

11.1.4　公务员申诉与控告的原则

结合《中华人民共和国公务员法》《国家公务员申诉控告暂行规定》《公务员申诉规定（试行）》《中华人民共和国监察法》《行政机关公务员处分条例》等法律法规，我国公务员申诉控告必须坚持以下原则：

1. 平等、公平、公正

（1）机关和公务员在申诉与控告中法律地位平等原则。《中华人民共和国宪法》规定，“中华人民共和国公民在法律面前一律平等”，“对于任何国家机关和国家工作人员的违法失职行为，有向有关国家机关提出申诉、控告或者检举的权利”，“对于公民的申诉、控告或者检举，有关国家机关必须查清事实，负责处理。任何人不得压制和打击报复”。宪法和法律保护公务员申诉与控告的权利，国家机关和公务员的法律地位平等，适用法律平等。

（2）公务员申诉控告受理机关必须公平、公正处理案件，依照法定的权限、条件和程序办事，切实维护和保障公务员的合法权益。任何组织或个人无权干预申诉控告受理机关依法审理案件。受理机关对行政机关、机关领导和公务员平等对待、一视同仁，不能偏袒。

2. 实事求是原则

按照《国家公务员申诉与控告暂行规定》，“国家公务员提出申诉、控告，应当坚持实事求是、忠于事实的原则”。《公务员申诉规定（试行）》指出：“公务员提出申诉，应当实事求是，不得捏造事实，诬告、陷害他人。”公务员在提出申诉与控告时，必须以事实为依据，不得捏造或者歪曲事实进行诬告陷害。同时，申诉控告受理机关在审理案件时，必须“以事实为根据，以法律为准绳”，基于公正立场，实事求是地作出评判，客观公正地处理案件。

3. 有错必纠原则

《国家公务员申诉与控告暂行规定》规定：“国家行政机关处理国家公务员的申诉、控告，应当坚持有错必纠和依法、及时、适当的原则。”《公务员申诉规定（试行）》指出，“机关对公务员处理错误的，应当及时予以纠正”。有错必纠，才能确保公共管理合法性、正当性、权威性，提升政府机关的公信力，规范行政行为。公务员申诉控告过程中，要坚持有错必纠。一方面，申诉控告受理机关应有错必纠。另一方面，被申诉、被控告的机关及其领导成员应有错必纠。《行政机关公务员处分条例》规定了受理公务员复核、申诉的机关应当变更处分决定，或者责令原处分决定机关变更处分决定的法定情形。此外，公务员还可以按照《中华人民共和国行政诉讼法》《中华人民共和国刑事诉讼法》《中华人民共和国国家赔偿法》等法律法规的相关规定，依法申请司法救济，维护自身切身权益。

4. 依法、及时、适当原则

《国家公务员申诉与控告暂行规定》规定，国家行政机关处理国家公务员的申诉与控告，应当坚持“依法、及时、适当”原则。一是依法原则。在公务员申诉控告过程中，申诉控告主体应当依照法定程序，基于法定事由，针对法定对象，用法定方式向法定的申诉控告受理机关提出申诉控告请求，以维护自身的合法权益。受理机关应当依法审理申诉控告案件，并作出合法裁决。被申诉、被控告的机关及其领导人员，应当依法修正错误或不当的人事处理决定，维护公务员的合法权益。二是及时原则。公务员申诉事项的提出、调查、受理、审理、决定等环节，都要及时办理，不得拖延。三是适当原则。申诉控告受理机关作出申诉、控告处理决定时，应当基于客观事实，按照法律法规的要求，并权衡机关、公务员的实际情况，作出合理、合法、适当的决定。

5. 机关举证原则

按照《国家公务员申诉与控告暂行规定》，“受理申诉的机关对涉及国家公务员申诉的事项，有权进行查询和调查。被申诉的机关应当提供相关的证据和文件”。行政机关应负有举证责任，必须为一切行政行为的合法性和合理性承担证明责任。行政机关的举证责任不因当事人的举证责任而免除。如办理申诉控告案件过程中，监察机关有权要求被监察的部门和人员提供与监察事项有关的文件、资料、财务账目及其他有关的材料，进行查阅或者予以复制；有权要求被监察的部门和人员就监察事项涉及的问题作出解释和说明。

6. 不适用调解原则

不适用调解原则是指受理机关在审理公务员的申诉、控告时，不把调解作为限定程序，更不把调解作为结案方式。国家行政机关对公务员的处理是依法作出的，其具体行政行为只存在合法性和适当性的问题。受理机关只能确认行政机关的行政行为是否合法或适当，而不能就双方之间的争议进行调解。

11.2 公务员申诉与控告制度的基本内容

11.2.1 公务员申诉制度的内容

1. 公务员申诉的条件

（1）申诉主体条件。公务员申诉主体是公务员本人或其近亲属。公务员申诉的主体仅限于对涉及本人的人事处理决定不服的公务员。若公务员丧失行为能力或死亡时，可以由其近亲属代理提出申诉。

（2）申诉事由条件。按照《中华人民共和国公务员法》《公务员申诉规定（试行）》，公务员对涉及本人的下列人事处理不服的，可申请复核或申诉：处分，辞退或者取消录用，降职，定期考核定为不称职，免职，申请辞职、提前退休未予批准，未按规定确定或者扣减工资、福利、保险待遇，法律、法规规定可以申诉的其他情形。

延伸阅读

好事多磨：山西长治宋江明的"悲喜考公路"

山西长治宋江明的公务员考试经历可谓一波三折，悲喜两重天。2011年3月27日，《山西省行政机关2011年考试录用公务员公告》发布。吉林大学应届硕士研究生宋江明报考"长治市环保局科员2"岗位。宋江明笔试成绩第一（118分）、面试成绩第一、总成绩第一，成为所报考岗位唯一进入体检环节的考生。宋江明在长治医学院附属和平医院参加体检，但初次体检、复检结果均为"不合格"，被取消录用资格。随后，在其他多家医院体检均合格的宋江明向长治市监察局、山西省招考领导小组、长治市"市长热线"等表达诉求。2011年11月9日，《中国青年报》刊发《宋江明求职验血记》。11月11日，长治市"行政机关招考公务员工作领导小组办公室"向人民网发来《关于考生宋江明体检不合格情况的说明》，指出"体检工作中严格执行了国家有关规定"。2011年11月12日，宋江明表示："政府的回应没有对体检的细节作出具体的澄清，也没有公开体检报告，我的疑惑还是没有解开。"长治市纪委、市卫生局此后带领宋江明两次进行重新体检，其血红蛋白指标分别为"173g/L、181g/L"，符合国家公务员录用体检标准。长治市委、市政府责成市人力资源和社会保障局立即启动公务员考录工作纠错程序，撤销了因错误体检结论而作出的关于长治市环保局科员2职位录用公务员的决定。11月15日，山西长治市人力资源和社会保障局公布初步调查结果，认定长治医学院附属和平医院对宋江明录用公务员体检结论有误，重新体检后，其指标符合公务员录用体检标准。11 月 17 日，长治市委、长治医学院党委分别召开会议，对 6 名责任人追究责任。11 月 19 日，山西人事考试网发布《关于拟录用宋江明为长治市环境保护局公务员的公示》，决定拟录用宋江明为长治市环境保护局公务员。11 月 28 日，宋江明到长治市环保局法制监理科工作，他说，"我学的专业和工作岗位对口，在这里工作很舒心"，"我一定努力工作，以实际行动回报社会"。2012 年 1 月 16 日，山西省纪委监察厅对外通报长治市公务员录用舞弊案，共有 10 人受到党纪政纪处分，其中 8 人因涉嫌犯罪问题被移送司法机关处理。2012 年 4 月 25 日，山西长治公考舞弊案在长治市郊区法院一审判决，5 名被告人获刑，其中长治市人社局原副局长犯招收公务员徇私舞弊罪、受贿罪，二罪并罚，被判有期徒刑 11 年。

资料来源：王鑫昕．宋江明求职验血记．(2011-11-09)．http://zqb.cyol.com/html/2011-11/09/nw.D110000zgqnb_20111109_1-04.htm；冀业．长治公考舞弊案一审宣判，首批 5 名被告人最重领刑 11 年．(2012-04-27)．http://news.cntv.cn/20120427/124318.shtml.

（3）申诉时限条件。公务员对涉及本人的人事处理不服，可以自知道该人事处理决定之日起 30 日内申请复核；对复核结果不服的，可以自接到复核决定之日起 15 日内，按照规定提出申诉；也可以不经复核，自知道该人事处理之日起 30 日内直接提出申诉。公务员对申诉处理决定不服的，自接到申诉处理决定之日起 30 日内提出。

（4）管辖条件。公务员申诉、复核必须向有管辖权的机关提出。公务员依法向原处理机关申请复核；向同级或上一级公务员主管部门，及作出该人事处理的机关的上一级机关提出申诉；向本级党委、人民政府或者上一级公务员主管部门，及作出申诉决定的上一级机关提出再申诉；向监察机关申诉，向作出复查决定的监察机关的上一级监察机关提出复核。

2. 公务员申诉的受理机关

公务员申诉的受理机关，是指有权受理公务员申诉申请，审查原人事处理决定，并依法维持、变更或撤销原人事处理决定的机关。按照《中华人民共和国公务员法》《公务员申诉规定（试行）》《中华人民共和国监察法》等法律法规，我国公务员申诉受理机关包括：原处理机关，同级公务员主管部门，本级党委、人民政府或者上一级公务员主管部门，作出该人事处理的机关的上一级机关，作出申诉处理决定的机关的上一级机关，监察机关。

（1）复核的受理机关：原处理机关。公务员对涉及本人的人事处理不服的复核，由原处理机关管辖。

（2）对本人所在机关作出的人事处理不服的申诉（再申诉）的受理机关：同级公务员主管部门，本级党委、人民政府或者上一级公务员主管部门。公务员对本人所在机关作出的人事处理不服的申诉，由同级公务员主管部门管辖。公务员对同级公务员主管部门作出的申诉处理决定不服的再申诉，由本级党委、人民政府或者上一级公务员主管部门管辖。其中，对省、自治区、直辖市公务员主管部门作出的申诉处理决定不服的再申诉，按照管理权限由省、自治区、直辖市党委和人民政府管辖。《中华人民共和国公务员法》规定：

“受理公务员申诉的机关应当组成公务员申诉公正委员会，负责受理和审理公务员的申诉案件。”公务员对涉及本人的处分、辞退或者取消录用、降职、定期考核定为不称职、免职、申请辞职、提前退休未予批准，未按国家规定确定或者扣减工资、福利、保险待遇等人事处理不服，可向本级公务员申诉公正委员会提出申诉，也可向上一级申诉公正委员会提出对本级组织（人事）部门或者上一级垂直管理机关作出的申诉处理决定不服的再申诉。

（3）对县级、乡镇党委和人民政府作出的人事处理不服的申诉（再申诉）的受理机关：上一级公务员主管部门，本级党委、人民政府或者上一级公务员主管部门。县级以下机关公务员对县级、乡镇党委和人民政府作出的人事处理不服的申诉，由上一级公务员主管部门管辖；对公务员主管部门作出的申诉处理决定不服的再申诉，由本级党委、人民政府或者上一级公务员主管部门管辖。

（4）对垂直管理机关作出的人事处理不服的申诉（再申诉）的受理机关：上一级机关，作出申诉处理决定的机关的上一级机关，省、自治区、直辖市人民政府。中央垂直管理部门省级以下机关公务员对人事处理不服的申诉，由上一级机关管辖。对申诉处理决定不服的再申诉，由作出申诉处理决定的机关的上一级机关管辖。省以下垂直管理部门公务员申诉的管辖，参照上述规定执行。对省垂直管理机关作出的申诉、处理决定不服的再申诉，由省、自治区、直辖市人民政府管辖。

（5）对行政机关作出的行政处分决定不服的申诉（再申诉）的受理机关：监察机关，上一级监察机关。行政机关公务员对监察机关作出的处分决定不服的申诉，由监察机关按照管理权限管辖。行政机关公务员对任免机关作出的处分决定不服，向公务员主管部门或者行政监察机关申诉的，由受理机关管辖。行政机关公务员不得同时向公务员主管部门和监察机关提出申诉。国家公务员和国家行政机关任命的其他人员对主管行政机关作出的行政处分决定不服的，可以自收到行政处分决定之日起 30 日内向监察机关提出申诉。

（6）对监察机关及其工作人员行为的申诉。《中华人民共和国监察法》规定，监察机关及其工作人员有下列行为之一的，被调查人及其近亲属有权向该机关申诉：一是留置法定期限届满，不予以解除的；二是查封、扣押、冻结与案件无关的财物的；三是应当解除查封、扣押、冻结措施而不解除的；四是贪污、挪用、私分、调换以及违反规定使用查封、扣押、冻结的财物的；五是其他违反法律法规、侵害被调查人合法权益的行为的。

3. 公务员申诉的一般程序

公务员申诉程序，是指公务员提起申诉，或受理申诉的机关处理案件所经历的步骤、方式、顺序等。公务员申诉一般程序，是指公务员向原处理机关、同级公务员主管部门、作出该人事处理的机关的上一级机关、作出申诉处理决定的机关的上一级机关等机构提出申诉或再申诉时所经历的程序，不包括公务员向监察机关提出申诉时所经历的程序。

（1）复核。复核，是指公务员对国家机关作出的涉及本人权益的人事处理决定不服，向原处理机关提出重新审查的意见和要求。复核的步骤包括：第一，提出复核申请。公务员申请复核，应当在接到国家机关的人事处理决定之日起 30 日内提出。第二，原处理机关复核。原处理机关在接到公务员递交的复核申请书后，指定原承办人以外的人员复核以下内容：申请人是否合法；申请人的信息是否齐备；申请复核的事项是否客观真实，理由是否正当；复核的日期是否符合规定；等等。第三，作出复核决定，并书面通知公务员本人。原处理机关应当自接到复核申请书后的30日内作出维持、撤销或者变更原人事处理的复核决定，并以书面形式通知申请复核的公务员。

（2）申诉。公务员对复核结果不服的，应当自接到复核决定之日起15日内向有管辖权的机关提出申诉；也可不经复核，自知道人事处理之日起30日内直接提出申诉。申诉的步骤包括：第一，立案。受理机关填写《公务员申诉案件登记表》，对申诉是否符合受理条件进行初步审查，具备法定条件的，应予立案；凡不具备法定条件的，不予立案。第二，组成公正委员会。受理机关决定立案后，应当按照《公务员申诉规定（试行）》的要求，成立临时性公正委员会，负责案件的审理和对案件提出具体处理意见等工作。第三，调查。受理申诉的机关要开展调查，依法、全面、客观地收集证据。第四，审理。公务员申诉公正委员会根据调查情况对下列事项进行审议：原人事处理认定的事实是否存在、清楚，证据是否充分；原人事处理适用法律、法规、规章和有关规定是否正确；原人事处理的程序是否符合规定；原人事处理是否显失公正；被申诉机关有无超越职权或者滥用职权的情形；其他需要审议的事项。第五，决定。受理机关根据公务员申诉公正委员会的审理意见，区别不同情况作出申诉处理决定：维持原人事处理，撤销原人事处理，变更原人事处理，责令原处理机关重新处理。在处理决定作出前，申请人可以提出撤回复核、申诉和再申诉的申请，申请应当以书面形式提出。

（3）再申诉。再申诉，是指公务员对被申诉的机关重新处理或者变更后的人事处理决定仍不服的，依照法定程序，再次向本级党委、人民政府或者上一级公务员主管部门、作出申诉处理决定的机关的上一级机关，以及省、自治区、直辖市党委和人民政府等有关部门提出意见，要求机关变更、撤销新的处理决定，并再次重新处理，以维护和保障自身权益。按照《公务员申诉规定（试行）》："公务员对重新处理后作出的处理决定不服，可以提出申诉或者再申诉。"《中华人民共和国公务员法》也明确指出："对省级以下机关作出的申诉处理决定不服的，可以向作出处理决定的上一级机关提出再申诉。"再申诉的程序包括：第一，提出再申诉。公务员对申诉处理决定不服的，自接到申诉处理决定之日起30日内提出。第二，受理审查。对申请人提出的再申诉是否符合受理条件进行审查，在接到申诉书之日起30日内，作出受理或者不予受理的决定。申诉材料不齐备的，限期15日内补正。第三，审理与决定。受理再申诉的机关应当自决定受理之日起60日内作出处理决定。案情复杂的，可以适当延长，延长时间不超过30日。

（4）制作、送达申诉处理决定书，存档。申诉处理决定书和再申诉处理决定书应当及时送达申诉人和原处理机关。再申诉处理决定书还应送达作出申诉处理决定的机关。原处理机关应当将复核决定、申诉处理决定书和再申诉处理决定书存入公务员的个人档案。

（5）执行发生效力的处理决定。处理决定在发生效力后执行。下列处理决定是发生效力的决定：一是已过法定期限没有提出再申诉的申诉处理决定，二是中央公务员主管部门作出的申诉处理决定，三是中央垂直管理机关作出的申诉处理决定，四是再申诉处理决定。原处理机关在处理决定发生效力后，应当及时执行，并自处理决定发生效力之日起60日内将执行情况以书面形式告知作出处理决定的机关。各级公务员主管部门处理的申诉案件，应当自作出处理决定之日起60日内，按照管理权限向上一级公务员主管部门备案。

4. 向监察机关申诉的特别程序

《中华人民共和国公务员法》规定，公务员对监察机关作出的涉及本人的处理决定不服向监察机关申请复审、复核的，按照有关规定办理。监察机关依法对国家机关、国家公务员和国家机关任命的其他人员实施监察，处理公职人员不服行政处分、政务处分决定的申诉。公务员因不服行政处分、政务处分决定而向监察机关提出申诉的程序包括：

（1）提起、受理申诉。国家公务员和国家机关任命的其他人员对主管机关作出的处分决定不服的，可以自收到处分决定之日起 30 日内向监察机关提出申诉。

（2）复查和复核。监察机关应当自收到申诉之日起 30 日内作出复查决定；对复查决定仍不服的，可以自收到复查决定之日起 30 日内向上一级监察机关申请复核，上一级监察机关应当自收到复核申请之日起 60 日内作出复核决定。复查、复核期间，不停止原决定的执行。

（3）维持、变更或撤销原处理决定。监察机关对受理的不服主管机关处分决定的申诉，经复查认为原决定不适当的，可以建议原决定机关变更或撤销；监察机关在职权范围内，也可以直接作出变更或者撤销的决定。上一级监察机关认为下一级监察机关的监察决定不适当的，可以责成下一级监察机关予以变更或者撤销，必要时也可以直接作出变更或者撤销的决定。上一级监察机关的复核决定和国务院监察机关的复查决定或者复审决定为最终决定。

（4）提出异议，或提请裁决；移送案件。对监察建议有异议的，可以自收到监察建议之日起 30 日内向作出监察建议的监察机关提出，监察机关应当自收到异议之日起 30 日内回复；对回复仍有异议的，由监察机关提请本级人民政府或者上一级监察机关裁决。监察机关在办理监察事项中，发现所调查的事项不属于监察机关职责范围内的，应当移送有处理权的单位处理；涉嫌犯罪的，应当移送司法机关依法处理。接受移送的单位或者机关应当将处理结果告知监察机关。

11.2.2　公务员控告制度的内容

1. 公务员控告的条件

（1）控告主体条件。控告主体是公务员本人或其近亲属。公务员控告的主体仅限于合法权益受到侵害的公务员。公务员本人的合法权益未受侵害时，公务员无权提出控告。若公务员丧失行为能力或死亡时，可由其近亲属代理提出控告。

（2）控告对象条件。公务员控告对象是侵犯公务员合法权益的机关或领导人员。公务员控告必须有明确的被控告机关或者被控告人员。

（3）控告事由条件。控告事由是国家机关及其领导人员涉嫌侵犯公务员的合法权益。公务员的合法权益受到《中华人民共和国宪法》《中华人民共和国公务员法》等法律法规的保护，任何机关和个人不得侵犯。国家机关及其领导人员如果侵犯公务员的合法权益，公务员或其近亲属有权提出控告。

（4）控告管辖条件。公务员控告必须向有管辖权的机关提出。被控告的机关和人员属于受理控告的机关管辖。公务员控告一般由上一级机关或者有关的专门机关（如监察机关等）受理，其他机关无权受理公务员控告。

2. 公务员控告受理机关

《中华人民共和国公务员法》规定，公务员认为机关及其领导人员侵犯其合法权益的，可以依法向上级机关或者有关的专门机关提出控告。其中，专门机关包括纪检机关、监察机关等。

（1）上级机关。按照《中华人民共和国宪法》的规定，“地方各级人民政府对上一级国家行政机关负责并报告工作”。上级机关可以按照《中华人民共和国宪法》《中华人民共和国监察法》《中华人民共和国公务员法》《行政机关公务员处分条例》等法律法规，依法受理公务员控告，以维护和保障公务员的合法权益。

（2）监察机关。公务员对于任何国家机关、公务员和国家机关任命的其他公职人员的违法失职行为，有权向监察机关提出控告。监察机关既有权受理控告，也有权直接惩办和建议有关部门惩办违法违纪的公务员。

（3）中国共产党纪律检查委员会。按照《中国共产党章程》《中国共产党党内监督条例》《中国共产党纪律处分条例》《中国共产党纪律检查机关案件检查工作条例》等法规，中国共产党纪律检查委员会受理党员干部控告。

3. 公务员控告程序

（1）提出控告。当公务员认为自己的合法权益受到不法或不当侵害时，依法向有关机关提出对实施侵害行为的机关或公务员的控告。控告者应提供明确的被控告行政机关或公务员，提供权益受到侵害的事实，以及侵害人实施侵害的具体行为，以便使受理机关确定是否受理、立案，或为受理机关的案件调查提供基础。公务员提出控告应当递交控告书。

（2）立案。上级行政机关或者行政监察机关、纪检机关接到公务员的控告书后，要按照国家有关规定对控告人提供的情况进行初步审查、判断。受理机关对控告的机关及其领导人员的违法违纪问题，经初步核实，确有违法违纪事实，需追究行政责任的，需立案的，按照规定的权限和程序办理立案手续。

（3）调查、备案。上级行政机关或者行政监察机关、纪检机关对公务员提出的控告决定立案的，应当按照国家有关调查处理政纪案件的规定和程序进行调查、处理。受理控告的机关对于立案调查的案件，经调查认定不存在违反行政纪律事实的，或不需要追究行政纪律责任的，应予以撤销，并告知被调查单位及其上级部门或者被调查人员及其所在单位。重要、复杂案件的撤销，应当报本级人民政府和上一级监察机关备案。

（4）作出并送达处理决定。受理控告的机关对公务员提出的控告立案审理后，应当区分不同情况，根据相关法律、法规、政策作出处理决定，并将处理决定以书面形式送达控告人、被控告机关、被控告人和被控告人所在的机关。

（5）执行处理决定。有关机关和人员在接到处理决定后，应当在规定的期限内执行，并将执行情况通报给作出处理决定的机关。

11.2.3 公务员申诉与控告的义务和法律责任

1. 申诉人、控告人的义务和法律责任

（1）尊重事实，不得捏造事实，诬告、陷害他人。《中华人民共和国公务员法》规定：“公务员提出申诉、控告，应当尊重事实，不得捏造事实，诬告、陷害他人。对捏造事实，诬告、陷害他人的，依法追究法律责任。”公务员在申诉、控告过程中，应当实事求是，不得捏造事实、弄虚作假，不得出具伪证或者隐匿、转移、篡改、毁灭证据，更不得诬告、陷害他人。公务员在申诉、控告中捏造事实、弄虚作假、诬陷他人的，国家机关要根据情节轻重给予批评或者行政处分；触犯刑法的，要依法追究刑事责任。给国家和他人造成经济损失的，要负责赔偿；给他人造成名誉损害的，要公开赔礼道歉，挽回影响。

（2）依法申诉与控告，主动配合有关机关处理案件。要严格按照法定程序，采取合法、合理的申诉、控告方式和手段，向法定受理机关申诉、控告，依法维护自身权益，不得损害国家、社会、集体的利益和其他公民的合法权利。在有关机关处理申诉、控告案件过程中，申诉人、控告人应当主动配合受理机关。

2. 申诉、控告受理机关的工作人员的义务和法律责任

（1）遵纪守法，忠于职守，秉公执法，清正廉洁，保守秘密。工作人员必须熟悉业务，具备相应的文化水平、专业知识和行政监督能力。同时，工作人员必须严格遵守《中华人民共和国公务员法》《中华人民共和国监察法》《行政机关公务员处分条例》《中国共产党纪律处分条例》等法律法规，遵纪守法，忠于职守，秉公执法，清正廉洁，保守秘密。工作人员滥用职权、徇私舞弊、玩忽职守、泄露秘密的，依法给予行政或党纪处分；构成犯罪的，将按照《中华人民共和国刑法》，依法追究刑事责任。

（2）维护和保障公务员的合法权益。申诉、控告受理机关的工作人员应当依法行政，以人为本，切实维护和保障公务员的合法权益，不得滥用职权，侵犯公务员的合法权益。在作出申诉控告处理决定时，必须实事求是，重证据、重调查研究，在适用法律和纪律上人人平等。受理机关及其工作人员不得将控告人的检举、揭发材料及有关情况透露或者转给被检举、揭发的人员或者单位。纪检监察机关对如实检举、控告的公务员，应给予支持、鼓励。申诉控告受理机关工作人员违法行使职权，侵犯公务员合法权益，造成损害的，应当依法赔偿。

（3）主动回避与本人或者其近亲属有利害关系的申诉、控告案件。在办理公务员申诉控告案件过程中，如果案件涉及本人或者与本人有法定亲属关系人员的利害关系时，受理机关工作人员应当主动申请回避，不得参加有关调查、讨论、审核、决定，也不得以任何方式施加影响。

延伸阅读

安徽阜阳建立澄清保护机制为被错告诬告干部撑腰

安徽阜阳市探索建立干部澄清保护机制，及时为被不实举报的干部澄清正名，帮助消除思想包袱，严查诬告陷害行为，激励和引导全市干部主动履职尽责。该市对涉嫌诬告陷害案件进行专题研究，调查核实后，发现被调查对象被错告、诬告或不实举报且造成严重不良影响，经研究决定予以澄清的，形成书面结论，向被调查对象反馈情况；经专题研究认为现有证据足以证明举报内容不实，涉嫌诬告陷害且造成严重不良影响的，启动“一案双查”，既调查被举报事项，又调查恶意举报行为。被调查对象及其所在单位党组织也可因被错告、诬告或不实举报造成严重不良影响的，向纪检监察机关申请澄清正名。严把错告、检举失实和诬告的界限，把举报人因认识不全面或对情况不了解造成的错告、检举失实与捏造事实故意陷害他人的诬告予以区别。对经调查核实确属诬告陷害行为的，对行为人依纪依法严肃处理，并将其纳入失信“黑名单”；诬告陷害行为人是中共党员的，予以党纪处分，并记入其个人廉政档案；对诬告陷害行为较为严重，造成恶劣影响等5种行为，予以从重处理。根据错告、诬告或不实举报具体情况及影响程度，充分考虑被调查对象意见，选择适用方式，予以澄清正名，避免被错告、诬告或不实举报的干部在考核定等、评先评优、选拔任用、选聘选调、职级职称晋升中受到不良影响，将调查处理情况记入被调查对象廉政档案。对被错告、诬告及不实举报的干部开展谈心谈话，做好思想引导和心理疏导，传递组织信任。

资料来源：傅祖文．安徽阜阳建立澄清保护机制为被错告诬告干部撑腰．（2019－07－15）．http://www.zuzhirenshi.com/dianzibao/2019－07－15/2/8174ebaa－9bb1－4363－b2b1－9052e63bd222.htm.

3．被申诉、被控告机关及其领导人员的义务与法律责任

（1）主动配合有关机关处理案件，认真执行申诉、控告决定。在公务员申诉控告案件处理过程中，被申诉、被控告的机关及其领导人员应当按照受理机关的要求，积极配合案件审理，认真执行申诉、控告决定，确保申诉控告案件审理顺利进行。任何组织和个人不得拒绝、阻碍申诉控告受理机关工作人员依法执行职务，不得打击报复工作人员。

（2）维护和保障申诉人、控告人的合法权益，不得打击报复。在作出人事处理决定时，机关应当力求事实清楚、证据确凿、定性准确、处理恰当、程序合法、手续完备。如果因故造成人事处理决定不合理、不合法，或机关及其领导成员侵犯了公务员的合法权益，经公务员申诉、控告后，机关及其领导成员应当及时纠正错误决定，维护公务员的合法权益，不得打击报复。被申诉、被控告机关及其领导人员侵害公务员合法权益，应采取适当的补救措施，如消除影响、恢复名誉、赔礼道歉、给予赔偿等。《中华人民共和国监察法》规定，监察对象对控告人、检举人、证人或者监察人员进行报复陷害的，控告人、检举人、证人捏造事实诬告陷害监察对象的，依法给予处理。

11.3 西方国家公务员申诉与控告

11.3.1 西方国家公务员申诉与控告制度的主要内容

1．英国公务员申诉与控告

申诉是《英国公务员管理法》赋予公务员的法定权利，“公务员有权对对他们产生不利影响的管理决定提出申诉；部门和机构应当告知公务员具有申诉的权利，并制定合理的申诉方案”。若公务员对政府部门和机构作出的纪律处分决定不服，可以提出申诉。公务员申诉委员会是处理公务员申诉案件的专职机构，由3人组成，包括会长1名，以及分别来自政府、工会的委员各1名。收到公务员提交的申诉时，公务员申诉委员应进行听证，并要求原处理机关作出答复，必要时开展现场辩论。公务员申诉的事由与程序如下：

（1）被禁止参与政治活动。如果公务员对单位作出的禁止其参与政治活动的处理决定不服，可以先要求向原处理机关复核。公务员对复核决定不服，可在收到复核决定 8 周内向公务员申诉委员会申诉，并在提请申诉后 4 周内向公务员申诉委员会提交详细的书面案情陈述。公务员申诉委员会将书面案情陈述转交给相关部门和机构，并要求对方作出解释或评论。公务员申诉委员会可以就申诉事项，向政府部门、机构、公务员本人、工会或其他相关者调查取证，并作出合理的裁决与建议。若部门或机构不接受公务员申诉委员会的裁决与建议，公务员申诉委员会可以将案件提交给主管大臣，以作最终裁决。

（2）养老金被没收。如果公务员的养老金被没收，公务员可以向公务员申诉委员会提请申诉，并提交书面陈述。公务员申诉委员会受理养老金案件后，经过调查取证，作出合理裁决。

（3）被辞退或被要求提前退休。如果公务员被辞退或被要求提前退休，公务员应在劳动合同终止生效日前将其申诉意愿告知公务员申诉委员会，此后 21 天内向公务员申诉委员会提交详细的案情陈述。公务员申诉委员会得知申诉意图后，迅速通知雇佣部门或机构，并要求对方在 21 天内解释辞退或要求公务员提前退休的理由。公务员申诉委员会根据公务员的案情陈述和机关的解释，酌情作出处理决定或建议。若公务员申诉委员会认为部门或机构的决议是公平的，维持原决议；如果公务员申诉委员会认为部门或机构的决议不公平，可以建议部门或机构为申诉人复职或重新录用，或提供经济补偿金，或建议其采取其他适当的行动。

（4）辞退补偿金争议。公务员因不称职被辞退，但单位不支付补偿金，或公务员对所支付的补偿金不满，可以向公务员申诉委员会提请申诉。公务员应在向公务员申诉委员会表明申诉意愿后的 21 天之内，向委员会提交详细的书面案情陈述。如果公务员申诉委员会裁定公务员机构、部门所作出的不支付补偿金的决定不合理，或所支付的金额不合适，各部门或机构应按照委员会的裁决支付补偿金。

凡政府与公务员之间因工资、津贴、休假、工作时间和工作条件等涉及公务员待遇和工作环境问题所发生的争议，都可提交“惠特利委员会”讨论和协调。若公务员申诉委员会不能解决问题，或公务员对申诉委员会的决定不服，或经“惠特利委员会”协商失败后，可向“劳资仲裁法院文官庭”提出上诉。劳资仲裁法院文官庭通过司法程序进行审理，其判决为最终裁决，双方均需接受。英国公务员也可向其直接主管领导或上级主管领导或部门主管大臣提出申诉。受处分的公务员不得向议会或司法机关申诉，只能按行政程序申诉。

若英国公务员的权益受到侵犯，可通过行政裁判所进行控告。行政裁判所是具有司法特征的行政救济机构，以裁决形式解决行政纠纷。英国政府于 1958 年出台《裁判所和调查法》，于 2007 年出台《裁判所、法院和执行法》，构建了两级裁判所：初级裁判所和上级裁判所。英国普通法院也受理与行政机关及其官员侵犯公务员权益的刑事案件有关的控告。

2. 瑞士公务员申诉与控告

《瑞士联邦政府人事法》规定，公务员与雇主之间签订劳动合同，形成劳动关系，依法享有来自工作关系的权利和义务。“雇主应以合理、经济、负责的方式雇用公务员。”公务员可以通过申诉渠道，以解决劳动关系争议。当出现劳动关系争议时，如果公务员与雇主之间不能达成一致，雇主将作出人事决定。政府雇员对人事决定不服，可通过以下方式申诉控告：

（1）提请内部申诉。邮政部门、铁路部门，以及由联邦理事会授权的其他雇主，可以与人事委员会就雇员的公务范围达成集体劳动协议。按照集体劳动协议，如果公务员对雇主的人事决定不服，可以向内部上诉机构申诉。

（2）向联邦人事问题上诉委员会申诉，或向联邦法院提请司法诉讼。如果公务员对内部上诉机构的裁决仍然不服，可以向“联邦人事问题上诉委员会”上诉，或向联邦法院提请司法申诉。联邦人事问题上诉委员会、联邦法院保障法庭依法对人事争议作出裁定。但是，属于工资、福利等待遇的人事争议，不能向联邦人事问题上诉委员会提请申诉。

3. 日本公务员申诉与控告

《日本国家公务员法》注重维护和保障公务员的法定权益，要求“对所有公务员的地位、惩戒和保障必须公正”。日本政府受理公务员申诉案件的机关有：一是人事院。按照《日本国家公务员法》，日本人事院的职责为，“根据法律的规定，掌握关于改善报酬及其他工作条件以及改善人事行政的建议，确保职阶制、考试、任免、报酬、研修、地位、惩戒、处理申诉，以及其他关于公务员人事行政的公正和公务员利益保护有关的事务”。日本人事院中的“事务总局”下设“公平委员会”，该委员会由3～5名委员组成，负责审理公务员申诉案件。二是地方政府人事机构。根据日本《地方公务员法》的规定，都、道、府、县及都市设置“人事委员会”；一般的市，人口15万以上者，设立“人事委员会”或“公平委员会”；人口不满15万的市、町、村、特别区、地方公共团体，设立“公平委员会”。人事委员会和公平委员会各由3名委员组成，负责审理地方公务员申诉案件。公务员还可利用公务员工会以及司法救济来维权。根据日本宪法，“任何人向法院申诉的权利，不得剥夺”。《日本国家公务员法》规定，公务员如果对人事院作出的申诉处理决定不服，可向法院提起行政诉讼。公务员申诉事由包括对工作条件不满，以及对违反公务员意志的不利人事处分决定不服等。

（1）对工作条件不满的申诉。公务员有权对人事院提出申诉，要求人事院、内阁总理大臣、公务员所属的机关首长采取适当的行政措施，以改善报酬和其他工作条件。人事院通过调查取证、审理，依法作出客观、公正的裁决，并在职权范围内执行该裁决，或建议内阁总理大臣、公务员所属的机关首长等执行该裁决。

（2）对人事处理决定不服的申诉。按照《日本国家公务员法》，若公务员与法定条件不符，可以依法对其降职、免职、减薪、停职等。这些人事处分决定可能违背公务员本人的意志。如果公务员认为这些人事处理决定不合理或不合法，可以按照以下程序进行申诉：第一，要求机关下发人事处理决定说明书。当机关作出违背公务员意志并对公务员产生不利影响的人事处理决定时，机关必须填写并送达载有处分事由、申诉期限的人事处理决定说明书。第二，提出异议。对降职、免职、减薪、停职等决定不服的公务员，可以自接到人事处理决定说明书之日起60天内，按照《行政异议审查法》向人事院提出异议或审查请求。第三，调查取证。接到公务员所提出的异议或审查申请后，人事院或其指定的机关必须对案件进行调查取证，搜集与案情有关的事实、资料。如果受处分的公务员提出听证请求，人事院必须举行听证会。第四，审批。人事院酌情依法裁决。如果原处理机关作出的人事处分决定证据确凿、事由充分，则批准该人事处分决定，或建议原处理机关酌情修改；如原处理机关作出的人事处分决定证据不清、事由不足，则否决该人事处分决定，并要求原处理机关改正错误，重新作出合理、合法的人事处理决定，并责令其对公务员进行适当的经济补偿。

4. 美国公务员申诉与控告

美国宪法修正案规定了“正当程序条款”，要求一切权利的行使，如剥夺私人的生命、自由或财产时，必须听取当事人的意见，当事人有要求听证的权利。《美国法典》《文官制度改革法》等法律法规按照程序公正的理念，规定了公务员权益救济的途径和方式。美国公务员可通过行政救济、司法救济来维护自身的合法权益。按照《文官制度改革法》，公职人员受降职、免职等处分时，享有以下权利：一是有权要求在机关采取降职、免职处分措施之前 30 天收到书面通知；二是有权在规定时限内收到口头或书面答辩；三是有权收到与惩戒理由有关的书面决定书。美国注重保护申诉控告者的权益，按照美国《文官制度改革法》，如果公务员有相当理由对违反法规、管理不善、浪费资金、滥用权力、威胁公共健康或安全的现象进行揭发，政府、特别检察官对其予以保护。美国受理公务员申诉的行政机构包括：

（1）申诉委员会。若公务员对考核结果不服，或受到免职、停职 14 天以上、降级、减薪、辞退等不当处分，可向本单位的公务员申诉委员会提出申诉。如果公务员是工会成员，也可请求公务员工会进行斡旋，依靠谈判解决。

（2）功绩制保护委员会。若公务员对申诉委员会的裁决不服，且所受歧视与职务权利无关，如歧视性免职、降职、降级、撤职、停职、开除等，可向功绩制保护委员会提出申诉。若功绩制保护委员会裁定原处分决定正确，则维持原处分决定；裁定原处分决定不正确，则予以驳回。当事人对功绩制保护委员会的裁决不服，可以向联邦上诉法院上诉。

（3）平等就业机会委员会。若公务员对申诉委员会的裁决不服，且所受歧视与职务权利相关，如在录用、工作安排、工作条件、晋升中受到歧视，应向平等就业机会委员会提出申诉。公务员不服功绩制保护委员会有关歧视案件的裁定时，也可向平等就业机会委员会申诉。当事人对平等就业机会委员会的裁决不服，有权向联邦地方法院上诉。

（4）联邦劳雇关系局。联邦劳雇关系局通过集体谈判处理国家机关与雇员之间的纠纷。联邦劳雇关系局内设“联邦机构僵局裁决小组”，负责解决机关和职员之间的谈判僵局。与不公正劳工措施、不服管理等有关的案件，可以向联邦劳雇关系局或其特别顾问提出申诉与控告。当事人不服裁决的，可向联邦上诉法院提起诉讼。

遇以下情况，可依法向法院提起诉讼：第一，行政主管机关未能在 120 天作出申诉处理决定；第二，功绩制保护委员会自决定受理申诉案件之日起，未在 120 天内作出决定；第三，平等就业机会委员会自受理申诉之日起，未在 180 天内对功绩制保护委员会的决定作出裁决。

此外，美国公务员工会在权益救济过程中扮演重要角色。美国公务员工会虽然不能参与罢工，也不能为薪酬与福利讨价还价，但可以为政府雇员争取更好的人事政策与人事行为，并代表雇员参与申诉、控告与惩戒程序。

5. 法国公务员申诉与控告

法国依法保障公务员参与工会的权利。按照《法国公务员权利与义务总章程》，“所有公务员都可以自由建立工会组织，自由加入工会，并在工会自由从事各项工作”。合法的工会组织有权在主管法院内就有关人权法的规章进行质询，并就某人作出的损害公务员团体利益的决定进行质询；在中央行政机关，公务员工会组织有权就薪酬变化情况以及报酬确定与政府预先磋商。公务员工会有权就工作条件、工作组织问题与各级主管部门磋商。

按照《法国公务员权利与义务总章程》，“公务员在其工作岗位上享有受保护的权利”。国家与地方的政府机关必须保护公务员的合法权益，使其免遭各种威胁、暴力、粗暴行为、不公正待遇、造谣中伤或侮辱。如有必要，国家与地方政府对公务员因此受到的伤害与不公进行补偿。法国行政法院负责行政裁决，处理与公务员有关的纠纷。法国行政法院独立于司法诉讼体系，由国家最高行政法院、8个行政上诉法院和地方行政法庭构成。法国公务员对年度考核、职务晋升结果、纪律处分等不服，可以申诉。

（1）对考核的申诉。法国公务员考核实行半公开制。被考核者可以通过行政对等委员会了解考核评语与等次，主考者应及时将考核结果通知公务员本人。若公务员对考核结果不服，可以向行政对等委员会申诉，要求主考者修正考核结果。若公务员对行政对等委员会的决定不服，可以向行政法院上诉。

（2）对职务晋升的申诉。如果公务员认为职务晋升不公正、不公平，可以向行政法院上诉。在规定期限内，行政法院有权取消不具备任职资格条件的公务员职务晋升，以及未经行政对等委员会审查的公务员职务晋升。

（3）对纪律处分的申诉。法国有关部门对公务员违纪情况进行调查时，调查人员必须与公务员本人核对情况，听取公务员的解释和他人的意见，并提前3～5天通知公务员为自己辩护。公务员可在行政对等委员会上为自己辩护。如果公务员对行政纪律处分不服，可以上诉至最高公职委员会或行政法院。最高公职委员会受理申诉要求后，将重新审理，提出相关意见，并据此向公务员所在部门的部长提出意见和建议，部长有权决定是否接受其意见和建议。行政法院重点审查公务员纪律处分程序后裁决，公务员所在部门的首长必须执行该裁决：若违纪事实不存在，取消处分；若定性过高、处分过重，则减轻处分；对开除处分的，经行政法院裁决后证明属于处理错误的，公务员可回到原单位，并补发工资。

6. 德国公务员申诉与控告

《德国公务员法》规定，“公务主管单位应坚持公务忠诚原则，根据公务员及其家属的利益，为在职公务员或已经终结公务关系的公务员提供保障，以保障其履行公务工作，维护其公务员地位”。《德国公务员法》专章规定了公务员的“申诉渠道与权利保护”。德国公务员应根据公务规程提出申请与投诉，也可以直接向最高公务机关申诉。如果公务员要申诉、控告自己的上司，可以直接向更高一级上司或联邦人事委员会申诉、控告。若德国公务员对纪律处分决定不服，可在接到处分决定两周以内向下达纪律处分决定的机关进行申诉；该机关必须在收到申诉书后一周内将其呈送给上一级公务机关或最高公务机关进行裁决。当事人也可直接在规定期限内直接向下达纪律处分决定的机关的上一级机关提出申诉。公务员申诉、控告处理决定应在规定时间内送达公务员本人或供养享受者。若公务员对最高公务机关的裁决不服，可在规定期限内以书面形式向联邦纪律法院提出申请，要求裁决。联邦纪律法院受理申诉案件后，应按照规定搜集证据，进行口头问询，以事实为依据，以法律为准绳，依法裁决。若联邦纪律法院的裁决非终审裁决，允许当事人向联邦行政法院提出申诉。

按照《德国公务员法》以及相关法律法规，公务员有权对侵犯自身合法权益的机关及其领导的行为进行控告。公务员有权依法揭发犯罪行为，当自由、民主的基本秩序受侵害时，公务员有权不受保密条款限制进行维护自由民主的基本秩序。此外，德国公务员工会在权益救济过程中也扮演重要角色，如德国公务员联合会（DBB）、德国领薪雇员工会（DAG）等。劳资双方针对工资、津贴、等级、纪律、服务等内容进行谈判并达成协议。

11.3.2 西方国家公务员申诉与控告制度的特点及启示

1. 权益救济机构多元化

美国、英国、法国、德国、瑞士、日本等西方国家构建了包括公务员工会、行政救济机构、司法救济机构等在内的公务员权益救济机构体系。比如，英国公务员权益救济机构包括公务员工会、惠特利委员会、劳资仲裁法院文官庭、公务员申诉委员会、行政裁判所等；美国公务员的权益救济机构包括公务员工会、申诉委员会、功绩制保护委员会、平等就业机会委员会、联邦劳雇关系局等；法国公务员权益救济机构包括公务员工会、行政对等委员会、最高公职委员会、行政法院等。多元化的公务员权益救济机构拓宽了公务员的维权渠道，有助于更好地维护和保障公务员的合法权益。

我国公务员申诉受理机关包括本级或上一级公务员主管部门、本级党委与政府、上一级机关、监察机关等，我国公务员控告受理机关包括上一级机关、监察机关等。有必要进一步明确我国各类、各级公务员申诉控告受理机关的权限、责任、义务，规范公务员申诉控告的程序，增强公务员主管部门、行政监察机关等申诉控告受理机关的相对独立性，更好地发挥我国公务员工会在维权过程中的重要作用。

2. 行政救济与司法救济相结合，行政救济优先

行政救济通过行政机关内部申诉程序解决人事争议，司法救济通过行政诉讼程序解决人事争议。美国、日本、法国、德国等西方国家在处理公务员人事争议过程中，坚持行政救济与司法救济相结合，行政救济优先。比如美国公务员权益救济坚持“穷尽行政救济”“首要管辖权”等原则。“穷尽行政救济”原则，是指当事人没有利用一切行政救济以前，不能申请法院裁决对他不利的行政决定。“首要管辖权”原则，是指当某一问题既可由法庭也可由行政机构处理时，法院通常应拒绝行使管辖权，而将处理该争议问题的机会首先让给行政机构。

《中华人民共和国公务员法》《公务员申诉规定（试行）》《国家公务员申诉控告暂行规定》《中华人民共和国监察法》等法律法规明确规定了公务员申诉控告的权利，公务员可以通过行政救济以维护自身权益。我国对公务员权益的司法救济相对滞后。有必要完善我国公务员权益的司法救济渠道，以实现行政救济与司法救济相结合，行政救济优先。

3. 申诉控告事由多样化

申诉控告事由是公务员可以提出申诉与控告的法定情形。美国、英国、日本、法国、德国、瑞士等西方国家在公务员管理法及其配套法规中，规定了公务员所享有的基本权利，明确了公务员可以提出申诉与控告的法定事由。比如，美国公务员申诉控告事由涉及歧视性免职、降职、降级、撤职、停职、开除、减薪、辞退等人事处理决定；英国公务员申诉事由涉及被禁止参与政治活动、养老金被没收、被辞退或被要求提前退休、辞退补偿金争议等；日本公务员申诉事由涉及降职、免职、减薪、停职等决定。

按照《中华人民共和国公务员法》《公务员申诉规定（试行）》等法律法规，我国公务员申诉事由涉及：处分，辞退或者取消录用，降职，定期考核定为不称职，免职，申请辞职、提前退休未予批准，未按规定确定或者扣减工资、福利、保险待遇，等等。公务员认为机关及其领导人员侵犯其合法权益的，可依法向上级机关或者有关的专门机关提出控告。在申诉控告过程中，公务员应当基于法定事由提出申诉与控告，受理机关要依法维护和保障其合法权益。

4. 权益救济程序法制化、规范化

程序合法是权益救济的前提条件。美国、英国、日本、法国、德国、瑞士等西方国家在公务员管理法及其配套法规中，严格规定了公务员申诉与控告的程序。比如日本公务员申诉程序包括下发人事处理决定说明书、提出异议、调查取证、审批等过程。

按照我国《公务员申诉规定（试行）》，处理公务员的申诉，应当坚持合法、公正、公平、及时的原则，依照法定的权限、条件和程序进行。《公务员申诉案件办案规则》《中华人民共和国监察法》《监察机关举报工作办法》等法律法规，也明确了公务员申诉、控告的相关程序。在提出、受理公务员申诉与控告案件过程中，公务员以及受理机关应当按照法定程序办事，以实现权益救济程序法制化、规范化。

本章小结

本章分析了公务员申诉与控告的含义与意义，回顾了我国公务员申诉与控告制度演变历程；分析了包括平等、公平、公正、实事求是、有错必纠等在内的公务员申诉与控告的原则，简述了我国公务员申诉与控告的条件、受理机关、程序、义务和法律责任等；比较分析了美国、英国、日本、法国、德国、瑞士等西方国家公务员申诉与控告的条件、程序、受理机关等内容，并归纳总结了西方国家公务员申诉与控告制度的特点及启示。

关键术语

公务员申诉　再申诉　复核　公务员控告　公务员申诉受理机关　公务员控告受理机关　穷尽行政救济原则　监察机关

复习思考题

1. 简述我国公务员申诉与控告的原则。
2. 简述向监察机关申诉的特别程序。
3. 简述我国公务员控告的程序。

4. 简述被申诉、被控告机关及其领导人员的义务与法律责任。
5. 简述西方国家公务员申诉与控告制度的特点及启示。

案　例

福州市纪检监察机关查处 3 起诬告陷害违纪违法案件

2017 年初以来，福建省福州市纪检监察机关连续查处 3 起诬告陷害违纪违法案件。早在 2016 年 7 月 28 日，福州市闽清县纪委就接到举报，称上莲乡新村村委会主任许某、上莲乡纪委书记辛某和副乡长兼司法所所长刘某、副乡长吴某等人，在闽清县 2016 年“7·9”洪灾期间，不顾抗洪救灾任务，擅离职守到白中镇某饭店吃吃喝喝。举报人为闽清县上莲乡新村原党支部书记鄢某与上莲乡新村原村委会主任黄某。接到这一举报后，纪检监察机关立即组成调查组前往上莲乡、白中镇调查核实寻访，与 27 名干部群众谈话。调查过程中，受访干部、群众均证实 4 人均在岗履职。随着调查的深入，真相浮出水面。在众多证据、证词面前，二人承认，他们这么做是因与许某等人有私怨。“他们得罪过我，我当时就是想报复，让他们难受，让他们得不到提拔……”鄢某坦言。2017 年 4 月 16 日，根据《中华人民共和国治安管理处罚法》关于侵害人身权利、诽谤他人的有关规定，闽清县公安局对二人处以罚款。2017 年 4 月 17 日，根据《中国共产党纪律处分条例》，闽清县纪委对二人违反组织纪律的行为予以党内警告处分。

资料来源：何璐．福州市纪检监察机关连续查处 3 起诬告陷害违纪违法案件．(2017-05-26)．http://www.71.cn/2017/0526/949419_3.shtml.

案例分析题：

1. 结合案例，概述查处诬告陷害违纪违法案件的必要性。
2. 结合案例及相关知识，您认为，应当如何加大对诬告陷害违纪违法案件的查处力度？

第 12 章

公务员考试录用

考试录用是公务员管理的进口环节，涉及考试录用的主管机关、录用机关、录用对象、条件、方法、程序、原则等内容。2019 年 7 月，中共中央办公厅印发的《关于贯彻实施公务员法建设高素质专业化公务员队伍的意见》强调，要拓宽公务员队伍来源渠道，优化队伍结构，严格依法依规开展考录等工作。有必要学习和借鉴西方国家公务员考试录用制度的有益成分，结合我国公共部门人力资源现状，推动我国公务员考试录用制度改革。

12.1 我国公务员考试录用

12.1.1 公务员考试录用的内涵、原则、制度演变

1. 公务员考试录用的内涵

公务员考试录用，是指主管机关按照公开、平等、竞争与择优的原则，遵循法定程序、标准、条件，通过考试、考察等方式，面向社会或机关内部选拔优秀人才进入公务员队伍担任公职。

2. 公务员考试录用原则

《中华人民共和国公务员法》规定："录用担任一级主任科员以下及其他相当职级层次的公务员，采取公开考试、严格考察、平等竞争、择优录取的办法。"《公务员录用规定（试行）》指出："录用公务员，坚持公开、平等、竞争、择优的原则，按照德才兼备的标准，采取考试与考察相结合的方法进行。"公务员考试录用坚持公开、平等、竞争与择优的原则。

（1）公开。在公务员考试录用过程中，可采取报纸、杂志、电视、电台、互联网等多

种大众传媒，实现与公务员考试录用有关的信息公开，以满足报考者、用人单位和社会大众的知情权、参与权、监督权。具体而言，以下信息必须及时公开：一是招考的政策、法规必须公开，二是报名的时间、地点、招考条件、招考对象的信息必须公开，三是用人部门、招考职位、任职资格条件必须公开，四是考试的时间、地点、方法和程序必须公开，五是考试成绩、拟录用人员名单、调剂信息必须公开。

（2）平等。《中华人民共和国宪法》规定："中华人民共和国公民在法律面前一律平等。"平等权涉及机会平等、程序平等、结果平等。中华人民共和国年满 18 周岁的公民，不分民族、种族、性别、职业、家庭出身、宗教信仰、财产状况、婚姻状况，只要符合职位要求的资格条件，都有报考公务员的权利和自由。在报考、笔试、面试、考察、体检、录取过程中，主管机关必须秉公执法，认真贯彻平等原则，切实保护考生的合法权益。在坚持平等原则的同时，要注重维护和保障少数民族考生的利益。民族自治地方录用公务员时，依照法律和有关规定对少数民族报考者予以适当照顾。

（3）竞争与择优。公务员考试应当引入竞争机制，择优录取优秀的人才。报考者经过报考资格审查、笔试、面试、资格复审、考察和体检等环节，优胜劣汰，竞争择优。中央机关及其直属机构 2020 年度考试录用公务员，计划招录 24 128 万余人，143.7 万余人报名，通过资格审查人数与录用计划人数之比约为 60：1，竞争最激烈的岗位是中央档案馆国家档案局中国第一历史档案馆复制处一级主任科员及以下一职。

竞争与择优体现在：一是依法加强报名资格审查。二是笔试和面试相结合，科学设计考试题型。三是严格考察。将考试与考察相结合，对考试合格者的德才表现进行综合考察。

3. 我国公务员考试录用制度演变

新中国成立初期，干部录用主要采取三种形式：一是按照计划，由国家统一分配，各机关接收大中专毕业生；二是通过组织调配，安置退伍军人；三是有计划地面向社会上符合条件的人员吸收干部。这种干部选拔制度存在不少弊端，如竞争缺失、选拔标准不明确、范围狭窄。

党的十一届三中全会后，我国积极探索干部录用制度改革，逐渐引入竞争机制。1980 年，中共中央组织部在《关于抓紧选拔优秀中青年干部工作的意见》中要求，各省、市、自治区党委和国家机关有关部委，每年要从应届大学毕业生中挑选一定数量的政治品德好、作风正派、学习成绩优良、身体健康、有培养前途的，放到基层锻炼。劳动人事部于 1982 年出台《吸收录用干部问题的若干规定》，要求"国家机关、事业、企业单位吸收录用干部，可以从全民所有制和集体所有制单位的工人中吸收，或从社会上录用"，"实行公开招收，自愿报名，进行德、智、体全面考核，坚持考试，择优录用"。1983 年 8 月，中共中央组织部下发《关于选调应届优秀大学毕业生到基层培养锻炼的通知》。1987 年，党的十三大提出，"凡进入业务类公务员队伍，应当通过法定考试，公开竞争"。1988 年，七届全国人大一次会议明确指出，国家机关、企事业单位吸收录用干部要实行公开招收，自愿报名，进行德智体全面考核，坚持考试、择优录用的办法。1989 年 1 月，中共中央组织部、人事部联合颁布《关于国家行政机关补充工作人员实行考试办法的通知》，要求"从一九八九年起，国家行政机关补充工作人员，要贯彻公开、平等、竞争的原则，通过考试考核，择优录取，把好‘进口’关”。

1993年出台的《国家公务员暂行条例》提出了公务员录用的概念，规定录用担任主任科员以下非领导职务的国家公务员，要采取公开考试、严格考核的办法，按照德才兼备的标准择优录用。1994年6月，《国家公务员录用暂行规定》的颁布实施，推动了公务员考试录用制度化建设进程。1995年1月7日，中共中央发出《关于抓紧培养选拔优秀年轻干部的通知》。1996年9月10日，人事部、公安部联合下发《公安机关人民警察录用办法》。

2000年9月5日，中共中央组织部颁布《关于进一步做好培养选拔优秀年轻干部工作的意见》，要求“务求选拔优秀年轻干部工作取得新突破”。2003年10月15日，中共中央组织部、人事部下发《关于进一步加强和完善党政机关考试录用工作的通知》。2004年4月，中共中央办公厅下发《公开选拔党政领导干部工作暂行规定》《党政机关竞争上岗工作暂行规定》《党政领导干部公开选拔和竞争上岗考试大纲》。2005年4月出台的《中华人民共和国公务员法》规定：“录用担任主任科员以下及其他相当职务层次的非领导职务公务员，采取公开考试、严格考察、平等竞争、择优录取的办法。”2007年11月6日，人事部下发《公务员录用规定（试行）》，规定了公务员考试录用管理机构、录用计划与招考公告、报名与资格审查、考试、考察与体检、公示、审批或备案、纪律与监督等内容。2008年7月16日，中共中央组织部、人力资源和社会保障部联合下发《新录用公务员任职定级规定》。2009年，中共中央组织部下发《关于注重从基层和生产一线选拔党政领导机关干部的意见》，提出了从基层和生产一线选拔党政领导机关干部的方法途径，包括公务员录用、公开选拔、公开遴选、公务员调任、职位聘任等。2009年11月9日，中共中央组织部、人力资源和社会保障部联合下发《公务员录用考试违纪违规行为处理办法（试行）》，该办法于2016年8月修订。党的十八大部署“深化干部人事制度改革”，要求“注重从基层一线培养选拔干部，拓宽社会优秀人才进入党政干部队伍渠道”，“加大培养选拔优秀年轻干部力度，重视培养选拔女干部和少数民族干部，鼓励年轻干部到基层和艰苦地区锻炼成长”。2011年5月，中共中央组织部、人力资源和社会保障部印发《新录用公务员试用期管理办法（试行）》。2013年1月，中共中央组织部、人力资源和社会保障部联合印发《公务员公开遴选办法（试行）》，规范了遴选原则、范围、程序、纪律与监督等内容。2013年5月，人力资源和社会保障部印发《人事考试工作人员纪律规定》。2014年9月，中央办公厅印发《关于加强乡镇干部队伍建设的若干意见》，规定要加大选拔使用乡镇干部力度。2014年9月，中共中央组织部等部门联合印发《关于做好艰苦边远地区基层公务员考试录用工作的意见》，要求适当降低基层公务员进入门槛，拓宽基层公务员来源渠道，保持基层新录用公务员稳定。《公务员录用面试组织管理办法（试行）》的出台，以及《公务员录用体检通用标准（试行）》和《公务员录用体检操作手册（试行）》的修订，规范了公务员考试面试、体检等工作。2016年7月，人力资源和社会保障部印发的《人力资源和社会保障事业发展“十三五”规划纲要》提出，要探索构建公务员录用分类考试框架体系，完善基层和艰苦边远地区公务员录用制度，加强公务员考试测评基地建设，进一步提高公务员录用考试信息化水平。党的十九大报告提出要“建设高素质专业化干部队伍”，要求“大力发现储备年轻干部，注重在基层一线和困难艰苦的地方培养锻炼年轻干部，源源不断选拔使用经过实践考验的优秀年轻干部。统筹做好培养选拔女干部、少数民族干部和党外干部工作”。《中华人民共和国公务员法》规定，“上级机关应当注重从基层机关公开遴选公务员”，“录用担任一级主任科员以下及其他相当职级层次的公务员，采取公开考试、严格考察、平等竞争、择优录取的办法”。2019 年 6 月 19 日，中共中央办公厅印发《关于鼓励引导人才向艰苦边远地区和基层一线流动的意见》，强调要坚持从艰苦边远地区和基层一线实际出发，因地制宜、分类施策，完善编制管理、职称评审、人才招录和柔性流动政策。

12.1.2 公务员考试录用类型

根据公务员考试录用的管理体制、招录部门、职务、职级与职位、资格条件、考试程序与内容等因素差异，可以将我国公务员考试录用分为以下类型：

1. 中央/省/市级机关及其直属机构公务员考试录用

（1）中央机关及其直属机构公务员考试录用。中央机关及其直属机构公务员考试录用由中共中央组织部、人力资源和社会保障部、国家公务员局组织实施，录用担任一级主任科员以下及其他相当职级层次公务员。按照《中央机关及其直属机构 2020 年度考试录用公务员公告》，考试内容包括公共科目笔试、面试和专业科目考试。公共科目包括行政职业能力测验和申论，考试时间分别为 120 分钟（9：00—11：00）、180 分钟（14：00—17：00）。

延伸阅读

中央机关及其直属机构 2019 年考录公务员笔试划定合格线

中央机关及其直属机构 2019 年度考试录用公务员笔试成绩于 2019 年 1 月 18 日公布。省级（含副省级）及以上机构职位合格分数线为，总分不低于 105 分，且行政职业能力测验不低于 60 分。市（地）、县（区）级机构职位合格分数线为，总分不低于 90 分，且行政职业能力测验不低于 50 分。给予政策倾斜职位的合格分数线为：(1) 西部地区和艰苦边远地区（山西、内蒙古等 15 个省区市）市（地）、县（区）级机构职位合格分数线为：总分不低于 85 分，且行政职业能力测验不低于 45 分。(2) 大学生村官、“三支一扶”等服务基层项目人员定向招录职位合格分数线为：总分不低于 85 分，且行政职业能力测验不低于 45 分。(3) 非通用语职位合格分数线为：总分不低于 85 分，且行政职业能力测验不低于 45 分。(4) 特殊专业职位合格分数线为：总分不低于 85 分，且行政职业能力测验不低于 45 分。(5) 中国银保监会、中国证监会职位和公安机关人民警察职位公共科目分数线按照职位所属层级划定，且专业科目考试不低于 45 分。

（2）省级机关及其直属机构公务员考试录用。省级机关及其直属机构公务员考试由各省委组织部、省人力资源和社会保障厅、省公务员局组织实施，录用担任一级主任科员以下及其他相当职级层次公务员和参照公务员法管理机关（单位）工作人员。比如按照《福建省 2019 年度考试录用公务员公告》，考试内容包括笔试（公共科目、专业科目）和面试。报考 A 类职位者，笔试公共科目为行政职业能力测验和申论；报考 B 类职位者，笔试公共科目为行政职业能力测验。其中，行政职业能力测验和申论的考试时间分别为120分钟（9:00—11:00）、150分钟（14:00—16:30）。

（3）市级机关及其直属机构公务员考试录用。市（副省级、地级）级机关及其直属机构公务员考试由市委组织部、市人力资源和社会保障局、市公务员局组织实施，录用担任一级主任科员以下及其他相当职级层次公务员和参照公务员法管理机关（单位）工作人员。比如，按照《广州市2019年考试录用公务员公告》，考试内容包括笔试和面试，笔试科目为行政职业能力测验和申论，考试时间分别为90分钟（08:00—09:30）、120分钟（10:30—12:30）。

2. 选调生考试录用

选调生，是对各省党委组织部门有计划地从高等院校选调品学兼优的应届大学本科及其以上毕业生到基层工作，并进行重点培养的群体的简称。2017年1月24日，中共中央办公厅、国务院办公厅印发《关于进一步引导和鼓励高校毕业生到基层工作的意见》，强调"实施高校毕业生基层项目，发挥项目示范引领作用"。2018年4月，中共中央组织部印发《关于进一步加强和改进选调生工作的意见》。选调生考试录用由各省委组织部、省委教育工作委员会等部门联合组织，选调生原则上充实到基层。组织开展选调生工作，坚持公开、平等、竞争、择优的原则，采取个人报名与组织推荐、考试与考核相结合的办法，按照一定程序进行选拔录取。按照中共福建省委组织部等部门联合下发的《关于做好2019年应届优秀大学毕业生和2017年大学生村官选调工作的通知》，福建省2019年计划选拔选调生650名，其中，计划从省内外部分全日制普通高等院校的福建生源2019年应届本科、硕士优秀毕业生中，选拔430名选调生；计划从福建省2017年在岗大学生村官中，选拔党政类选调生220名；面向省内外高校全日制2019年应届博士优秀毕业生，选拔一定数量的选调生，名额不作指令性计划安排。该省选调工作程序包括确定划分名额、报名和资格审查、统一组织考试、分批安排体检、确定考核人选、深入考察、确定拟录用人选、公示、组织体检、决定录用等。其中，统一考试内容包括行政职业能力测验、申论，考试时间分别为90分钟（14:00—15:30）、100分钟（15:30—17:10）。博士研究生考试科目为申论，考试时间为下午2:00—5:10。

3. 党政领导机关干部公开遴选考试录用

公开遴选，是指市（地）级以上机关从下级机关公开择优选拔任用内设机构公务员。党政领导机关干部公开遴选考试录用由中央与省级党委组织部门、公务员主管部门组织实施。《关于注重从基层和生产一线选拔党政领导机关干部的意见》规定："各级党政领导机关要有计划地面向下级机关公务员进行公开遴选。"2013年1月，中组部、人力资源和社会保障部联合下发《公务员公开遴选办法（试行）》。《中华人民共和国公务员法》规定，"上级机关应当注重从基层机关公开遴选公务员"。公开遴选坚持德才兼备、以德为先，坚持民主、公开、竞争、择优，坚持能力素质与职位要求相适应，坚持考试与考察相结合，按照发布公告、报名与资格审查、考试、组织考察、决定与任职等程序进行。比如，按照《2019年度中央机关公开遴选和公开选调公务员公告》，2019年度中央机关公开遴选职位包括副处长、副调研员和主任科员及以下，考试分为笔试和面试；处级公开遴选职位和公开选调职位考案例分析与对策性论文一科（A类），主任科员以下公开遴选职位考案例分析一科（B类），满分均为 100 分。面试主要测试履行职位职责所要求的基本素质和能力，满分为 100 分；各部门可根据需要增加职位业务水平测试，测试成绩占面试成绩的 30%。

4. 党政领导干部公开选拔、竞争上岗考试录用

按照 2019 年新修订的《党政领导干部选拔任用工作条例》，研判和动议时，根据工作需要和实际情况，如确有必要，也可以把公开选拔、竞争上岗作为产生人选的一种方式。领导职位出现空缺且本地区本部门没有合适人选的，特别是需要补充紧缺专业人才或者配备结构需要干部的，可以通过公开选拔产生人选；领导职位出现空缺，本单位本系统符合资格条件人数较多且需要进一步比选择优的，可以通过竞争上岗产生人选。公开选拔、竞争上岗一般适用于副职领导职位。公开选拔、竞争上岗应当结合岗位特点，坚持组织把关，突出政治素质、专业素养、工作实绩和一贯表现，防止简单以分数、票数取人。公开选拔、竞争上岗设置的资格条件突破规定的，应事先报上级组织（人事）部门审核同意。

（1）党政领导干部公开选拔考试录用。按照《公开选拔党政领导干部工作暂行规定》，公开选拔工作在党委（党组）领导下，由组织（人事）部门组织实施，考试内容按《党政领导干部公开选拔和竞争上岗考试大纲》设置。公开选拔适用于选拔地方党委、人大常委会、政府、政协、纪委工作部门或者工作机构的领导成员以及其他适于公开选拔的领导成员或者其人选，考试分为笔试和面试。比如，按照中共滨州市委组织部发布的 2019 年《关于公开选拔部分领导干部人选的公告》，面向全省公开选拔部分优秀领导干部人选共 4 名，其中包括滨州市商务局副局长人选 1 名、滨州市地方金融监督管理局副局长人选 1 名等。

（2）党政领导干部竞争上岗考试录用。按照《党政机关竞争上岗工作暂行规定》，党政机关竞争上岗工作在本单位党委（党组）领导下，由组织（人事）部门组织实施，考试内容按《党政领导干部公开选拔和竞争上岗考试大纲》设置。党政领导干部竞争上岗考试适用于选拔任用中央、国家机关内设的司局级、处级机构领导成员，县级以上地方各级党委、人大常委会、政府、政协、纪委、人民法院、人民检察院机关或者工作部门的内设机构领导成员，竞争上岗考试分为笔试和面试。在党政领导干部竞争上岗实践中，对竞争上岗程序进行优化、改进，凸显了经历业绩评价、演讲答辩等环节。比如，2017 年 11 月，昆明市 18 家市直单位科级正职干部开展“全员卧倒式”竞争上岗，力求达到两个“20%以上”：转任轮岗人数要达到竞岗前现任科级正职人数的 20%以上，退出职位人数要达到竞岗前现任科级正职人数的 20%以上；此次竞争上岗的程序为“试点单位制定方案—公布方案—公开报名及资格审查—经历业绩评价—演讲答辩—组织考察—讨论决定—公示任职”等八个阶段。

按照《党政领导干部公开选拔和竞争上岗考试大纲》，公开选拔和竞争上岗考试包括公共科目笔试、专业科目笔试和面试。公共科目笔试范围包括政治、经济、法律、管理、科学技术及历史、国情国力、公文写作与处理，专业科目笔试范围包括选拔职位需要的专业基础知识、专业管理知识和专业政策法规知识。面试注重测试应试者在领导能力素质和个性特征等方面与选拔职位的匹配程度，可使用无领导小组讨论、公文筐测验、角色扮演、演讲等测评方法。

5. 聘任制公务员考试录用

按照《聘任制公务员管理规定（试行）》，机关聘任公务员，一般应当面向社会公开招聘，按照发布招聘公告、报名与资格审查、考试测评、考察与体检、公示、审批或者备案、办理聘任手续等规定程序进行。考试测评采取笔试、面试等方式进行，突出岗位特点，重点测查应聘人员的专业素养、业务能力和岗位匹配程度。聘任制公务员考试录用由各级公务员主管部门、国家机关组织实施。《中华人民共和国公务员法》规定："机关聘任公务员可以参照公务员考试录用的程序进行公开招聘，也可以从符合条件的人员中直接选聘。"聘任制公务员的招聘形式、考试内容与方法、管理办法等由主管部门依法确定。比如，根据《2019 年山西省太原市招聘聘任制公务员公告》，面向海内外公开招聘 6 名聘任制公务员，采取面试和综合评价；实行协议年薪制，20 万元到 30 万元不等。

6. 选聘生考试

选聘生考试，即"大学生村官"考试，是指由各级党委组织部等部门组织实施的，以选拔、组织高校毕业生到农村任职为目的的考试录用形式。大学生村官岗位性质为"村级组织特设岗位"，是国家开展的选派项目，其工作、生活补助和享受保障待遇应缴纳的相关费用等由中央和地方财政共同承担。自 2008 年起，由中共中央组织部牵头，各省委组织部负责实施"选聘生"考试。中共中央组织部、人力资源和社会保障部先后下发《关于开展从优秀村干部中考试录用乡镇机关公务员工作的意见》和《关于注重从基层和生产一线选拔党政领导机关干部的意见》。2009 年 4 月 20 日，中共中央组织部、人力资源和社会保障部、教育部、财政部、共青团中央等部门联合发布《关于统筹实施引导高校毕业生到农村基层服务项目工作的通知》，明确规定到农村基层服务项目包括：中央组织部牵头组织的"选聘高校毕业生到村任职工作"、教育部牵头组织的"农村义务教育阶段学校教师特设岗位计划"、人力资源和社会保障部组织的高校毕业生"三支一扶"计划、共青团中央组织的"大学生志愿服务西部计划"等项目，并要求各省、自治区、直辖市地（市）级以上党政机关录用公务员，要坚持"凡进必考"，并明确录用具有两年以上基层工作经历的人员比例，县及乡镇机关要拿出一定职位，专门招考到村任职等专门项目的大学生。

2010 年 5 月，中共中央组织部等部门联合下发《关于做好大学生"村官"有序流动工作的意见》，要求从大学生村官中"择优招录乡镇和其他党政机关公务员"。按照中共中央组织部等部门于 2010 年颁发的《关于开展从大学生"村官"等服务基层项目人员中考试录用公务员工作的通知》，各省区市每年应拿出公务员考录计划的 10%～15%，面向大学生"村官"等服务基层项目人员定向考录。中共中央组织部、教育部、国家公务员局等部门于 2012 年 7 月联合下发《关于进一步加强大学生村官工作的意见》。按照湖北仙桃《全市 2019 年选聘大学生村干部和红色物业大学生公告》，拟选聘大学生村干部 200 人左右，分配到 15 个乡镇和排湖风景区所属行政村，倾斜重点贫困村和环排湖乡村振兴示范村；选聘红色物业大学生 20 人左右，分配到城区"三办一园"所属城市社区，倾斜试点社区及纯社区。笔试科目为综合知识测试，笔试时间为 120 分钟。

12.1.3 公务员考试录用条件

公务员报考者必须符合法定的基本条件和资格条件。公务员录用主管机关应加强对报考者的报考资格审查，一旦发现报考者具有考试录用的限制性情形，应停止录用。

1. 公务员考试录用的基本条件

按照《中华人民共和国公务员法》《公务员录用规定（试行）》，公务员报考者应当具备下列基本条件：（1）具有中华人民共和国国籍；（2）年满 18 周岁，35 周岁以下；（3）拥护中华人民共和国宪法；（4）具有良好的品行；（5）具有正常履行职责的身体条件；（6）具有符合职位要求的工作能力；（7）具有大专以上文化程度；（8）省级以上公务员主管部门规定的拟任职位所要求的资格条件；（9）法律、法规规定的其他条件。

其中，第（2）（7）项所列条件，经省级以上公务员主管部门批准，可以适当调整。例如，按照《中央机关及其直属机构 2020 年度考试录用公务员公告》，对报考者的年龄条件限制一般为 18 周岁以上、35 周岁以下，但应届毕业硕士研究生和博士研究生（非在职）年龄可放宽到 40 周岁以下。

2. 公务员考试录用的资格条件

按照《中华人民共和国公务员法》，公务员职位类别按照公务员职位的性质、特点和管理需要，划分为综合管理类、专业技术类和行政执法类等。不同公务员职务、职级与职位的工作性质、责任轻重、工作任务不同，任职资格条件具有一定差异。公务员报考者，除应当具备《中华人民共和国公务员法》规定的基本条件外，还应当具备省级以上公务员主管部门规定的拟任职位所要求的资格条件。资格条件是拟任职位所必需的，如专业要求、工龄、工作经历、政治条件等，但不能规定歧视性的资格条件。公务员主管部门和招录机关不得设置与职位要求无关的报考资格条件。资格条件不得与《中华人民共和国公务员法》《公务员录用规定（试行）》中明确规定的条件相冲突。此外，国家对行政机关中初次从事行政处罚决定审核、行政复议、行政裁决、法律顾问的公务员实行统一法律职业资格考试制度，由国务院司法行政部门商有关部门组织实施。

近年来，我国各级公务员考试录用过程中注重选拔具备基层和生产一线工作经历的工作人员。基层和生产一线工作经历，是指具有在县级以下党政机关、国有企事业单位、村（社区）组织及其他经济组织、社会组织等工作的经历。离校未就业高校毕业生到高校毕业生实习见习基地（该基地为基层单位）参加见习或者到企事业单位参与项目研究的经历，可视为基层工作经历。在军队团和相当于团以下单位工作的经历，退役士兵在军队服现役的经历可视为基层工作经历。报考中央机关的人员，在地（市）直属机关工作的经历，也可视为基层工作经历。

按照《中央机关及其直属机构 2020 年度考试录用公务员公告》，中央机关及其省级直属机构除部分特殊职位和专业性较强的职位外，主要招录具有两年以上基层工作经历的人员，中央机关直属市（地）级机构职位、县（区）级及以下机构职位（含参照公务员法管理的事业单位）10%～15%的计划用于招录服务期满、考核合格的大学生村官，“三支一扶”计划、“农村义务教育阶段学校教师特设岗位计划”、“大学生志愿服务西部计划”等服务基层项目人员和在军队服役 5 年（含）以上的高校毕业生退役士兵。地处艰苦边远地区的中央机关直属县（区）级及以下机构职位（含参照公务员法管理的事业单位），根据《关于做好艰苦边远地区基层公务员考试录用工作的意见》采取降低学历要求、放宽专业条件、不限工作年限和经历、单独划定笔试合格分数线等措施，适当降低进入门槛。

延伸阅读

徐州“女硕士因专业不符遭拒录”案一审：拒录有据，程序违法

2018 年 2 月 23 日，女硕士纪元“因专业不符遭拒录”起诉徐州市人社局一案在徐州铁路运输法院一审宣判。法院审理认为，徐州市人社局取消纪元事业单位聘用资格，事实清楚，证据充分，法律依据明确，但程序违法，判决确认徐州市人社局取消纪元聘用资格行为违法，驳回纪元的其他诉讼请求。纪元毕业于江苏师范大学“比较文学与世界文学”专业，是徐州市城乡建设局下属信息中心的编制外聘用人员，于 2016 年 3 月报考徐州市城市房屋征收办公室事业编制工作人员，其后通过报名资格审查、笔试、面试、体检、考察等程序。但在公示拟聘人员名单前，徐州市人社局审核认为，纪元所学专业与招聘公告上专业要求不符，不能作为被聘用的对象，遂口头告知徐州市城乡建设局。根据此前的招聘公告，纪元报考岗位的专业要求为“文艺学，语言学及应用语言学，汉语言文字学，中国现当代文学，新闻学，中国语言文学”。而据江苏师范大学出具的《关于纪元同志所学专业为中国语言文学学科的证明》，纪元所学专业为教育部认定的“中国语言文学”一级学科下属的硕士二级专业方向。用人单位徐州市城乡建设局此前也表示，纪元所学专业属“中国语言文学”下的二级学科，符合招聘条件。法院审理认为，徐州市人社局对此次招聘工作具有指导、监督和查纠职权，取消纪元聘用资格具有事实根据和法律依据。招聘公告确定本次招聘岗位专业参考目录为《2016 年徐州市公务员招录考试专业参考目录》，已经对外公示，考生和招聘单位均已知晓，且应当予以遵循。“中国语言文学”在该参考目录中为“中文文秘类”下的具体专业，而非专业类别（大类）。同时，招聘公告对各个岗位均设置了明确的专业条件，设置到大类的均在名称后注“类”字，设置到具体专业则列明具体专业名称。涉案岗位的专业要求为 6 个具体专业，“中国语言文学”是其中之一。法院同时认定，徐州市人社局取消纪元聘用资格程序违法，取消资格前未告知陈述、申辩的权利，违反正当程序原则及事业单位公开招聘程序要求，在招聘过程中也存在对招聘单位及其主管部门监督不及时、对报考资格把关不严的不当之处。一审宣判后，纪元的父亲表示，对判决结果无法接受，会继续上诉。他认为在法院判决中作为重要依据的《2016 年徐州市公务员招录考试专业参考目录》由徐州市人社局制定，且其中对专业的分类，明显与国家级的学科分类目录存在不同。2018 年 8 月 28 日，徐州市中级人民法院二审行政裁定书显示，准许上诉人纪元撤回上诉。

资料来源：徐州“女硕士因专业不符遭拒录”案一审：拒录有据，程序违法.（2018-02-23）. http://www.xinhuanet.com/2018-02/23/c_1122444073.htm.

3. 公务员考试录用的限制性条件

按照《中华人民共和国公务员法》，下列人员不得录用为公务员：（1）因犯罪受过刑事处罚的。犯罪包括故意犯罪和过失犯罪。刑事处罚包括刑法规定的主刑，即管制、拘役、有期徒刑、无期徒刑、死刑，也包括附加刑，即罚金、剥夺政治权利、没收财产。（2）被开除中国共产党党籍的。（3）被开除公职的。开除公职是指依法定的程序被用人单位开除。公职，主要是指在党的机关、国家机关、国有企业事业单位、人民团体等单位中

从事公务的职务或职级。(4) 被依法列为失信联合惩戒对象的。2016年5月，国务院下发《关于建立完善守信联合激励和失信联合惩戒制度加快推进社会诚信建设的指导意见》，规定对重点领域和严重失信行为实施联合惩戒。(5) 有法律规定不得录用为公务员的其他情形的。

报考者不得报考与招录机关人员有《中华人民共和国公务员法》第七十四条所列情形的职位，即报考者必须符合公务员任职回避规定。《中华人民共和国公务员法》规定："公务员之间有夫妻关系、直系血亲关系、三代以内旁系血亲关系以及近姻亲关系的，不得在同一机关担任双方直接隶属于同一领导人员的职位或者有直接上下级领导关系的职位工作，也不得在其中一方担任领导职务的机关从事组织、人事、纪检、监察、审计和财务工作。公务员不得在其配偶、子女及其配偶经营的企业、营利性组织的行业监管或者主管部门担任领导成员。因地域或者工作性质特殊，需要变通执行任职回避的，由省级以上公务员主管部门规定。"

按照《中央机关及其直属机构2020年度考试录用公务员公告》，现役军人、在读的非应届毕业生、在职公务员和参照公务员法管理的机关（单位）工作人员，不能报考。因犯罪受过刑事处罚的人员、被开除中国共产党党籍的人员、被开除公职的人员、被依法列为失信联合惩戒对象的人员、在各级公务员招考中被认定有舞弊等严重违反录用纪律行为的人员、公务员和参照公务员法管理的机关（单位）工作人员被辞退未满5年的，以及法律法规规定不得录用为公务员的其他情形的人员，不得报考。报考人员不得报考录用后即构成回避关系的招考职位。

12.1.4 公务员考试录用程序

1. 制订录用计划，发布招考公告

招录机关根据职位空缺情况和职位要求，提出招考的职位、名额和报考资格条件，拟定录用计划。公务员主管部门依据招考工作方案，制定招考公告，并通过报纸、电视、电台、互联网等手段，面向社会发布。招考公告应当载明以下内容：招录机关、招考职位、名额和报考资格条件，报名方式方法、时间和地点，报考需要提交的申请材料，考试科目、时间和地点，其他须知事项。

2. 报名与资格审查

符合法定条件的公民，都可依法报考公务员。公务员考试报名的程序包括职位查询、网上报名、报名确认、网上打印准考证。报考者应向招录机关提交报考申请材料，申请材料应当真实、准确。招录机关根据报考资格条件对报考申请进行审查，在规定时间内确认报考者是否具有报考资格。按照《中央机关及其直属机构2020年度考试录用公务员公告》，报考人员提交虚假报考材料的，一经查实，即取消报考资格。对伪造、变造有关证件、材料、信息，骗取考试资格的，按照公务员录用考试违纪违规的有关规定严肃处理。

3. 考试

公务员录用考试采取笔试和面试的方式进行。笔试包括公共科目和专业科目。其中，公共科目的内容包括行政职业能力测验、申论。笔试结束后，招录机关按照省级以上公务员主管部门的规定，根据笔试成绩由高到低确定面试人选。面试内容分为若干测评要素，主要包括综合分析能力、言语表达能力、应变能力、计划组织协调能力、人际交往的意识与技巧、自我情绪控制、求职动机与拟任职位的匹配性、举止仪表和专业能力等。

4. 考察与体检

招录机关按照省级以上公务员主管部门的规定，根据报考者的考试成绩由高到低的顺序确定考察人选，并对其进行报考资格复审和考察。报考资格复审主要核实报考者是否符合规定的报考资格条件，确认其报名时提交的信息和材料是否真实、准确。考察内容主要包括报考者的政治思想、道德品质、能力素质、学习和工作表现、遵纪守法、廉洁自律以及是否需要回避等方面的情况。要强化对报考者的政治素质考察，严把公务员考录的“政治关”。比如，2019 年 7 月，浙江兰溪市出台《公务员录用政治素质考察实施办法》，围绕“政治思想、道德品质”两大类，明确政治考察包括“政治立场、政治态度、政治纪律、政治学习、社会公德、职业道德、个人品德、家庭美德”八个方面，以政治考察合格与不合格为界定标准，综合分析不宜录用为公务员的情形。

体检工作由设区的市级以上公务员主管部门负责组织，招录机关实施。体检的项目和标准要遵循《公务员录用体检通用标准（试行）》及《公务员录用体检操作手册（试行）》，依照国家统一规定执行。报考对身体条件有特殊要求职位的考生，其身体条件应当符合《公务员录用体检通用标准（试行）》《公务员录用体检特殊标准（试行）》。

5. 公示、审批或备案

招录机关根据报考者的考试成绩、考察情况和体检结果，择优提出拟录用人员名单，向社会公示，公示时间为 7 天。公示内容包括招录机关名称，拟录用人员的姓名、性别、准考证号、毕业院校，或者工作单位、监督电话以及省级以上公务员主管部门规定的其他事项。中央机关及其直属机构拟录用人员名单报中央公务员主管部门备案，地方各级招录机关拟录用人员名单报省级或者设区的市级公务员主管部门审批。

6. 任职定级

按照《新录用公务员试用期管理办法（试行）》：“新录用公务员试用期自报到之日起计算，试用期为一年。”新录用的公务员试用期内，由招录机关对新录用的公务员进行考察，并安排必要的培训。试用期满合格的，予以任职；试用期不合格的，取消录用。新录用公务员任职定级，应当在规定的机构规格、编制、职数限额以及一级主任科员以下及其他相当职级层次的职级范围内，按照拟任职级及其对应的级别进行。考核合格的新录用公务员，按《中华人民共和国公务员法》《新录用公务员任职定级规定》《公务员职务与职级并行规定》《公务员职务与职级并行制度实施方案》等有关法律法规进行任职定级。

（1）直接从各类学校毕业生中录用没有工作经历的：高中和中专毕业生，任命为二级科员、二级行政执法员或者相当层次职级，定为二十七级；大学专科毕业生，任命为一级科员、专业技术员、一级行政执法员或者相当层次职级，定为二十六级；大学本科毕业生、获得双学士学位的大学本科毕业生（含学制为六年以上的大学本科毕业生）、研究生班毕业和未获得硕士学位的研究生，任命为一级科员、专业技术员、一级行政执法员或者相当层次职级，定为二十五级；获得硕士学位的研究生，任命为四级主任科员、四级主管、四级主办或者相当层次职级，定为二十四级；获得博士学位的研究生，任命为二级主任科员、二级主管、二级主办或者相当层次职级，定为二十二级。

（2）具有工作经历的，可根据其资历和工作年限，比照本机关同等条件人员，确定职级与级别。

（3）国家对法官、检察官等的任职定级另有规定的，从其规定。

（4）新录用公务员任职时间从试用期满之日起计算。

12.1.5　公务员考试录用管理与监督

1. 公务员考试录用管理

中央公务员主管部门负责全国公务员录用的综合管理工作，组织中央机关及其直属机构公务员录用。省级公务员主管部门负责本辖区公务员录用的综合管理工作，组织本辖区内各级机关公务员的录用。必要时，省级公务员主管部门可以授权设区的市级公务员主管部门组织本辖区内公务员录用。设区的市级以下各级公务员主管部门按照省级公务员主管部门规定，负责本辖区内公务员录用的有关工作。招录机关按照公务员主管部门的要求，承担本机关公务员录用的有关工作。

2. 公务员考试录用监督

严格执行《公务员录用考试违纪违规行为处理办法》《公务员录用规定（试行）》，加强公务员考试录用监督。公务员主管部门和招录机关应及时受理举报，按管理权限处理。

（1）从事录用工作的人员凡有以下情形的，应当实行回避：涉及本人利害关系的，涉及与本人有《中华人民共和国公务员法》第七十四条第一款所列亲属关系人员的利害关系的，本人有《中华人民共和国公务员法》第七十六条所列情形的，其他可能影响公正执行公务的。

（2）有下列情形之一的，由省级以上公务员主管部门或设区的市级公务员主管部门，视情况分别予以责令纠正或者宣布无效；对负有领导责任和直接责任的人员，根据情节轻重，给予批评教育、调离录用工作岗位或者给予处分；构成犯罪的，依法追究刑事责任：不按规定的编制限额和职位要求进行录用的；不按规定的资格条件和程序录用的；未经授权，擅自出台、变更录用政策，造成不良影响的；录用工作中徇私舞弊，情节严重的。

（3）从事录用工作的人员有下列情形之一的，由公务员主管部门或所在单位，视情节轻重，给予批评教育、调离录用工作岗位或给予处分；构成犯罪的，依法追究刑事责任：泄露试题和其他考录秘密信息的；利用工作便利，伪造考试成绩或者其他招考工作的有关资料的；利用工作便利，协助报考者考试作弊的；因工作失职，导致招考工作重新进行的；违反录用工作纪律的其他行为。录用工作人员因违纪违规行为受到处分不服的，可依法申请复核或提出申诉。

（4）对违反录用纪律的报考者，视情节轻重，分别给予批评教育，取消考试、考察和体检资格，不予录用或取消录用等处理。其中，有舞弊等严重违反录用纪律行为的，5年内不得报考公务员。构成犯罪的，依法追究刑事责任。报考者对违纪违规行为处理决定不服的，可以依法申请行政复议或者提起行政诉讼。

延伸阅读

公考“雷同试卷”被判成绩无效

2017 年 4 月，刘伶（化名）参加了 2017 年某市公务员考试，报考市教育系统某机关处室。5 月 12 日，她在网上查到了笔试成绩，排名第三；6 月 10 日面试中，她第一名，总成绩升至第一。然而，接下来事情发生了逆转。8 月 30 日，她被该市人才考评中心约谈告知，她的行政职业能力测验试卷被判定为雷同试卷，成绩取消。她不服：“我没作弊，凭什么取消我的成绩?”从口头抗议到书面申诉，又向市人力资源和社会保障局申请了行政复议，她得到的回复始终是：试卷雷同，成绩无效。2017 年 9 月 4 日，市人才考评中心向刘伶送达了《公务员考试成绩无效处理告知书》。刘伶多次通过口头和书面形式提出申辩，表示无法接受没有调查核实雷同原因、没有违纪证据却取消成绩的“自相矛盾”的处理办法。但她的申辩无效。9 月 11 日，市人才考评中心向她送达《公务员考试成绩无效处理决定书》。刘伶申请行政复议，要求撤销处理决定。12 月 1 日，她收到市人力资源和社会保障局的《行政复议决定书》，维持原处理决定，认定市人才考评中心的决定符合法律法规规定，事实清楚，证据确凿，程序合法。各地对“试卷雷同”考生一票否决的依据为《公务员考试录用违纪违规行为处理办法》，即“在阅卷过程中发现报考者之间同一科目作答内容雷同，并经阅卷专家组确认的，由具体组织实施考试的机构给予其该科目（场次）考试成绩无效的处理”，对于“报考者之间同一科目作答内容雷同，并有其他相关证据证明其作弊行为成立的”，视情形记入公务员考试诚信档案 5 年或长期记录；“省级以上考试机构确定作答内容雷同的具体方法和标准”。刘伶对这种方式提出质疑，认为依据过于单一，应进一步调查核实违纪行为。为了讨个说法，她决定向法院起诉。

资料来源：胡春艳. 就想知道我到底跟谁“试卷雷同”了.（2017-12-29）. http://zqb.cyol.com/html/2017-12/29/nw.D110000zgqnb_20171229_1-08.htm.

12.2 西方国家公务员考试录用

20 世纪中后期以来，随着新公共管理改革的推进，西方国家不断改革和创新公务员考试录用的内容、方法、程序，拓宽考试录用的范围、渠道、对象。

12.2.1 西方国家公务员考试录用概况

1. 英国公务员考试录用

英国是西方国家文官制度的发祥地。1854 年，斯塔福德·诺斯科特、查尔斯·屈维廉在《关于建立英国常任文官制度的报告》中建议确立公开竞争考试制度。1855 年，英国政府颁布《关于录用王国政府文官的枢密院令》，决定设立“文官事务委员会”，主管公务员考试录用事宜。1870 年 6 月 4 日，英国政府颁发关于公务员制度改革的第二个枢密院令，规定以后所有文官职位任命必须按文官事务委员会要求进行公开竞争性考试。1930年，汤姆林文官考试委员会成立，英国文官考试加大口试力度。

随着 1968 年《富尔顿报告》的出台，英国公务员考试录用制度更加健全，公共职位的开放性更强。英国公务员考试录用体现了“公开、平等、竞争、择优”原则。1996 年，英国政府对一般公务员、高级公务员录用分类管理，一般公务员管理权限下放给各部门，录用对象、程序、方法、任职资格条件各不相同。此外，英国政府自 1998 年起实施“快速通道”选拔录用计划。

(1) 英国高级公务员录用。高级公务员包括常务次官、次官、副次官、主管、助理次官等职位的公务员。根据英国《高级公务员录用指导》《录用法》，高级公务员录用法定程序为：第一，依法将需要公开竞争的高级公务员职位报请公务员委员会、内阁办公厅、财政部审批；第二，发布招录公告；第三，选拔，包括初选、复选；第四，公务员委员会批准选拔结果，如有必要，需征得部长、财政部、内阁办公厅同意；第五，任前检查，包括健康、个性、国籍等；第六，签订正式的聘任合同；第七，填写高级公务员公开竞争任命报告表，并提交公务员委员会办公室；第八，保留所有录用资料 12 个月，以备查。

(2) 英国一般公务员录用。英国没有集中统一的公务员考试，各部门、执行机构根据职位空缺情况自行安排本部门的一般公务员考试录用。按照竞争性程度，公务员录用分为非公开竞争性录用、公开竞争性录用。第一，非公开竞争性录用。按照《录用法》，以下情形适用于非公开竞争性录用：短期任用（不超过 5 年）；短期任用延期，或转为常任职位；暂调；对前公务员的重新任用；转任；调剂录用；对残障人士的特殊安排；部长任命的特别顾问；皇家直接任命者；等等。第二，公开竞争性录用。公开竞争性录用由各部门和执行机构按照《英国公务员管理法》《录用法》自行组织。录用程序包括：公布职位空缺；签发包括种族监督表在内的申请表；检查申请者的材料；初试、复试，包括书面和口头测试；确定拟录取名单，并报请审批；办理任职手续。公开竞争性考试适用对象包括文书级、执行级和行政级公务员。

(3) 快速通道。“快速通道”，即“公务员加速发展计划”，旨在培训和开发有潜质的公务员，使之快速提升到高级公务员职位，进入快速通道的公务员是“快速通道者”。快速通道者将获得一系列针对性培训与开发等便利，通常 5 年后可晋升到高级职位。

2. 美国公务员考试录用

1883 年，美国国会通过《彭德尔顿法》，确立了“竞争性考试”原则。按照《彭德尔顿法》，美国联邦政府建立了负责文官考试与管理的“文官事务委员会”，并要求联邦文官职位在任何层次上向全社会所有阶层开放。1978 年《文官制度改革法》的出台，以及 20 世纪中后期“重塑人力资源管理”运动的开展，推动了美国公务员考试录用制度的发展。

按照考试是否具有竞争性，美国公务员考试可以分为“竞争性考试”和“非竞争性考试”。其中，参加非竞争性考试的考生只要成绩合格就能被录取；参加竞争性考试的考生，在成绩合格的基础上，人事管理机构根据成绩高低按照职位的 1：7 向用人单位推荐候选人，并由单位主管确定最终录用名单。

美国公务员考试方法包括笔试、口试、情景模拟、工作能力测试、资历评价等。其中，笔试用于招考刚从学校毕业的学生，主要考察应试者的专业知识、分析能力、语言水平和写作水平。口试主要针对有一定工作资历和工作经验而不需要参加笔试的报考人员，主要测验应试者的语言表达能力、综合分析能力、判断能力和听力。

3. 日本公务员考试录用

按照《日本国家公务员法》，“所有公务员的任用，依照本法和人事院规则的规定，根据考试成绩、工作成绩或其他能力的实际考核进行；公务员录用应采取竞争性考试；但对于人事院规则规定的职务，经人事院批准时，也可以采取竞争性考试以外的能力测验方法考核选拔”。日本公务员考试体现了公开、平等、竞争、择优的原则。《日本国家公务员法》规定：“国民不分种族、信仰、性别、社会身份、家庭出身、政治见解和政治所属关系，在本法面前一律平等。”按照考试、考核成绩高低，择优录取公务员。按照招录对象，日本公务员考试分为国家公务员考试、地方公务员考试。根据日本人事院于 2018 年 8 月公布的数据，日本公务员总数约 333.3 万，其中，国家公务员约为 58.3 万人，占公务员总数的 17.5%。

(1) 国家公务员考试，包括人事院统一考试、各用人单位自主考试。人事院组织的公务员统一考试每年一次，一般在 7 月至 10 月举行。人事院统一组织的公务员考试一般针对事务性、技术性职位，按照学历要求分为Ⅰ种考试（面向大学以上学历者）、Ⅱ种考试（面向大专和高等专科学校毕业生）、Ⅲ种考试（面向高中生）。2013 年，日本国会通过《国家公务员制度改革关联法》，维持三级考试区分，废除高、低等级考试制度差别，重设综合技能考试、一般技能考试和专门技能考试，新设研究生录用考试、中层任职考试和女性挑战者考试。

(2) 地方公务员考试。地方公务员考试由各级地方政府自行确定，考试时间与国家公务员考试时间大致相同。按照学历要求可分为上级考试（面向大学以上学历者）、中级考试（面向大专和高等专科学校毕业生）、初级考试（面向高中生）。除东京以及北海道、冲绳等特别行政区以外，各地一般委托“日本人事考试研究中心”出题、阅卷。

日本公务员考试方法包括笔试（含公共基础知识考试、专业知识考试）、经历评定、实地实验、业务评定、口试、体格检查，以及其他能客观评定完成职务情况的方法。国家公务员考试结束后，应根据人事院规则制作“录用候选人名册”，该名册应当按照考试成绩高低排序。用人单位如需用人，可向人事院说明所需人员的资格条件，人事院向用人单位推荐得分排名前 5 位的志愿者，供用人单位择优录取。此外，《工作评定的根本标准》和《工作评定手续与记录的政令》，对处于试用期内的考生进行一次以上的评定或者随时评定。

4. 法国公务员考试录用

按照《法国国家公务员章程》等法规，可将法国公务员分为 A、B、C、D 四类。此外，法国还设特别职类，约 500 个职位，由担任高级行政职务的公务员组成，如中央各部的司局长等。A 类公务员均需经国家行政学院集中考试及格后，进入国家行政学院接受 3 年培训，毕业后方能任职。B 类、C 类、D 类公务员考选，由各用人机关自行组织。按照考试区域、组织机构的差异，法国公务员考试可以分为全国统考、大区考试、跨部门考试、部门考试。其中，A 类公务员由全国或大区组织考试，B 类、C 类公务员由大区或跨部门组织考试，D 类公务员由各部门组织考试。2008 年 12 月，法国政府负责公务员事务的国务秘书和其所属的预算、公共账目和公务员部部长以及法国平等与反歧视高级专署主席联合签署了关于改革法国公务员考试的《平等章程》。根据章程，法国公务员考试相对混乱的局面得到整顿和改善，对于职责类似但分属不同政府部门的岗位，由原来各部门自行出题考试调整为统一考试。

《法国国家公务员章程》规定，可以采取下列方式组织公务员考试：第一，对应聘人员进行公开考试，并审核这些应聘人员的文凭，或他们所完成的学习情况是否符合考试规定。第二，根据特别条款的规定，有些职位保留给国家工作人员、军事部门的工作人员、法官、公务员，以及地方行政机构和公共机构的工作人员，同样，有些职位也保留给正在某一国际机构或政府间机构任职的工作人员。参加这些考试的所有候选人必须已经完成一定期限的公共事业服务，如有必要，参加这些考试的人员必须参加过一定的培训。概而言之，法国公务员竞争性考试包括外部竞争性考试、内部竞争性考试。外部竞争性考试面向全社会开放，符合基本条件和资格条件的公民都可报考；内部竞争性考试相当于我国的党政领导干部“竞争上岗”考试，面向政府机关内部的公务员，报考者必须具有特定期限的公共服务工作经历，符合任职资格条件，具有较强的公共管理能力。

法国公务员考试的科目和标准包括四类：一是一般文化程度标准，以理论测试为主，用于选拔高级行政人员和执行人员。二是准实际技术标准，用于选拔低级执行官员与文书人员。三是纯应用技能标准，用于选拔机械、操作、看守等工作人员，注重考察实际操作能力，而非理论或文字表达能力。四是有限的特别标准，用于选拔专业技术人员，通过非正式谈话、证明材料审查等方式考察候选人，可不举行正式考试。

12.2.2 西方国家公务员考试录用的特点及启示

1. 公开、平等、竞争、择优

(1) 公开。西方国家公务员考试录用过程中，注重利用报纸、杂志、电视、电台、互联网等传播媒介，及时公开与公务员考试有关信息，如招考部门、职位、人数、任职资格条件、报名情况、考试内容与方法、考试程序、考试成绩、拟录取名单、工资保险福利待遇等。比如美国公务员考试前，政府部门利用大众传媒公开报道公务员报考事项，通过分布在全国的 100 个“职业情报中心”，800 个免费的热线电话，供全国各地考生咨询公务员报考事宜。

(2) 平等。西方国家在公务员管理法规中明确公务员考试录用的平等权。平等不仅体现在公民报考公务员的机会平等，公务员考试的内容、程序、录取结果等方面也力求平等。比如《英国公务员管理法》规定，坚持“政府部门的机会平等政策”，所有合格的人选只要符合工作需要，政府就为其提供平等的就业机会和发展机会，不存在年龄、伤残情况、性别、婚姻情况、性倾向、种族、肤色、国籍、人种或民族传统，或社会背景方面的不公平歧视待遇。《日本国家公务员法》和《地方公务员法》都规定，必须根据考试成绩、勤务实绩和其他的能力证明，在平等的条件下公开进行考试录用。

(3) 竞争、择优。西方国家构建了公务员考试录用的竞争机制。比如《英国公务员管理法》规定，实行“功绩制录用”，“在公正和公开竞争的基础上择优录取”。《日本国家公务员法》规定，“通过录用候选人名册录用公务员，应从记载该录用候选人的名册中，对每名应录用者，按照分数从高到低从五名志愿者中录取”。美国《文官制度改革法》规定，“保证人人机会均等，经过公开的竞争性考试，只根据能力、知识、技能来决定录用和提升”。

按照我国《公务员录用规定（试行）》：“录用公务员，坚持公开、平等、竞争、择优的原则。”在确保公务员考试录用公开、平等的前提下，适度增加招考的职位数量，拓宽公务员考试的报考范围，改进公务员考试的内容和方法，规范公务员考试录用程序，坚持“考试与考察相结合”，以健全公务员考试录用的竞争机制。

2. 分级、分类招考

公务员分类管理是考试录用制度的基础。西方国家大都实行公务员分类考试录用制度，不同职类、职务、职位、级别的公务员，考试内容、形式、方法、程序等有一定差异。公务员考试主管部门根据用人单位的工作需要、职位特点，以及公务员素质的高低，设置相应的考试科目。比如加拿大公务员包括75职类（如人事管理、财务管理、办公室文秘等），每职类分为若干职级。法国公务员分为A、B、C、D四类。日本国家公务员考试分为高级（包括甲、乙两种）、中级和初级三种，每个等级都有相应的报考条件、任职范围、考试内容。

我国公务员考录实践中，中央和地方在分级分类考试方面做了有益探索。2020国考中，报考中共中央对外联络部、外交部等部门的8个非通用语职位的人员，除公共科目行政职业能力测验和申论外，还需参加外语水平测试；报考银保监会及其派出机构、证监会及其派出机构特殊专业职位的人员以及报考公安机关人民警察职位的人员还需参加专业科目考试。2019年江西省考，对县级以上职位和乡镇机关职位分卷考试。2019年湖北省考，乡镇（街道）机关职位单独命制申论题本，面向村（社区）干部考录乡镇（街道）职位单独命制笔试、面试题本。2019年深圳市考，公务员笔试科目按不同职位分别设置，公共科目笔试为行政职业能力测验和申论；综合管理类职位测试申论Ⅰ类，行政执法类、监狱戒毒管理机关警察职位测试申论Ⅱ类；财务会计、信息化、城市规划、审计专业、行政执法、监狱戒毒管理机关警察等职位加考专业科目笔试。

有必要总结经验，进一步完善分类、分级的公务员考试录用制度，不同职务、职级、职位、级别的公务员考试录用的内容、方法、程序，体现一定的差异。同时，要按照《中华人民共和国公务员法》《党政领导干部选拔任用工作条例》《公开选拔党政领导干部工作暂行规定》《党政机关竞争上岗工作暂行规定》《公务员公开遴选办法》等法律法规，结合公共管理工作需要和岗位特色，完善党政领导干部公开选拔、竞争上岗考试制度。

3. 考试内容丰富，考试方法灵活

随着经济、社会的发展，美国、英国、法国、日本等西方国家与时俱进，按照公共管理职位的要求，不断创新公务员考试的内容。比如美国《文官制度改革法》规定，“考试内容尽可能合理，并与考生要求就任的职位所需要的能力及适应性有关”，考试科目重视实际的、技术的、职务的内容，注重测验考生的语言表达能力、数理分析能力、思维能力以及行政裁量能力等，同时还考查历史等科目。加拿大公务员考试的主要内容包括行政职业能力测试、情景判断测试、书面表达能力测试、外语口试及行政技术类专业考试等。

西方国家不断改进公务员考试方法。比如日本公务员考试采取笔试、经历评定、实地实验、业务评定、口试、体格检查等方法。美国公务员考试方法包括笔试、口试、情景模拟、工作能力测试、资历评价等。各国公务员考试都设有笔试和面试，按不同部门和职位的类别确定相应的考试科目和内容，并日益凸显面试的重要性，压缩笔试成绩所占的比重。

《中华人民共和国公务员法》规定，我国“公务员录用考试采取笔试和面试等方式进行，考试内容根据公务员应当具备的基本能力和不同职位类别、不同层级机关分别设置”。笔试的公共科目分为行政职业能力测验和申论。有必要学习和借鉴西方国家公务员考试录用制度的有益成分，根据我国公务员考录工作需要，坚持“笔试与面试相结合”“考试与考察相结合”，丰富我国公务员考试内容，创新公务员考试方法，适度加大面试成绩所占公务员考试总成绩的比重。

4. 考试录用管理权限下放

分权化是新公共管理改革的重要特点。美国、英国、法国、日本等西方国家在公务员考试录用过程中，将考试录用管理权限下放，具体体现在两方面：

（1）公务员考试录用管理权限由中央公务员管理机构向政府各部门或地方政府下放。比如美国政府在“重塑人力资源管理”运动中提出旨在构建“灵活且有回应性的雇佣制度”的一系列措施，其中包括：准许机构制定适合本单位的招募和考试项目，废止统一的标准化申请表；允许部门和机构在招募紧缺的职业或职位人员时采取免除排序而直接雇佣的方式。

（2）公务员考试录用管理权限社会化。西方国家吸收企业、非政府组织等社会力量参与公务员考试录用管理，推动公务员考试录用管理社会化、民营化、商业化。同时，西方国家日益将雇佣合同外包或分包作为一种招聘工具，推进公务员考试录用的市场化、商业化，临时性、兼职、季节性雇员数量增加。

根据目前我国公务员考试录用的管理体制，中央、省级公务员主管部门统筹管理相应层次的公务员考试录用事宜，用人单位在公务员考试录用过程中的自主权相对较弱。条件成熟时，中央和省级公务员主管部门有必要向用人单位适度下放公务员考试录用的权限，并吸收社会力量参与公务员考试录用的相关事宜。有必要按照《中华人民共和国公务员法》《中华人民共和国劳动法》《中华人民共和国劳动合同法》等法律法规，推进我国公务员聘任制改革，对专业性较强的职位和辅助性职位逐渐实行聘任制，明确实行公务员聘任制的政府机关、岗位改进聘任方法与技术，完善聘任制公务员的职务职级任免与升降、绩效考核、工资保险福利、辞职辞退、培训等相关制度。

12.3 行政职业能力测验与申论题型简析

12.3.1 行政职业能力测验题型简析

1. 行政职业能力测验的内涵

行政职业能力，是指从事公共管理活动的公务员所应具备的，影响公务员的职业生涯发展和行政效率的个人心理特征与业务素质。行政职业能力测验主要测查与公务员职业密切相关的、适合通过客观化纸笔测验方式进行考查的基本素质和能力要素。

2. 行政职业能力测验的特点

（1）题型复杂，题数众多，答题时间紧。行政职业能力测验基本题型主要包括常识判断、言语理解与表达、判断推理、数量关系和资料分析等。每类题可细分为不同类型，比如数量关系包括数字推理、数学运算。行政职业能力测验全部为客观性试题，一般有130～140题，考试时限120分钟，满分100分。

（2）涉及的知识面广。面对瞬息万变的公共管理环境，公共管理者需要掌握多样化的知识和技能。行政职业能力测验旨在测评考生潜在的行政素质与行政能力，所涉及的知识面广。比如“常识判断”部分，包括政治、经济、法律、历史、文化、地理、环境、自然、科技等知识；“判断推理”部分，包括图形推理、定义判断、类比推理、逻辑判断等。

3. 行政职业能力培养策略

（1）善读：爱读书、多读书、读好书。由于行政职业能力测验题型复杂多样，涉及知识面较广，考生要养成良好的阅读习惯，不断拓宽知识面，丰富知识结构。可围绕“常识判断”“资料分析”“言语理解与表达”等题型，适当涉猎相关书籍。

（2）勤练：熟能生巧，巧能生妙。由于行政职业能力测验的题量较大，答题时间紧，要求考生在短时间内努力提高答题的速度和质量。考生平时要多做习题，尤其是数学运算、数字推理、资料分析、逻辑判断、图形推理等方面的习题，善于归纳、总结各类题型的命题规律与解题技巧。考前几个月，可定期模拟中央与地方行政职业能力测验真题演练，合理控制各类题型的答题时间，提高解题效率和质量。

（3）慎思：由此及彼，由表及里。数字推理、数学运算、逻辑判断、图形推理等行政职业能力测验题型注重考察应试者的思辨能力、逻辑判断与推理能力。考生在备考过程中，要努力培养和提高自身的思辨能力、逻辑推理能力，学会举一反三、由此及彼、由表及里。

4. 行政职业能力测验基本题型

行政职业能力测验的基本题型包括常识判断、言语理解与表达、数量关系、判断推理、资料分析。

（1）常识判断。常识判断主要测查报考者对国情社情的了解程度、综合管理素质等，涉及法律、政治、经济、军事、文学、哲学、历史、地理、物理、化学、农学、生物医学等方面的知识，要求报考者通过分析、判断和推理，选出最符合要求的一项（见表 12－1）。

表 12－1　中央机关及其直属机构 2020 年度行政职业能力测验题型比较

题类	2020 年省以上中央公务员考试（共 135 题，120 分钟）			2019 年地市级中央公务员考试（共 130 题，120 分钟）		
	顺序	基本题型	题数	顺序	基本题型	题数
常识判断	一	法律、政治、经济、金融、军事、文学、哲学、历史、地理、物理、三农、农学、化学、医学、生态	20	一	法律、政治、经济、军事、文学、哲学、历史、地理、物理、化学、农学、生物医学、金融、科技	20
言语理解与表达	二	选词填空、词语理解	15	二	选词填空、词语理解	20
		标题凝练、逻辑排序、语句补充、语句理解、片段阅读、中心主题	25		标题凝练、逻辑排序、语句补充、语句理解、片段阅读、中心主题	20
数量关系	三	数学运算	15	三	数学运算	10
判断推理	四	图形推理	10	四	图形推理	10
		定义判断	10		定义判断	10
		类比推理	10		类比推理	10
		逻辑判断	10		逻辑判断	10
资料分析	五	文字材料、表格材料、图形资料	20	五	文字材料、表格材料、图形资料	20

例题 1：根据党的十九大报告，下列说法不准确的是（　　）

A. 发展是解决我国一切问题的基础和关键

B. 完善就业保障是中华民族永续发展的千年大计

C. 文化自信是一个国家、一个民族发展中更基本、更深沉、更持久的力量

D. 带领人民创造美好生活是我们党始终不渝的奋斗目标

解析：B。党的十九大报告指出，“建设生态文明是中华民族永续发展的千年大计”。

（2）言语理解与表达。言语理解与表达主要测查报考者运用语言文字进行思考和交流、迅速准确地理解和把握文字材料内涵的能力，包括：根据材料查找主要信息及重要细节，正确理解阅读材料中指定词语、语句的含义，概括归纳阅读材料的中心、主旨，判断新组成的语句与阅读材料原意是否一致，根据上下文内容合理推断阅读材料中的隐含信息，判断作者的态度、意图、倾向、目的，准确、得体地遣词用字，等等。常见的题型有阅读理解、逻辑填空、语句表达、词语理解等。

例题 2：科学精神的核心是求真务实，我们的一切实践都需符合规律、切合实际。规律指引下的世界变动不居，我们不能______，应敢于质疑、善于包容、勇于创新。

填入画横线部分最恰当的一项是（　　）

A. 因循守旧　　B. 沾沾自喜　　C. 妄自菲薄　　D. 刚愎自用

解析：A。关键词“求真务实”“创新”，不能“因循守旧”与“敢于质疑、善于包容、勇于创新”呼应。B、C、D 均不符合语境。

（3）数量关系。数量关系主要测查报考者理解、把握事物间量化关系和解决数量关系问题的能力，主要涉及数据关系的分析、推理、判断、运算等。常见题型有数字推理、数学运算等。

1）数字推理。每道题给出一个数列，但其中缺少一项，要求报考者仔细观察这个数列各数字之间的关系，找出其中的排列规律，然后从四个供选择的答案中选出最合适、最合理的一个来填补空缺项，使之符合原数列的排列规律。

例题 3：1，2，6，15，40，104，（　　）。

A. 329　　B. 273　　C. 225　　D. 185

解析：B。本题为平方数列的变式，后项减去前项依次为 1、4、9、25、64，即 1^2、2^2、3^2、5^2、8^2，故答案应为 $(5+8)^2+104=273$。

2）数学运算。每道题给出一个算术式子或者表达数量关系的一段文字，要求报考者熟练运用加、减、乘、除等基本运算法则，利用其他基本数学知识，准确迅速地计算或推出结果。

例题 4：将 154 本书分给某班的同学，如果不管怎么分，都至少会有一位同学会分得 4 本或 4 本以上的书，那么这个班最多有多少学生？

A. 77　　B. 54　　C. 51　　D. 50

解析：C。抽屉原理：（1）将多于 n 件的物品任意放到 n 个抽屉中，至少有一个抽屉中的物品件数不少于 2（即：至少有两件物品在同一抽屉）；（2）将多于 $m\times n$ 件的物品任意放到 n 个抽屉中，至少有一个抽屉中的物品件数不少于 $m+1$（即：至少有 $m+1$ 件物品在同一抽屉）。本题为抽屉原理的逆用，求抽屉的数量。“至少会有一位同学会分得 4 本或 4 本以上的书”，则 $m+1=4$；$m=3$；$154=3\times 51+1$，该班最多有 51 名学生。

（4）判断推理。判断推理主要测查报考者对各种事物关系的分析推理能力，涉及对图形、语词概念、事物关系和文字材料的理解、比较、组合、演绎和归纳等。常见题型有图形推理、定义判断、逻辑判断、类比推理等。

1）图形推理。每道题给出一套或两套图形，要求报考者通过观察分析找出图形排列的规律，选出符合规律的一项。

例题 5：左边给定的是纸盒的外表面，下面哪一项能由它折叠而成？

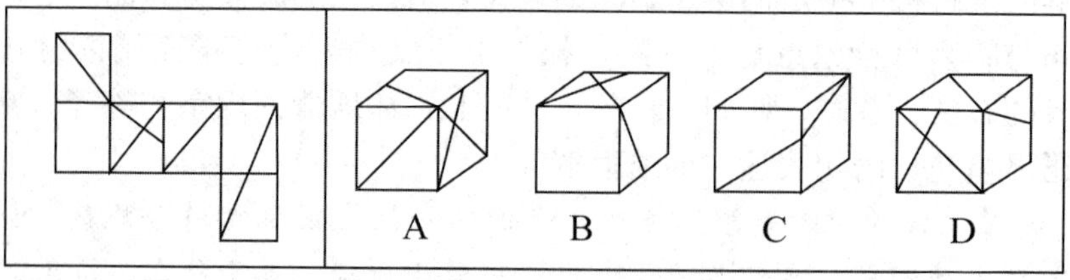

解析：D。本题属于折叠类图形。根据子图形的相邻关系，左上图与右下图、中部左 1 图与左 3 图、中部左 2 图与左 4 图分别为三对平行面，不可能相邻，故排除 A、B 两项。C 项折叠错误。故选 D。

2）定义判断。每道题先给出一个概念的定义，然后分别列出四种情况，要求报考者严格依据定义选出一个最符合或最不符合该定义的答案。

例题 6：同病异治是指中医对相同疾病采取不同的治法，达到治病求本的治疗效果；异病同治是指不同的疾病在发展过程中出现性质相同的症状，因而可以采用同样的中医治疗方法。根据上述定义，下列属于异病同治的是（　　）。

A. 久痢脱肛和胃下垂，均为中气下陷之证，可用升提中气之法治疗

B. 外感风热，内有蕴热的表里俱实之证，宜解表和攻里之药同时并用

C. 麻疹初期疹未出透，治疗宜宣肺透疹；中期肺热明显，治疗宜清热解毒

D. 风热感冒宜用辛凉解表法治疗，风寒感冒宜用辛温解表法治疗

解析：A。异病同治的关键，一是针对不同的疾病的相同症状，二是采用同样的中医疗法。选项 A，"久痢脱肛""胃下垂"属于不同疾病，二者的症状均为"中气下陷"，采用同样中医疗法"用升提中气之法"，符合"异病同治"，当选。选项 B，同种疾病，内外不同症状表现，同种疗法，排除；选项 C，同种疾病、不同时期不同症状表现，不同疗法，符合"同病异治"，排除；选项 D，不同疾病、不同疗法，排除。

3）逻辑判断。每道题给出一段陈述，这段陈述被假设是正确的，不容置疑的。要求报考者根据这段陈述，选择一个最恰当答案，该答案应与所给的陈述相符合，应不需要任何附加说明即可以从陈述中直接推出。

例题 7：航天局认为，优秀的宇航员应当具备三个条件：第一，丰富的知识；第二，熟练的技术；第三，坚强的意志。现有至少符合条件之一的甲、乙、丙、丁四位优秀的宇航员报名参选，已知：（1）甲、乙的意志坚强程度相同；（2）乙、丙的知识水平相当；（3）丙、丁并非都是知识丰富；（4）四人中，三人的知识丰富，两人意志坚强，一人技术熟练。航天局经过考核，发现只有一人完全符合优秀宇航员的所有条件，他是（　　）。

A. 甲　　B. 乙　　C. 丙　　D. 丁

解析：C。假定丁知识丰富，则丙知识不丰富，根据条件（2）（3）（4）可以推出，该假定自相矛盾，不符合要求。故丁知识不丰富，甲、乙、丙知识丰富。假定甲、乙的意志坚强，则可推出丙、丁的意志不坚强，由于每人至少符合条件之一，但丁知识不丰富、意志不坚强，则丁的技术必定熟练，这样无法选出宇航员。故：甲、乙意志不坚强，丙、丁意志坚强，则可能选丙或丁。由于丁的知识不丰富，不符合要求。故丙的技术熟练，丙符合要求。

4）类比推理。给出一组相关的事物、词或数字、算式，要求通过观察分析，在备选答案中找出一组与之在逻辑关系上最为贴近、相似的事物、词，或数字、算式。

例题 8：直线交叉：直线不平行

A. $x>1$：$x^2>1$　　B. 100℃：沸腾　　C. O_3：臭氧　　D. π：圆面积

解析：A。题干中，前者为后者的充分条件，即：只要"直线交叉"，则"直线不平行"。选项 A，$x>1$，则 $x^2>1$，当选；选项 B、C、D 中，前者均非后者的充分条件。其中，选项 B，不同液体的沸点不一致，不一定在 100℃就沸腾，排除；选项 C，O_3 就是臭氧的化学符号，排除；选项 D，圆面积等于 πr^2，排除。

（5）资料分析。资料分析主要测查报考者对各种形式的文字、图表等资料的综合理解与分析加工能力，这部分内容通常由统计性的图表、数字及文字材料构成。

例题 9：根据以下资料，回答 1～5 题：

2017 年，A 省完成邮电业务总量 6 065.71 亿元。其中，电信业务总量 3 575.86 亿元，同比增长 75.8%；邮政业务总量 2 489.85 亿元，增长 32.0%。

2017 年，A 省移动电话期末用户 1.48 亿户，比上年末增长 3.1%。其中，4G 期末用户达 1.18 亿户，比上年末增长 29.3%。互联网宽带接入期末用户 3 128 万户，比上年末增长 9.9%。移动互联网期末用户 1.31 亿户，比上年末增长 13.9%，移动互联网接入流量同比增长 158.8%。

2017 年，全省全年完成快递业务量 100.51 亿件，同比增长 31.0%。其中，同城快递业务量增长 29.3%，异地快递业务量增长 33.0%，国际和港澳台地区快递业务量增长 33.1%。

2017 年，A 省完成客运总量 148 339 万人次，同比增长 5.4%，增幅比前三季度提高 0.2 个百分点，比上年提高 0.5 个百分点；完成旅客周转总量 4 143.84 亿人公里，增长 7.7%，增幅比前三季度提高 0.7 个百分点，比上年提高 1.8 个百分点。

2017 年，A 省完成高铁客运量 17 872 万人次，旅客周转量 474.64 亿人公里，同比分别增长 20.3%和 18.1%。高铁客运量和旅客周转量分别占铁路旅客运输总量的 62.7%和 54.3%，比重比上年分别提高 4.3 个和 3.9 个百分点。

1）2017 年 A 省邮电业务总量同比增速在以下哪个范围之内（　　）。

A. 低于 25%　　B. 25%～50%

C. 50%～75%　　D. 超过 75%

解析：C。材料第一段，“2017 年，A 省完成邮电业务总量 6 065.71 亿元。其中，电信业务总量 3 575.86 亿元，同比增长 75.8%；邮政业务总量 2 489.85 亿元，增长 32.0%”。基期电信业务总量＝3 575.86÷(1＋75.8%)＝2 034.05 亿元，基期电信业务总量＝2 489.85÷(1＋32.0%)＝1 886.25 亿元。基期邮电业务总量＝2 034.05＋1 886.25＝3 920.3 亿元。2017 年邮电业务总量同比增速：(6 065.71－3 920.3)÷3 575.86＝60%。C 正确。

2）2017 年 A 省快递业务中，业务量占总业务量比重高于上年水平的分类是（　　）。

A. 仅国际和港澳台地区快递　　B. 异地快递、国际和港澳台地区快递

C. 仅同城快递　　D. 同城快递、异地快递

解析：B。根据比重增长规律，如果某部分的增长率 a，高于整体增长率 b，则该部分在当年所占整体的比重，高于该部分在去年所占整体的比重，即高于上年水平。根据材料第三段话，2017 年，全省全年完成快递业务量同比增长 31.0%，异地快递业务量增长 33.0%，国际和港澳台地区快递业务量增长 33.1%，则异地快递、国际和港澳台地区快递业务量占总业务量比重高于上年水平。

3）2017 年前三季度，A 省平均每人次客运旅客运输距离（旅客周转量÷客运总量）同比（　　）。

A. 下降了不到 2%　　B. 下降了 2%以上

C. 上升了不到 2%　　D. 上升了 2%以上

解析：C。“平均每人次客运旅客运输距离（旅客周转量÷客运总量）同比……”，测试平均数的增长率。根据材料第四段话可知，前三季度，客运总量增长率 b＝5.4%－0.2%＝5.2%，旅客周转总量增长率 a＝7.7%－0.7%＝7%。平均数增长率＝(a－b)÷

(1+b)=(7%-5.2%)÷(1+5.2%)=1.71%，上升了不到 2%。

4）2016 年，A 省高铁客运量约是普铁（除高铁外的铁路）客运量的多少倍（　　）。

A. 1.4　　B. 1.7　　C. 0.8　　D. 1.1

解析：A。2016 年高铁客运量占铁路旅客运输总量比重为：62.7%-4.3%=58.4%；2016 年普铁客运量占铁路旅客运输总量比重=1-58.4%=41.6%；倍数=58.4%÷41.6%=1.4。

5）在以下 4 条关于 A 省的信息中，能够直接从资料中推出的有几条（　　）。

①2017 年非 4G 移动电话用户全年增量

②2017 年移动互联网用户日均增量

③2015 年客运总量

④2017 年铁路旅客运输总量占客运总量比重

A. 1　　B. 2　　C. 3　　D. 4

解析：D。①、②、③、④均可求。

①根据“2017 年，A 省移动电话期末用户 1.48 亿户，比上年末增长 3.1%。其中，4G 期末用户达 1.18 亿户，比上年末增长 29.3%”，可得：2017 年非 4G 用户全年增量=移动用户全年增量-4G 用户全年增量；移动用户全年增量=(1.48/1+3.1%)×3.1%=0.044 5（亿户）；4G 用户全年增量=(1.18/1+29.3%)×29.3%=0.267（亿户）；“2017 年非 4G 移动电话用户全年增量”。故，非 4G 移动电话用户全年增量=0.044 5-0.267=0.178（亿户）。

②根据“移动互联网期末用户 1.31 亿户，比上年末增长 13.9%，移动互联网接入流量同比增长 158.8%”，移动互联网用户日均增量=移动互联网用户全年增量÷365=(1.31/1+13.9%)×13.9%÷365=0.000 438（亿户）。

③根据“2017 年，A 省完成客运总量 148 339 万人次，同比增长 5.4%，增幅比前三季度提高 0.2 个百分点，比上年提高 0.5 个百分点”，可知 2016 年客运总量增长率=5.4%-0.5%=4.9%；根据间隔增长率计算公式（R=R1+R2+R1R2），2017 年与 2015 年相比，客运总量的间隔增长率 R=(5.4%+4.9%)+5.4%×4.9%=10.56%；则 2015 年客运总量=2017 年客运总量÷(1+R)=148 339÷(1+10.56%)=134 170.59 万户。

④根据“2017 年，A 省完成客运总量 148 339 万人次”，“A 省完成高铁客运量 17 872 万人次”，“高铁客运量占铁路旅客运输总量的 62.7%”，可得知：2017 年铁路旅客运输总量=17 872÷62.7%=28 503.99 万人；故，2017 年铁路旅客运输总量占客运总量比重=28 503.99÷148 339=19.22%。

12.3.2　申论题型简析

1. 申论的内涵

“申论”一词，源自孔子所说的“申而论之”。顾名思义，“申”是指引申、申述，“论”是指议论、论证。申论，是通过书面表达测查应试者从事机关工作应当具备的基本能力的考试科目。申论为主观性试题，考试时限 150 分钟，满分 100 分。申论考试按照省级以上（含副省级）综合管理类、市（地）以下综合管理类和行政执法类职位的不同要求，设置两类试卷。申论试卷由注意事项、给定资料和作答要求三部分组成。

2. 申论的特点

（1）材料广泛性、实用性。给定的申论材料涉及面广，具体包括政治、经济、文化、科教、卫生、社会、法律、环保、医疗卫生等方面。申论材料一般与国计民生、公共服务、社会管理、市场经济等息息相关，贴近社会大众，实用性强。申论材料具备理论与实践相结合、国内与国际相结合、宏观与微观相结合、全局与局部相结合等特点（见表 12－2）。

表 12－2 中央机关及其直属机构 2012—2020 年度考试录用申论材料

年度	申论材料的主要内容
2012	①省级以上（含副省级）综合管理类职位：食品药品监管、市场经济条件下道德危机、思想道德建设。 ②市（地）级以下综合管理类、行政执法类职位：城市公共交通安全、市政建设，公共事件危机管理。
2013	①省级以上（含副省级）综合管理类职位：非物质文化遗产传承、保护、开发与创新。 ②市（地）级以下综合管理类、行政执法类职位：中华民族传统文化的继承、保护与弘扬，基层文化建设，本土文化与外来文化的关系。
2014	①省级以上（含副省级）综合管理类职位：心理失衡与心理健康教育，盲目跟风与文化自信、创新精神，快节奏与慢生活。 ②市（地）级以下综合管理类、行政执法类职位：青年心理问题与心理健康教育、幸福观。
2015	①省级以上（含副省级）综合管理类职位：科技与人性、文化环境，科技生命化，技术创新。 ②市（地）级以下综合管理类、行政执法类职位：科技与人性、文化环境，科技生命化，现代化信息管理系统，网络新一代及其教育引导，创新驱动发展战略。
2016	①省级以上（含副省级）综合管理类职位：国家形象与国民素质、传统文明礼仪与公民道德教育、精神文明建设、传统文化传承与创新、社会公共秩序和公德舆论引导。 ②市（地）级以下综合管理类、行政执法类职位：好政策的制定、评价、反馈、效果。
2017	①省级以上（含副省级）综合管理类职位：城市水务管理、国外水系建设管理经验、水所蕴含的中华传统哲学、小流域水务治理、精准扶贫脱贫。 ②市（地）级以下综合管理类、行政执法类职位：城市与水的关系、城市水系的功能、“活力水城”建设经验、黄河流域 L 市生态水系问题与建设措施。
2018	①省级以上（含副省级）综合管理类职位：智能制造，智能经济，智能生活，共享经济、想象力经济。 ②市（地）级以下综合管理类、行政执法类职位：农村土地承包政策与土地流转；城市化与城市治理；城市历史文化保护、商业发展、居民人居环境；城市地上公共空间开发，地下公共空间基础设施建设；城市治理中政府与市场、社会间关系处理。
2019	①省级以上（含副省级）综合管理类职位：农业农村优先发展，乡风文明、文化品牌、文化广场，美丽乡村与乡村旅游，精准扶贫脱贫，乡村现代化，新型城镇化与城乡一体化。 ②市（地）级以下综合管理类、行政执法类职位：农村电商、大学生村官、精准扶贫脱贫攻坚、基层采风与文艺创作、“为国利民”的时代楷模。
2020	①省级以上（含副省级）综合管理类职位：党管人才、乡村振兴与新型农民、专家助力脱贫攻坚、关于促进快递配送从业青年的职业发展和社会融入的座谈会、高层次人才政策宣讲会。 ②市（地）级以下综合管理类、行政执法类职位：服务基层治理的街道调解员，精准扶贫脱贫、易地扶贫搬迁，智慧社区与网格化治理，农贸市场、城市管理、便民服务，支部引领的乡村治理。

（2）对策科学性、针对性、可行性。完备的申论对策必须具备科学性、针对性、可行性，有助于解决申论材料所反映的实际问题。考生应当设身处地，站在“公共管理者”角度设身处地思考公共问题，并提出切实可行的对策。申论对策应紧扣材料内容，符合国家法律、法规、方针、政策的要求，并充分考虑人力、物力、财力、信息、时间等资源因素。

3. 申论能力培养策略

省级以上（含副省级）综合管理类职位申论考试主要测查报考者的阅读理解能力、综合分析能力、提出和解决问题能力、文字表达能力。市（地）以下综合管理类和行政执法类职位申论考试测查报考者的阅读理解能力、贯彻执行能力、解决问题能力和文字表达能力。

（1）“善于阅读”，不断丰富知识结构。申论材料涉及面广、内容充实，考生要“善于阅读”，坚持“精读”与“泛读”相结合，培养和提高阅读理解能力。由于申论材料大都与政府职能、国计民生等息息相关，考生平时可适当涉猎与公务员制度、政治学、行政管理学、公文写作、公共经济学、生态经济学、公共财政学、公共政策学、社会保障学、行政法学等有关的书籍，以拓宽知识面，增进对公共管理的理论、知识与方法的了解和认知。

（2）“敏于政治”，关注时政热点，了解政策法规。申论材料一般反映与国计民生有关的公共问题，这就要求考生“敏于政治”，在潜移默化中培养和提高参政兴趣与热情。一方面，要充分利用报纸、杂志、电视、电台、互联网等大众传播媒体，关注时政热点。建议考生多浏览《人民日报》《光明日报》《中国青年报》《中国组织人事报》《南方周末》《中国纪检监察报》等报纸，“中国政府网”“人民网”“新华网”“中央纪委国家监委网”“中国新闻网”“中国共产党新闻网”等网站，以及《求是》《半月谈》《瞭望新闻周刊》《南风窗》《中国行政管理》《宏观经济管理》《红旗文稿》《人民论坛》《政治学研究》《中国社会科学》《经济研究》《社会学研究》《法学研究》《哲学研究》《中国农村经济》《马克思主义研究》等杂志，随时掌握公共管理改革动态，重点关注党的十九大精神、习近平新时代中国特色社会主义思想。

（3）“勤于思考”，笔耕不辍。申论考试不仅注重考察应试者的发现问题、分析问题、解决问题的能力，也注重考察其文字表达能力。考生要随时留意与国计民生有关的公共问题，勤于思考，善于归纳、总结、推理，透过现象看本质，力求深刻把握公共问题的表现形式及其成因，探究解决措施。同时，考生要培养良好的写作习惯，笔耕不辍，针对一些申论热点问题，定期或不定期撰写时政评议小论文，力求行文流畅、条理清晰、论据翔实、论证充分、主旨鲜明、结构严谨、格式规范、逻辑性强、观点明确、见解深刻。

（4）设身处地，增强公共管理者角色意识。申论材料涉及政治、经济、文化、科教、社会、环保等各方面，所反映的公共问题属于政府管理范畴。考生在明确申论材料的性质与内容之后，要坚持问题导向，厘清与申论材料有关的政府职能部门，科学界定不同部门的职责与权限，并基于特定的公共管理者立场，设身处地，提出有助于解决问题的切实可行的措施。

4. 申论基本题型

由于申论材料的差异，每年中央、地方各级公务员考试的申论题型复杂多样。申论题型一般涉及概括归纳类、理解与辩驳类、语句补充类、提出或分析对策类、文章写作类等。

（1）概括归纳类。

概括归纳类题型重点考查应试者的阅读理解、综合分析能力，要求应试者在限定字数范围内概括既定材料的主要内容，及其所反映的问题、原因、经验等，力求言简意赅、主旨鲜明、逻辑性强。历届中央与地方公务员申论考试一般都涉及概括类题型。2019 年市（地）以下的中央公务员申论考试，要求考生概括小张家乡出现的新变化；分析小吴发生了哪些变化，使得村民们对她的称呼从“那个大学生”变成了“小吴”。2019 年副省级以上的中央公务员申论考试中，要求考生概括 S 市的乡风文明建设举措。2020 年副省级以上的中央公务员申论考试中，要求概括 L 省在人才的政治引领方面的主要举措。

（2）理解与辩驳类。

1）词语解释。词语解释类题型，要求应试者对材料中出现的某些词语的内涵进行解释、分析。2010 年中央公务员申论考试要求解释“死海”的内涵，2018 年省级以上的中央公务员申论考试要求谈谈对“想象力经济”的理解。

2）语句理解。语句理解类题型，要求应试者在特定的语言环境中对材料中出现的某些语句进行分析，从深层次把握语句的内涵。2019 年市（地）以下的中央公务员申论考试，给定资料中主持人说：“如果不能打破这种种‘遮蔽’，就拿不出有分量的作品”，要求考生谈谈对“种种‘遮蔽’”的理解。2019 年副省级以上的中央公务员申论考试中，要求考生根据给定资料谈谈对“作为精神资源的乡村文化”的理解。2020 年市（地）级以下的中央公务员申论考试，要求谈谈老马是怎样“当好基层这根‘绣花针’”的。

3）启示总结。启示总结类题型，要求应试者比较不同主体的行为或态度，比较不同社会现象、政策、法规、措施等，由此及彼、由表及里，分析各自的优势、劣势、机会与威胁，总结利弊得失和经验教训。比如 2015 年省级以上的中央公务员申论考试，要求谈谈从中国高铁、中兴通讯和中国装备制造业的发展中分别获得的启示；2017 年省级以上的中央公务员申论考试，要求以随团秘书的身份，将代表团团长的考察笔记归纳整理为一份《国外城市水系建设考察报告》提纲。

4）观点辩驳。观点辩驳类题型，要求应试者反驳错误的观点，或支持正确的观点，提出科学、合理、恰当的见解。比如：2012 年省级以上的中央公务员申论考试，要求在网络讨论中反驳某网民的观点。2016 年市（地）级以下的中央公务员申论考试，要求梳理网友对 T 县政府规定的意见，并概括他们赞成和反对意见的主要理由。

（3）语句补充类。

语句补充类题型，要求应试者根据给定材料，基于特定语言环境和连接词，按要求将给定的残缺语句补充完整，使语义连贯、言语顺畅自然。比如 2015 年省级以上的中央公务员申论考试，要求在给定资料的三处横线上各填一句话，以“可见，技术创新不仅……同时……因而……”的句式作答，使该资料的结论语义连贯完整，要求准确、全面、精练。

（4）提出或分析对策类。

1）提出对策。提出对策类题型，要求应试者基于政策制定者立场，针对材料所反映的问题，提出切实可行的解决方案。2012 年省级以上的中央公务员申论考试，要求基于政府职能部门工作人员的立场，提出旨在解决食品安全问题的措施。2020 年市（地）级以下的中央公务员申论考试，要求基于沙洲市市场服务中心工作人员的立场，分别梳理市场存在的三个问题，并提出相应的解决措施。

2）分析对策。分析对策类题型，要求应试者分析材料中对策的正误，并指出错误对策所存在的问题及其原因，并提出修改意见和建议。比如 2005 年中央公务员申论考试，要求分析旨在解决扶贫资金被挤占挪用问题的 5 项措施，指出不正确项，并说明为什么不正确；2009 年中央公务员申论考试，要求分析旨在解决粮食问题的“四点对策”，指出“对策”存在的问题，并提出修改意见。

3）工作部署类。工作部署类题型，要求应试者根据自身的角色定位，按照特定工作任务的要求，科学设计下一步工作思路，合理分配工作任务，提出有助于解决现实问题的措施；要求角色定位准确、要点完整、措施具体、条理清晰、任务安排合理。比如，2020 年副省级以上的中央公务员申论考试，要求基于扶贫攻坚队队长角色，根据给定资料提供的调查日志内容，拟定脱贫攻坚队下一步工作的主要任务及措施。

（5）文章写作类。

1）公文与纲要写作。公文与纲要写作类题型，要求应试者基于特定公共管理者角色，根据申论材料以及相关法规、政策，撰写格式规范、内容充实、结构合理、主旨鲜明的公文或提纲等，具体涉及编者按、简报、宣传册要点、战略规划要点、咨政建言、发言提纲、工作汇报提纲、调研提纲等。2019 年市（地）级以下的中央公务员申论考试，要求考生为小赵写一份用于在扶贫工作座谈会介绍发展花椒酱产业经验的发言提纲。2019 年副省级以上的中央公务员申论考试，要求考生就山岔村做法写份调研报告提纲。2020 年市（地）级以下的中央公务员申论考试，要求基于锦林区负责接待的工作人员角色，写一份关于“智慧锦林”综合平台在社区治理中应用的特点及平台运行的情况介绍提纲。

2）小短文写作。小短文写作，要求应试者以给定材料为参考，基于特定的身份、文体或主题，撰写一篇格式规范、内容充实、结构合理、主旨鲜明的小短文。2017 年市（地）以下的中央公务员申论考试，要求考生以记者身份，以“打造‘水清、水活、水美’的‘活力水城’”为题，写篇报道。2019 年副省级以上的中央公务员申论考试，要求考生结合研习班培训需要，围绕卢作孚的乡村建设理念及现实意义，写份导学材料。

3）论文写作。论文写作类题型，要求应试者根据申论材料，自拟标题或按照指定题目，撰写一篇条理清晰、层次分明、内容充实、主旨鲜明的论文。与公文写作类题型相比，论文写作类题型的格式要求相对灵活，应试者可根据申论材料自由发挥，文体一般不限。2017 年省级以上的中央公务员申论考试，要求以“以水为师”为题，写篇文章。2019 年市（地）以下的中央公务员申论考试，要求考生思考材料中的一句话，“跟着时代的大潮往前走，尽到我所有的力量，做好我要做的事情”，自拟题目，写篇文章。

4）经验推介类。经验推介类题型，要求应试者通过归纳、总结申论材料所反映的公共管理工作经验，撰写宣讲会推介讲话稿，或先进典型参评推荐材料等；要求角色定位准确、契合主题、内容全面、观点准确、语言顺畅、逻辑清晰。比如 2020 年市（地）级以下的中央公务员申论考试，M 市打算推荐莱康村参加 S 省的乡村治理先进典型评选，要求基于 M 市有关部门工作人员的角色，写一份莱康村参评的推荐材料。2020 年副省级以上的中央公务员申论考试，要求基于S省省委人才发展局的工作人员角色，以“海纳百川聚四方之才”为题，为S省省委人才发展局有关负责人撰写宣讲会上的推介讲话稿。

本章小结

本章分析了公务员考试录用的内涵、原则，回顾了我国公务员考试录用制度演变历程；比较分析了我国公务员考试录用类型；简述了公务员考试录用的基本条件、资格条件、限制性条件；阐述了公务员考试录用的程序，以及公务员考试录用的管理与监督机制；比较分析了西方国家公务员考试录用制度的特点及启示；简析了行政职业能力测验与申论的内涵、特点、基本题型，分析了行政职业能力与申论能力培养策略。

关键术语

公务员考试　笔试　面试　遴选　选调生　选聘生　农村基层服务项目
行政职业能力测验　常识判断　言语理解与表达　数量关系　判断推理
资料分析　申论

复习思考题

1. 简述我国公务员考试录用的原则。
2. 按照《中华人民共和国公务员法》，公务员报考者应当具备哪些基本条件？
3. 简述我国公务员考试录用的程序。
4. 简述西方国家公务员考试录用制度的特点及启示。

案　例

杭州下城区不拘一格招党政储备人才

2018年3月，浙江省杭州市下城区发布《面向部分世界名校和“双一流”高校择优引进党政储备人才的公告》。引进对象为部分世界名校和部分国内“双一流”高校（北京大学、清华大学、复旦大学、浙江大学等20所）的全日制硕士、博士应届或往届毕业生招引党政储备人才20名，专业不限。按统一报名、资格审核、面试考核、综合评价、体检考察、公示聘用的程序进行。政策如下：(1) 薪资待遇：实行聘任制，首个聘期3年（试用期3个月），与杭州市下城区区属国有企业签订劳动合同，享受正式员工待遇，年薪不低于15万元人民币，按规定缴纳“五险一金”。新录用的党政储备人才在下城区区属单位的最低服务年限为5年。服务期内，给予博士每人100万元人民币、硕士每人80万元人民币的安家补助，第一年拨付安家补助的40%，第2～5年每年拨付15%。未达最低服务年限的，返还全部安家补助。(2) 工作平台：根据人岗相适原则，在重点平台、重点项目一线挂职工作，安排“导师帮带”，实行“一人一策一档”，建立个人成长档案，在干部轮岗交流、教育培训、挂职锻炼等方面统筹考虑。(3) 发展晋升：聘期第一年表现优秀的，定向考录为事业编制相当于科级领导职务，其中，博士研究生定向考录为相当于正科级领导职务，硕士研究生定向考录为相当于副科级领导职务；转为事业编制后，博士工作满 3 年，硕士工作满 5 年，符合干部选拔任用条件的，择优提拔为党政机关副处级领导干部，按规定程序进行公务员登记。(4) 生活保障：博士研究生在聘期内，本人和直系亲属杭州市主城区范围内无住房的，享受 1 500 元/月的住房租赁补贴或免费入住区人才公寓；毕业一年内的，享受 3 万元的高学历毕业生生活补贴。硕士研究生在聘期内，本人和直系亲属杭州市主城区范围内无住房的，可免费入住区人才公寓；毕业一年内的，享受 2 万元人民币的高学历毕业生生活补贴。对引进人员，在健康体检、疗休养、子女入学、落户等方面给予便利和优先保障。

资料来源：杭州市下城区面向部分世界名校和“双一流”高校择优引进党政储备人才的公告.(2018-03-10). http://job.sdu.edu.cn/info/1019/25173.htm.

案例分析题：

1. 阐述杭州下城区党政储备人才引进工作的特点与意义。
2. 结合案例及相关知识，分析党政储备人才引进的难点与对策。

参考文献

[1] 曹志. 各国公职人员考核奖惩制度. 北京：中国劳动出版社，1990.

[2] 曹志. 各国公职人员退休退职制度. 北京：中国劳动出版社，1990.

[3] 黄达强. 各国公务员制度比较研究. 北京：中国人民大学出版社，1990.

[4] 中华人民共和国人事部国际交流与合作司. 外国公务员制度. 北京：中国人事出版社，1995.

[5] 徐振寰. 外国公务员制度. 北京：中国人事出版社，1995.

[6] 徐振寰，王晓初. 世界各国公务员制度比较. 北京：中国人事出版社，1998.

[7] 孔昌生. 外国公务员法选编. 北京：中国政法大学出版社，2003.

[8] 李和中. 比较公务员制度. 北京：中共中央党校出版社，2003.

[9] 李和中. 21 世纪国家公务员制度. 武汉：武汉大学出版社，2006.

[10] 滕玉成，俞宪忠. 公共部门人力资源管理. 北京：中国人民大学出版社，2003.

[11] 吴江，胡冶岩. 公共部门人力资源管理. 北京：中共中央党校出版社，2003.

[12] 谭融. 公共部门人力资源管理. 天津：天津大学出版社，2003.

[13] 姚先国，柴效武. 公共部门人力资源管理. 北京：科学出版社，2004.

[14] 曹沛霖，陈明明，唐亚林. 比较政治制度. 北京：高等教育出版社，2005.

[15] 韩春晖.《中华人民共和国公务员法》简明读本. 北京：时事出版社，2005.

[16] 张柏林.《中华人民共和国公务员法》释义. 北京：中国人事出版社，2005.

[17] 张柏林.《中华人民共和国公务员法》教程. 北京：中国人事出版社，2006.

[18] 宋振国，刘长敏，等. 各国廉政建设比较研究. 北京：知识产权出版社，2006.

[19] 廉茵. 公共部门人力资源管理. 北京：对外经济贸易大学出版社，2006.

[20] 周敏凯. 比较公务员制度. 上海：复旦大学出版社，2006.

[21] 李如海. 公务员制度. 北京：高等教育出版社，2007.

[22] 谭功荣．公务员制度比较研究．重庆：重庆出版社，2007.

[23] 沈文莉，古小华．公务员制度教程．北京：中国经济出版社，2007.

[24] 何凤秋，等．公务员考核体系理论与实践．北京：中国人事出版社，2007.

[25] 中央纪委监察部教材编审委员会．国（境）外廉政机构建设与反腐败考察研究．北京：中国方正出版社，2007.

[26] 张荆，赵晓霞，袁娟，等．国家行政效率之本：中日公务员制度比较研究．北京：知识产权出版社，2007.

[27] 张骏生．公共部门人力资源管理．北京：首都经济贸易大学出版社，2008.

[28] 李德志，等．公共部门人力资源管理与开发．北京：科学出版社，2008.

[29] 张骏生．中外公务员制度比较．北京：中国劳动社会保障出版社，2008.

[30] 魏成龙．公共部门人力资源管理．北京：北京师范大学出版社，2008.

[31] 刘文英．日本官吏与公务员制度史．北京：北京图书馆出版社，2008.

[32] 吴春华，温志强．中国公务员制度．天津：南开大学出版社，2008.

[33] 吴志华．美国公务员制度的改革与转型．上海：上海交通大学出版社，2006.

[34] 吴志华，刘晓苏．公共部门人力资源管理．上海：复旦大学出版社，2007.

[35] 吴志华．当今国外公务员制度．上海：上海交通大学出版社，2008.

[36] 吴志华．我国公共部门人力资源管理改革．上海：上海交通大学出版社，2009.

[37] 杨士秋，王京清．公务员考核．北京：中国人事出版社，2008.

[38] 杨士秋，王京清．公务员录用．北京：中国人事出版社，2009.

[39] 杨士秋，王京清．公务员奖励．北京：中国人事出版社，2009.

[40] 孙柏瑛，祁光华．公共部门人力资源管理．北京：中国人民大学出版社，2010.

[41] 赵曼，陈全明．公共部门人力资源管理．北京：清华大学出版社，2010.

[42] 刘厚金．中外公务员制度概论．北京：北京大学出版社，2010.

[43] 舒放，王克良．国家公务员制度．北京：中国人民大学出版社，2011.

[44] 褚福灵．社会保障国际比较．北京：中国劳动社会保障出版社，2005.

[45] 费斯勒，凯特尔．行政过程的政治．北京：中国人民大学出版社，2002.

[46] 克林格勒，纳尔班迪．公共部门人力资源管理：系统与战略．北京：中国人民大学出版社，2001.

[47] 波利特，鲍克尔特．公共管理改革：比较分析．上海：上海译文出版社，2003.

[48] 沃尔曼，施罗德．比较英德公共部门改革：主要传统与现代化的趋势．北京：北京大学出版社，2004.

[49] 怀特，瓦根伯格，纳尔逊．加拿大政府与政治．北京：北京大学出版社，2004.

[50] 德姆克，等．欧盟 25 国公务员制度．北京：国家行政学院出版社，2005.

[51] 伯曼，等．公共部门人力资源管理：悖论、流程和问题．2 版．北京：中国人民大学出版社，2008.

[52] 伯恩斯，等．民治政府：美国政府与政治．北京：中国人民大学出版社，2007.

[53] 任进．比较地方政府与制度．北京：北京大学出版社，2008.

[54] 鲁茨欧．德国政府与政治．北京：北京大学出版社，2010.

［55］张旭霞，包法宝．公务员制度．2版．北京：对外经济贸易大学出版社，2013．
［56］姜如海．中外公务员制度比较．2版．北京：商务印书馆，2013．
［57］李德志，等．公务员制度．北京：科学出版社，2013．
［58］李如海．公务员制度概论．北京：中国人民大学出版社，2014．
［59］王琦．公务员制度．成都：西南师范大学出版社，2016．
［60］周敏凯．公务员制度概论．北京：高等教育出版社，2016．
［61］张雅琴，熊莉萍．公务员制度理论与实践．北京：高等教育出版社，2017．
［62］何宪．公平与激励：中国公务员工资制度探析．北京：中国劳动社会保障出版社，2017．
［63］刘俊生．公务员制度．北京：高等教育出版社，2018．
［64］郑功成．《中华人民共和国公务员法》释义．北京：人民出版社，2019．
［65］舒放，王克良．国家公务员制度．4版．北京：中国人民大学出版社，2019．
［66］新公务员法及相关党纪学习手册．北京：中国法制出版社，2019．

附录：相关法律法规

1.《公开选拔党政领导干部工作暂行规定》，中共中央办公厅，2004 年 4 月 8 日发布

2.《党政机关竞争上岗工作暂行规定》，中共中央办公厅，2004 年 4 月 8 日发布

3.《党政领导干部辞职暂行规定》，中共中央办公厅，2004 年 4 月 8 日发布

4.《中华人民共和国公务员法》，中华人民共和国第十届全国人民代表大会常务委员会第十五次会议，2005 年 4 月 27 日通过；第十三届全国人民代表大会常务委员会第七次会议，2018 年 12 月 29 日修订

5.《公务员职务与级别管理规定》，中共中央组织部、人事部，2006 年 4 月 9 日发布

6.《党政领导干部职务任期暂行规定》，中共中央办公厅，2006 年 8 月 7 日发布

7.《党政领导干部交流工作规定》，中共中央办公厅，2006 年 8 月 7 日发布

8.《党政领导干部任职回避暂行规定》，中共中央办公厅，2006 年 8 月 7 日发布

9.《公务员考核规定（试行）》，中共中央组织部、人事部，2007 年 1 月 4 日发布

10.《行政机关公务员处分条例》，国务院，2007 年 4 月 22 日发布

11.《公务员录用规定（试行）》，人事部，2007 年 11 月 6 日发布

12.《公务员奖励规定（试行）》，中共中央组织部、人事部，2008 年 1 月 4 日发布

13.《机关事业单位工作人员带薪年休假实施办法》，人事部，2008 年 2 月 15 日发布

14.《公务员职务任免与职务升降规定（试行）》，中共中央组织部、人力资源和社会保障部，2008 年 2 月 29 日发布

15.《公务员调任规定（试行）》，中共中央组织部、人事部，2008 年 2 月 29 日发布

16.《公务员申诉规定（试行）》，中共中央组织部、人力资源和社会保障部，2008 年 5 月 14 日发布

17.《公务员培训规定（试行）》，中共中央组织部、人力资源和社会保障部，2008 年 6 月 27 日发布

18.《地方党政领导班子和领导干部综合考核评价办法（试行）》，中共中央组织部，2009年7月16日发布

19.《党政工作部门领导班子和领导干部综合考核评价办法（试行）》，中共中央组织部，2009年7月16日发布

20.《公务员辞退规定（试行）》，中共中央组织部、人力资源和社会保障部，2009年7月24日发布

21.《公务员辞去公职规定（试行）》，中共中央组织部、人力资源和社会保障部，2009年7月24日发布

22.《关于建立促进科学发展的党政领导班子和领导干部考核评价机制的意见》，中共中央办公厅，2009年10月29日发布

23.《公安机关人民警察纪律条令》，监察部、人力资源和社会保障部、公安部，2010年4月21日发布

24.《关于做好大学生"村官"有序流动工作的意见》，中共中央组织部、中共中央宣传部、教育部、公安部、民政部、财政部、人力资源和社会保障部等，2010年5月10日发布

25.《中华人民共和国社会保险法》，第十一届全国人民代表大会常务委员会第十七次会议，2010年10月28日通过；第十三届全国人民代表大会常务委员会第七次会议，2018年12月29日修正

26.《新录用公务员试用期管理办法（试行）》，中共中央组织部、人力资源和社会保障部，2011年5月25日发布

27.《公务员回避规定（试行）》，中共中央组织部、人力资源和社会保障部，2011年12月12日发布

28.《中共中央政治局关于改进工作作风密切联系群众的规定》，十八届中共中央政治局会议，2012年12月4日审议通过

29.《公务员公开遴选办法（试行）》，中共中央组织部、人力资源和社会保障部，2013年1月24日印发

30.《关于改进地方党政领导班子和领导干部政绩考核工作的通知》，中共中央组织部，2013年12月9日发布

31.《事业单位人事管理条例》，国务院第40次常务会议，2014年2月26日通过

32.《关于全面推进公务用车制度改革的指导意见》，中共中央办公厅、国务院办公厅，2014年7月16日印发

33.《关于做好艰苦边远地区基层公务员考试录用工作的意见》，中共中央组织部、人力资源和社会保障部、国家公务员局，2014年9月4日发布

34.《关于深入开展公务员平时考核试点工作的通知》，中共中央组织部、人力资源社会保障部、国家公务员局，2014年9月18日发布

35.《关于加强乡镇干部队伍建设的若干意见》，中共中央办公厅，2014年9月25日发布

36.《中共中央关于全面推进依法治国若干重大问题的决定》，中国共产党第十八届中

央委员会第四次全体会议，2014 年 10 月 23 日通过

37.《关于机关事业单位工作人员养老保险制度改革的决定》，国务院，2015 年 1 月 3 日发布

38.《机关事业单位职业年金办法》，国务院办公厅，2015 年 3 月 27 日印发

39.《推进领导干部能上能下若干规定（试行）》，中共中央办公厅，2015 年 7 月 19 日发布

40.《干部教育培训工作条例》，中共中央办公厅，2015 年 10 月 14 日发布

41.《中国共产党廉洁自律准则》，中共中央，2015 年 10 月 18 日印发

42.《公安机关人民警察奖励条令》，公安部、人力资源和社会保障部，2015 年 10 月 19 日印发

43.《公务员录用面试组织管理办法（试行）》，中共中央组织部、人力资源和社会保障部、国家公务员局，2015 年 11 月 18 日发布

44.《中国共产党地方委员会工作条例》，中共中央办公厅，2015 年 12 月 25 日发布

45.《中华人民共和国计划生育法》，中华人民共和国第九届全国人民代表大会常务委员会第二十五次会议，2001 年 12 月 29 日通过；第十二届全国人民代表大会常务委员会第十八次会议，2015 年 12 月 27 日修订

46.《人力资源和社会保障事业发展"十三五"规划纲要》，人力资源和社会保障部，2016 年 7 月 6 日发布

47.《中国共产党问责条例》，中共中央办公厅，2016 年 7 月 8 日发布

48.《行政执法类公务员管理规定（试行）》，中共中央办公厅、国务院办公厅，2016 年 7 月 8 日发布

49.《专业技术类公务员管理规定（试行）》，中共中央办公厅、国务院办公厅，2016 年 7 月 8 日发布

50.《公务员考试录用违纪违规行为处理办法》，人力资源和社会保障部，2016 年 8 月 19 日发布

51.《关于防止干部带病提拔的意见》，中共中央办公厅，2016 年 8 月 29 日发布

52.《关于新形势下党内政治生活的若干准则》，中国共产党第十八届中央委员会第六次全体会议，2016 年 10 月 27 日通过

53.《中国共产党党内监督条例》，中国共产党第十八届中央委员会第六次全体会议，2016 年 10 月 27 日通过

54.《公务员录用体检通用标准（试行）》，人力资源和社会保障部、国家卫生计生委、国家公务员局，2016 年 12 月 30 日发布

55.《中国共产党纪律检查机关监督执纪工作规则（试行）》，中国共产党第十八届中央纪律检查委员会第七次全体会议，2017 年 1 月 8 日通过

56.《机关事业单位基本养老保险关系和职业年金转移接续经办规程（暂行）》，人力资源和社会保障部，2017 年 1 月 18 日印发

57.《关于进一步引导和鼓励高校毕业生到基层工作的意见》，中共中央办公厅、国务院办公厅，2017 年 1 月 24 日发布

58.《关于规范公务员辞去公职后从业行为的意见》，中共中央组织部、人力资源和社会保障部、国家工商行政管理总局、国家公务员局，2017年4月28日发布

59.《中国共产党巡视工作条例》，中共中央组织部，2017年7月1日印发

60.《职业年金基金归集账户管理暂行办法》，人力资源和社会保障部、财政部，2017年8月22日印发

61.《聘任制公务员管理规定（试行）》，中共中央办公厅、国务院办公厅，2017年9月19日发布

62.《中国人民解放军文职人员条例》，国务院、中央军事委员会，2005年6月23日颁布；国务院、中央军事委员会，2017年9月27日修订

63.《事业单位公开招聘违纪违规行为处理规定》，人力资源和社会保障部，2017年10月9日发布

64.《中共中央政治局贯彻落实中央八项规定的实施细则》，中共中央办公厅，2017年10月27日发布

65.《党政机关公务用车管理办法》，中共中央办公厅、国务院办公厅，2017年12月11日印发

66.《党政机关办公用房管理办法》，中共中央办公厅、国务院办公厅，2017年12月17日印发

67.《中国共产党党务公开条例（试行）》，中共中央，2017年12月20日发布

68.《深化党和国家机构改革方案》，中国共产党第十九届中央委员会第三次全体会议，2018年2月28日通过

69.《中华人民共和国监察法》，第十三届全国人民代表大会第一次会议，2018年3月20日通过

70.《关于建立城乡居民基本养老保险待遇确定和基础养老金正常调整机制的指导意见》，人力资源和社会保障部、财政部，2018年3月22日下发

71.《关于进一步加强和改进选调生工作的意见》，中共中央组织部，2018年4月12日印发

72.《公职人员政务处分暂行规定》，中共中央纪委、国家监察委员会，2018年4月16日发布

73.《关于进一步激励广大干部新时代新担当新作为的意见》，中共中央办公厅，2018年5月20日印发

74.《国务院工作规则》，国务院办公厅，2013年3月23日印发；国务院办公厅，2018年6月25日印发修订稿

75.《关于认真做好关心关怀干部心理健康有关工作的通知》，中共中央组织部，2018年8月23日印发

76.《中国共产党纪律处分条例》，中共中央，2018年8月26日印发

77.《中华人民共和国消防救援衔条例》，第十三届全国人民代表大会常务委员会第六次会议，2018年10月26日通过

78.《2018—2022年全国干部教育培训规划》，中共中央办公厅，2018年11月1日

发布

79.《党组讨论和决定党员处分事项工作程序规定》，中共中央办公厅，2018 年 12 月 16 日印发

80.《事业单位工作人员奖励规定》，中共中央组织部、人力资源和社会保障部，2018 年 12 月 18 日发布

81.《中国共产党纪律检查机关监督执纪工作规则》，中共中央办公厅，2019 年 1 月 1 日施行

82.《中共中央关于加强党的政治建设的意见》，中共中央办公厅，2019 年 1 月 31 日发布

83.《中国共产党重大事项请示报告条例》，中共中央办公厅，2019 年 2 月 28 日发布

84.《党政领导干部选拔任用工作条例》，中共中央办公厅，2019 年 3 月 3 日发布

85.《关于解决形式主义突出问题为基层减负的通知》，中共中央办公厅，2019 年 3 月 11 日发布

86.《关于加强和改进中央和国家机关党的建设的意见》，中共中央办公厅，2019 年 3 月 28 日印发

87.《党政领导干部考核工作条例》，中共中央办公厅，2019 年 4 月 21 日印发

88.《中华人民共和国法官法》，第八届全国人民代表大会常务委员会第十二次会议，1995 年 2 月 28 日通过；中华人民共和国第十三届全国人民代表大会常务委员会第十次会议，2019 年 4 月 23 日修订

89.《中华人民共和国检察官法》，第八届全国人民代表大会常务委员会第十二次会议，1995 年 2 月 28 日通过；中华人民共和国第十三届全国人民代表大会常务委员会第十次会议，2019 年 4 月 23 日修订

90.《干部选拔任用工作监督检查和责任追究办法》，中共中央办公厅，2019 年 5 月 13 日发布

91.《中国共产党党员教育管理工作条例》，中共中央办公厅，2019 年 5 月 21 日发布

92.《公务员职务与职级并行规定》，中共中央办公厅，2019 年 3 月 27 日发布

93.《新录用公务员任职定级规定》，中共中央组织部，2019 年 4 月 24 日发布

94.《公务员职务与职级并行制度实施方案》，中共中央组织部，2019 年 4 月 24 日发布

95.《行政执法类公务员职级设置管理办法（试行）》，中共中央组织部，2019 年 4 月 24 日发布

96.《专业技术类公务员职级设置管理办法（试行）》，中共中央组织部，2019 年 4 月 24 日发布

97.《关于鼓励引导人才向艰苦边远地区和基层一线流动的意见》，中共中央办公厅，2019 年 6 月 19 日发布

98.《党政主要领导干部和国有企事业单位主要领导人员经济责任审计规定》，中共中央办公厅、国务院办公厅，2019 年 7 月 7 日发布

99.《关于贯彻实施公务员法建设高素质专业化公务员队伍的意见》，2019 年 7 月 29

日，中共中央办公厅印发

100.《中国共产党机构编制工作条例》，中共中央办公厅，2019 年 8 月 17 日印发

101.《中国共产党党校（行政学院）工作条例》，中共中央，2019 年 10 月 25 日发布

102.《关于坚持和完善中国特色社会主义制度　推进国家治理体系和治理能力现代化若干重大问题的决定》，中国共产党第十九届中央委员会第四次全体会议，2019 年 10 月 31 日通过

第一版后记：责任重于泰山

“责任重于泰山，事业任重道远”。2012 年 11 月 15 日，新当选的中共中央总书记习近平同志在新一届中共中央政治局常委中外记者见面会上庄严承诺：“我们一定要始终与人民心心相印、与人民同甘共苦、与人民团结奋斗，夙夜在公，勤勉工作，努力向历史、向人民交一份合格的答卷。”这个重大的责任，就是对民族的责任、对人民的责任、对党的责任。

回顾教材的编著历程，我们感慨良多，深深体会到“公共责任”的分量。

近年来，与国家公务员制度有关的书籍如雨后春笋般相继问世，令人眼花缭乱、目不暇接。本教材在 2008 年初被列入福州大学教材建设项目，并于 2009 年底完成初稿，原计划在 2010 年出版。然而，书稿一直“待字闺中”，经过十余次大幅度修改，时至今日方才被“掀起盖头”，真可谓“千呼万唤始出来”。本书“姗姗来迟”的主要原因有三点：(1) 与我国公务员管理法规建设相适应。众所周知，虽然《中华人民共和国公务员法》自 2006 年 1 月 1 日起早已施行，但与之相配套的法规与政策一直处于不断修订、完善之中，并被陆续发布，如《公务员考核规定（试行）》《公务员培训规定（试行）》《公务员辞退规定（试行）》《公务员申诉规定（试行）》等。如今，我国已经构建以《中华人民共和国公务员法》为主体，以相关配套法规为补充的具有中国特色的公务员管理法规体系，本教材出版正当其时。(2) 与国内外公务员制度改革实践相适应。改革与创新是 21 世纪公共管理的主旋律，随着经济全球化、政治民主化改革浪潮的推进，世界各国的公务员制度日新月异。自《中华人民共和国公务员法》实施以来，我国各级政府及其工作部门不断创新公务员管理制度，致力于塑造精干、廉洁、高效、务实、为民的高素质公共部门人力资源管理队伍。近年来，我国公务员职位分类管理、考试录用、党政领导干部公开选拔与竞争上岗、职务任免与升降、绩效考核、反腐倡廉、工资、福利、保险、培训、交流与回避等领域的改革力度明显加大，公务员制度的激励性、竞争性、灵活性、规范性日益增强。本教材不仅涵盖了公务员管理的基本理论、法规，也引入了大量与公务员管理实践有关的经典案例，力求反映国内外最新的公务员管理改革热点和难点。(3) 与“国家公务员制度”课程教学相适应。自 2002 年以来，编著者在福州大学开设专业必修课、院选课、校选课“国家公务员制度”百余班次。编著者坚持“理论联系实际、以生为本、因材施教、教学相长”的原则，将社会主义核心价值观、科学发展观、正确政绩观融入“国家公务员制度”课程教学改革实践中，不断积累与国家公务员制度有关的知识，完善教学内容，改进教学方法与教学手段，及时归纳与总结教学经验。本书不仅是一部公务员制度教材，也是编著者长期从事“国家公务员制度”课程教学的经验结晶。

我们本着“基于理论、忠于法规、贴近现实、精益求精”的编著原则，紧扣《中华人民共和国公务员法》以及西方国家公务员管理法规，力求把握最新的公务员管理法律精神，梳理国内外公务员制度变革的历史脉络，探究公务员制度发展的规律与趋势。

责任重于泰山！在编著国家公务员制度教材与开展国家公务员制度教学的过程中，我们领悟到“公共责任”对于公务员的重要性。“公共责任”是贯穿于公务员制度的主线。公务员的条件、权利与义务、纪律与惩戒、考核、职位分类管理、职务任免与升降、辞职与辞退、申诉与控告、交流与回避、培训等环节，无不体现了公共责任的重要性。

公务员是人民的公仆，依法行使公共权力，代表人民开展公共管理活动，应当坚持“权为民所用、情为民所系、利为民所谋”。《礼记・礼运》记载：“大道之行也，天下为公。”公务员的责任不仅在于“修身、齐家”，更应勇担“治国、平天下”的重任。时下，公务员考试热潮迭起，一浪高过一浪，“考公族”摩肩接踵、雄心勃勃、志在必得。对“考公族”而言，在全力以赴备考的同时，要认真学习和了解国家公务员制度的运行机制，端正考公动机，明确考公目的，培养公共服务精神和公共责任意识。对在职公务员而言，更应树立社会主义核心价值观、科学发展观和正确政绩观，增强公共责任意识，恪尽职守、勤勉尽责，全心全意为人民服务，依法行政，以德行政。

编著国家公务员制度教材的主旨，不仅在于传授公务员管理的理论、知识与法规，更重要的是要培养与提升读者的公共服务精神和公共责任意识。我们期望，读者能够从本书中体会到“公共责任”的应有分量，明白“公务员”的真正含义，感知到“做人”的真谛。正如感人至深的电影《第一书记》的主题曲《做人》所述，“一撇一捺写出个人，一生一世才做成个人，红手印按出个大写的人，万事根本是做人”。公务员“做人”，就要“做大写的人”，清清白白、勤勤恳恳、平平常常、认认真真，不求光环、不求缤纷，只愿做棵禾苗深深扎根！

郗永勤　刘碧强

2013 年 1 月 1 日

人大版公共管理类教材

公共管理类专业教材——学科基础课教材

书名	作者
现代管理学原理（第三版）（“十一五”国家级规划教材）	娄成武　魏淑艳
一般管理学原理（第四版）	张康之　周　军
管理学基础（第三版）	方振邦
政治学原理（第三版）	景跃进　张小劲
现代政治学原理（第四版）	石永义　刘玉萼　张　璋
公共管理学（第二版）	陈振明
公共管理学——一种不同于传统行政学的研究途径（第二版）	陈振明
公共管理学（第三版）（数字教材版）（“十二五”国家级规划教材）	蔡立辉　王乐夫
公共管理学（精编版）	王乐夫　蔡立辉
公共管理学（第二版）	张康之　郑家昊
公共管理概论（第二版）	朱立言　谢　明
公共政策导论（第五版）（数字教材版）（全国优秀教材二等奖）	谢　明
公共政策概论（第二版）	谢　明
公共政策学——政策分析的理论、方法和技术（“十一五”国家级规划教材）	陈振明
公共政策学	杨宏山
政策科学——公共政策分析导论（第二版）	陈振明
公共经济学（第三版）（“十二五”国家级规划教材）	高培勇
公共经济学教程	秦立建
政府经济学（第四版）（“十一五”国家级规划教材）	郭小聪
政府经济学（第四版）	潘明星　韩丽华

公共管理类专业教材——方法课教材

书名	作者
公共管理研究方法	何兰萍　张俊艳
行政学研究方法与应用案例	萧鸣政　等
管理定量分析：方法与技术（第三版）	刘兰剑

公共管理类专业教材——行政管理、公共事业管理专业教材

书名	作者
行政法学导论	姜晓萍
公共部门人力资源管理（第四版）	孙柏瑛　祁凡骅
公共部门人力资源开发与管理（第五版）（“十二五”国家级规划教材）	孙柏瑛　祁凡骅
公共部门人力资源管理（第三版）	滕玉成　于　萍
公共部门人力资源管理概论	方振邦
公共部门人力资源管理案例	周均旭
行政管理学（第五版）（数字教材版）	郭小聪
公共行政学（第五版）	彭和平
公共行政学（第二版）	张康之　张乾友
行政学导论（第三版）	齐明山

书名	作者
行政管理学导引与案例	陈季修
管理心理学（第二版）	范逢春
公共组织行为学（第三版）（“十一五”国家级规划教材）	孙　萍　张　平
公共组织学（第三版）	李传军
行政组织学（第二版）	张　昕　李　泉
公共组织理论	陆明远　冯　楠
公共事业管理概论（第三版）	朱仁显
公共组织财务管理（第三版）（“十一五”国家级规划教材）	王为民
国家公务员制度（第五版）（数字教材版）（“十二五”国家级规划教材）	舒　放　贾自欣
国家公务员制度概论（第二版）	刘碧强　郗永勤
公务员制度概论	李如海
当代国家公务员制度：理论与实践	胡春艳
行政领导学（第三版）	朱立言　李国梁
领导学（第五版）	邱霈恩
领导学	孙　健
现代市政学（第五版）（数字教材版）	王佃利
市政管理学（第五版）（“十一五”国家级规划教材）	杨宏山
社区管理（第四版）	汪大海　魏　娜　郇建立
社区管理原理与案例	魏　娜
电子政务教程（第三版）（“十一五”国家级规划教材）	赵国俊
电子政府与电子政务（第二版）（“十一五”国家级规划教材）	张锐昕
行政伦理学教程（第四版）（“十二五”国家级规划教材）	张康之　李传军
公共危机管理概论（第二版）	王宏伟
公共危机管理	唐　钧
当代中国政府与政治	景跃进　陈明明　肖　滨
当代中国政府与行政（第三版）	魏　娜　吴爱明
地方政府学概论（第二版）	方　雷
地方政府管理（第二版）	陈瑞莲　张紧跟
管理秘书实务（第三版）	赵锁龙
行政秘书学	唐　钧
公文写作与处理	赵国俊
机关管理的原理与方法（第三版）	赵国俊　陈幽泓
公共部门绩效管理	方振邦
政府绩效管理（第二版）	方振邦　唐　健
政府绩效评估	蔡立辉
政府公共关系（第二版）（“十一五”国家级规划教材）	廖为建　张　宁
西方行政学理论概要（第二版）（“十一五”国家级规划教材）	丁　煌
公共行政学史（第二版）	何艳玲
西方公共管理名著导读	汪大海
文化管理学（第三版）（“十二五”国家级规划教材）	孙　萍
文化创意产业导论	魏鹏举
卫生事业管理（第二版）（“十一五”国家级规划教材）	李　鲁
现代公用事业管理	崔运武

公共管理类专业教材——劳动与社会保障专业教材

书名	作者
社会保障概论（第七版）	孙光德　董克用
劳动经济学（“十一五”国家级规划教材）	董克用　刘　昕
劳动法与社会保障法	黎建飞
社会保险学（第三版）	孙树菡　朱丽敏
社会保障基金管理	李春根
社会保障国际比较	仇雨临

公共管理类专业教材——土地资源管理专业教材

书名	作者
土地经济学（第八版）（“十一五”国家级规划教材）	毕宝德
土地法学（中国人民大学“十三五”规划教材）	严金明
土地资源学	张正峰　赵文武
土地资源管理学（第二版）	张正峰
国土空间规划学	张占录　张正峰
不动产估价（第二版）（“十一五”国家级规划教材）	叶剑平　曲卫东
土地信息系统	曲卫东　韩　琼
地籍管理（第五版）（“十一五”国家级规划教材）	谭　峻　林增杰

公共管理类专业教材——城市管理专业教材

书名	作者
城市管理学（第三版）	杨宏山
城市管理学：公共视角	陆　军　等
城市管理法	王丛虎
城市总体规划原理	郐艳丽　田　莉

公共管理硕士（MPA）教材——核心课教材

书名	作者
全国公共管理硕士（MPA）核心课程教学指导纲要	全国公共管理专业学位研究生教育指导委员会
社会主义建设理论与实践（第三版）	李景治　蒲国良
公共管理英语（修订版）	顾建光
学术规范和论文写作	胡宏伟
公共管理学（第三版）（全国优秀教材二等奖）	张成福　党秀云
公共管理学原理（修订版）	陈振明
公共管理导论	竺乾威　朱春奎　李瑞昌
公共政策分析	陈振明
公共政策分析导论	陈振明
公共政策分析概论（修订版）	谢　明

书名	作者
公共部门经济学（第三版）	高培勇　崔　军
公共经济学	唐任伍
行政法学（修订版）	皮纯协　张成福
行政法学概论（第三版）	胡锦光
非营利组织管理概论（修订版）	王　名
非营利组织管理	王　名　王　超
公共管理伦理学（修订版）	张康之
社会研究方法	陈振明
电子政务理论与方法（第五版）	金江军
公文写作概论	高永贵

公共管理硕士（MPA）教材——专业方向必修课、选修课教材

书名	作者
公务员制度教程（第六版）	舒　放　王克良
比较政府与政治（修订版）	卓　越
当代中国政府与政治（第三版）	吴爱明　朱国斌　林　震
公共部门人力资源管理及案例教程（第三版）	陈天祥
公共部门绩效评估（修订版）	卓　越
公共部门危机管理（第三版）	张小明
公共部门战略管理（修订版）	陈振明
MPA 学位论文写作指南	汪大海

图书在版编目（CIP）数据

国家公务员制度概论/刘碧强，郗永勤编著. —2 版. —北京：中国人民大学出版社，2020.1
公共管理系列教材
ISBN 978-7-300-27680-9

Ⅰ.①国… Ⅱ.①刘…②郗… Ⅲ.①公务员制度-中国-教材 Ⅳ.①D630.3

中国版本图书馆 CIP 数据核字（2019）第 255578 号

公共管理系列教材
国家公务员制度概论（第二版）
刘碧强　郗永勤　编著
Guojia Gongwuyuan Zhidu Gailun

出版发行	中国人民大学出版社		
社　　址	北京中关村大街 31 号	**邮政编码**	100080
电　　话	010－62511242（总编室）		010－62511770（质管部）
	010－82501766（邮购部）		010－62514148（门市部）
	010－62515195（发行公司）		010－62515275（盗版举报）
网　　址	http://www.crup.com.cn		
经　　销	新华书店		
印　　刷	北京密兴印刷有限公司	**版　　次**	2013 年 1 月第 1 版
开　　本	787 mm×1092 mm　1/16		2020 年 1 月第 2 版
印　　张	20.25	**印　　次**	2023 年 9 月第 4 次印刷
字　　数	459 000	**定　　价**	48.00 元

中国人民大学出版社　管理分社

教师教学服务说明

中国人民大学出版社管理分社以出版工商管理和公共管理类精品图书为宗旨。为更好地服务一线教师，我们着力建设了一批数字化、立体化的网络教学资源。教师可以通过以下方式获得免费下载教学资源的权限：

★ 在中国人民大学出版社网站 www.crup.com.cn 进行注册，注册后进入“会员中心”，在左侧点击“我的教师认证”，填写相关信息，提交后等待审核。我们将在一个工作日内为您开通相关资源的下载权限。

★ 如您急需教学资源或需要其他帮助，请加入教师 QQ 群或在工作时间与我们联络。

中国人民大学出版社　管理分社

教师 QQ 群： 648333426（工商管理）　114970332（财会）　648117133（公共管理）
教师群仅限教师加入，入群请备注（学校＋姓名）

联系电话： 010-62515735，62515987，62515782，82501048，62514760

电子邮箱： glcbfs@crup.com.cn

通讯地址： 北京市海淀区中关村大街甲 59 号文化大厦 1501 室（100872）

管理书社　　人大社财会　　公共管理与政治学悦读坊